Soluções
PACÍFICAS
DE CONFLITOS
PARA UM BRASIL MODERNO

O GEN | Grupo Editorial Nacional – maior plataforma editorial brasileira no segmento científico, técnico e profissional – publica conteúdos nas áreas de concursos, ciências jurídicas, humanas, exatas, da saúde e sociais aplicadas, além de prover serviços direcionados à educação continuada.

As editoras que integram o GEN, das mais respeitadas no mercado editorial, construíram catálogos inigualáveis, com obras decisivas para a formação acadêmica e o aperfeiçoamento de várias gerações de profissionais e estudantes, tendo se tornado sinônimo de qualidade e seriedade.

A missão do GEN e dos núcleos de conteúdo que o compõem é prover a melhor informação científica e distribuí-la de maneira flexível e conveniente, a preços justos, gerando benefícios e servindo a autores, docentes, livreiros, funcionários, colaboradores e acionistas.

Nosso comportamento ético incondicional e nossa responsabilidade social e ambiental são reforçados pela natureza educacional de nossa atividade e dão sustentabilidade ao crescimento contínuo e à rentabilidade do grupo.

AUGUSTO CURY
Organizador

Juristas colaboradores
Kazuo Watanabe • Luis Felipe Salomão • Claudio Lamachia • Valeria Ferioli Lagrasta • Henrique Ávila e Trícia Navarro Xavier Cabral • Luiz Pontel de Souza • Reynaldo Soares da Fonseca e Gabriel Campos Soares da Fonseca • Jayme Martins de Oliveira Neto • Grace Maria Fernandes Mendonça • Júlio Camargo de Azevedo • Domingos Barroso da Costa • Fernanda Mambrini Rudolfo e Antonio José Maffezoli Leite

Soluções PACÍFICAS DE CONFLITOS
PARA UM BRASIL MODERNO

- A EDITORA FORENSE se responsabiliza pelos vícios do produto no que concerne à sua edição (impressão e apresentação a fim de possibilitar ao consumidor bem manuseá-lo e lê-lo). Nem a editora nem o autor assumem qualquer responsabilidade por eventuais danos ou perdas a pessoa ou bens, decorrentes do uso da presente obra.

- Nas obras em que há material suplementar *on-line*, o acesso a esse material será disponibilizado somente durante a vigência da respectiva edição. Não obstante, a editora poderá franquear o acesso a ele por mais uma edição.

- Todos os direitos reservados. Nos termos da Lei que resguarda os direitos autorais, é proibida a reprodução total ou parcial de qualquer forma ou por qualquer meio, eletrônico ou mecânico, inclusive através de processos xerográficos, fotocópia e gravação, sem permissão por escrito do autor e do editor.

Impresso no Brasil – *Printed in Brazil*

- Direitos exclusivos para o Brasil na língua portuguesa
Copyright © 2019 by
EDITORA FORENSE LTDA.
Uma editora integrante do GEN | Grupo Editorial Nacional
Travessa do Ouvidor, 11 – Térreo e 6º andar – 20040-040 – Rio de Janeiro – RJ
Tel.: (21) 3543-0770 – Fax: (21) 3543-0896
faleconosco@grupogen.com.br | www.grupogen.com.br

- O titular cuja obra seja fraudulentamente reproduzida, divulgada ou de qualquer forma utilizada poderá requerer a apreensão dos exemplares reproduzidos ou a suspensão da divulgação, sem prejuízo da indenização cabível (art. 102 da Lei n. 9.610, de 19.02.1998). Quem vender, expuser à venda, ocultar, adquirir, distribuir, tiver em depósito ou utilizar obra ou fonograma reproduzidos com fraude, com a finalidade de vender, obter ganho, vantagem, proveito, lucro direto ou indireto, para si ou para outrem, será solidariamente responsável com o contrafator, nos termos dos artigos precedentes, respondendo como contrafatores o importador e o distribuidor em caso de reprodução no exterior (art. 104 da Lei n. 9.610/98).

- Capa: Fabricio Vale

- Data de fechamento: 23.04.2019

- **CIP – BRASIL. CATALOGAÇÃO NA FONTE.**
SINDICATO NACIONAL DOS EDITORES DE LIVROS, RJ.

S675

Soluções Pacíficas de Conflitos: para um Brasil Moderno / organização Augusto Cury. – Rio de Janeiro: Forense, 2019.

Inclui bibliografia
ISBN 978-85-309-8208-9

1. Mediação – Brasil. 2. Conciliação (Processo civil) – Brasil. 3. Resolução de disputa (Direito) – Brasil. I. Cury, Augusto.

18-51270	CDU: 347.925

Vanessa Mafra Xavier Salgado – Bibliotecária – CRB-7/6644

SUMÁRIO

Introdução – *Augusto Cury* 1

  1. Conheça a ti mesmo para pacificar os conflitos 5

  2. Gestão da emoção é a chave da pacificação 7

  3. A complexa natureza dos pensamentos e as armadilhas da pacificação: ninguém muda ninguém, só o outro se repensa.... 9

  4. A SPA – Síndrome do Pensamento Acelerado – e a expansão dos conflitos na era moderna 13

  5. A síndrome predador-presa: mecanismos primitivos do cérebro que estão na base dos conflitos humanos 17

  6. Conclusões da gestão da emoção para a pacificação de conflitos 20

  Referências 24

Estratégias para a solução pacífica dos conflitos de interesses – *Kazuo Watanabe* 27

  1. Importância do estudo dos conflitos de interesses e das estratégias e técnicas adequadas de sua prevenção e solução como capítulo do Direito Processual Civil 27

  2. Conflitos de interesses não canalizados para o Poder Judiciário 30

  3. Política Judiciária Nacional de tratamento adequado dos conflitos de interesses 34

  4. Atualização do conceito de acesso à justiça 35

5. Transformação da "cultura da sentença" em "cultura da pacificação" 36

Referências.. 37

Guerra e paz: as conexões entre jurisdição estatal e os métodos adequados de resolução de conflitos – *Luis Felipe Salomão*.............. 43

1. Introdução 43

2. Movimento Mundial de Acesso à Justiça e o microssistema legal brasileiro 49

3. Das várias formas de solução de conflitos.............................. 66

    3.1. Tribunal Multiportas 66

    3.2. Conciliação 73

    3.3. Mediação 78

    3.4. Arbitragem... 85

4. Outros métodos de solução de conflitos................................. 90

    4.1. Negociação... 90

    4.2. *Ombudsman*.. 91

    4.3. *Factfinding*.. 93

    4.4. Facilitação 93

    4.5. Avaliação de terceiro neutro.. 94

    4.6. *Dispute Resolution Board* 95

    4.7. *Design* de Sistema de Disputas (DSD)......................... 99

5. Conclusão 101

Referências.. 102

Por uma cultura de direitos, não de litigiosidade – *Claudio Lamachia* 113

1. Breve contextualização histórica.. 113

2. O papel do Poder Judiciário no Estado Democrático de Direito 117

3. O direito de acesso à justiça como garantia cidadã.................... 119

4. A sobrecarga do Poder Judiciário: o exemplo brasileiro 122

5. Medidas contra a crise do Judiciário: a solução consensual de litígios... 125

SUMÁRIO

6. Substituindo a cultura de litigiosidade por uma cultura de direitos 128

7. O papel da advocacia para a promoção da paz social 132

Referências 135

Reflexões sobre o conflito e seu enfrentamento – *Valeria Ferioli Lagrasta* 141

1. Considerações iniciais 141

2. Crise do Judiciário 142

3. O conflito: origem histórica e peculiaridades 146

4. Métodos autocompositivos e heterocompositivos de solução de conflitos 152

5. Conclusão 157

Referências 160

Gestão judicial e solução adequada de conflitos: um diálogo necessário – *Henrique Ávila e Trícia Navarro Xavier Cabral* 169

1. Introdução 169

2. Governança judicial 171

3. O fortalecimento de mecanismos legítimos de solução adequada de conflito 174

4. Reflexos da Política Judiciária Nacional de tratamento adequado dos conflitos 176

5. Análise prospectiva do tema 180

Referências 180

Os meios consensuais de solução de conflitos como prática transformadora para a realização da justiça – *Luiz Pontel de Souza* 187

1. Introdução 187

2. O cenário atual 188

3. Iniciativas normativas que contribuíram para a solução consensual de conflitos 190

4. Conciliação, mediação e arbitragem: distinção e aplicação 194

5. A atuação do Ministério da Justiça 197

6. A importância dos sentimentos para a solução de litígios 201

7. Considerações finais 204

Referências 205

Conflitos, humanismo e jurisdição: a conciliação na Justiça Federal da Primeira Região – *Reynaldo Soares da Fonseca e Gabriel Campos Soares da Fonseca* 211

1. Introdução 211

2. O jus-humanismo normativo: um breve olhar 213

3. O princípio da fraternidade como categoria jurídica 214

    3.1. Reconstrução histórica: liberdade, igualdade e fraternidade 215

    3.2. A normatividade do princípio da fraternidade 216

4. Conflitos, conciliação e fraternidade 220

5. A experiência da Justiça Federal da 1ª Região 222

6. Considerações finais 224

Referências 225

O papel do Judiciário na nova era – *Jayme Martins de Oliveira Neto* 231

1. Introdução 231

2. O Poder Judiciário nas Constituições brasileiras 232

3. Solução de conflitos. Conciliação e mediação 233

4. Solução de conflitos. A magistratura em movimento de pacificação social 236

5. A democracia fraterna 240

Referências 241

A mediação e a conciliação como mecanismos de promoção de uma sociedade mais pacífica e inclusiva: experiência da Advocacia-Geral da União – *Grace Maria Fernandes Mendonça* 245

1. Introdução 246

2. Uma visão geral a respeito da Advocacia-Geral da União 251

3. Avanços da denominada Administração Consensual 253

4. Arcabouço normativo sobre o qual se funda a política conciliatória da Advocacia-Geral da União e a experiência institucional. Conciliação e Mediação como instrumentos de efetiva pacificação social 257

5. Experiência envolvendo o acordo dos Planos Econômicos 263

6. Algumas ponderações acerca do processo de mediação e conciliação 269

7. Considerações finais 271

Referências 272

A Defensoria Pública e os métodos consensuais de tratamento de conflitos: proposta de um perfil de atuação renovador diante do Código de Processo Civil de 2015 – *Júlio Camargo de Azevedo* 279

1. Notas introdutórias 279

2. A política pública de tratamento consensual dos conflitos e o isomorfismo das instituições públicas componentes do Sistema de Justiça 281

3. A Defensoria Pública, o Código Processual de 2015 e a justiça consensual 288

4. Por um novo perfil de atuação extrajudicial do Defensor Público 293

    4.1. O perfil proativo 294

    4.2. O perfil integrativo 295

    4.3. O perfil preventivo 296

    4.4. O perfil interdisciplinar 298

    4.5. O perfil pedagógico 301

5. Conclusão 303

Referências 304

A Defensoria Pública e o resgate de cidadania a partir da solução consensual de conflitos – *Domingos Barroso da Costa* 311

1. Introdução 311

    1.1. Sobre nosso lugar de fala 312

2. Conflito e democracia 313

X SOLUÇÕES PACÍFICAS DE CONFLITOS

3. As soluções consensuais como meios de resgate do potencial democrático dos conflitos.. 319

3.1. A importância da Defensoria Pública na transformação da cultura do litígio e na construção de um paradigma fundado na solução consensual de conflitos....................... 321

4. Considerações finais.. 325

Referências.. 325

Solução pacífica de conflitos: a experiência da Defensoria Pública – *Fernanda Mambrini Rudolfo e Antonio José Maffezoli Leite*..................... 331

Referências.. 345

Posfácio 347

INTRODUÇÃO

AUGUSTO CURY

CONHEÇA A TI MESMO PARA PACIFICAR TUA MENTE
PARA DEPOIS PACIFICAR OS OUTROS – FERRAMENTAS
UNIVERSAIS DE PACIFICAÇÃO

Sumário: 1. Conheça a ti mesmo para pacificar os conflitos – 2. Gestão da emoção é a chave da pacificação – 3. A complexa natureza dos pensamentos e as armadilhas da pacificação: ninguém muda ninguém, só o outro se repensa – 4. A SPA – Síndrome do Pensamento Acelerado – e a expansão dos conflitos na era moderna – 5. A síndrome predador-presa: mecanismos primitivos do cérebro que estão na base dos conflitos humanos – 6. Conclusões da gestão da emoção para a pacificação de conflitos – Referências.

A espécie humana está no topo da inteligência de milhões de outras espécies da natureza. Todavia, somos uma espécie enferma, não apenas pisamos na superfície do planeta Terra, mas também na superfície do sofisticado planeta, o planeta mente, o que nos impede de garimpar e nos apropriar de ferramentas de gestão da emoção para prevenir tanto os transtornos psíquicos como os conflitos psicossociais. Nenhuma geração da família humana se libertou das mais diversas formas de violência e autoviolência. Somos dramaticamente mortais, mas fazemos guerras; somos marcadamente imperfeitos, mas ao mesmo tempo peritos em apontar as falhas dos outros; somos andejos que andamos no traçado do tempo sem conhecer os segredos da vida, mas julgamos, discutimos e punimos como se deuses fossemos; fobias fazem parte do nosso dicionário psíquico, mas somos especialistas em oferecer o cardápio do medo até quando educamos.

De acordo com estatísticas internacionais, uma em cada duas pessoas tem ou vai desenvolver um transtorno psíquico ao longo da vida. São mais de 3,5 bilhões de seres humanos. Um número espantoso! Talvez nem 1% dos pacientes se trate, seja porque o tratamento é caro, seja porque falta profissionais experientes, seja ainda porque as pessoas negam suas doenças mentais. E em relação aos conflitos sociais passíveis de gerar processos nos tribunais, quantos serão desenvolvidos no teatro das sociedades? Certamente também um número perturbador.

Um dos grandes e insuspeitos culpados de as sociedades modernas serem conflituosas é o sistema educacional mundial. Não me refiro aos professores, que, para mim, são os profissionais mais notáveis do teatro social, mas ao sistema educacional cartesiano ou racionalista. Desde que René Descartes, falecido aos 53 anos, dia 11 de fevereiro de 1650, proclamado como o fundador da filosofia moderna e pai da matemática moderna introduziu o racionalismo na ciência, em que a matemática seria a mãe das ciências e por ela e através dela deveria se entender o mundo e pesquisá-lo, o mundo tecnológico deu um salto sem precedente, mas o universo socioemocional caiu num calabouço.

O cartesianismo ou racionalismo viciou-se em pesquisar tudo que é mensurável, objetivo, detectável, no mundo exterior, do pequeno átomo que nunca veremos ao imenso espaço que nunca pisaremos. Nada de errado nessa trajetória se o universo psíquico não fosse deixado em segundo plano, ainda que houvessem pesquisas nas ciências humanas. O sistema racionalista que satura as escolas e universidades em todo o planeta ensina os alunos a conhecerem a matemática numérica, em que dividir é diminuir. Ótimo! Entretanto, não ensina a complexa matemática da emoção, em que dividir sem medo e amarras nossos conflitos aumenta a capacidade de solução. Instrui-nos sobre as regras da gramática, para que possamos ler, escrever e falar. Excelente! No entanto, não nos treina a usar essa língua para falar conosco e apaziguar nossos fantasmas mentais, como autopunição, autocobrança, ansiedade. Quem fala consigo é tachado de psicótico. Em qual escola se ensina os alunos a dar um choque de lucidez em seus pensamentos perturbadores? É quase inacreditável que no fórum da mente humana não há advogado de defesa, os direitos humanos são violados assombrosamente. Brilhantes advogados nunca aprenderam técnicas de gestão da emoção para se protegerem. Por exemplo, eles sofrem por antecipação e simplesmente não fazem nada para evitar sua condenação! Como irão pacificar conflitos dos outros se vivem assombrados pelos seus? O psiquismo humano tornou-se terra de ninguém!

A educação racionalista não nos ensina a falar sobre nossas lágrimas para que nossos filhos e alunos aprendam a chorar as deles. Não formamos filhos resilientes porque não sabemos nos colocar como seres humanos em construção. Há pais cultos e bem-intencionados, mas que perdem seus filhos por serem excessivamente cartesianos. São excelentes para apontar falhas, e não para aplaudir acertos; estão preparados para concertar máquinas, mas não para formar mentes livres e emocionalmente saudáveis. Quem não consegue exaltar ou parabenizar todos os dias as pessoas com as quais se relaciona, ainda que sejam comportamentos diminutos, não está apto para educar a emoção. A educação racionalista, mesmo na pós-graduação *Lato Sensu* ou *Stricto Sensu*, nos habilita a resolver problemas lógicos, mas não a nos colocar no lugar dos outros, a pensar antes de reagir e a saber que todas as grandes escolhas têm perdas. Sem tais habilidades de gestão da emoção e socioemocionais, nós poderemos ter pessoas despreparadas para dirigir nações, estados, municípios e instituições, saturadas da necessidade neurótica de poder, de estarem sempre certas e de serem o centro das atenções sociais.

O Eu representa a autonomia, a consciência crítica, a identidade social e a capacidade de escolha ou livre-arbítrio. Precisamos mudar a era da educação mundial para que a humanidade seja mais pacífica, pacificadora, generosa, inteligente e viável; enfim, precisamos mudar a era da informação para a era do Eu como gestor da mente humana. Gerir a mente é gerir globalmente a psique, como pensamentos, fantasias, impulsos, ideias, sentimentos, enquanto gerir a emoção é gerir em particular o universo das experiências emocionais, que são ferramentas mais penetrantes para sermos autores de nossa história, pelo menos o tanto quanto possível. Em muitos textos aqui nesta obra, essas duas gestões se interpõem. Ser gestor da emoção é saber viajar para dentro de si mesmo, filtrar estímulos estressantes, ser altruísta, solidário, inventivo, ousado, resiliente, trabalhar perdas e frustrações, ser um consumidor emocional responsável, reeditar janelas traumáticas ou *killer* e escrever os capítulos mais importantes de nossa história nos momentos mais angustiantes de nossa existência.

Minha tese é de que, nessa mudança de era na educação mundial, a indústria dos transtornos psíquicos, dos conflitos sociais, da discriminação, do terrorismo, do femininicídio, da violência contra os filhos da humanidade, das guerras, do homicídio e dos suicídios não se reverterá.

"Uma das teses de gestão da emoção que salta aos olhos é quanto pior a qualidade da educação mais importante será o papel da psiquiatria e psicologia, bem como das ciências jurídicas, pois mais doentes seres, mais conflitos produziremos...".

Neste capítulo introdutório, falarei sobre as ferramentas universais para solucionar ou pacificar os conflitos interpessoais. Essas ferramentas estão baseadas na produção de conhecimento de vários pensadores, em destaque na Teoria da Inteligência Multifocal, que desenvolvi ao longo de mais de trinta anos neste país, que não valoriza seus cientistas na estatura que merecem, tampouco prestigia a produção de conhecimento em ciência básica.

Freud, Skinner, Piaget, Vygotsky, Fromm, Sartre, Nietzsche, Hegel, Kant, enfim os grandes pensadores da psicologia, das ciências da educação e da filosofia, brilharam em suas teorias, mas não tiveram a oportunidade de estudar, sistematicamente, talvez a última fronteira da ciência, que é o processo de construção de pensamentos, sua natureza, seus tipos e os fenômenos que leem a memória em milésimo de segundos, bem como o processo de formação do Eu como gestor da mente humana. A construção dos pensamentos forma o espetáculo dos espetáculos na ciência: a consciência existencial.

Talvez não dêmos importância em sermos uma espécie consciente, o que é um erro crasso, pois toda ciência, conhecimento, informação, definição, conceito, observação, curiosidade, identidade social, conflito emocional ou interpessoal, existem porque temos uma consciência. Sem esta, seríamos átomos errantes, não saberíamos quem somos, onde estamos, o que queremos e quem amamos. Não haveria livros nem leitores, pintura nem observadores, escola nem alunos. Sem a consciência existencial, o infinito e o diminuto, as vaias e os aplausos, por exemplo, seriam a mesma coisa.

Pense o pensamento como colcha de retalhos da consciência e você nunca será mais o mesmo! Pensei muito o pensamento nas últimas décadas detalhadamente. Comecei a analisar e produzir conhecimento sobre o mundo dos pensamentos desde que sofri uma crise depressiva no início da minha faculdade de medicina. Fiz milhares de perguntas para mim sobre mim mesmo, entre elas: o que penso; como penso; o que são os pensamentos; quais são seus tipos; por que não os gerencio; como eles são construídos, experimentam o caos e desaparecem. Questionei também muitíssimo o território da emoção, qual sua natureza, como as emoções se constroem nos bastidores de nossa mente, indaguei se a dor, seja qual for, é real ou imaginária, por que pequenos estímulos frustrantes podem gerar grande volume emocional, por que as emoções não têm durabilidade, qual a relação entre os pensamentos e as emoções, por que temos tendência a ruminar o passado ou sofrer pelo futuro. Milhares de perguntas permearam minha mente, inclusive quando fiz mais de 20 mil atendimentos psiquiátricos e psicoterapêutico e considerei cada paciente não mais um número, mas um universo a ser explorado. E todo esse processo me levou a escrever mais de três mil páginas antes de publicar meu primeiro livro –

hoje são mais de 50 obras – e a começar a desenvolver o primeiro programa da atualidade de gestão da emoção, antes mesmo de Daniel Goleman publicar seu livro *Inteligência emocional*. A partir dessa produção de conhecimento, vamos ver sinteticamente algumas ferramentas de gestão da emoção para a solução pacífica de conflitos, que é o foco desta obra.

1. CONHEÇA A TI MESMO PARA PACIFICAR OS CONFLITOS

Obras como esta (*Soluções pacíficas de conflitos: para um Brasil Moderno*) se fazem urgentes, pois revelam uma nação enferma, com baixo limiar para suportar frustrações, polarizada, judicializante, asfixiada por infindáveis processos. São mais de 100 milhões de processos para cerca de 20 mil magistrados. Como é possível diante de tantos processos ter justiça social? Como é possível cuidar da saúde dos magistrados e promotores e de outros atores do sistema judiciário se muitos têm trabalho intelectual que esgota o cérebro? Como ter segurança jurídica e uma sociedade mais eficiente e generosa se os processos se multiplicam em uma velocidade inenarrável?

Neste livro, a psiquiatria e a psicologia entrarão no ninho das ciências jurídicas, declarando que é fundamental conhecer minimamente o funcionamento da mente dos atores que são agentes causadores dos conflitos, dos personagens que são vítimas, bem como dos nobres profissionais que atuam no sistema judiciário, como advogados, policiais civis e militares e dos guardiões da Constituição da nação, como juízes e promotores.

Conhecer o *Homo sapiens* é vital para compreender como e "por que" ele deixa de ser *sapiens* nos focos de tensão e passa a ser *Homo instintus*. Conhecer algumas camadas do psiquismo humano é igualmente vital para extrairmos ferramentas de gestão da emoção e as utilizarmos para o desenvolvimento de autonomia, autocontrole, habilidade para ser protagonista, e não vítima, de sua própria história. No antigo Templo de Luxor, no Egito, na parte interna está escrito um dos provérbios "Conheça a ti mesmo e conhecerá os deuses". Parafraseando esse pensamento: conhecer a si mesmo nos faz em destaque conhecer nossos fantasmas mentais. Quem não conhece os fantasmas que o assombram terá menos habilidade para abrandar os vampiros que sangram seu território da emoção e dos outros.

Pessoas tensas e que não mapeiam sua ansiedade causam mais estresse no ambiente. Já as pessoas hipersensíveis e que não têm consciência de que não têm proteção emocional se acham vítimas do mundo. Por sua vez, pessoas impulsivas que diariamente reagem sem pensar têm menos habilidade para ter empatia. Por fim, pessoas que não sabem minimamente perder e não têm consciência crítica desse defeito em sua personalidade não estão preparadas para competir e nem para ganhar.

Por não conhecermos algumas das camadas do tecido que nos tece como *Homo sapiens*, essa fascinante e contraditória espécie pensante, não sabemos relaxar, gerenciar nossa emoção, aquietar nossos pensamentos, ser pacíficos e pacificadores. Reitero, pacificar conflitos começa primeiramente por aprender a pacificar minha mente, e pacificar minha mente começa por aprender a ser um bom gestor da minha emoção, e para ser um bom gestor da minha emoção tenho de aprender a impugnar, discordar e confrontar minhas próprias emoções e pensamentos perturbadores; enfim, ter um Eu que no "Fórum do meu cérebro" seja um advogado de defesa da minha saúde emocional...

Há uma regra no programa de gestão da emoção seríssima. Toda pessoa rígida, egocêntrica, egoísta e individualista pisa na superfície da sua própria mente, não se aprofunda e, por isso, só enxerga seus direitos, e não seus deveres, tem pouca flexibilidade para ser um pacificador. Temos de saber que há um mundo a ser descoberto nos bastidores da mente humana. Um mundo além dos conflitos, das crises, da massificação da cultura, do consumismo, da cotação do dólar, da tecnologia, da ditadura da beleza e da Constituição de uma nação. Um mundo tão rico que demonstra que os fenômenos inconscientes que constroem cadeias de pensamentos e emoções operam em milésimos de segundo, inclusive nas crianças com síndrome de Down.

Quando uma criança com essa síndrome diz "mamãe, eu quero água", ela entra em sua memória e, em meio a bilhões de opções, identifica seu "eu", sua mãe, sua necessidade, emprega um verbo e um substantivo e dá crédito fatal, que a agente, sua mãe, a entende e satisfaz sua necessidade. Esse simples pensamento é tão complexo e assertivo como apontar uma arma em Pequim para Nova York e acertar uma mosca voando. Um dos maiores erros das ciências humanas foi não ter estudado sistematicamente o processo de construção de pensamentos, o que incentivou o cartesianismo nas escolas e fomentou toda sorte de discriminação, inclusive promoveu a escravidão vexatória dos negros.

Só é capaz de discriminar seres humanos por cor da pele, sexo, idade, cultura acadêmica, religião, saúde física e mental, quem nunca pensou minimamente o pensamento; quem nunca compreendeu os fenômenos os tece como ser pensante. A violência tem múltiplas causas, a ignorância é a maior delas. Os superficiais excluem os diferentes, os mentalmente profundos deslumbram-se com eles e os abraçam mais. Os superficiais os desprezam, os intelectualmente notáveis proclamam "obrigado por existirem!".

Há seres humanos incríveis que andaram na contramão da história. Há dois milênios, como descrevo no meu romance psiquiátrico *O homem mais inteligente da história*, que deve se tornar um seriado, um mestre da Galileia era tão deslumbrado com o ser humano que transformou prostitutas em rainhas e leprosos em príncipes. Correu risco de vida por eles. Ele enxergava além do verniz social. Somos capazes de ouvir o inaudível e perceber o invisível, mesmo naqueles que nos frustram? Infelizmente, todas as religiões e universidades falharam em não estudar a sua mente sob os ângulos da ciência. Ele também teceu uma tese simples, mas notável de gestão da emoção "amai o próximo como a ti mesmo". Hoje até os religiosos que o seguem estão adoecendo coletivamente, pois o próximo de um ser humano não mais é seu/sua parceiro(a), filho(a), aluno(a), professor(a), mas um celular, cuja tela tem um comprimento de onda que bloqueia a molécula de ouro do sono, a melatonina. E o que é pior, o excesso de estímulo dos aparelhos digitais mexe com o ciclo da dopamina, gerando prazer e frustrações em uma velocidade espantosa, provocando alta dependência psicológica, nos níveis das drogas psicotrópicas estimulantes. A educação racionalista, que era falha, mostrou sua notável impotência na era da intoxicação digital.

2. GESTÃO DA EMOÇÃO É A CHAVE DA PACIFICAÇÃO

Gestão da emoção diz respeito não apenas a técnicas que contribuem para o desenvolvimento da inteligência emocional, mas muito mais. Corresponde a um corpo de ferramentas, como gerenciar os pensamentos, D.C.D. (duvidar, criticar, determinar), Mesa redonda do Eu (o Eu reunindo com nossos conflitos, perdas, decepções, ideias perturbadoras e reciclando o lixo mental), contemplar o belo, libertar o imaginário para se reinventar, desenvolver resiliência, empatia, capacidade de pensar antes de reagir, ser líder de si mesmo e muitas outras.

Sem gestão da emoção, ricos se tornam miseráveis, casais começam seu relacionamento no céu do romance e o terminam no inferno dos atritos, colegas de trabalho podem se digladiar, pessoas em conflitos podem encarar seus desafetos como inimigos a serem abatidos, e não como dois seres humanos que podem se reinventar e superar suas diferenças.

Além disso, sem gestão da emoção, ainda que aprendida empiricamente, os circuitos da memória podem se fechar nos focos de tensão, levando-nos a nos intimidar ou reagir violentamente, como elevar o tom de voz, pressionar, chantagear, ser repetitivo, conduzindo-nos, enfim, a viver a síndrome predador-presa, ser vítimas ou agressores, inclusive de quem amamos.

As técnicas de gestão da emoção objetivam também promover a personalidade de um ser humano, para se tornar cada vez mais uma mente livre, emocionalmente saudável, tranquila, estável, proativa, ousada, sonhadora, pacífica e pacificadora. No entanto, a taxa de evolução não é a mesma para todo ser humano. Há seres humanos com 40 ou 50 anos de idade, mas uma idade emocional de 10 ou 15 anos. Sintomas: querem tudo rápido e pronto, não elaboram suas experiências, são intolerantes às frustrações, têm a neurose de ser o centro das atenções, amam o prazer imediato, gastam muito mais do que ganham, não reconhecem seus erros, não pedem desculpas, não crescem diante da dor, repetem os mesmos erros.

A taxa de evolução da personalidade de um ser humano não está ligada diretamente aos títulos acadêmicos, ao sucesso financeiro ou a uma religião. É de foro íntimo. Um ser humano que tem uma taxa de evolução mais encorpada reconhece suas limitações, detecta suas fragilidades, sabe pedir desculpas, sabe ser empático, recicla seu ciúme e inveja, ama promover os outros, é rápido em elogiar e lento em julgar, coloca-se como um ser humano em construção, tem plena consciência que ninguém pode ser um líder no teatro social se primeiramente não for lide de de si mesmo.

Toda pessoa que se defende demais quando criticada, tem uma proteção doentia, é incapaz de reconhecer erros, é contaminada pela necessidade neurótica de ser perfeita. Evolui lentamente. A dúvida é o princípio da sabedoria na filosofia. Quem não duvida de si mesmo é candidato a ser um deus, atropela a tudo e a todos, é uma fonte inesgotável de atritos, disputas e discórdias. Não saberá gerir sua mente e, portanto, não saberá pacificar sua mente nem a mente dos outros, ainda que faça mil cursos de solução pacífica de conflitos. Logo, o topo da maturidade humana não consiste em aplausos sociais, sucesso financeiro, oratória ou cultura acadêmica, mas em conquistar uma mente apaixonada pela vida e que se coloca sempre como eterna aprendiz.

Questione: como entramos na memória em meio a bilhões de opções e em milésimos de segundo resgatamos os elementos que constituem as mais débeis das ideias? De olhos vendados, sem apoio e GPS, conseguiríamos encontrar um endereço de um amigo que mora distante de nossa residência sem esbarrar em nenhum objeto? Certamente que não. Mas como entramos na cidade da memória e encontramos os endereços que constituem os pensamentos? Não somos átomos errantes no caos do universo. Reitero, somos seres conscientes. Pensar nesses fenômenos que raramente foram analisados, mesmo pelos grandes teóricos das ciências humanas, muda-nos completamente. Entenderemos que até os pensamentos estúpidos ou toscos ou que imprimem medo pelo futuro são construídos com exímia sofisticação.

Quem me conhece sabe que julgo muito pouco as pessoas. Tenho certa aversão ao ouvir pessoas falando mal uma das outras, rápidas em julgar. Esse meu comportamento não é porque sou perfeito; ao contrário, porque aprendi a conhecer um pouco minhas minhas falhas, limitações, fragilidades, conheço o emaranhado que sou. Quem conhece suas loucuras aponta um dedo para o outro e três para si. Somos tão complexos que quando não temos problemas nós os criamos. Quais problemas você cria para si mesmo? Questionarmos desse modo expande o limiar para suportarmos frustrações, fazendo-nos mais flexíveis, mais inclusivos, mais pacíficos e mais dispostos a darmos uma nova chance para nós e para os outros.

3. A COMPLEXA NATUREZA DOS PENSAMENTOS E AS ARMADILHAS DA PACIFICAÇÃO: NINGUÉM MUDA NINGUÉM, SÓ O OUTRO SE REPENSA

Uma ferramenta de gestão da emoção para pacificar os conflitos é entender minimamente as armadilhas ligadas à mais complexa fronteira da ciência: a natureza dos pensamentos conscientes. Um tema fundamental, mas um buraco negro nas ciências humanas. Um assunto de vital importância para a construção das relações com o mundo que somos e em que estamos, mas pouquíssimo investigado. Uma pergunta fatal inicia esse tema: o pensamento consciente é real ou virtual?

Quando um pai aconselha um filho, um professor critica um aluno, um casal discute seus problemas, um psicólogo orienta um paciente, um juiz julga um réu ou um advogado o defende, o pensamento que eles utilizam para analisar, intervir, debater, é de natureza real ou virtual? Essa é uma grandiosa questão que pode mudar tudo que sabemos sobre nós, sobre nossa história e sobre todos os movimentos sociais. Tenho feito essa pergunta para plateia de juízes, promotores, médicos, psicólogos, educadores, líderes sociais, muitos ficam perturbados, pois nunca pensaram nesse tema, outros são rápidos em dizer: claro, o pensamento é real. No entanto, estão completamente enganados.

Não vou entrar em detalhes devido à complexidade do tema e para não fugir do foco deste livro, mas, sob o ângulo da gestão da emoção e do processo de construção de pensamentos, há três tipos de solidão. A primeira é a solidão social, em que a sociedade nos abandona, exclui, discrimina, diminui, humilha. A sociedade funciona como nosso carrasco ou predador. A segunda é a solidão do autoabandono, em que nos tornamos carrascos de nós mesmos, nos autodiminuímos, chafurdamos na lama do sentimento de culpa, da autopunição, do sentimento de incapacidade e da falta atroz de sentido existencial. Essa segunda pode colocar mais em risco nossa saúde mental do que a primeira, induzindo não poucos ao suicídio. As pessoas atentam mais contra suas vidas quando elas se abandonam do que quando a sociedade as abandona.

E a terceira, mais penetrante e profunda solidão, pouquíssimo estudada na ciência, é a solidão paradoxal da consciência virtual. É sobre ela que vou discorrer agora. Das três mil páginas que escrevi sobre a teoria da Inteligência Multifocal, duas mil páginas continuam quase inéditas. E esse tema é um dos assuntos que raramente toquei em meus demais livros. Os dois primeiros tipos de solidão são tóxicos, asfixiam a liberdade, o prazer de viver e a saúde emocional, mas esse terceiro tipo de solidão é inevitável e profundamente necessário para que a mente do *Homo sapiens* seja uma usina ininterrupta de pensamentos e emoções.

Por que você e eu não paramos de pensar, sentir, construir personagens, nos preocupar, sonhar? Por causa da ansiedade vital patrocinada pela solidão paradoxal da consciência virtual. Trabalhamos, animamo-nos, vamos a festas e encontros, temos ambição, curiosidades, viajamos, construímos novos amigos, porque, no fundo, na essência do que somos, nós estamos sós, profundamente sós, e essa solidão gera uma ansiedade saudável que movimenta nosso planeta psíquico a não parar nunca de se movimentar, a sempre procurar a incansável realidade do mundo e das pessoas gerada pela consciência virtual. Estamos sós, somos seres únicos, mas dramaticamente solitários, o que nos impele a procurarmos desesperada e saudavelmente construir pontes com o mundo conscientizado.

Sem entrar em detalhes, os vários espectros do autismo podem contrair esse terceiro tipo de solidão e asfixiar a socialização. Todavia, há uma esperança. Há um biógrafo inconsciente do cérebro, chamado fenômeno RAM (registro automático da memória), que, se estimulado pela técnica de ouro da gestão da emoção, a TTE (técnica da teatralização da emoção), em que pais e todos ao redor superexaltam diariamente cada comportamento saudável da criança autista e, quando ela decepciona, demonstra teatralmente que está triste, sem puni-la, acelera a socialização. O mecanismo é o seguinte: a TTE feita diariamente por tudo e por todos promove a atuação do fenômeno RAM e, consequentemente, o registro das experiências no córtex cerebral, formando plataformas de janelas ou arquivos que, por sua vez, alavancam o processo de formação da consciência existencial e, por consequência, também promove a solidão paradoxal, gerando uma ansiedade vital e saudável que acelera a construção de pontes da criança autista com seus pais e outros em busca de retorno emocional ocasionado pela TTE; assim, promove-se a socialização.

Quando descobri a ferramenta de gestão da emoção TTE, os pacientes deram um salto sem precedentes. Ela funciona, inclusive, com crianças e adolescentes hiperativos, ansiosos, radicais, difíceis. Funciona com colaboradores para melhorar o clima na instituição, além de contribuir muito para solucionar pacificamente os conflitos. A TTE nos estimula primeiro a exaltar a pessoa que erra, para depois tocar em seu erro, sua estupidez, suas "loucuras". Não elevem o tom de voz, não agridam, não sejam entediantes, não sejam repetitivos, ninguém muda ninguém, pois o pensamento consciente é virtual, não muda a emoção, que é real, nem os arquivos cerebrais, que também são concretos. A TTE leva os outros a se reciclarem, eles mesmos a reescreverem suas histórias. Em casos graves, elas devem ser feitas diariamente por anos. Toda mente é um cofre, não existem mentes impenetráveis, mas chaves erradas.

Todos vivemos numa bolha virtual. A consciência jamais incorpora a natureza intrínseca do objeto conscientizado. Entre um pai e um filho existe um antiespaço. Entre um parceiro e uma parceira existe uma solidão intransponível. Eles podem se beijar e se abraçar fisicamente, mas, quando pensam, discutem ou debatem, eles estão em universos diferentes, próximos fisicamente, porém infinitamente distantes em termos de consciência um do outro.

Vamos comparar. Quando comemos uma porção de pães, todos sabem que comemos em destaque carboidratos. Por que sabemos a resposta? Óbvio, porque a natureza intrínseca dos alimentos foi amplamente estudada! Entretanto, a natureza dos pensamentos não foi estudada, o que tem gerado graves consequências, inclusive para a viabilidade da espécie humana, para a solução de conflitos não apenas emocionais e sociais mas também internacionais na sede da ONU (Organização das Nações Unidas). Vamos explanar. Se o pensamento consciente fosse concreto ou real, um juiz penetraria na essência dos pensamentos de um réu e seria infalível seu julgamento; um psiquiatra sentiria o drama de um ataque de pânico de um paciente. Contudo, interpretamos os comportamentos dos outros, jamais penetramos em sua essência. Se a consciência não fosse virtual, ela não seria tão plástica, flexível e incrivelmente criativa. Não pensaríamos no futuro, pois ele é inexistente; nem resgataríamos o passado, uma vez que ele é irretornável; não construiríamos personagens em nossa mente, visto que teríamos de ter sua psique aninhada em nossa própria mente.

Reitero, estamos todos profundamente sós, mas o que parece trágico é vital para sermos a espécie que somos. A virtualidade da consciência existencial nos impulsiona a sermos uma usina de sonhos, desejos, expectativas, ideias, saudades, relações sociais. Sabem aquelas pessoas que têm todos os motivos para se aposentar, acomodar, sentar na sacada esperando a morte chegar, pois já tiveram sucesso social e financeiro, porém não param nunca? Porque são eternamente jovens. Não devem parar. Devem apenas fazer a jornada do coração, a que dá lucro para emoção, até o último suspiro existencial. Tenho dito para muitas celebridades que treino, se não fizerem a segunda jornada, a jornada do coração, poderão se autodestruir, se deprimir. Aposentar a mente é assassinar o prazer de viver. O corpo envelheceu, mas a mente delas é de um jovem aventureiro.

De outro lado, há jovens de 20 ou 25 anos que estão em um asilo emocional, envelheceram precocemente no território da emoção. A intoxicação digital, a timidez, o excesso de atividades e as redes sociais envelhecem-nos no único lugar que é inadmissível envelhecer. Quanto mais idosa emocionalmente é uma pessoa, mais intolerante e mais causadora de conflitos ela é. Da para perceber que os melhores dias para o sistema judiciário não estão por vir... Por isso, solução pacífica de conflitos é vital.

Concluindo: se o pensamento é virtual, não entendo o outro em sua realidade. As partes em conflitos se digladiam como inimigos, como se uma soubesse exatamente o que a outra pensa, como se conhecesse todas as suas motivações, mas isso é impossível. Deve-se ensinar as partes que a consciência virtual nos faz entender o outro sempre a partir de nós mesmos! Deve-se, portanto, treinar, durante todo o processo de tentativa de solução pacífica de conflitos, que nosso Eu, representante da consciência crítica e da capacidade de escolha, deve se esvaziar o tanto quanto possível de nós mesmos, para contaminarmos menos o processo de interpretação e sermos mais justos, dosados e, em destaque, tolerantes. Sem esse treinamento, solução pacífica de conflitos é quase uma utopia.

Todavia, em que universidade ou em que fórum se ensina aos atores em conflito que a consciência é virtual e que a verdade é um fim inatingível, que devemos gerir nossa emoção para nos esvaziar de nós mesmos para abrandar nosso estresse e nossas frustrações para ter habilidade para pensar antes de reagir e, assim, ter mais condições de solucionar pacificamente os conflitos? Todo mediador dos conflitos deve exaltar a pessoa ferida, frustrada, com seu direito aviltado, deve fazer a TTE, valorizar a capacidade intelectual dela, sua habilidade de ser empática e de entender que, por detrás de uma pessoa que fere, há uma pessoa ferida. Todo mediador deve também exaltar a pessoa que feriu ou causou conflito, estimulando sua empatia e promovendo sua consciência crítica. Caso contrário, ele não vai se colocar no lugar do outro. Como tudo é virtual, ele vai ficar em sua bolha virtual individualista e egocêntrica.

Resumindo: 1- As partes devem desejar solucionar pacificamente seus conflitos, evidenciando que o custo emocional e processual tem suas vantagens. 2- As partes estão sequestradas em uma bolha virtual, tendo a falsa crença de que conhecem a essência psíquica intrínseca do outro, as motivações, as intenções, levando-as a serem divinas, e deuses não estão aptos a pacificar. 3 - Só seres humanos em construção estão aptos para solucionar pacificamente os conflitos. 4- Orientar que os pensamentos conscientes são de natureza virtual. Tal consciência bombardeia nosso egocentrismo e nos estimula a nos esvaziar de nós mesmos para entender o outro mais próximo do que ele é e menos próximo do que nós somos. 5- Exaltar a inteligência das partes por meio da Técnica da teatralização da emoção, TTE. Exaltar e promover as habilidades das partes abrandam as tensões e estimulam a autoestima e autoconfiança para solucionar pacificamente os conflitos. 6- As partes devem saber que todas as escolhas têm perdas. Ninguém pode querer ganhar o essencial, seja qual for, se não estiver disposto a perder o trivial.

4. A SPA — SÍNDROME DO PENSAMENTO ACELERADO — E A EXPANSÃO DOS CONFLITOS NA ERA MODERNA

Podemos acelerar tudo no mundo físico e, consequentemente, aumentar a produtividade. Se aumentarmos a velocidade dos *chips*, dos robôs, dos processos nas empresas, a velocidade das aeronaves, a produção de imagens diagnósticas, ganhamos produtividade. Uma pergunta vital: se aumentarmos a velocidade da construção de pensamentos, ganhamos produtividade? Tornamo-nos mais inteligentes? Há um limite e, frequentemente, o ultrapassamos. Um aumento brando na velocidade da construção de pensamentos pode ser útil e facilitar a construção das respostas, mas um aumento intenso é prejudicial, asfixia a criatividade, torna a mente estéril, capaz de gastar muita energia com pouca eficiência. Um dos resultados é acordar cansado.

Todo ser humano hiperestimulado pelo excesso de trabalho, pelos compromissos, pela responsabilidade e, em destaque, pelas informações, tem tendência a desenvolver a Síndrome do Pensamento Acelerado (SPA). Esses excessos estimulam os quatro fenômenos inconscientes que leem a memória sem a autorização do Eu: Gatilho, Janela, Âncora e Autofluxo. Enquanto vocês me leem, o "Gatilho" da memória está disparando centenas de vezes, abrindo milhares de "Janelas" ou arquivos com milhões de dados, a "Âncora" está fixando o território de leitura para dar foco, e o "Autofluxo" está lendo esta área para que vocês não se dispersem. Caso contrário, leriam essa página e não se lembrariam de nada, como muitos o fazem. Esses fenômenos inconscientes são copilotos do Eu para dirigir a complexa aeronave mental.

Quem tem a mente acelerada, a SPA, tem enorme dificuldade de conviver com pessoas lentas, atropela-as com frequência. Não tem paciência para ouvi-las. Atira para todos os lados, mas acerta pouco. Outra pergunta vital: se expandirmos a velocidade da transformação das emoções, conquistaremos mais saúde emocional, teremos mais prazer, satisfação e sentido existencial? Não. A velocidade do pensamento pode ser aumentada um pouco e poderá haver ganhos, mas, se aumentarmos a troca de emoções como se troca de roupa, ela será emocionalmente instável, flutuante, lábil, angustiada, pouco resiliente e acompanhada de sintomas psicossomáticos, como dores de cabeça, musculares, nó na garganta e outros. Pode aumentar a taxa de conflitos emocionais e suicídios. Talvez a maior causa da explosão de suicídios no mundo é que a hiperaceleração de pensamentos, a SPA, hiperacelera, por sua vez, a flutuação ou as mudanças emocionais, diminuindo muitíssimo a capacidade de suportar frustrações, o que, consequentemente, gera o autoabandono e promove atitudes suicidas jamais vistas na humanidade, mesmo entre crianças e adolescentes. Os psiquiatras, psicólogos, neurologistas, pedagogos e outros profissionais devem entender e estar em estado de alerta sobre esses fenômenos. Sem entrar em detalhes, crianças precisam ter infância e não ser uma máquina de atividade, adolescentes precisam se aventurar, praticar esportes, aprender instrumentos. Ambos precisam contemplar o belo, se reinventar, falar dos seus fantasmas, de seus pais, sobre o que o dinheiro não pode comprar. É um crime usar celular ao redor de uma mesa de jantar. Como querer pacificar um conflito dos outros se nossas famílias é um grupo de estranhos, às vezes vivem em pé de guerra, ainda que silenciosa?

A mente humana precisa de serenidade ou acalmia emocional e intelectual para pensar antes de reagir, ser empática, segura, prazerosa, se reinventar e dar respostas inteligentes nos focos de tensão. Ela pode ser menos rápida, mas será mais ousada e assertiva; pode ser menos espalhafatosa, mas será mais eficiente, pois é dotada de um raciocínio multifocal, profundo, sofisticado.

Mentes inquietas agem pelo fenômeno ação-reação, bateu-levou, enquanto mentes autocontroladas se colocam no lugar dos outros. Mentes agitadas são impulsivas, querem tudo rápido e pronto, enquanto mentes tranquilas pensam nas consequências dos seus comportamentos. Mentes ansiosas, portadoras da SPA, têm baixo limiar para suportar frustrações, pequenas críticas ou contrariedades furtam sua paz, enquanto mentes geridas pelo Eu são resilientes, têm alta capacidade de suportar frustrações. Concluindo, mentes agitadas são promotoras de conflitos, mas mentes que têm gestão da emoção são pacificadoras.

Há pessoas que me dizem orgulhosamente: sou honesto comigo, nunca levo desaforo para casa. Minha resposta é: claro, você é um desequilibrado, sua mente não tem autocontrole, pois, sem gestão, passará por cima do parceiro(a), filhos, amigos, colegas de trabalho, pressionará, chantageará, ameaçará. Quem se gaba de ser honesto de mais pode ser, sem perceber, desequilibrado demais. Se vivermos com milhares de animais, talvez nunca seremos frustrados, mas, se convivermos com um ser humano, cedo ou tarde seremos frustrados ou frustraremos. Tolerância é a chave. Ninguém muda ninguém, temos o poder de piorar os outros, e não de mudá-los. Por quê? Já vimos, porque o pensamento tem natureza virtual. E o virtual não muda as matrizes da memória nem as emoções, que são concretas. Solucionar pacificamente conflitos passa por ajudar a aquietar, acalmar, gerir a emoção das partes, para que elas mesmas se reciclem. Não queiram operar o cérebro de quem está em conflito, por mais que seja óbvia a superação. Uma pedra para nós pode ser uma montanha no território da mente dos outros...

Mentes saudáveis são lentas para atritar, mas rápidas para compreender; lentas em condenar, mas rápidas em dar uma nova oportunidade; não levam desaforo para casa não porque não têm habilidade para atritar, discutir ou elevar o tom de voz, mas porque gerem suas emoções e, por gerirem, não compram o que não lhes pertence, pois sua paz vale ouro, o resto é insignificante. Essa ferramenta de gestão da emoção é poderosa para prevenir conflitos de todas as ordens.

Não podemos nos esquecer de que o mais atuante dos fenômenos inconscientes no córtex cerebral é o fenômeno RAM, registro automático da memória. Ele é o biógrafo não autorizado do cérebro. Arquiva em frações de segundo todo estímulo físico (visual, sonoro, tátil) e intrapsíquico (pensamentos, emoções, fantasias, reações instintivas). O grandioso e perigoso problema é que, na era da intoxicação digital, a quantidade de estímulos a que as crianças, adolescentes e adultos se expõem não tem precedente na história, nunca foi experimentada pelo cérebro humano no passado, acelerando a sua construção intelecto-emocional. A SPA produz uma agitação mental que simula a hiperatividade ou o transtorno de déficit de atenção e hiperatividade (TDAH), o que faz com que médicos no mundo todo errem o diagnóstico e prescrevam drogas da obediência para um problema que não é genético-metabólico, o qual atinge 1 a 2%, enquanto a SPA que nós causamos em nossos filhos e alunos atinge 70 a 80% ou mais.

Uma criança de sete anos de idade tem provavelmente mais informações arquivadas em seu cérebro do que um imperador tinha no auge de Roma. O acesso a informações que uma criança tem, se conectada várias horas em apenas um dia de uso de um *smartphone*, pode ser tão grande que ultrapassaria o acesso a informações que um ser humano médio adquiriria no passado. Como disse e reafirmo, o uso indiscriminado de *smartphone*, além de alterar a molécula de ouro do sono, a melatonina, mexe com o ciclo da dopamina, gerando experiências rápidas de prazer e dor, o que promove uma dependência digital nos níveis de drogas poderosas, como a cocaína. Retire o celular de um adolescente e observe os sintomas da síndrome de abstinência, como ansiedade, insônia, humor depressivo, tédio atroz e outros. E um magistrado, promotor ou advogado sofrem também a SPA? Toda pessoa que tem trabalho intelectual intenso pode ser vítima. Esses profissionais provavelmente tenham mais informações depositadas em seu cérebro do que dez seres humanos tinham antes do século XIX! É inumano e insuportável. Os sintomas são proeminentes, como mente agitada, fadiga ao acordar, dores de cabeça, dores musculares, sofrimento por antecipação, excesso de autocobrança, dificuldades de conviver com pessoas "lentas", sono de má qualidade, esquecimento, irritabilidade, déficit de tolerância diante das contrariedades e muito mais.

Depois que descobri a SPA, tenho procurado de todas as formas alertar milhões de leitores em mais de 70 países, mas pareço uma voz solitária em uma sociedade doente. Espero que o leitor seja um embaixador dessa nova modalidade de educação. Uma séria questão: por que sofremos por antecipação? Se o pensamento é virtual, por que nos angustiamos? O virtual não é estéril? Sim, é estéril, porém sofremos, como vimos, porque a emoção não é virtual, é real, concreta, essencial. Todavia, a emoção será sempre ingênua, um eterno bebê. Quem a amadurece é o Eu. O Eu está no limbo entre o pensamento de natureza virtual e a emoção de natureza concreta. Quando não treinamos o Eu para gerir a emoção, ela fica solta, irresponsavelmente livre, uma ofensa estraga o dia, uma calúnia compromete o mês ou uma vida. Como a educação cartesiana ou racionalista não educa o Eu para ser líder de si mesmo, gestor da sua mente, viver em sociedade é viver sem proteção, é viver debaixo de conflitos. No máximo, algumas sociedades, como a dos países nórdicos, desenvolvem mais fortemente alguns valores, como ética, honestidade, cumplicidade social. No entanto, é muito pouco para prevenir transtornos psíquicos, suicídios, conflitos sociais e guerras na humanidade. A taxa de viabilidade da nossa espécie está diretamente ligada à taxa de desenvolvimento do Eu como gestor da mente e da emoção, pois, somente sendo gestor, pensaremos em primeiro lugar como humanidade, e não apenas como grupo social, seremos mais empáticos, inclusivos, altruístas, solidários, inventivos, resilientes, filtradores de estímulos estressantes, contemplativos e felizes.

5. A SÍNDROME PREDADOR-PRESA: MECANISMOS PRIMITIVOS DO CÉREBRO QUE ESTÃO NA BASE DOS CONFLITOS HUMANOS

Outra síndrome que está na base da produção dos conflitos humanos desde os primórdios da civilização humana é a síndrome predador-presa. Ao descobrir a síndrome do pensamento acelerado (SPA), fiquei atônito como tivemos coragem de mexer na caixa-preta do funcionamento da mente e editar a construção de pensamentos em uma velocidade jamais vista. Ademais, ao descobrir a síndrome predador-presa, fiquei mais atônito ainda ao saber que nossa espécie tem mecanismos primitivos em seu cérebro que a levam ter sérios problemas de viabilidade, em destaque sob a égide dessa educação racionalista e exteriorizante que desenvolvemos ao longo da história.

A SPA movimenta intensamente a psique, enquanto a síndrome predador-presa bloqueia dramaticamente a psique. A SPA abre o máximo de janelas da memória, agitando a mente, estimulando-a a pensar muito, o que esgota o cérebro e, frequentemente, o torna estéril ou pouco assertivo pelo excesso de ideias, pessimismos e preocupações. Por sua vez, a síndrome predador-presa fecha o circuito das janelas do cérebro, levando-o a enxergar que sua vida está em alto risco; nesse caso, não interessa pensar, mas agir. Quantos pais, professores, alunos, parceiros, executivos, reagem como predadores nos focos de tensão, quando criticados, desafiados, confrontados, machucando, ferindo, elevando o tom de voz, agredindo, chantageando, inclusive quem ama? Quantos, ao contrário, diante de estímulos estressantes, reagem como presa, sentindo-se intimidados, asfixiados, controlados pelo medo, pelas opiniões críticas dos outros? Nesse caso, gagueja-se, há os famosos déficits de memória (famosos brancos), fica-se rubro, tem-se ânsia de vômitos. Tanto a SPA como a síndrome predador-presa esgotam o cérebro. A primeira aos poucos, a segunda subitamente, inclusive elevando muito a pressão sanguínea. Trata-se de duas síndromes quase que opostas, mas que são uma bomba para a saúde mental e para a construção de relações saudáveis e pacíficas.

Se agir como predador, o cérebro humano se prepara para lutar; se agir como presa, o cérebro se prepara para fugir. Contudo, perceba que o mecanismo luta e fuga é muito superficial. A síndrome predador-presa é muito mais complexa do que esse mecanismo. Mexe com a gestão do Eu, com os mecanismos inconscientes que nos libertam ou encarceram, com as janelas *killer*, com os fenômenos que leem a memória em milésimos de segundo e produzem as primeiras reações inconscientes no teatro de nossas mentes.

Imagine um advogado, professor universitário, e que é portador da famosa glossofobia: medo de falar em público. 75% da população mundial sofre desse tipo pernicioso de fobia. O advogado sabe toda a matéria que vai dar. Essa matéria está em múltiplos arquivos ou janelas em seu córtex cerebral. Todavia, ao pisar no palco e contemplar a plateia, dispara quatro fenômenos inconscientes que leem a memória sem autorização do Eu. Esses fenômenos são importantíssimos, mas, como disse, não foram estudados pelos grandes teóricos da psicologia, das ciências da educação e jurídicas. Eu os chamo de copilotos do Eu.

Por favor, acompanhe o processo de bloqueio mental. Diante da plateia, o primeiro copiloto do Eu, chamado de Gatilho da memória, dispara e abre as janelas do córtex cerebral, que representam o segundo copiloto. Se as janelas abertas tiverem o conteúdo da matéria, o advogado vai brilhar em seu raciocínio. Se, todavia, as janelas abertas forem *killer* ou traumáticas, que contêm o medo de falhar, de ser rejeitado, de dar um vexame, o volume de pensamentos perturbadores e de tensão acionará o terceiro copiloto, a Âncora da memória. De forma implacável, a Âncora, assim como a âncora de um navio fixa-o em um porto, fixará a leitura da memória naquela janela dramática, encarcerando o piloto da mente, o Eu, bloqueando seu raciocínio. Aprisionado no território do medo, milhares de janelas que têm o conteúdo da palestra não serão acessadas. O resultado? Uma vez o Eu encarcerado, o quarto copiloto, o Autofluxo, só conseguirá ler e reler as experiências que têm pavor, desespero, possibilidade de dar vexame. Os quatro copilotos, asfixiaram o raciocínio do advogado, gerando a síndrome predador-presa, tal qual um africano diante de uma fera nas savanas africanas. Não interessa pensar, interessa sobreviver de qualquer forma. Gaguejar, ficar rubro, aumento da ventilação pulmonar e taquicardia são reações cerebrais que preparam o advogado para uma reação extrema.

A plateia tornar-se-á seu predador, a sua fera preste a devorá-lo. Portanto, a ação dos copilotos inconscientes que deveria ajudar o Eu na tarefa de exposição do conhecimento pode, quando errar o alvo das janelas, produzir uma síndrome encarcerante. O mesmo mecanismo ocorre quando um pai perde o controle diante de seu filho "você só me decepciona!", um professor sentencia um aluno "você não vai virar nada na vida", advogado fica irritadíssimo em um fórum "esse juízo é injusto", um executivo humilha um colaborador "você é um aborto nesta empresa", um casal discute por coisas tolas "não sei por que estou com você até hoje". Mecanismos primitivos são acionados, bloqueando nosso raciocínio e causando as mais diversas formas de vexames, violências e autoviolências.

Essa síndrome está presente não apenas na glossofobia ou em mais de 100 outros tipos de fobias, mas também nas mais diversas situações estressantes. Você é uma pessoa tranquila e pacificadora ou impaciente e agressiva quando frustrada ou decepcionada? Desconheço pessoas tranquilas que não tenham seus momentos de irritabilidade, serenas que não tenham reações impensadas, seguras que não tenhas atitudes frágeis ou ainda altruístas que não bebam de vez em quando da fonte do egoísmo. Nenhum ser humano é plenamente estável, mas flutuar demais é um sintoma doente, alternar-se do céu para o inferno emocional é autodestrutivo. Viver primaveras e invernos em um mesmo dia é um sinal claro da destruição do ambiente emocional.

Já treinei juízes, médicos, psicólogos, executivos, educadores, que são muito generosos com os outros, mas se colocam em um lugar indigno de sua própria agenda, são predadores de si mesmos. Já tratei de inúmeras mulheres hipersensíveis, que são ótimas para os outros, mas algozes de si mesmas. São especialistas em comprar o que não lhes pertencem.

Cobrar demais de si, portanto, asfixia nosso cérebro; de outro lado, cobrar excessivamente do outro asfixia o cérebro dele. Quem o faz está apto para trabalhar em uma financeira, mas não para construir relações saudáveis ou solucionar os conflitos de forma inteligente e pacífica. Claro, a justiça deve ser feita, os erros devem ser corrigidos, as perdas devem ser reparadas, os crimes devem ser condenados. No entanto, há muitos conflitos que podem ser solucionados se as partes souberem as poderosas ferramentas de gestão da emoção.

Tudo que abordei tem uma lógica profunda e esquemática. Devido a sua complexidade, antes dos nobilíssimos juristas que contribuirão com esta obra para solucionar pacificamente os conflitos, comentarei resumidamente algumas das ferramentas que poderão ser aplicadas em cada capítulo que eles descreverão.

6. CONCLUSÕES DA GESTÃO DA EMOÇÃO PARA A PACIFICAÇÃO DE CONFLITOS

1- Deveríamos ensinar em todo processo educacional um pouco menos a matemática, línguas, geografia, física e competências técnicas nas universidades, e gastar mais tempo ensinando as ferramentas de gestão da emoção, como matemática da emoção, em que dividir nossas dores aumenta a capacidade de superá-las; a arte do diálogo e do autodiálogo para cruzar os mundos e apaziguar nossos fantasmas mentais, como o sofrimento por antecipação e ruminação de mágoas e ofensas; a geografia da mente humana, que revela que não há céus sem tempestades; a física das relações sociais, em que cada ação não leva a uma reação, mas a habilidade de pensar antes de reagir para aumentar o limiar para suportar frustrações. Assim, nossos filhos e alunos seriam mais ousados, resilientes, proativos e mentalmente protegidos. 2- Deveríamos educar todas as pessoas cotidianamente que ninguém muda ninguém, que temos o poder de piorar os outros, e não de mudá-los, e que nossa primeira atitude nos focos de tensão deveria ser elogiar a pessoa que erra para depois apontar seu erro. Desse modo, abriríamos o circuito da sua memória, as levaríamos a bloquearem os mecanismos primitivos do cérebro como a síndrome predador-presa, o que faria com que elas agissem como *Homo sapiens*, pensante, e não como *Homo bios*, um animal, que se comportaria como predador ou presa nos focos de tensão. 3- Deveríamos também sistematicamente ensinar todo ser humano, de qualquer cultura, religião e partido político, sobre as sofisticadíssimas armadilhas mentais, entre elas as ligadas à natureza virtual dos pensamentos conscientes, que nos impedem de incorporar a realidade do objeto pensado e nos vacinam a sermos deuses infalíveis que não chafurdam na lama da necessidade neurótica do poder, de estarmos sempre certos e de sermos o centro das atenções sociais. 4- Deveríamos educar nosso Eu diariamente para saber que, se o pensamento é virtual, vivo a solidão paradoxal da consciência virtual, o que me faz ter uma ansiedade vital e saudável que nos impele a ser uma usina de pensamentos e um construtor de pontes sociais. E, ao mesmo tempo, ao ter consciência da natureza virtual dos pensamentos, faz-me relacionar com os outros destituídos de autoritarismos, pois jamais entendo seus comportamentos e emoções a partir deles mesmos, mas sempre a partir de mim, o que me gera a responsabilidade em todos meus julgamentos de esvaziar o máximo possível de quem sou para me aproximar o máximo possível de quem eles são. Essa ferramenta de gestão da emoção de "treinar esvaziar continuamente nossos preconceitos, prejulgamentos, autoritarismos" nos coloca como seres humanos em construção e nos leva a ser cada vez mais altruístas, a abraçar mais e julgar menos. 5- Deveríamos ainda treinar, em todo teatro educacional familiar e escolar, as crianças, os adolescentes, os universitários e os adultos, sobre as técnicas de gestão da emoção mais efetivas para reeditar as janelas *killer* ou traumáticas, como a técnica do DCD (duvidar, criticar e determinar), ou neutralizá-las com janelas *light*, como a Mesa redonda do Eu. 6- Outra ferramenta de gestão da emoção vital para solucionar pacificamente conflitos é que pacificar não é ganhar tudo, não é ter todas as questões resolvidas, nem todas as pendências completamente solucionadas, mas saber que todas as grandes escolhas têm perdas. Quem foi lesionado, ferido, asfixiado em seu direito deve identificar o essencial para sua vida. A partir dessa consciência, deve saber que ganhar o essencial implica perder o trivial.

Se as técnicas de gestão da emoção fizessem parte da educação socioemocional das escolas, como fazemos no programa Escola da Inteligência, com mais de 400 mil alunos, e se fizessem parte da rotina das universidades e da agenda dos educadores familiares, muito provavelmente milhares de presídios tornar-se-iam museus e hospitais psiquiátricos converter-se-iam em conservatórios musicais, magistrados e outros profissionais do judiciário teriam tempo para aprender artes plásticas, psiquiatras teriam tempo para fazer poesias, pois haveria muito menos conflitos, menos réus e menos seres humanos emocionalmente doentes...

O Brasil foi irresponsável em seu planejamento acadêmico. Falta, por exemplo, engenheiros e técnicos em múltiplas áreas para o desenvolvimento social, mas sobram profissionais de algumas áreas das ciências humanas, em destaque na do direito. Nós temos mais de um milhão de estudantes de direito. Por incrível que pareça, temos mais faculdades de direito do que se somarmos, as das Américas, Europa, Ásia, África, enfim, todos os países juntos. É um número que compromete seriamente a formação desses nobres profissionais. Há um experimento clássico na neurociência. Quando se coloca um número de camundongos em um espaço adequado, a convivência social é também adequada e pacífica, mas, quando se aumenta excessivamente a população desses animais para o mesmo espaço, aumenta-se o estresse, expande-se a disputa pela sobrevivência, diminui-se o limiar para suportar frustrações e estimulam-se a violência e a canibalização. Com ressalva, podemos transportar essas informações para as sociedades humanas. Quem conhece a história da ilha de Páscoa, com aquelas imensas estátuas, ficará impressionado com a evolução social desastrosa. Os polinésios, ao povoarem essa belíssima ilha, trouxeram regras de convivência pacífica e organizada. Contudo, ao longo das décadas, as florestas foram dizimadas, a população aumentou, a alimentação escasseou-se e a convivência pacífica deu lugar a toda sorte de disputa, dizimando-os de forma atroz e inumana. Há história até de sacrifícios humanos e canibalismo.

A superpopulação de profissionais de determinada área estimula também a "canibalização" profissional, levando a uma competição predatória, estresse intenso, sofrimento por antecipação, fomento da ansiedade, comprometendo, assim, a saúde emocional desses nobres profissionais. As causas da judicialização da sociedade brasileira, enfim de processos, são múltiplas – citei diversas delas e outros brilhantes juristas também as citarão ao longo desta obra. Todavia, devemos ter em mente que excesso de profissionais de direito é também uma das causas da cultura da sentença. Deve ser apoiada em prosa e versar à luta árdua da OAB em limitar o número de faculdades de direito, em descredenciar cursos despreparados para formar pensadores. De igual modo, tem razão a luta intensa imprimida pela Associação Médica do Brasil e pelos conselhos estaduais, como o CREMESP, para limitar o número de faculdades de medicina no país. Poucos sabem que nossa nação tem mais faculdades de medicina do que a China ou os EUA, com populações muito maiores que a nossa. No médio prazo será impossível não haver competição predatória e canibalismo profissional, comprometendo a formação médica e a saúde da população, bem como a sobrevivência dos próprios profissionais. Não é suportável.

Como digo no livro *Prisioneiros da mente* "no cérebro humano podemos construir mais cárceres do que nas cidades mais violentas do mundo. A missão da Teoria da Inteligência Multifocal e outras teorias é democratizar as chaves de gestão da emoção no âmbito pessoal, social e profissional dos consócios da sociedade. Sem gestão da emoção, colaboradores de uma empresa falem a única empresa que não pode falir, a sua mente. Sem gestão da emoção, conflitos, atritos, contendas, disputas, calúnias, deixam de se tornar montanhas escaláveis para se tornar penhascos intransponíveis. Sem gestão da emoção, as sociedades se tornam desertos áridos e incultiváveis, comprometendo a viabilidade da humanidade, mas com ela podemos cultivar solidariedade, altruísmo e cooperação e fazer dessa breve existência um espetáculo único e imperdível.

Quero agradecer a todos os brilhantes juristas que prontamente se dispuseram a participar desta obra, ao aceitarem meu convite para dar sua contribuição para "a solução pacífica de conflitos, num país enfermo pelo excesso de disputas e processos". Na realidade, esses expoentes do direito queriam, muito mais do que participar de um livro, colaborar com uma nação mais equilibrada, uma sociedade mais justa, feliz e com igualdade de oportunidades.

Ainda, quero agradecer profundamente ao Dr. Kazuo Watanabe, notável intelectual, Professor Doutor Sênior da Faculdade de Direito da USP e Desembargador aposentado, acima de tudo meu estimado amigo. Agradeço também ao brilhante Dr. Luis Felipe Salomão, Ministro do Superior Tribunal de Justiça; Claudio Lamachia, ilustríssimo Presidente Nacional da Ordem dos Advogados do Brasil; Valeria Ferioli Lagrasta, brilhante Juíza de Direito da 2ª Vara da Família e das Sucessões da Comarca de Jundiaí; Henrique Ávila, eminente Conselheiro do Conselho Nacional de Justiça; Trícia Navarro Xavier Cabral, exímia Juíza

Estadual no Espírito Santo; Luiz Pontel de Souza, distinto Secretário Nacional de Justiça do Ministério da Justiça; Reynaldo Soares da Fonseca, notável Ministro do Superior Tribunal de Justiça; Gabriel Campos Soares da Fonseca, destacado graduando em Direito pela UnB; ao brilhante Jayme Martins de Oliveira Neto, Presidente da Associação de Magistrados Brasileiros – AMB; à admirável Grace Maria Fernandes Mendonça, Advogada-Geral da União; Júlio Camargo de Azevedo, notável Defensor Público do Estado de São Paulo; Domingos Barroso da Costa, eminente Defensor Público do Estado do Rio Grande do Sul; Fernanda Mambrini Rudolfo, Defensora Pública do Estado de Santa Catarina; Antonio José Maffezoli Leite, Defensor Público do Estado de São Paulo.

Após cada capítulo, em que esses diletos juristas darão sua contribuição para a solução pacífica de conflitos, eu, com muita humildade, estarei falando sobre as ferramentas de gestão da emoção e sobre o complexo planeta mente. Nunca se esqueça de ter um romance com sua própria saúde emocional. Pacifique sempre sua mente em primeiro lugar, para depois pacificar os outros...

No posfácio trazemos importante reportagem extraída do *Jornal Estadão*, em que o notável desembargador do TJSP, José Carlos G. Xavier de Aquino, fala sobre "Juízes enxugam gelo ao sol do meio-dia", matéria ideal para o fechamento desta obra.

REFERÊNCIAS

ADLER, Alfred. *A ciência da natureza humana.* São Paulo: Editora Nacional, 1957.

CURY, Augusto. *Armadilhas da mente.* Rio de Janeiro: Arqueiro, 2013.

_____. *A fascinante construção do Eu.* São Paulo: Academia da Inteligência, 2011.

_____. *Inteligência multifocal.* São Paulo: Cultrix, 1999.

_____. *O código da inteligência.* Rio de Janeiro: Ediouro, 2009.

DESCARTES, René. *Discurso do método.* Brasília, Editora da Universidade de Brasília, 1981.

FREUD, Sigmund. *Os pensadores.* Rio de Janeiro: Nova Cultural, 1978.

FROMM, Erich. *Análise do homem.* Rio de Janeiro: Zahar, 1960.

GARDNER, Howard. *Inteligências múltiplas.* Porto Alegre: Artes Médicas, 1995.

GOLEMAN, Daniel. *Inteligência emocional.* Rio de Janeiro: Objetiva, 1995.

JUNG, Carl Gustav. *O desenvolvimento da personalidade.* Petrópolis: Vozes, 1961.

PIAGET, Jean. *Biologia e conhecimento.* Petrópolis: Vozes, 1996.

SARTRE, Jean-Paul. *O ser e o nada*: ensaio de ontologia. Petrópolis, Vozes, 1997.

Outra forma de solucionar conflitos em tempos de "cultura da sentença"

ESTRATÉGIAS PARA A SOLUÇÃO PACÍFICA DOS CONFLITOS DE INTERESSES

KAZUO WATANABE

Professor Doutor sênior da Faculdade de Direito da USP. Desembargador aposentado do Tribunal de Justiça do Estado de São Paulo.

Sumário: 1. Importância do estudo dos conflitos de interesses e das estratégias e técnicas adequadas de sua prevenção e solução como capítulo do Direito Processual Civil – 2. Conflitos de interesses não canalizados para o Poder Judiciário – 3. Política Judiciária Nacional de tratamento adequado dos conflitos de Interesses – 4. Atualização do conceito de acesso à justiça – 5. Transformação da "cultura da sentença" em "cultura da pacificação" – Referências.

1. IMPORTÂNCIA DO ESTUDO DOS CONFLITOS DE INTERESSES E DAS ESTRATÉGIAS E TÉCNICAS ADEQUADAS DE SUA PREVENÇÃO E SOLUÇÃO COMO CAPÍTULO DO DIREITO PROCESSUAL CIVIL

Há ainda muita resistência à adoção dos chamados meios alternativos, em especial dos métodos consensuais, que são a negociação, a mediação e a conciliação, por parte não somente dos operadores do direito, como também dos próprios jurisdicionados, que são os beneficiários de sua correta utilização. Certamente, isto decorre da forte dependência que o brasileiro sempre teve do paternalismo estatal. Muitos ainda acham que os meios consensuais de solução de conflitos são mecanismos menos nobres, próprios de povos de cultura menos evoluída, e que o método mais nobre é o da adjudicação de solução por meio de sentença do juiz, proferida em processo contencioso.

Mesmo nas faculdades de direito, é ainda acanhada a percepção da elevada importância dos meios alternativos de solução de conflitos, tanto que poucas delas têm disciplinas específicas para iniciar seus alunos nesses mecanismos de tratamento e solução de conflitos. Apenas a arbitragem vem merecendo uma atenção maior, em razão da aprovação, em 1996, da Lei nº 9.307, que a disciplinou por completo, e pela sua utilização cada vez mais frequente na solução dos conflitos de natureza comercial de valor mais expressivo e também naqueles em que a solução depende de conhecimentos especializados do julgador.

É necessário que se aceite, sem temor de estar cometendo qualquer impropriedade científica, que o estudo dos chamados meios alternativos de resolução de conflitos constitui um capítulo importante do Direito Processual Civil, e não um mero apêndice dele para ser estudado em disciplina coadjuvante; por exemplo, de práticas judiciárias, ou senão em disciplina autônoma como Sociologia jurídica.

Hoje, não podemos mais considerar o Direito Processual Civil como ramo do direito que estuda exclusivamente a "técnica de solução imperativa de conflitos". Há vários outros métodos de resolução de conflitos igualmente eficientes e até mais adequados, em especial os consensuais. Aliás, para certos tipos de conflitos, em especial aqueles em que as partes estão em contato permanente, os métodos consensuais são até mais recomendados e eficazes do que a solução sentencial.

Os conflitos de interesses, suas causas, suas características, as formas mais adequadas de prevenção e solução, devem ser objeto de estudo específico na disciplina de Direito Processual Civil, pois a adequação dos métodos de prevenção e solução deles depende do perfeito conhecimento de sua natureza e de suas peculiaridades.

Num plano mais amplo, de busca de solução para a intensa conflituosidade que acomete a sociedade brasileira, que é a causa da sobrecarga que compromete o adequado desempenho do nosso Judiciário, há necessidade do envolvimento, além do Direito, de outras ciências, em especial Política, Sociologia, Economia, Psicologia e Psiquiatria.

Cândido Rangel Dinamarco, consagrado processualista das Arcadas, traz as seguintes preciosas observações a respeito do tema:

> Todo o discurso sobre o **acesso à justiça**, seja mediante a tutela jurisdicional de que se encarrega o Estado ou por obra dos **meios alternativos** (arbitragem, mediação, conciliação), insere-se na **temática dos conflitos e da busca de soluções**. O **processo civil, como técnica pacificadora, deita raízes na existência de conflitos a dirimir (ou crises jurídicas)** e é daí que recebe legitimidade social e política como instituição destinada a preservar valores vivos da nação. (*Instituições de Direito Processual Civil*, vol. I, Malheiros Editores, 2001, p. 116)

Prossegue Dinamarco, sublinhando a equivalência funcional em relação à jurisdição e o valor social dos **meios alternativos de solução de conflitos**:

> A crescente valorização e emprego dos meios não jurisdicionais de pacificação e condução à ordem jurídica justa, ditos **meios alternativos**, reforça a ideia da equivalência entre eles e a atividade estatal chamada **jurisdição**. [...] Mas o que há de substancialmente relevante no exercício da jurisdição, pelo aspecto social do proveito útil que é capaz de trazer aos membros da sociedade, está presente também nessas outras atividades; é a busca de pacificação das pessoas e grupos mediante a eliminação de conflitos que os envolvam. Tal é o **escopo social magno da jurisdição**, que atua ao mesmo tempo como elemento legitimador e propulsor da atividade jurisdicional. (Op. cit., § 46, p. 121)

A saudosa professora Ada Pellegrini Grinover, em seu último livro, também destaca a importância do estudo dos conflitos como capítulo destacado da Teoria Geral do Processo. Anota que

> [...] o estudo do direito processual a partir da análise de um campo específico da realidade social para determinar a melhor resposta processual para a crise do direito em jogo. Isso significa **examinar os conflitos** que existem na sociedade, para chegar à tutela processual adequada. (Ensaio sobre a processualidade, *Gazeta Jurídica*, 2016, p. 3)

Esclarece que, aplicando **o método da instrumentalidade metodológica,** se consegue construir "a ideia de processualidade a **partir dos conflitos existentes na sociedade,** para se chegar ao processo e procedimentos adequados para solucioná-los de modo a atingir uma tutela jurisdicional e processual efetiva e justa".

Mas lembra que "**a Justiça estatal não é o único caminho pelo qual se procura oferecer solução aos conflitos**". Esclarece que avança no mundo todo, inclusive no Brasil, "a ideia de que outros métodos adequados de solução de conflitos, não estatais, podem ser utilizados para pacificar com justiça e com maior eficiência. Tais são os chamados meios alternativos de solução de conflitos (*alternative dispute resolution*)" (Op. cit., p. 61-62).

O ponto de partida para a **mudança de mentalidade** dos operadores do Direito (juízes, promotores, advogados, procuradores, defensores públicos), transformando a atual "**cultura da sentença**" em "**cultura da pacificação**", está na adequada formação dos futuros profissionais do Direito, preparando--os não somente para a solução contenciosa dos conflitos de interesses, como também para a solução negociada e amigável, com o uso dos chamados meios consensuais de solução de controvérsias (negociação, conciliação e mediação). Mais do que isso, o importante é a mudança do método de ensino do Direito, em especial do Direito Processual Civil, nele incluindo não somente o estudo dos conceitos, categorias e institutos processuais aplicáveis à solução contenciosa dos conflitos, mas também, de forma aprofundada, o estudo dos conflitos de interesses e dos métodos adequados de sua prevenção e solução.

2. CONFLITOS DE INTERESSES NÃO CANALIZADOS PARA O PODER JUDICIÁRIO

Dos conflitos que ocorrem na sociedade, apenas uma parte mínima (que não sabemos estimar com exatidão, mas calculamos seja inferior a 10%, ou até menos) é canalizada para o Judiciário. A grande maioria deles é solucio-nada pelas próprias partes, diretamente ou com a intervenção de terceiro, no próprio ambiente em que eles ocorrem (família, vizinhança, condomínio, escolas, clubes, repartições, empresas, trânsito, meios de transporte; enfim, em todos os espaços e oportunidades de relacionamento social). Ainda, por razões várias, como a ausência do Estado, risco à vida, submissão etc., alguns desses conflitos não encontram qualquer solução, sendo os direitos envolvidos simplesmente renunciados pelos seus titulares.

Ao tempo da concepção dos **Juizados Especiais de Pequenas Causas**, no início da década de 1980, a renúncia aos direitos violados em razão de dificuldades várias que impediam o acesso à Justiça, como morosidade, custo elevado, excessivo formalismo e necessidade de prévia contratação de advogado era bastante frequente, fenômeno que denominamos **litigiosidade**

contida. Com a criação, a multiplicação e a ampla utilização desses Juizados, principalmente depois da Constituição Federal de 1988 – que tornou obrigatórias a criação e a instalação desses Juizados por todas as unidades da Federação, determinando a ampliação de sua competência, inclusive para a área criminal –, a litigiosidade contida tornou-se bem menor. Alguns estudiosos procuram atribuir a situação atual de intensa litigância, que até exageradamente chamam de "litigiosidade explosiva", à criação desses Juizados, em razão da grande facilitação do acesso à Justiça, em especial pela sua gratuidade. Houve, com toda a certeza, a facilitação do acesso, o que era de elevada necessidade em razão da situação até então imperante, de extrema dificuldade de acesso à Justiça, em especial por parte da camada mais humilde da população, mas não foi a criação desses Juizados a causa da situação atual de intensa judicialização dos conflitos de interesses.

Na análise das causas dos problemas atualmente enfrentados pelo nosso Judiciário, é importante não se deixar levar pelo fascínio das análises superficiais e conclusões precipitadas. O que ocorreu, após a Constituição de 1988, com a aprovação da Lei nº 9.099, de 1995, foi a ampliação excessiva da competência dos Juizados Especiais (que passaram a ser denominados Juizados Especiais para Causas Cíveis de Menor Complexidade), dobrando a sua competência pelo valor da causa, passando de 20 para 40 salários mínimos e dando-lhe, ainda, a competência para a execução de seus próprios julgados. Além disso, eles receberam a competência para a execução de títulos executivos extrajudiciais, para ações de despejo e, o que é sumamente preocupante, para demandas das microempresas.

Fato da maior importância ocorrido após a década de 1980, em especial com a promulgação da Constituição Federal de 1988, foi a **ampliação do direito material**. A própria Constituição consagrou um elenco enorme de direitos fundamentais sociais, econômicos e culturais, como direitos à saúde, à educação, à moradia, ao trabalho, à proteção à maternidade e à infância, ao acesso à justiça, e outros mais, e muitos deles passaram a ser reclamados em juízo em razão de seu descumprimento, em especial pelos Poderes Públicos, e também em virtude da edição de leis infraconstitucionais por determinação da própria Constituição, como o **Código de Defesa do Consumidor** e **leis de criação de políticas públicas** para a implementação de vários direitos fundamentais sociais, econômicos e culturais, que também têm dado origem à judicialização de inúmeros conflitos, em virtude do descumprimento dos direitos nele assegurados.

Houve, além disso, após a Constituição de 1988, a possibilidade de privatização de inúmeros serviços públicos, como os de telecomunicações e de distribuição de energia elétrica, com a concessão de sua exploração às empresas privadas, assumindo as concessionárias as obrigações de universalização e melhoria dos serviços, obrigações essas que não vêm sendo cumpridas adequadamente, dando origem a inúmeras reclamações dos usuários, que, não encontrando solução amigável no âmbito extrajudicial, vêm judicializando os conflitos em grande quantidade.

É extremamente importante o tratamento adequado desses conflitos em momento anterior à sua judicialização. A correta organização de políticas públicas e de estratégias privadas a respeito deles é até mais importante que os cuidados com os conflitos judicializados, pois diz respeito à estabilidade social e à formação de nova cultura. Com efeito, da correta estruturação das práticas voltadas ao tratamento dos conflitos nos vários segmentos da sociedade brasileira, com vistas à sua solução adequada, é que poderá nascer a **cultura da pacificação** e a consequente redução dos conflitos judicializados, influindo poderosamente na redução da **cultura da sentença**.

Há, além disso, os **macroconflitos**, como invasões de propriedades rurais e urbanas por movimentos sociais que reivindicam a reforma agrária e a implementação de política habitacional urbana, ou de manifestações sociais contrárias às reformas do ensino, da previdência social, da legislação trabalhista, e inúmeras outras manifestações políticas, com ocupação de espaços públicos e privados. Apenas parte mínima desses conflitos é judicializada, porque são eles de natureza mais política do que jurídica, e o Judiciário tem competência apenas para solução de parte mínima deles, somente aquela porção solucionável por meio da aplicação do direito existente. Muitos desses conflitos não visam reparar as lesões ocorridas no passado, mas se voltam para o futuro, buscando a implementação de soluções para vários problemas relacionados aos direitos fundamentais sociais, econômicos ou culturais, reclamando a **justiça distributiva** de bens e valores coletivos, que são escassos, e não a **justiça retributiva**, de reparação de lesões ocorridas no passado.

Esses macroconflitos de natureza política não serão objeto deste trabalho, que está voltado apenas ao estudo dos conflitos sociojurídicos que são ou poderão ser canalizados para o Judiciário.

A grande maioria dos macroconflitos tem natureza eminentemente política e, como tal, deve ser estudada fundamentalmente pela Ciência Política e as soluções devem ser buscadas pelos Poderes competentes, e não pelo Judiciário. Certamente, a omissão na implementação de políticas públicas adequadas ou sua incorreta implementação poderão ser objeto de controle pelo Poder Judiciário. Mas, aí, o tema é outro, e não cabe ser tratado nos limites deste trabalho.

As ponderações que desenvolveremos a seguir, com a indicação de soluções adequadas, segundo o nosso entendimento a respeito do tema, dizem respeito aos conflitos já judicializados ou na iminência de judicialização.

Em relação aos conflitos judicializados, no ***Relatório Justiça em Números***, publicado em 2017, constam as seguintes preocupantes informações do **Conselho Nacional de Justiça**:

> O número de **processos em tramitação** não parou de crescer, e, novamente, houve aumento do estoque de processos que aguardam por solução definitiva. **Ao final do ano de 2009, tramitavam no judiciário 60,7 milhões de processos. Em sete anos o quantitativo cresceu para quase 80 milhões de casos pendentes, variação acumulada no período de 31,2%, ou crescimento médio de 4,5% a cada ano.** A demanda pelos serviços de justiça também cresceu esse ano, numa proporção de 5,6%, não se verificando a tendência de redução pela retração de 4,2% observada em 2015, comparativamente a 2014. **Em 2016, ingressaram na justiça 29,4 milhões de processos – o que representa uma média de 14,3 processos para cada 100 habitantes.** (grifos nossos).

E prossegue o Relatório:

> A **taxa de congestionamento** permanece em altos patamares e quase sem variação em relação ao ano de 2015, **tendo atingido o percentual de 73,0% em 2016. Isto significa que apenas 27% de todos os processos que tramitaram foram solucionados.** Mesmo se fossem desconsiderados os casos que estão suspensos, sobrestados ou em arquivo provisório aguardando alguma situação jurídica futura, a taxa de congestionamento é de 69,3% (3,7 pontos percentuais a menos que a taxa bruta. (grifos nossos).

Um ponto importante a ser consignado é que o Relatório do CNJ anota expressamente que

> [...] isso não significa que os juízes brasileiros produzem pouco. Pelo contrário, o índice de Produtividade dos Magistrados (IPM) foi de 1.749 processos. Considerando apenas os dias úteis do ano de 2016, excetuadas as férias, tal valor implica a solução de mais de sete processos ao dia. O índice de Produtividade dos Servidores da Área Judiciária cresceu 2%, o que significa uma média de dois casos a mais baixados por servidor em relação à 2015. (grifos nossos).

E conclui o Relatório:

> A alta taxa de produtividade da justiça brasileira fica evidenciada também a partir do índice de atendimento à demanda, que foi de 100,3% em 2016 – ou seja, o Judiciário concluiu quantidade de processos ligeiramente superior à quantidade de casos novos ingressados.

3. POLÍTICA JUDICIÁRIA NACIONAL DE TRATAMENTO ADEQUADO DOS CONFLITOS DE INTERESSES

O Conselho Nacional de Justiça, em 2010, instituiu a importante Política Judiciária Nacional de Tratamento Adequado de Conflitos, enfrentando os problemas gerados pela cultura da sentença e estruturando, em termos de direito dos jurisdicionados e consequente obrigação do Judiciário, a utilização de outros mecanismos adequados de solução de conflitos além do método tradicional da solução adjudicada por meio de sentença, em especial os meios consensuais, como a conciliação e a mediação.

Esses mecanismos ditos "alternativos" de resolução de controvérsias devem ser estudados e organizados **não** como solução para a **crise de morosidade da Justiça**, ou seja, como uma forma de reduzir a quantidade de processos acumulados no Judiciário; e **sim** como métodos para dar **tratamento mais adequado aos conflitos de interesses** que ocorrem na sociedade. A redução dos processos será uma resultante necessária do êxito de sua adoção, mas não seu escopo primordial.

Para a solução de muitos desses conflitos, pela sua natureza e especificidade – e sobre isso não se tem mais dúvida atualmente – é por vezes muito mais adequado um **meio alternativo**, em especial a conciliação ou a mediação, do que uma sentença do juiz. Nas chamadas relações jurídicas continuativas, que têm duração no tempo, em que as partes estão em contato permanente (conflitos de natureza subjetiva), a solução do conflito deve ser promovida com a preservação da relação preexistente entre as partes, pondo-se em prática a chamada "justiça coexistencial", com a pacificação das partes, o que a solução sentencial dificilmente terá condições de promover.

Foi precisamente por essa razão que o Conselho Nacional de Justiça declarou, no introito da Resolução nº 125/2010, que a política judiciária nacional instituída é respeitante ao "tratamento adequado dos conflitos de interesses no âmbito do Poder Judiciário". Certamente nessa política pública têm particular relevância os meios alternativos de solução de conflitos, em especial os consensuais, que são a conciliação e a mediação. Entretanto, seu objetivo é mais abrangente, não se esgota na mera institucionalização da mediação e da conciliação.

Os meios alternativos de solução de conflitos, hoje, fazem parte do próprio processo, o que ocorre nas mediações e conciliações intraprocessuais, ou nas anexas, ou seja, as promovidas fora do *iter* processual, mas em função de processos ajuizados por um órgão encarregado disso (Ensaio sobre a processualidade, *Gazeta Jurídica*, 2016, p. 3) – *v.g.*, Setores de Conciliação de 2º Grau e de 1º Grau, no Estado de São Paulo, hoje transformados em Cejusc. Ou podem ser organizados sem qualquer vínculo com o processo, como está ocorrendo atualmente quanto às conciliações e mediações pré-processuais nos chamados Cejuscs (Centros de Resolução de Conflitos e Cidadania), que estão sendo organizados em todo o País, com base na Resolução nº 125 do CNJ.

Há, também, os *meios alternativos* organizados fora do Judiciário, pelas Câmaras de Arbitragem, Mediação e Conciliação das organizações privadas ou por entes públicos (Defensoria Pública, Ministério Público, Procuradorias do Estado ou dos Municípios etc.).

4. ATUALIZAÇÃO DO CONCEITO DE ACESSO À JUSTIÇA

O art. 1º da Resolução declara expressamente que todos os jurisdicionados têm direito "à solução dos conflitos por meios adequados à sua natureza e peculiaridade", incumbindo aos órgãos judiciários oferecer "outros mecanismos de solução de controvérsias, em especial dos chamados meios consensuais, como a mediação e a conciliação". E menciona, também, o direito de obter **atendimento e orientação,** não somente em situações de conflitos de interesses, como também em seus problemas jurídicos, em situações de dúvida e de desorientação. E se é direito dos jurisdicionados ter a oferta desses serviços, o Estado tem, inquestionavelmente, a obrigação de organizá-los de forma adequada.

A política judiciária adotada pela Resolução nº 125 trouxe uma profunda **mudança no paradigma dos serviços judiciários** e, por via de consequência, **atualizou o conceito de** *acesso à justiça,* tornando-o muito mais **acesso à ordem jurídica justa**, e não **mero acesso aos órgãos judiciários** para a obtenção de solução adjudicada por meio de sentença.

5. TRANSFORMAÇÃO DA "CULTURA DA SENTENÇA" EM "CULTURA DA PACIFICAÇÃO"

Temos hoje, ainda, o que denominamos de "**cultura da sentença**", mencionada repetidas vezes neste trabalho, que é decorrente da valorização excessiva da solução dos conflitos por meio da sentença do juiz.

Com a valorização da solução amigável, encontrada pelos próprios conflitantes, com ou sem a ajuda de terceiros facilitadores, que são os mediadores e os conciliadores, ocorrerá certamente o nascimento da "**cultura da pacificação**".

Reforçando essa esperança, temos a firme atuação do CNJ, junto às instituições públicas e privadas de ensino, procurando estimulá-las à criação de disciplinas específicas voltadas à capacitação dos alunos, futuros profissionais do direito, na atuação não somente em processos contenciosos, como também em negociação e no manejo de mecanismos alternativos de solução de conflitos.

A Resolução nº 125/2010 tem vários outros pilares. Um deles é respeitante à qualidade dos serviços a serem oferecidos. Em relação aos meios consensuais de solução de conflitos, a Política Judiciária Nacional adotada pela Resolução nº 125 e seus Anexos traz normas explícitas sobre a capacitação dos mediadores e conciliadores, exigindo deles, além da capacitação inicial, treinamentos e aperfeiçoamentos posteriores.

Essa Política Judiciária Nacional, enfim, procura enfrentar a **crise de morosidade da justiça** atacando suas causas, e não seus efeitos.

A estratégia de aperfeiçoamento do sistema de solução dos conflitos por meio, apenas, da alteração das leis processuais, sem se preocupar com a adequada estruturação da organização judiciária e sem a adoção dos mecanismos alternativos de solução dos conflitos, ataca apenas os **efeitos** dos graves problemas que provocam a crise de desempenho da Justiça, deixando de enfrentar as suas causas.

É chegada a hora de se dar mais valor ao estudo dos chamados **meios alternativos de resolução de controvérsias**, com a preocupação voltada mais à pacificação dos conflitantes e não apenas à solução dos conflitos.

A redução do número de conflitos judicializados será uma consequência necessária da adequada organização dessa estratégia.

REFERÊNCIAS

DINAMARCO, Cândido Rangel. *Instituições de Direito Processual Civil*. vol. I, Malheiros, 2001.

GRINOVER, Ada Pellegrini. Ensaio sobre a processualidade. *Gazeta Jurídica*, 2016, p. 3.

AUGUSTO CURY

Há um mundo a ser descoberto nos bastidores da mente humana. Um mundo rico, sofisticado e interessante. Um mundo além da massificação da cultura, do consumismo, da cotação do dólar, da tecnologia, da moda, do estereótipo da estética. A espécie humana está no topo da inteligência de milhões de espécies na natureza. Imagine a complexidade da atuação dos fenômenos psíquicos responsáveis pelos nossos instintos.

A teoria da Inteligência Multifocal (TIM) tem como objetivo estudar o complexo processo de interpretação da realidade, isto é, como percebemos a nós mesmos e o mundo. Essa investigação do processo de interpretação leva o nome de *Multifocal* porque estuda a construção dos pensamentos em seus múltiplos aspectos, tanto conscientes como inconscientes, analisando o funcionamento da mente, os fenômenos que constroem os pensamentos, a formação de pensadores e a liderança e resgate do Eu no gerenciamento da psique. Formar pensadores capazes de analisar e intervir nos seus processos emocionais, de pensamento e de tomada de decisões, a partir de um olhar multifocal, pode evitar diversos conflitos.

O objetivo da TIM é fortalecer a consciência crítica e a capacidade gestora do EU diante dos processos inconscientes que distorcem a realidade e levam ao adoecimento emocional por conta de crenças unifocais; isto é, crenças que enxergam os eventos sob um único ângulo e, com isso, desconsideram outros aspectos vitais para as relações intra e interpessoais saudáveis.

A missão da TIM é promover o crescimento pessoal, social e profissional dos indivíduos, por meio da inteligência e da qualidade de vida, como contribuição para uma sociedade mais humana, saudável e feliz. Acreditamos que a TIM encontra espaço no sistema judiciário sobretudo pela urgência conhecida em razão das peculiaridades de cada ação e, portanto, pela necessidade de atender de forma mais eficiente à passionalidade das pessoas e das demandas trazidas por elas para o judiciário, pois lhes faltam condições para solucioná-las por si mesmas. Isso ocorre porque o Eu desconhece que temos consciência da virtualidade dos pensamentos, afinal, quando a temos, não apenas nos tornamos mais cuidadosos em julgar, como também mais habilidosos em nos proteger. Sabemos que entre nós e os outros existe uma barreira invisível, virtual, que o Eu desconhece e, por não a conhecer, não a utiliza a favor das relações.

O EU, que desconhece a barreira de proteção virtual entre os indivíduos, paga caríssimo pelas frustrações causadas pelos outros. Algumas pessoas querem matar seu ofensor, ou mesmo morrer porque foram humilhadas, sem saber que toda dor que estão sentindo foi criada por elas mesmas. Assim, torna-se essencial, neste contexto, ampliar a compreensão da importância do encontro entre a TIM – Teoria da Inteligência Multifocal – e o Direito, principalmente no sentido de favorecer a dignidade da pessoa humana, sua liberdade de expressão e de escuta, em favor de seus direitos e de seus deveres.

O acesso à Justiça não implica acesso ao Judiciário

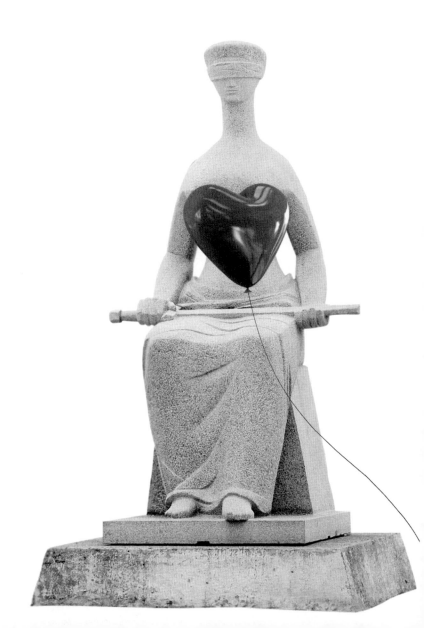

GUERRA E PAZ: AS CONEXÕES ENTRE JURISDIÇÃO ESTATAL E OS MÉTODOS ADEQUADOS DE RESOLUÇÃO DE CONFLITOS

LUIS FELIPE SALOMÃO

Ministro do Superior Tribunal de Justiça.

"Como nos muda a reação adversa."
(Javier Marías, *Assim começa o mal.*)

Sumário: 1. Introdução – 2. Movimento Mundial de Acesso à Justiça e o microssistema legal brasileiro – 3. Das várias formas de solução de conflitos: 3.1. Tribunal Multiportas; 3.2. Conciliação; 3.3. Mediação; 3.4. Arbitragem – 4. Outros métodos de solução de conflitos: 4.1. Negociação; 4.2. *Ombudsman;* 4.3. *Factfinding;* 4.4. Facilitação; 4.5. Avaliação de terceiro neutro; 4.6. *Dispute Resolution Board;* 4.7. *Design* de Sistema de Disputas (DSD) – 5. Conclusão – Referências.

1. INTRODUÇÃO

O magnífico e épico livro de Tolstói, que inspira o título deste manuscrito, publicado – na íntegra – em 1894, é atemporal. Filosofia, arte, religião, luta de classes, conflitos, amor e ódio, são conceitos densamente elaborados pelo autor e minuciosamente descritos em seus personagens humanos, demasiadamente humanos. Arte e ciência se entrelaçam, criando, com o romance histórico, o fio condutor para o elo com o tema que ora se apresenta.

De fato, a guerra, no plano geral dos países, é o mesmo que os conflitos individuais entre os membros de uma coletividade. Na verdade, a guerra é um fenômeno social com graves consequências materiais, objetivamente avaliáveis, mas que também ressoa na memória coletiva e afeta psicologicamente os indivíduos.

A conflitualidade, em certa medida e em qualquer plano, é inerente ao fenômeno jurídico, asserção esta que decorre da constatação elementar de que existem muito mais interesses[1] a serem satisfeitos do que bens da vida para os satisfazer.[2]

---

[1] "A capacidade de um bem para satisfazer uma necessidade é a sua utilidade. A relação entre o ente que experimenta a necessidade e o ente que é capaz de satisfazer é o interesse. O interesse é, pois, a utilidade específica de um ente para outro ente" (CARNELUTTI, Francesco. *Teoria Geral do Direito*. Rio de Janeiro: Âmbito Cultural, 2006, p. 86).

[2] CARNELUTTI, Francesco. *Teoria Geral do Direito*. Rio de Janeiro: Âmbito Cultural, 2006, p. 91; TOMASETTI JR., Alcides. A propriedade privada entre o direito civil e a Constituição. *Revista de Direito Mercantil industrial, econômico e financeiro*, v. 126, p. 123, abr.-jun. 2002; TARTUCE, Fernanda. *Mediação nos Conflitos Civis*. Rio de Janeiro: Forense, 2008, p. 24. De acordo com Cândido Rangel Dinamarco, "Processo civil é, resumidamente, técnica de solução imperativa de conflitos. Indivíduos e grupos de indivíduos envolvem-se em conflitos com outros, relativamente a bens materiais ou situações desejadas ou indesejadas, nem sempre chegando a uma solução negociada. Às vezes são pretensões que encontram a resistência da pessoa que poderia satisfazê-las e não as satisfaz, sendo vedada a autotutela e até incriminada penalmente: isso se dá, de modo geral, no campo das pretensões ou direitos ditos disponíveis, especialmente em matéria obrigacional ou mesmo real, entre privados. Outras vezes trata-se de pretensões que a própria ordem jurídica impede que sejam satisfeitas por ato do sujeito envolvido, o que se vê especialmente em relações de família (p. ex. anulação de casamento), e, de modo geral, sempre que se trate de pretensões ou direitos indisponíveis" (DINAMARCO, Cândido Ran-

Tais conflitos, é certo, são inerentes à bilateralidade do fenômeno jurídico. Como acentua Miguel Reale[3],

> [...] o Direito é sempre "alteridade" e se realiza sempre através de dois ou mais indivíduos, segundo proporção. Falava Tomás de Aquino em *alteritas*, que, segundo Del Vecchio, corresponde, exatamente, à moderna palavra "bilateralidade".

Não por outro motivo, Francesco Carnelutti[4] trata a relação jurídica – uma das noções fundamentais do direito[5] e expressão de sua bilateralidade – como um conflito de interesses.[6]

O Direito é, então, constantemente chamado a solucionar tais conflitos, exercendo sua função ordenadora dos interesses,[7] promovendo a distribuição dos bens da vida[8] por meio, sobretudo, da atribuição de direitos e deveres aos sujeitos de relação jurídica,[9] que poderão, ademais, recorrer ao Poder

---

gel. *Instituições de Direito Processual Civil*. v. 1. 6. ed. rev. e atual. São Paulo: Malheiros, 2009, p. 37).

[3] REALE, Miguel. *Lições Preliminares de Direito*. 27. ed. São Paulo: Saraiva, 2002, p. 56.

[4] CARNELUTTI, Francesco. *Teoria Geral do Direito*. Rio de Janeiro: Âmbito Cultural, 2006, p. 282.

[5] PONTES DE MIRANDA, Francisco Cavalcanti. *Tratado de Direito Privado*: Pessoas físicas e jurídicas. Atualizado por Judith Martins-Costa, Gustavo Haical e Jorge Cesar Ferreira da Silva. São Paulo: RT, 2012. t. I, p. 19.

[6] "Relação jurídica – *stricto sensu* – vem a ser unicamente a relação da vida social disciplinada pelo Direito, mediante a atribuição a uma pessoa (em sentido jurídico) de um direito subjectivo e a correspondente imposição a outra pessoa de um dever ou de uma sujeição" (ANDRADE, Manuel A. Domingues de. *Teoria Geral da Relação Jurídica*. v. 1. Coimbra: Almedina, 1983, p. 2).

[7] GRINOVER, Ada Pellegrini; DINAMARCO, Cândido Rangel; CINTRA, Antonio Carlos de Araújo. *Teoria Geral do Processo*. 26. ed. rev. e atual. São Paulo: Malheiros, 2010, p. 25.

[8] DIEZ-PICAZO, Luis. *Fundamentos del derecho civil patrimonial*. 6. ed. Madri: Civitas, 2007, p. 45.

[9] TOMASETTI JR., Alcides. A propriedade privada entre o direito civil e a Constituição. *Revista de Direito Mercantil industrial, econômico e financeiro*, v. 126, p. 123, abr.-jun. 2002; MOTA PINTO. Carlos Alberto da. *Teoria Geral do Direito*

Judiciário – ou a outras formas de solução adequada de conflitos – em caso de sua não satisfação voluntária.

Daí a afirmação de Giuseppe Lumia de que "o caráter relacional do direito depende do fato de que ele opera nos horizontes da sociedade como uma das técnicas de controle social".[10]

De fato, observando a história das civilizações, é fácil perceber que das relações sociais nascem conflitos que se projetam ao longo do tempo, e os litígios instaurados têm recebido as mais diversas abordagens na busca de uma resolução satisfatória para a sociedade.

Sabe-se que, nos primórdios da humanidade, os conflitos existentes eram resolvidos mediante a imposição da vontade do mais forte sobre o mais fraco, ao que Alvino Lima[11] bem denomina de "vingança privada" ou "pena privada perfeita", mais conhecida pela doutrina como autotutela.

Civil. 3. ed. atual. Coimbra: Coimbra, 1986, p. 167; MELLO, Marcos Bernardes de. *Teoria do Fato Jurídico*: Plano da Existência. 21. ed. São Paulo: Saraiva, 2017, p. 41; "Todo direito objectivo – e, portanto, também o direito subjectivo – foi criado para satisfazer interesses humanos (*hominum causa omne jus constitutum* – D., 1, 5, 2). Mais precisamente, o direito privado objectivo material surgiu para dirimir conflitos de interesses entre os homens, dizendo qual dos interesses conflitantes deve prevalecer, com sacrifício do outro; ou em que medida cada um deles deve ter a prevalência e em que medida deve ser sacrificado. Por via de regra, a prevalência de um dos interesses é assegurada mediante a concessão dum direito subjectivo" (ANDRADE, Manuel A. Domingues de. *Teoria Geral da Relação Jurídica*. v. 1. Coimbra: Almedina, 1983, p. 8).

[10] LUMIA, Giuseppe. *Lineamenti di teoria e ideologia del diritto*. 3. ed. Milano: Giuffrè. 1981, p. 102 (trad. port., com adaptações e modificações, de Alcides Tomasetti Jr., Teoria da Relação Jurídica, 1999, mimeo). Controle social pode ser entendido como: "conjunto de instrumentos de que a sociedade dispõe na sua tendência à imposição dos modelos culturais, dos ideais coletivos e dos valores que persegue, para a superação das antinomias, das tensões e dos conflitos que lhe são próprios" (GRINOVER, Ada Pellegrini; DINAMARCO, Cândido Rangel; CINTRA, Antonio Carlos de Araújo. *Teoria Geral do Processo*. 26. ed. rev. e atual. São Paulo: Malheiros, 2010, p. 25-26).

[11] LIMA, Alvino. *Culpa e Risco*. 2. ed. rev. e atual. 2. tir. São Paulo: RT, 1999, p. 19-20. No mesmo sentido: PONTES DE MIRANDA, Francisco Cavalcanti. *Tratado de Direito Privado*: Pessoas físicas e jurídicas. Atualizado por Rui Stoco. São Paulo:

Esta vingança privada, no entanto, conforme alerta lição de Pontes de Mirada,[12] não compunha equilíbrio, não gerava pacificação social. Pouco a pouco, então, ingressou no domínio jurídico, passando a ser verdadeira reação regulada e limitada por normas jurídicas.[13] A chamada *lex talionis* não somente está a se referir a um literal código de justiça "olho por olho, dente por dente", uma espécie de "castigo-espelho", mas aplica-se à mais ampla classe de sistemas jurídicos que formularam penas específicas para crimes determinados, de modo a serem aplicados conforme sua gravidade.

É bem verdade que alguns estudiosos do tema propõem que este foi, pelo menos em parte, destinado a evitar excessiva punição às mãos de qualquer "vingador", justiça feita pelas próprias mãos – o que pode ser considerado um avanço.

Posteriormente, a vindita passou a ser substituída, a critério do prejudicado, pela compensação econômica decorrente de determinado acordo de vontades,[14] sendo certo, ademais, que "à medida que os círculos sociais se consolidam (tribos, nações de tribos, cidades, Estados), as composições voluntárias são substituídas pelas composições legais",[15] pois os interesses da coletividade passam a ser mais relevantes do que aquele exclusivo do ofendido.

Emergiu, assim, o sistema da composição tarifada consagrado pela Lei das XII Tábuas, isto é, para cada espécie de dano correspondia um valor pecuniário a título de pena, a ser paga pelo ofensor.[16]

RT, 2012. t. LIII, p. 62; GONÇALVES, Carlos Roberto. *Responsabilidade Civil*. 9. ed. rev. São Paulo: Saraiva, 2005, p. 4.

[12] PONTES DE MIRANDA, Francisco Cavalcanti. *Tratado de Direito Privado*: Pessoas físicas e jurídicas. Atualizado por Rui Stoco. São Paulo: RT, 2012. t. LIII, p. 62.

[13] LIMA, Alvino. *Culpa e Risco*. 2. ed. rev. e atual. 2. tir. São Paulo: RT, 1999, p. 20.

[14] LIMA, Alvino. *Culpa e Risco*. 2. ed. rev. e atual. 2. tir. São Paulo: RT, 1999, p. 20; GONÇALVES, Carlos Roberto. *Responsabilidade Civil*. 9. ed. rev. São Paulo: Saraiva, 2005, p. 4.

[15] PONTES DE MIRANDA, Francisco Cavalcanti. *Tratado de Direito Privado*: Pessoas físicas e jurídicas. Atualizado por Rui Stoco. São Paulo: RT, 2012. t. LIII, p. 62.

[16] PONTES DE MIRANDA, Francisco Cavalcanti. *Tratado de Direito Privado*: Pessoas físicas e jurídicas. Atualizado por Rui Stoco. São Paulo: RT, 2012. t. LIII, p.

Apesar de ter sido substituída por novas formas jurídicas, a *lex talionis* serviu a um objetivo fundamental no desenvolvimento dos sistemas sociais, qual seja a criação de um órgão cuja finalidade foi a de aprovar as retaliações e garantir que este fosse o único castigo. Este organismo foi o Estado, em uma das suas primeiras formas.

Outro meio de resolver as querelas consistia na aceitação de um terceiro, chamado mediador, que tentaria pôr fim ao impasse. Além disso, também era possível confiar a decisão a uma pessoa estranha ao conflito, que poderia encontrar e impor solução mais justa.

A mediação e arbitragem, inicialmente, foram confiadas aos sacerdotes que, como representantes das divindades, "garantiam" soluções acertadas.

Observa-se, assim, que tais métodos de resolução de conflitos que hoje recebem o epíteto de "alternativos" ou "adequados" apresentam-se como antigos institutos para a solução de conflitos.

No tocante especialmente à arbitragem, esta já era praticada entre os babilônios como forma de abrandar litígios entre as suas cidades-estado.

Em um tratado de 445 a.C., Atenas e Esparta estipularam uma cláusula compromissória expressa, remetendo-o para via arbitral em caso de conflito.

Avançando ainda um pouco mais neste breve resumo histórico, observa-se que da concepção de Estado,[17] e da entrega da solução de um conflito a um terceiro para harmonizar as relações intersubjetivas, exsurgiu a figura de um julgador para integrar a estrutura estatal.

De fato, em virtude da multiplicidade de conflitos dos mais variados matizes, foi mister a estruturação da Justiça de modo a atender – de forma

---

62; LIMA, Alvino. *Culpa e Risco*. 2. ed. rev. e atual. 2. tir. São Paulo: RT, 1999, p. 21; GONÇALVES, Carlos Roberto. *Responsabilidade Civil*. 9. ed. rev. São Paulo: Saraiva, 2005, p. 4.

[17] O "Estado", de acordo com a definição de Dalmo de Abreu Dallari, que ressalta os seus elementos componentes, pode ser entendido como "a ordem jurídica soberana que tem por fim o bem comum de um povo situado em determinado território" (DALLARI, Dalmo de Abreu. *Elementos de Teoria Geral do Estado*. 20. ed. atual. São Paulo: Saraiva, 1998, p. 118).

eficaz e adequada –, seja em termos de quantidade, seja em termos de qualidade, as exigências de cada caso concreto.[18]

O crescimento da sociedade e sua complexa estruturação num mundo globalizado orientou a adoção de modelo temperado de divisão de tarefas, que facilita o acesso dos cidadãos à justiça, bem como proporciona alternativas confiáveis para solução de conflitos.

2. MOVIMENTO MUNDIAL DE ACESSO À JUSTIÇA E O MICROSSISTEMA LEGAL BRASILEIRO

O denominado *Movimento de Acesso à Justiça,* iniciado para valer no limiar do século XX – e ainda não acabado –, tem por escopo analisar e buscar caminhos para superação dos obstáculos que impedem os cidadãos de obter adequada e tempestiva prestação jurisdicional.

Os primorosos e também pioneiros estudos e pesquisas de Mauro Capelletti e Bryant Garth, em sua obra *Acesso à Justiça,*[19] deixaram claro que "[...] somente quando os cidadãos tiverem maior acesso à justiça, os direitos se tornarão mais efetivos".

Nesta mesma obra, a sentença inexorável de nossos tempos:

A convenção Europeia para Proteção de Direitos Humanos e Liberdades Fundamentais reconhece que a justiça que não cumpre suas funções dentro de um prazo razoável é, para muitas pessoas, uma Justiça inacessível.

É de se notar que o fenômeno "acesso à justiça" deve ser entendido como garantia de acesso à ordem jurídica justa, sem entraves e delongas, garantia de acesso a uma máquina apta a proporcionar a resolução do conflito trazido, com rapidez e segurança, o que nem de longe se limita apenas ao ingresso

---

[18] WATANABE, Kazuo. Acesso à justiça e sociedade moderna. In: *Participação e processo.* São Paulo: Revista dos Tribunais, 1988, p. 132.

[19] CAPPELLETTI, Mauro, e GARTH, Bryant. *Acesso à Justiça.* Porto Alegre: Sergio Fabris, 1998.

no Poder Judiciário.[20] É, de acordo com Cândido Rangel Dinamarco[21], a "obtenção de justiça substancial":

> Não obtém justiça substancial quem não consegue sequer o exame de suas pretensões pelo Poder Judiciário e também quem recebe soluções atrasadas ou mal formuladas para suas pretensões, ou soluções que não lhe melhorem efetivamente a vida em relação ao bem pretendido. Todas as garantias integrantes da tutela constitucional do processo convergem a essa *promessa-síntese* que é a garantia do acesso à justiça assim compreendido.

Não por outro motivo, Mauro Cappelletti[22] destaca que:

> A ideia de acesso é a resposta histórica à crítica do liberalismo e da regra de direito. Semelhante crítica, em suas expressões extremas sustenta que as liberdades civis e políticas tradicionais são uma promessa fútil, na verdade um engodo para aqueles que, por motivos econômicos, sociais e culturais, de facto não são capazes de atingir tais liberdades e tirar proveitos delas.

Esta empreitada, segundo lição de Kazuo Watanabe,[23] exige uma nova postura mental, um novo método de pensamento, não havendo espaço para subsistência do persistente comportamento agressivo, não cooperativo e adversarial das partes.[24]

Deve-se pensar a ordem jurídica e as instituições pela perspectiva do consumidor dos serviços judiciais, do destinatário das normas jurídicas, e

---

[20] WATANABE, Kazuo. Acesso à justiça e sociedade moderna. In: *Participação e processo*. São Paulo: Revista dos Tribunais, 1988, p. 128.

[21] DINAMARCO, Cândido Rangel. *Instituições de Direito Processual Civil*. v. 1. 6. ed. rev. e atual. São Paulo: Malheiros, 2009, p. 118.

[22] CAPPELLETTI, Mauro. Os métodos alternativos de solução de conflitos no quadro do movimento universal de acesso à justiça. In: WALD, Arnoldo (Org.). *Doutrinas Essenciais* – Mediação e Arbitragem. São Paulo: Revista dos Tribunais, 2014, p. 83.

[23] WATANABE, Kazuo. Acesso à justiça e sociedade moderna. In: *Participação e processo*. São Paulo: Revista dos Tribunais, 1988, p. 128.

[24] THEODORO JÚNIOR, Humberto; NUNES, Dierle; BAHIA, Alexandre Melo Franco; PEDRON, Flávio Quinaud. *Novo CPC*: Fundamentos e Sistematização. 2. ed. rev., atual. e ampl. Rio de Janeiro: Forense, 2015, p. 262.

não pela perspectiva do Estado.[25] E conclui o mencionado autor, criticando o estado atual da ciência do direito: "a ética que predomina é a da eficiência técnica, e não a da equidade e do bem-estar da coletividade".[26]

No âmbito internacional, também a Organização das Nações Unidas (ONU), por meio da Resolução nº 12/2002 de seu Conselho Econômico e Social, ao dispor sobre os princípios básicos para a utilização da justiça restaurativa, aduz que

> [...] os Estados-Membros devem buscar a formulação de estratégias e políticas nacionais objetivando o desenvolvimento da justiça restaurativa e a promoção de uma cultura favorável ao uso da justiça restaurativa pelas autoridades de segurança e das autoridades judiciais e sociais, bem assim em nível das comunidades locais.

Analisando o contexto social à luz dos escopos do movimento de acesso à justiça, Mauro Capelletti[27] identificou três obstáculos a serem superados, a saber: a) obstáculo econômico; b) obstáculo organizacional; e c) obstáculo processual. Cada um deles rendeu ensanchas ao surgimento das já famosas "ondas renovatórias".

O primeiro obstáculo, o econômico, é aquele decorrente da própria pobreza, isto é, do fato de muitas pessoas serem tolhidas do acesso à ordem jurídica justa por motivos eminentemente econômicos, tendo, ademais, pouco acesso à informação e à representação adequada. É de conhecimento geral que demandar em juízo pressupõe uma série de gastos, seja no que diz respeito aos honorários advocatícios, seja no que concerne aos custos do processo

---

[25] HENRY, James F. The Courts at a Crossroads: A Consumer Perspective of the Judicial System. *Georgetown Law Journal*. n. 95.4, p. 945-964, 2007; WATANABE, Kazuo, Acesso à justiça e sociedade moderna. In: *Participação e processo*. São Paulo: Revista dos Tribunais, 1988, p. 128; TARTUCE, Fernanda. *Mediação nos Conflitos Civis*. Rio de Janeiro: Forense, 2008, p. 153 e ss.

[26] WATANABE, Kazuo. Acesso à justiça e sociedade moderna. In: *Participação e processo*. São Paulo: Revista dos Tribunais, 1988, p. 128.

[27] CAPPELLETTI, Mauro. Os métodos alternativos de solução de conflitos no quadro do movimento universal de acesso à justiça. In: WALD, Arnoldo (Org.). *Doutrinas Essenciais* – Mediação e Arbitragem. São Paulo: Revista dos Tribunais, 2014, p. 84 e ss.

em si. Como resposta a este quadro, a primeira onda renovatória enfocou expedientes como a assistência e orientação jurídica aos necessitados.[28]

O segundo obstáculo decorre da constatação de que, em inúmeros casos – cada vez mais abundantes na sociedade de risco e de consumo em que vivemos –, o indivíduo isolado é incapaz de garantir a efetividade de alguns de seus direitos, notadamente daqueles denominados difusos e coletivos. Exemplo clássico é o caso do consumidor em face do grande fornecedor. Em resposta a este quadro, a segunda onda renovatória trouxe uma série de mecanismos para tutelar tais interesses.[29]

No Brasil, por exemplo, há todo um sistema de proteção dos direitos transindividuais, composto, principalmente – mas não exclusivamente –, por diversos dispositivos da Constituição Federal de 1988, pela Lei nº 4.717/1965 (Lei de Ação Popular), pela Lei nº 7.347/1985 (Lei de Ação Civil Pública), pela Lei nº 8.078/1990 (Código de Defesa do Consumidor), pela Lei nº 6.938/1981 (Lei da Política Nacional do Meio Ambiente), dentre outros.[30]

A terceira onda é aquela que busca enfrentar o obstáculo processual ao accsso à justiça. De fato, a tendência contemporânea, surgida a partir da segunda metade do século XX, impulsionada pelo movimento de acesso à justiça, busca reforma nos procedimentos tradicionais, sem que as vias alternativas se sobreponham às funções estatais. Estas são opções à jurisdição, complementando sua função e permitindo ao Estado que exerça tal atividade de forma mais competente.

---

[28] CAPPELLETTI, Mauro. Os métodos alternativos de solução de conflitos no quadro do movimento universal de acesso à justiça. In: WALD, Arnoldo (Org.). *Doutrinas Essenciais* – Mediação e Arbitragem. São Paulo: Revista dos Tribunais, 2014, p. 84.

[29] CAPPELLETTI, Mauro. Os métodos alternativos de solução de conflitos no quadro do movimento universal de acesso à justiça. In: WALD, Arnoldo (Org.). *Doutrinas Essenciais* – Mediação e Arbitragem. São Paulo: Revista dos Tribunais, 2014, p. 84-85.

[30] Podem ser mencionadas, ainda, como legislação metaindividual integrada, a Lei nº 7.853/1989 (Lei das Pessoas Portadoras de Deficiência), a Lei nº 8.069/1990 (Estatuto da Criança e do Adolescente), a Lei nº 10.741/2003 (Estatuto do Idoso), a Lei nº 12.529/2011 (Sistema Brasileiro de Defesa da Concorrência), dentre outras.

Com efeito, no Brasil deste início de novo milênio, com aproximadamente 74 milhões de processos em andamento – 1 processo para cada 2,74 habitantes, enquanto na Austrália, por exemplo, há 1 processo para cada 6,4 mil cidadãos –, com uma taxa de congestionamento de cerca de 70%, é necessário entender melhor esta progressiva litigiosidade.

Não há, até hoje, novas pesquisas com profundidade para explicar, em todos os seus eixos, as razões para a progressiva judicialização da vida social e das relações políticas brasileiras. O mais profundo estudo sobre o tema foi produzido por Luiz Werneck Vianna e data do final da década de 90. É claro que a Constituição de 1988, que emerge após longo período autoritário, procurou ser detalhista para garantir direitos, e escancarou a porta do Judiciário para torná-los efetivos. Foram as principais promessas constitucionais.[31]

Assim, no momento atual, não há quadro mais propício para o desenvolvimento e fortalecimento dos métodos alternativos (ou adequados) de resolução de conflitos que, longe de rivalizarem com a jurisdição estatal, devem ser vistos como complementares a ela.

A jurisdição é classicamente definida como "uma das funções do Estado, mediante a qual este se substitui aos titulares dos interesses em conflito para, imparcialmente, buscar a pacificação do conflito que os envolve, com justiça".[32]

Não obstante, deve-se ter em conta que, excluindo-se a interpretação literal, a garantia da inafastabilidade da jurisdição encartada no art. 5º, XXXV, da Constituição Federal, que poderia ser vista como óbice à implementação de novos métodos alternativos, deve ser entendida sob duplo enfoque, isto é, de vedação constitucional e de prestação devida pelo Estado ao cidadão. Trata-se de um novo enfoque sobre o conceito de jurisdição.[33]

---

[31] MELO, Manuel Palacios Cunha; VIANNA, Luiz Werneck; CARVALHO, Maria Alice Rezende de; BURGOS, MARCELO. *A judicialização da política e das relações sociais no Brasil*. Revan, 1999.

[32] GRINOVER, Ada Pellegrini; DINAMARCO, Cândido Rangel; CINTRA, Antonio Carlos de Araújo. *Teoria Geral do Processo*. 26. ed. rev. e atual. São Paulo: Malheiros, 2010, p. 150.

[33] SALLES, Carlos Alberto de. Mecanismos alternativos de solução de controvérsias e acesso à justiça: a inafastabilidade da tutela jurisdicional recolocada. In: FUX, Luiz; NERY JR, Nelson; WAMBIER, Teresa Arruda Alvim (Coords.). *Processo e*

A implementação de mecanismos de pacificação social eficientes, mas que não desvirtuem os ideais de justiça, permite a desobstrução do Judiciário, mantendo as garantias sociais exigidas, ao mesmo tempo em que garante a solução dos conflitos de forma menos custosa e mais célere.[34]

Esta é uma das vantagens das chamadas *Alternative Dispute Resolution* – ADRs, mas a análise não deve parar por aí.

Existe um segundo conjunto de argumentos favoráveis aos métodos adequados, que são aqueles que dizem respeito à qualidade da solução obtida para a crise social e de direito material instalada.

Neste ponto, argumenta-se que tais métodos aumentam a satisfação das partes, encorajam o restabelecimento de relações de amizade, são mais porosos a normas sociais e promovem soluções integrativas, o que leva ao maior cumprimento espontâneo das soluções alcançadas.[35]

Assim, pode-se afirmar que, a rigor, não se trata de métodos alternativos, mas de métodos *adequados* à solução de cada conflito considerado em suas peculiaridades.

A utilização do termo "alternativos" implica, como consectário lógico, considerar-se a jurisdição estatal como prioritária, concepção esta que não

---

Constituição: estudos em homenagem ao professor José Carlos Barbosa Moreira. São Paulo: RT, 2006, p. 782 e ss.

[34] TARTUCE, Fernanda. Conciliação em juízo: o que (não) é conciliar? In: SALLES, Carlos Alberto de; LORENCINI; Marco Antônio Garcia Lopes; e SILVA, Paulo Eduardo Alves da (Coords.). *Negociação, Mediação e Arbitragem*: Curso básico para programas de graduação em Direito. Rio de Janeiro: Forense, São Paulo: Método, 2012, p. 157.

[35] GALANTER, Marc. Compared to What – Assessing the Quality of Dispute Processing. *Denver University Law Review*. n. 66. v. 3, p. XII, 1988-1989. Frank Sander, mencionando trabalho de Lon Fuller, destaca quatro metas buscadas pelos meios alternativos de resolução de conflitos: "1) to relieve court congestion, as well as undue cost and delay; 2) to enhance community involvement in the dispute resolution process; 3) to facilitate access to justice; 4) to provide more 'effective' dispute resolution" (SANDER, Frank E. A. Alternative Methods of Dispute Resolution: An Overview. *University of Florida Law Review*. v. 37. n .1, p. 3, 1985).

pode mais subsistir.[36] Daí a afirmação de Mauro Cappelletti[37] de que "há situações em que a justiça *conciliatória* (ou coexistencial) é capaz de produzir resultados que, longe de serem de 'segunda classe' são melhores *qualitativamente* do que os resultados do processo contencioso".

Se o movimento de acesso à justiça busca, efetivamente, a garantia do acesso à ordem jurídica justa com a consequente pacificação social, não é possível considerar o processo judicial como única alternativa para solução dos conflitos, máxime quando se tem presente que os conflitos de interesses são os mais variados e o processo estatal nem sempre possui a flexibilidade e o tempo necessários para dar conta de cada peculiaridade.[38]

---

[36] GALANTER, Marc. Compared to What – Assessing the Quality of Dispute Processing. *Denver University Law Review*. n. 66. v. 3, p. xi, 1988-1989; SALLES, Carlos Alberto de. Mecanismos alternativos de solução de controvérsias e acesso à justiça: a inafastabilidade da tutela jurisdicional recolocada. In: FUX, Luiz; NERY JR, Nelson; WAMBIER, Teresa Arruda Alvim (Coords.). *Processo e Constituição*: estudos em homenagem ao professor José Carlos Barbosa Moreira. São Paulo: RT, 2006, p. 784; DIDIER JR., Fredie. *Curso de direito processual civil*: introdução ao direito processual civil, parte geral e processo de conhecimento. 19. ed. Salvador: Juspodivm, 2017, p. 185; THEODORO JÚNIOR, Humberto; NUNES, Dierle; BAHIA, Alexandre Melo Franco; PEDRON, Flávio Quinaud. *Novo CPC*: Fundamentos e Sistematização. 2. ed. rev., atual. e ampl. Rio de Janeiro: Forense, 2015; LESSA NETO, João. O novo CPC adotou o modelo multiportas!!! E agora?!. *Revista de Processo*: RePro, São Paulo, v. 40, n. 244, p. 427-441, jun. 2015. TARTUCE, Fernanda. Conciliação em juízo: o que (não) é conciliar? In: SALLES, Carlos Alberto de; LORENCINI; Marco Antônio Garcia Lopes; e SILVA, Paulo Eduardo Alves da (Coords.). *Negociação, Mediação e Arbitragem*: Curso básico para programas de graduação em Direito. Rio de Janeiro: Forense, São Paulo: Método, 2012, p. 150. Vale mencionar que a Resolução nº 125/2010 do Conselho Nacional de Justiça utiliza, expressamente, esta terminologia ao prever, em sua ementa, que "dispõe sobre a Política Judiciária Nacional de tratamento *adequado* dos conflitos de interesses no âmbito do Poder Judiciário e dá outras providências" (grifou-se).

[37] CAPPELLETTI, Mauro. Os métodos alternativos de solução de conflitos no quadro do movimento universal de acesso à justiça. In: WALD, Arnoldo (Org.). *Doutrinas Essenciais* – Mediação e Arbitragem. São Paulo: Revista dos Tribunais, 2014, p. 90.

[38] WATANABE, Kazuo. Acesso à justiça e sociedade moderna. In: *Participação e processo*. São Paulo: Revista dos Tribunais, 1988, p. 132; THEODORO JÚNIOR,

Nesse sentido são as palavras de Marc Galanter:[39]

> [...] once we appreciate that an encounter or injury may be crystallized into very different kinds of disputes and may be handled in very different kinds of institutions, we recognize that sorting disputes by their suitability to particular dispute processes is not a technical exercise but a political choice of which kinds of disputes deserve which kinds of response, which in turn reflects our commitments about the good society and the good life.

Também Carlos Alberto Salles[40] destaca que a preocupação "não é apenas de custos e duração do processo, mas também de adequação da qualidade da resposta dada por determinado mecanismo, levando em conta a maneira como atua sobre uma situação concreta".

Nesse particular, aliás, é interessante mencionar que, como esclarece Roscoe Pound,[41] a insatisfação com a administração da justiça é tão antiga quanto o próprio Direito. De acordo com o autor, este sentimento, comum aos mais diversos sistemas jurídicos, decorreria das seguintes causas: a) a necessária operação mecânica das regras e, portanto, do próprio direito; b) a inevitável diferença de progresso entre o Direito e a opinião pública; c) a

---

Humberto. *Curso de Direito Processual Civil*: teoria geral do direito processual civil, processo de conhecimento e procedimento comum. v. 1. 58. ed. rev., atual. e ampl. Rio de Janeiro: Forense, 2017, p. 8-9; SALLES, Carlos Alberto de. Mecanismos alternativos de solução de controvérsias e acesso à justiça: a inafastabilidade da tutela jurisdicional recolocada. In: FUX, Luiz; NERY JR, Nelson; WAMBIER, Teresa Arruda Alvim (Coords.). *Processo e Constituição*: estudos em homenagem ao professor José Carlos Barbosa Moreira. São Paulo: RT, 2006, p. 784.

[39] GALANTER, Marc. Compared to What – Assessing the Quality of Dispute Processing. *Denver University Law Review*. n. 66. v. 3, p. xiv, 1988-1989.

[40] SALLES, Carlos Alberto de. Mecanismos alternativos de solução de controvérsias e acesso à justiça: a inafastabilidade da tutela jurisdicional recolocada. In: FUX, Luiz; NERY JR, Nelson; WAMBIER, Teresa Arruda Alvim (Coord.). *Processo e Constituição*: estudos em homenagem ao professor José Carlos Barbosa Moreira. São Paulo: RT, 2006, p. 785; DINAMARCO, Cândido Rangel. *Instituições de Direito Processual Civil*. v. 1. 6. ed. rev. e atual. São Paulo: Malheiros, 2009, p. 126.

[41] POUND, Roscoe. The Causes of Popular Dissatisfaction with the Administration of Justice. *Annual Report of the American Bar Association*. n. 29, p. 397, 1906.

crença popular generalizada de que a administração da justiça é uma tarefa fácil que pode ser realizada por quem quer que seja; d) a impaciência popular com limitações, regulações e restrições, características inerentes ao Direito e à vida em sociedade.

Seja como for, importa destacar que são inúmeros os exemplos de práticas bem-sucedidas no mundo envolvendo os três modos clássicos de negociação, mediação e arbitragem.[42]

Embora se venha aceitando a importância de tais mecanismos, sua adoção no Brasil se revela incipiente quando comparada com outros países.

A legislação relativa aos diversos métodos de solução de controvérsias tornou-se cada vez mais abundante nos EUA, haja vista que o país experimentou uma verdadeira "explosão" de novos processos judiciais, sobretudo nas décadas de 1970 e 1980, passando o sistema americano a contar com agências públicas e privadas especializadas em métodos alternativos de resolução de conflitos, promovendo, paralelamente, intenso treinamento de mediadores.

Em 1998, foi aprovado o *Alternative Dispute Resolution Act*, que determinou a adoção, em todas as ações cíveis, dos métodos alternativos (ou adequados) de solução de conflitos pelos tribunais federais.[43]

Ademais, diversos países vivem período em que os métodos alternativos de resolução de conflitos estão cada vez mais evidentes.

No Canadá, questões de direito de família são submetidas a serviços de mediação desde a década de 1970, embora a legislação acerca do tema só tenha sido promulgada em 1985.[44]

---

[42] Os chamados métodos alternativos de solução de conflitos não se limitam a estes três modos clássicos. Onde quer que surjam conflitos de interesses, seja entre indivíduos isolados, seja no interior de determinada organização, uma complexa rede de incontáveis mecanismos possíveis existe para dar conta de solucioná-los. Cf. SANDER, Frank E. A. Alternative Methods of Dispute Resolution: An Overview. *University of Florida Law Review* v. 37. n .1, p. 11, 1985.

[43] JAZZAR, Inês Sleiman Molina. *Mediação e conflitos coletivos de trabalho.* 2008. 136 f. Dissertação (Mestrado) – Faculdade de Direito da Universidade de São Paulo, São Paulo, 2008, p. 123.

[44] JAZZAR, Inês Sleiman Molina. *Mediação e conflitos coletivos de trabalho.* 2008. 136 f. Dissertação (Mestrado) – Faculdade de Direito da Universidade de São Paulo, São Paulo, 2008, p. 121.

No Oriente, o Japão conta há muito tempo com cortes de conciliação compostas por membros leigos e por um juiz para, informalmente, ouvir as demandas das partes e recomendar uma solução para a controvérsia.[45] Aliás, a não resolução dos conflitos de forma amigável é vista como vergonhosa.[46]

A China, maior parceiro comercial do Brasil e segunda maior economia do mundo, passou por um fortalecimento do instituto da arbitragem com o intuito de aumentar a segurança jurídica de suas transações comerciais. O país tem uma longa tradição no âmbito da mediação e conciliação, mas antes de 1950 não possuía arbitragem comercial internacional independente. Criou--se, então, para superar os problemas de seu sistema judicial em prol de suas transações comerciais, a Comissão de Arbitragem Comercial Internacional (*Foreign Trade Arbitration Commission* – FTAC), designação anterior da atual *China International Economic and Trade Arbitration Commission* (Cietac), cuja atuação cresce a cada dia.

Ademais, conforme destaca José Cretella Neto,

> [...] a Lei de Arbitragem da República Popular da China foi adotada no final da 9ª Reunião do Comitê Permanente do 8º Congresso Nacional do Partido, em 31.08.1994 e, contendo 80 artigos, é um dos mais extensos diplomas legais nacionais existentes sobre a matéria.[47]

Na Europa, foi publicada a Diretiva nº 2013/11/UE sobre a resolução alternativa de litígios de consumo (Diretiva RAL)[48] e o Regulamento nº

---

[45] CAPPELLETTI, Mauro; GARTH, Bryant. *Acesso à Justiça*. Porto Alegre: Sergio Fabris, 1998, p. 84.

[46] RISKIN, Leonard L. Mediation and Lawyers. *Ohio State Law Journal*, n. 43.1, p. 29, 1982. "This idea-that the natural and desirable condition is harmony-contrasts sharply with the predominant Western perspectives which focus on freedom as an absence of restraint and on autonomy and individual liberty as the highest goal" (RISKIN, Leonard L. Mediation and Lawyers. *Ohio State Law Journal*, n. 43.1, p. 30, 1982).

[47] CRETELLA NETO, José. Da arbitragem no Japão e na China. *Revista NEJ –* Eletrônica, vol. 15, n. 1, p. 50, jan./abr., 2010.

[48] "A Diretiva RAL assegurará uma cobertura total de resolução alternativa de litígios a nível da União, que se traduzirá na existência de um procedimento de RAL disponível para litígios contratuais resultantes, por exemplo, de viagens, da

524/2013 sobre a resolução de litígios de consumo em linha (Regulamento RLL).[49]

O objetivo de tal diretiva, de acordo com seu art. 1º, é

> [...] contribuir, através da realização de um elevado nível de defesa do consumidor, para o bom funcionamento do mercado interno, assegurando que os consumidores possam apresentar, voluntariamente, queixas contra os comerciantes a entidades que facultem procedimentos independentes, imparciais, transparentes, eficazes, céleres e equitativos de resolução de litígios.

Em Portugal, são vários os Centros de Conciliação, Mediação e Arbitragem com competência genérica ou específica em diversos ramos do direito. Como exemplo, há os relativos a dívidas hospitalares, comércio eletrônico, consumos em geral, viagens e turismo, bem como o relativo à Liga Portuguesa de Futebol Profissional.

Na Espanha, desde 1239, existem regras de mediação para regular conflitos atinentes ao uso da água, utilizadas no antigo Tribunal de Águas de Valência. Em 1988, com a *Ley de Arbitraje*, consagrou-se o princípio da liberdade formal no compromisso arbitral, bem como a ampla margem para a autonomia privada, estendendo-se a mediação para o direito de família.[50]

---

banca, da limpeza a seco. Adicionalmente, todas as entidades de RAL deverão satisfazer critérios de qualidade que garantam que funcionam de maneira eficaz, justa, independente e transparente". Disponível em: <http://www.dgpj.mj.pt/sections/relacoes-internacionais/eventos/legislacao-comunitaria/publicacao--de-legislacao/>. Acesso em: 8 nov. 2017.

[49] "[...] o Regulamento RLL permitirá que os consumidores da União Europeia e os operadores econômicos apresentem os litígios decorrentes de compras em linha às entidades de resolução alternativa de litígios em linha, graças à plataforma de resolução de litígios à escala da União, a qual ligará todas as entidades de RAL nacionais. Este ponto único de acesso estará disponível em todas as línguas oficiais da União e de forma gratuita". Disponível em: <http://www.dgpj.mj.pt/sections/relacoes-internacionais/eventos/legislacao-comunitaria/publicacao--de-legislacao/>. Acesso em: 8 nov. 2017.

[50] RUIZ, Ivan Aparecido; SOUZA BEDÊ, Judith Aparecida de. *Revisitando novos caminhos para o acesso à justiça: a mediação.* Trabalho publicado nos Anais do XVII Congresso Nacional do CONPEDI, realizado em Brasília – DF nos dias

Na França, desde 1971, as partes podem encaminhar seus litígios a um juiz para que atue como "árbitro amigável".[51] Existe um Centro Nacional de Mediação – CNM, cujos mediadores são cidadãos com qualificação para o exercício de suas atribuições. Em 1992, foi editado o chamado Código da Mediação, o qual estabelece os preceitos norteadores do instituto da mediação na França. O atual Código de Processo Civil francês trata da mediação em um título a parte. Ademais, a arbitragem é um sucesso por todos conhecido, de maneira retumbante, em França, onde é situado um dos maiores centros de arbitragem do mundo (a CCI – Câmara de Comércio Internacional).

Na Inglaterra, existe o chamado serviço consultivo de mediação e arbitragem, ou *Advisory Conciliation and Arbitration Service* (ACAS), que visa tentar resolver pacificamente controvérsias entre empregados e empregadores.

Na Suíça, por seu turno, a mediação conta com previsão no próprio Código de Processo Civil, que determina sua obrigatoriedade antes de um processo judicial.

Ademais, tanto na Suíça quanto na Alemanha, há experiência de sucesso com o chamado *ombudsman* bancário, método de solução de conflitos centrado na figura do *ombudsman*, que tem competência sobre casos específicos e liberdade dentro de certa margem de atuação, agindo sobre os conflitos entre os clientes e as instituições bancárias.

No âmbito da América Latina, também tem aumentado o uso dos métodos adequados de solução de conflitos.

Na Bolívia, por exemplo, por meio de Centros de Conciliação, institucionalizou-se, sob a órbita do Ministério da Justiça, os métodos da arbitragem, conciliação e mediação.[52]

20, 21 e 22 de novembro de 2008, p. 140. Disponível em: <http://gajop.org.br/justicacidada/wp-content/uploads/Revisitando-Novos-Caminhos-Para-o--Acesso-aa-Justica_-A-Mediacao1.pdf>. Acesso em: 8 nov. 2017.

[51] CAPPELLETTI, Mauro; GARTH, Bryant. *Acesso à Justiça*. Porto Alegre: Sergio Fabris, 1998, p. 82.

[52] RUIZ, Ivan Aparecido; SOUZA BEDÊ, Judith Aparecida de. *Revisitando novos caminhos para o acesso à justiça: a mediação*. Trabalho publicado nos Anais do XVII Congresso Nacional do CONPEDI, realizado em Brasília – DF nos dias 20, 21 e 22 de novembro de 2008, p. 135. Disponível em: <http://gajop.org.

Na Colômbia, por meio de modelo descentralizado e desjuridicizado, passou-se a prestar serviços de conciliação e arbitragem em centros conectados aos tribunais.[53]

Também o Equador oferece centros de mediação e arbitragem, com acesso, inclusive, às comunidades indígenas.[54]

Na Argentina, por seu turno, a utilização dos métodos adequados de solução de conflitos foi consagrada com a previsão da obrigatoriedade da mediação na Lei Federal nº 24.573, de 14 de outubro de 1995.[55] De fato, naquele país, é cada vez mais comum o uso deste mecanismo, método regulado em caráter prévio ao processo judicial.[56]

Ademais, as experiências com tais mecanismos de resolução de disputas, dentro do contexto do mencionado Movimento de Acesso à Justiça, não mais se prendem aos limites geográficos dos Estados, desbordando do aspecto territorial para adentrar o mundo virtual da internet.

É nesse contexto que se desenvolve e ganha cada vez mais popularidade[57] o chamado *Online Dispute Resolution* (ODR), termo amplo que abrange formas de resolução de conflitos que utilizam a internet como parte do processo de resolução do litígio.[58] Refere-se, portanto, a resoluções de litígios no

---

br/justicacidada/wp-content/uploads/Revisitando-Novos-Caminhos-Para-o--Acesso-aa-Justica_-A-Mediacao1.pdf>. Acesso em: 8 nov. 2017.

[53]   Idem, p. 135.

[54]   Idem, p. 135.

[55]   JAZZAR, Inês Sleiman Molina. *Mediação e conflitos coletivos de trabalho.* 2008. 136 f. Dissertação (Mestrado) – Faculdade de Direito da Universidade de São Paulo, São Paulo, 2008, p. 121, p. 118.

[56]   RUIZ, Ivan Aparecido; SOUZA BEDÊ, Judith Aparecida de. *Revisitando novos caminhos para o acesso à justiça: a mediação.* Trabalho publicado nos Anais do XVII Congresso Nacional do CONPEDI, realizado em Brasília – DF nos dias 20, 21 e 22 de novembro de 2008, p. 135. Disponível em: <http://gajop.org. br/justicacidada/wp-content/uploads/Revisitando-Novos-Caminhos-Para-o--Acesso-aa-Justica_-A-Mediacao1.pdf>. Acesso em: 8 nov. 2017, p. 137.

[57]   KRAVEC, Nicole Gabrielle. Dogmas of Online Dispute Resolution. *University of Toledo Law Review.* n. 38.1, p. 125, 2006.

[58]   VAN DEN HERIK, Jaap; DIMOV, Daniel. Towards Crowdsourced Online Dispute Resolution. *Journal of International Commercial Law and Technology.* n. 7.2, p. 99, 2012.

ambiente virtual utilizando-se de mecanismos de tecnologia da informação.[59] Se o futuro dos negócios é o chamado "ciberespaço", é natural imaginar que os mecanismos de solução das disputas que emerjam destes empreendimentos também nele estejam inseridos.[60]

Nesse contexto, importa mencionar que a vanguardista Lei de Mediação no Brasil (Lei nº 13.140/2015), prevê, em seu art. 46, que "a mediação poderá ser feita pela internet ou por outro meio de comunicação que permita a transação à distância, desde que as partes estejam de acordo".

Exemplificativamente, vale mencionar que

> [...] o eBay reportou solução de mais de 60 milhões de conflitos decorrentes de relações consumeristas mediadas pelo site até o ano de 2010, evidenciando, assim, não só o alto número de conflitos derivados de relações *on-line* (especificamente, das interações intermediadas pela plataforma), mas sobretudo, o poder dos próprios envolvidos os solucionarem.[61]

No caso do Brasil, é bem de ver que o legislador, de forma ainda tímida, previu, ao longo da história recente, a utilização de alternativas para resolução de controvérsias, o que pode ser observado nos arts. 667, 772, 776 e 777 do Código Comercial, no art. 764 da Consolidação das Leis do Trabalho – CLT e na Lei nº 7.244, de 7.11.1984, que instituiu os Juizados Especiais de Pequenas Causas, ao valorizar o papel dos conciliadores.

O art. 331 do Código de Processo Civil de 1973 determinava a realização de audiência preliminar para tentativa de conciliação das partes, em clara tentativa de "indução de papel mais ativo do juiz na condução dos processos e para o efetivo cumprimento da imediatidade, que é uma das bases do processo oral adotado pelo nosso legislador processual".[62] Mas não só este

---

[59] PHILIPPE, Mireze. ODR Redress System for Consumer Disputes: Clarification, UNCITRAL Works & EU Regulation on ODR. *International Journal of Online Dispute Resolution*. n. 1.1, p. 57, 2014.

[60] BENSLEY, Norman. Online Dispute Resolution. *TortSource*. n. 6.4, p. 1, 2004.

[61] LIMA, Gabriela Vasconcelos; FEITOSA, Gustavo Raposo Pereira. Online Disputes Resolution (ODR): a solução de conflitos e as novas tecnologias. *Revista do Direito*. v. 3, n. 50, p. 60, set./dez. 2016.

[62] WATANABE, Kazuo. Cultura da sentença e cultura da pacificação. In: Yarshell, Flavio Luiz; MORAES, Maurício Zanoide (Coords.). *Estudos em homenagem à professora Ada Pellegrini Grinover*. São Paulo: DPJ, 2005, p. 687.

dispositivo prestigiava a conciliação como meio alternativo de solução de conflitos, também devem ser mencionados os arts. 125, IV; art. 227, § 1º, art. 447 a 449 e o art. 599, todos do CPC/1973.

O atual Código de Processo Civil (Lei nº 13.105/2015) privilegia os métodos adequados de solução de conflitos,[63] sendo certo que alguns autores[64] entendem, ademais, que o novel Diploma teria consagrado um verdadeiro sistema de justiça multiportas.

De fato, o novo CPC, logo em seu art. 3º, já evidencia este prestígio, *verbis*:

> Art. 3º Não se excluirá da apreciação jurisdicional ameaça ou lesão a direito.
>
> § 1º É permitida a arbitragem, na forma da lei.
>
> § 2º O Estado promoverá, sempre que possível, a solução consensual dos conflitos.
>
> § 3º A conciliação, a mediação e outros métodos de solução consensual de conflitos deverão ser estimulados por juízes, advogados, defensores públicos e membros do Ministério Público, inclusive no curso do processo judicial.

O novo Código dedica todo um capítulo à mediação e à conciliação (arts. 165 a 175); prevê, em seus artigos 334 e 695, a necessidade de tentativa de autocomposição como ato anterior à defesa do réu; permite, de acordo com os arts. 515, III, e 725, VIII, a homologação judicial de acordo extrajudicial de qualquer natureza; possibilita, segundo o art. 515, § 2º, que no acordo judicial seja incluída matéria estranha ao objeto litigioso; e torna possíveis,

---

[63] DIDIER JR., Fredie. *Curso de direito processual civil*: introdução ao direito processual civil, parte geral e processo de conhecimento. 19. ed. Salvador: Juspodivm, 2017, p. 306; THEODORO JÚNIOR, Humberto. *Curso de Direito Processual Civil*: teoria geral do direito processual civil, processo de conhecimento e procedimento comum. v. 1. 58. ed. rev., atual. e ampl. Rio de Janeiro: Forense, 2017, p. 8-9.

[64] THEODORO JÚNIOR, Humberto; NUNES, Dierle; BAHIA, Alexandre Melo Franco; PEDRON, Flávio Quinaud. *Novo CPC*: Fundamentos e Sistematização. 2. ed. rev., atual. e ampl. Rio de Janeiro: Forense, 2015; DIDIER JR., Fredie. *Curso de direito processual civil*: introdução ao direito processual civil, parte geral e processo de conhecimento. 19. ed. Salvador: Juspodivm, 2017, p. 185.

nos termos dos arts. 190 e 191, negociações processuais na sessão inaugural de conciliação.[65]

Outrossim, o novo diploma processual instituiu os negócios processuais, e inseriu na lei uma espécie de *arbitragem pública* (arts. 190 a 192).

A conciliação, especialmente, já estava inserida na Lei nº 9.099/1995 (Lei dos Juizados Especiais) e na Lei nº 10.259/2001. Com efeito, no âmbito dos Juizados Especiais não se exigia maior qualificação dos conciliadores, fazendo com que, na prática, as sessões de conciliação fossem conduzidas por estagiários ou pessoas sem o devido preparo para lidar com o referido instrumento, gerando resultados insatisfatórios.

Nosso ordenamento jurídico conta também com a Lei nº 9.307, de 23 de setembro de 1996, regulamentadora da arbitragem e que foi alterada pela Lei nº 13.129, de 26 de maio de 2015, cujo escopo foi ampliar seu âmbito de aplicação, permitir a arbitragem nos contratos públicos e nas disputas societárias com cláusula nos estatutos, dispor sobre a escolha dos árbitros quando as partes recorrem a órgão arbitral, sobre a interrupção da prescrição pela instituição da arbitragem, dentre outros temas. Há, ainda, a Lei de Mediação (Lei nº 13.140/2015), o marco legal deste instituto em nosso país, e que dispõe sobre a mediação entre particulares como meio de solução de controvérsias e sobre a autocomposição de conflitos no âmbito da Administração Pública.[66]

Constata-se, pois, que, pouco a pouco, foram sendo erigidos os alicerces de um verdadeiro microssistema de solução de conflitos, no qual a jurisdição estatal atuará, cada vez mais, como última *ratio*,[67] "incumbindo ao Estado

---

[65] DIDIER JR., Fredie. *Curso de direito processual civil*: introdução ao direito processual civil, parte geral e processo de conhecimento. 19. ed. Salvador: Juspodivm, 2017, p. 305-306.

[66] Foi criada, no âmbito do Senado Federal, Comissão Especial Externa de juristas com a finalidade de elaborar anteprojeto de Lei de Arbitragem e Mediação, em 2012, instalada em 2013, presidida por Luis Felipe Salomão, e que resultou no encaminhamento dos textos legais aprovados pelo Parlamento em 2015, ampliação da Lei da Arbitragem e o Marco Legal da Mediação.

[67] SALLES, Carlos Alberto de. Mecanismos alternativos de solução de controvérsias e acesso à justiça: a inafastabilidade da tutela jurisdicional recolocada. In: FUX, Luiz; NERY JR, Nelson; WAMBIER, Teresa Arruda Alvim (Coords.). *Processo e Constituição*: estudos em homenagem ao professor José Carlos Barbosa Moreira.

organizar todos esses meios alternativos de solução de conflitos, ao lado dos mecanismos tradicionais e formais já em funcionamento".[68]

Ao Estado cabe não só organizar, sem interferir, mas sobretudo estimular e promover estas boas práticas.[69]

São Paulo: RT, 2006, p. 784; DONIZETTI, Elpídio. *Curso didático de Direito Processual Civil.* 19. ed. São Paulo: Atlas, 2016, p. 123.

[68] WATANABE, Kazuo. Acesso à justiça e sociedade moderna. In: *Participação e processo.* São Paulo: Revista dos Tribunais, 1988, p. 132.

[69] Nesse contexto, cumpre destacar que o Conselho da Justiça Federal (CJF), com o apoio do Superior Tribunal de Justiça (STJ), com o escopo de aprimorar, incentivar, expandir e debater a prática dos meios extrajudiciais de solução de conflitos, realizou, entre os dias 22 e 23 de agosto de 2016, a I Jornada sobre Prevenção e Solução Extrajudicial de Litígios, cuja Coordenação Geral da Comissão Científica ficou a cargo do Ministro Luis Felipe Salomão. O exitoso evento culminou na aprovação de 87 enunciados, que servirão de apoio à interpretação e à execução dos métodos adequados de solução de conflitos, dos quais 13 são sobre arbitragem, 34 sobre mediação e 40 referentes às outras formas de solução de conflitos. Dentre os enunciados, destacam-se os seguintes: *Enunciado nº 48:* É recomendável que, na judicialização da saúde, previamente à propositura de ação versando sobre a concretização do direito à saúde – fornecimento de medicamentos e/ou internações hospitalares –, promova-se uma etapa de composição extrajudicial mediante interlocução com os órgãos estatais de saúde; *Enunciado nº 52:* O Poder Público e a sociedade civil incentivarão a facilitação de diálogo dentro do âmbito escolar, por meio de políticas públicas ou parcerias público-privadas que fomentem o diálogo sobre questões recorrentes, tais como: *bullying,* agressividade, mensalidade escolar e até atos infracionais. Tal incentivo pode ser feito por oferecimento da prática de círculos restaurativos ou outra prática restaurativa similar, como prevenção e solução dos conflitos escolares; *Enunciado nº 76:* As decisões proferidas por um Comitê de Resolução de Disputas (*Dispute Board*), quando os contratantes tiverem acordado pela sua adoção obrigatória, vinculam as partes ao seu cumprimento até que o Poder Judiciário ou o juízo arbitral competente emitam nova decisão ou a confirmem, caso venham a ser provocados pela parte inconformada. Referidos enunciados estão disponíveis em: <http://www.cjf.jus.br/cjf/corregedoria-da-justica-federal/centro-de-estudos-judiciarios-1/publicacoes-1/cjf/corregedoria-da-justica-federal/centro-de-estudos-judiciarios-1/prevencao-e-solucao-extrajudicial-de-litigios/?_authenticator=60c7f30ef0d8002d17dbe298563b6fa2849c6669>.

3. DAS VÁRIAS FORMAS DE SOLUÇÃO DE CONFLITOS[70]

Este estudo pretende expor as características dos principais métodos adequados de solução de conflitos, cabendo ressaltar, não obstante, que não tem a pretensão de esgotar todas as formas e mecanismos que podem ser utilizados para dirimir as crises sociais e de direito material instauradas, máxime diante de alternativas como o *design* de sistema de disputas, que permite a criação de métodos customizados e adequados para cada novo caso.

Inicialmente, será abordado o denominado Tribunal Multiportas e, na sequência, então, serão examinadas algumas destas possibilidades ou "portas", que podem compor este sistema.

3.1. Tribunal Multiportas

Proposto por Frank Sander, Professor da Harvard *Law School*, em trabalho intitulado *Varieties of dispute processing* e exposto em 1976 na *Pound Conference*,[71] a ideia de um tribunal multiportas ou de sistema multiportas tem por objetivo criar um mecanismo ou órgão – inicialmente denominado pelo autor de *Dispute Resolution Center* e, posteriormente, recebendo o epíteto de *Multi-door Courthouse* –, capaz de prover uma ampla variedade de processos de resolução de disputas, atendendo as específicas necessidades de cada caso concreto.[72]

---

[70] Imprescindível para entender a evolução destes métodos e a reforma da legislação brasileira a respeito do tema a leitura do livro *Arbitragem e Mediação* – A reforma da legislação brasileira. Atlas, 2. ed., 2017, Coordenado por Luis Felipe Salomão e Caio Rocha e composto por uma coletânea de textos escritos pelos juristas que integraram a Comissão que elaborou os dois anteprojetos que resultaram na ampliação da Lei de Arbitragem e Lei da Mediação.

[71] Esta conferência teve como pano de fundo discurso proferido em 1906 pelo também Professor de Harvard Roscoe Pound, intitulado *The Causes of Popular Dissatisfaction with the Administration of Justice* (POUND, Roscoe. The Causes of Popular Dissatisfaction with the Administration of Justice. *Annual Report of the American Bar Association*. n. 29, p. 395-417, 1906).

[72] SANDER, Frank E. A. Alternative Methods of Dispute Resolution: An Overview. *University of Florida Law Review* v. 37. n .1, p. 12, 1985.

Na oportunidade, estava presente a ideia de propiciar maior integração entre a comunidade, o Estado e os agentes econômicos, bem como a busca por critérios de determinação de métodos mais adequados a cada conflito de interesse considerado em si mesmo, rejeitando-se o chamado modelo *one-size-fits-at-all* (um modelo serve para tudo).[73]

De fato, Morton Deutsch,[74] Professor da Universidade de Columbia, em obra seminal sobre o tema, atento às peculiaridades das relações sociais, elaborou, por meio de abordagem sociopsicológica, uma tipologia dos conflitos que podem emergir no seio social. Segundo o autor, de acordo com o estado de ânimo objetivo e o estado de ânimos como percebido pelas partes, seis tipos de conflitos poderiam ser identificados, a saber: a) *conflito verídico*, que é aquele no qual existe objetivamente um conflito de interesses ("se uma mulher quer usar a sala de estar da casa como um estúdio para pintura e seu marido deseja usá-la como escritório, eles têm um conflito verdadeiro"); b) *conflito contingente*, no qual a existência do conflito de interesses depende de circunstâncias prontamente rearranjáveis, mas isso não é percebido pelas partes, sendo certo que este conflito desaparece se as possibilidades de satisfazer as necessidade mútuas forem reconhecidas pelas partes (no exemplo anterior, se houvesse algum outro espaço que pudesse ser facilmente convertido em um escritório ou um estúdio de pintura, o problema seria resolvido); c) *conflito deslocado*, que é aquele no qual as partes estão claramente "discutindo sobre a coisa errada" e é subdividido em "conflito manifesto" e "conflito subjacente", sendo certo que, na maioria dos casos, aquele será uma expressão simbólica ou idiomática deste (é o caso, por exemplo, do conflito entre irmãos sobre quem terá o poder sobre o controle remoto da televisão, que

---

[73] LORENCINI, Marco Antônio Garcia Lopes. Sistema Multiportas: opções para tratamento de conflitos de forma adequada. In: SALLES, Carlos Alberto de; LORENCINI, Marco Antônio Garcia Lopes; ALVES E SILVA, Paulo Eduardo. *Negociação, Mediação e Arbitragem*: curso básico para programas de graduação em Direito. São Paulo: Método, 2012, p. 73.

[74] DEUTSCH, Morton. A Resolução do Conflito. In: AZEVEDO, André Gomma de. *Estudos em Arbitragem, Mediação e Negociação*. Brasília: Brasília Jurídica, 2004, p. 36-39. Para algumas outras noções gerais sobre conflitos, ver: VEZULLA, Juan Carlos. Noções gerais de conflito. In: *Mediação, teoria e prática* – Guia para utilizadores e profissionais. Lisboa: Ministério da Justiça, 2005.

podem, em realidade, estar em conflito para obter o que cada um considera ser a sua justa parte nas recompensas familiares); d) *conflito mal-atribuído*, que ocorre entre as partes erradas e sobre questões equivocadas, o que pode ser motivado, muitas vezes, por questões ideológicas ("quando há escassez de bons empregos, o antagonismo, em vez de cooperação, entre trabalhadores brancos e negros pode refletir uma característica errônea: a origem da dificuldade de um grupo racial sendo atribuída à competição do outro em vez de o ser ao sistema industrial ou ao governo"); e) *conflito latente*, quando o conflito que verdadeiramente deveria estar ocorrendo não está, pois este é reprimido, deslocado ou mal-atribuído ("se uma mulher pensa ser natural homens terem melhores direitos legais e econômicos, ela provavelmente pouco contestará os machistas"); f) *conflito falso*, aquele que não possui base para sua ocorrência, sendo resultado, via de regra, de má percepção ou de má compreensão; no entanto, dele pode decorrer, em uma atmosfera de alta competição e de suspeição, um conflito verdadeiro.

Afirma o autor, ainda, que qualquer espécie de conflito ocorre, geralmente, em virtude dos seguintes fatores: a) controle sobre recursos; b) preferências e incômodos; c) valores; d) crenças.[75]

Assim, o grande avanço propugnado pelo sistema multiportas reside, justamente, na possibilidade de que a parte interessada tenha acesso a diferentes e variadas formas de solução de conflitos reunidos e organizados com o escopo comum de pacificação social com justiça, levando-se em conta as necessidades de cada tipo de conflito.

Incrementa-se, dessa forma, a responsabilidade dos advogados, porquanto estes passam a ser capazes de oferecer e discutir com seus clientes as diversas maneiras de solução do conflito instalado,[76] máxime diante das previsões constantes dos incisos VI e VII do art. 2º do Código de Ética e Disciplina da Ordem dos Advogados do Brasil – OAB, segundos os quais é

---

[75] DEUTSCH, Morton. A Resolução do Conflito. In: AZEVEDO, André Gomma de. *Estudos em Arbitragem, Mediação e Negociação*. Brasília: Brasília Jurídica, 2004, p. 39- 40.

[76] GUERRERO, Luis Fernando. *Efetividade das Estipulações voltadas à instituição dos Meios Multiportas de Solução de Litígios*. 2012. 255 f. Tese (Doutorado) – Faculdade de Direito da Universidade de São Paulo, São Paulo, 2012, p. 14.

dever do advogado "estimular, a qualquer tempo, a conciliação e a mediação entre os litigantes, prevenindo, sempre que possível, a instauração de litígios" e "desaconselhar lides temerárias, a partir de um juízo preliminar de viabilidade jurídica".[77]

Nos Estados Unidos da América, em virtude do sistema de *multi-door courthouse*, há variada gama de possibilidades de solução de conflitos postas à disposição dos cidadãos, a serem utilizadas de acordo com as peculiaridades de cada caso concreto (*mini-trial*, avaliação de terceiro neutro, *private-judging*, dentre outros[78]).

Busca-se fornecer àquele que pretende a pacificação de determinado conflito o método mais adequado às suas necessidades.[79]

O tribunal multiportas pressupõe a atuação de um *Screener*[80] (facilitador) que possui o papel de avaliar inicialmente o conflito e, a depender dos meca-

---

[77] "[...] limitar a atividade da advocacia somente ao universo adversarial como medida da boa distribuição de justiça social é desconhecer as funções essenciais à justiça. Essas encontram-se nos mais diversos dispositivos legais que legitimam a capacidade postulatória do advogado sob um novo paradigma jurisdicional, ou seja, de inspiração mais humanista e inovadora. Assim, depreende-se que a administração da justiça envolve direitos de solidariedade, cuja função social deve ser direcionada à promoção do consenso em detrimento da litigiosidade" (CAVALCANTE, Elizabeth Nantes; GARCIA, Rebeca Alves de Souza. Mediação e composição amigável: mudança de paradigma na administração da justiça e a atuação do advogado. *Revista Síntese Direito Civil e Processual Civil*, v. 18, n. 108, jul./ago. 2017, p. 14).

[78] Para um estudo dos diversos métodos, ver SANDER, Frank E. A. Alternative Methods of Dispute Resolution: An Overview. *University of Florida Law Review*. v. 37. n .1, p. 12, 1985.

[79] GUERRERO, Luis Fernando. *Efetividade das Estipulações voltadas à instituição dos Meios Multiportas de Solução de Litígios*. 2012. 255 f. Tese (Doutorado) – Faculdade de Direito da Universidade de São Paulo, São Paulo, 2012, p. 14.

[80] Marco Antônio Garcia Lopes Lorencini, com base em trabalho de Solum, destaca que as partes, isoladamente ou em conjunto, um funcionário do tribunal, um perito externo ou, até mesmo, o próprio julgador, podem fazer o papel de *Screener*, sendo fundamental, no entanto, que conheçam cada método, sem o que não poderão realizar a escolha adequada. Cf. LORENCINI, Marco Antônio Garcia Lopes. Sistema Multiportas: opções para tratamento de conflitos de forma

nismo disponíveis naquela comunidade, encaminhar as partes ao método mais adequado para solução de seu caso concreto. Tal profissional, também chamado de *Gatekeeper* (porteiro), deve possuir suficiente conhecimento das particulares características de cada um dos métodos alternativos, de modo a ser capaz de compará-los e, de acordo com critérios racionais, eleger aquele mais adequado.[81]

Importa destacar que não existe, previamente, uma modalidade indicada para cada conflito, devendo o *Screener* procurar respostas para algumas perguntas básicas, tais como, "com quem", "onde" e "quando" deve ser aplicado cada um dos métodos à disposição.[82]

Vislumbra-se, pois, a necessidade de existir uma ampla variedade de mecanismos à disposição daqueles que buscam o sistema, motivo pelo qual afirma Frank Sander que o modelo ideal "would contain all the 'doors' under one roof, as part of an integrated dispute resolution center".[83]

---

adequada. In: SALLES, Carlos Alberto de; LORENCINI, Marco Antônio Garcia Lopes; ALVES E SILVA, Paulo Eduardo. *Negociação, Mediação e Arbitragem*: curso básico para programas de graduação em Direito. São Paulo: Método, 2012, p. 75.

[81] SANDER, Frank E. A. Alternative Methods of Dispute Resolution: An Overview. *University of Florida Law Review* v. 37. n .1, p. 13, 1985.

[82] LORENCINI, Marco Antônio Garcia Lopes. Sistema Multiportas: opções para tratamento de conflitos de forma adequada. In: SALLES, Carlos Alberto de; LORENCINI, Marco Antônio Garcia Lopes; ALVES E SILVA, Paulo Eduardo. *Negociação, Mediação e Arbitragem*: curso básico para programas de graduação em Direito. São Paulo: Método, 2012, p. 69 e 72.

[83] SANDER, Frank E. A. Alternative Methods of Dispute Resolution: An Overview. *University of Florida Law Review* v. 37. n .1, p. 12, 1985. Vale menção às palavras de Marco Antônio Garcia Lopes Lorencini: "O Sistema Multiportas" é o nome que se dá ao complexo de opções, volvendo diferentes métodos, que cada pessoa tem à sua disposição para tentar solucionar um conflito. Este sistema pode ser articulado ou não pelo Estado, envolver métodos heterocompositivos ou autocompositivos, adjudicatórios ou consensuais, com ou sem a participação do Estado" (LORENCINI, Marco Antônio Garcia Lopes. Sistema Multiportas: opções para tratamento de conflitos de forma adequada. In: SALLES, Carlos Alberto de; LORENCINI, Marco Antônio Garcia Lopes; ALVES E SILVA, Paulo Eduardo. *Negociação, Mediação e Arbitragem*: curso básico para programas de graduação em Direito. São Paulo: Método, 2012, p. 58).

Com efeito, não só o rol de opções deve ser amplo, mas também não taxativo, porquanto a permeabilidade do sistema multiportas é algo a ser preservado de modo que possam ser absorvidos novos métodos que surjam diante de uma realidade em constante mutação.[84]

Importa destacar, não obstante, que é fundamental que se mantenha a diferenciação entre tais métodos alternativos, preservando-se, desse modo, a integridade de cada modelo e sua máxima efetividade. Deve-se evitar, assim, ao reuni-los debaixo de um único sistema integrado, a tendência de transformá-los em um método único, porquanto cada modelo desenvolvido oferece oportunidades, vantagens e limitações próprias, aptas a atender às necessidades e às circunstâncias de conflitos diversos.[85]

Ademais, é necessário que os diferentes métodos tenham representação para aqueles que deles não participam, isto é, devem ser vistos socialmente como legítimos para dirimir os conflitos de interesses postos à sua atuação. Trata-se do que Niklas Luhman[86] chama de "legitimação", definida pelo autor como "a institucionalização do reconhecimento de decisões como obrigatórias".

Nesse contexto, o Estado, além de representar uma das "portas" disponíveis para a solução do conflito, pode influir positivamente, disciplinando, por lei, alguns métodos, como ocorre, por exemplo, no Brasil, com a já mencionada Lei da Arbitragem e a Lei de Mediação, tudo a demonstrar a complementariedade e não rivalidade que deve existir entre os chamados métodos alternativos e a tradicional jurisdição estatal.[87]

---

[84] LORENCINI, Marco Antônio Garcia Lopes. Sistema Multiportas: opções para tratamento de conflitos de forma adequada. In: SALLES, Carlos Alberto de; LORENCINI, Marco Antônio Garcia Lopes; ALVES E SILVA, Paulo Eduardo. *Negociação, Mediação e Arbitragem*: curso básico para programas de graduação em Direito. São Paulo: Método, 2012, p. 75.

[85] BRAZIL, Wayne D. Continuing the Conversation about the Current Status and the Future of ADR: A View from the Courts. *Journal of Dispute Resolution*, n. 2000.1, p. 34, 2000.

[86] LUHMAN, Niklas. *Legitimação pelo procedimento*. Trad. Maria da Conceição Côrte-Real. Brasília: Universidade de Brasília, 1980, p. 104.

[87] LORENCINI, Marco Antônio Garcia Lopes. Sistema Multiportas: opções para tratamento de conflitos de forma adequada. In: SALLES, Carlos Alberto de;

No caso brasileiro, há quem afirme,[88] como já mencionado, que o novo Código de Processo Civil estabeleceu verdadeiro sistema multiportas, em que se "adota a solução jurisdicional tradicional agregada à absorção de outros meios".[89]

Mesmo antes do advento do novel diploma processual, Francisco José Cahali[90] entendia que, com a Resolução nº 125/2010, do Conselho Nacional de Justiça, teria se consolidado, no Brasil, a implantação do chamado Tribunal Multiportas.

Com efeito, utilizando a imagem comparativa certeira de Sander, "[...] como nos sentiríamos se um médico sugerisse uma cirurgia sem explorar outras possibilidades?".[91]

LORENCINI, Marco Antônio Garcia Lopes; ALVES E SILVA, Paulo Eduardo. *Negociação, Mediação e Arbitragem*: curso básico para programas de graduação em Direito. Sao Paulo: Método, 2012, p. 72.

[88] ARRUDA ALVIM, Angélica et al. (Coords.). *Comentários ao Código de Processo Civil*. São Paulo: Saraiva, 2016; LESSA NETO, João. O novo CPC adotou o modelo multiportas!!! E agora?!. *Revista de Processo*: RePro, São Paulo, v. 40, n. 244, p. 427-441, jun. 2015. DIDIER JR., Fredie. *Curso de direito processual civil*: introdução ao direito processual civil, parte geral e processo de conhecimento. 19. ed. Salvador: Juspodivm, 2017, p. 185; THEODORO JÚNIOR, Humberto; NUNES, Dierle; BAHIA, Alexandre Melo Franco; PEDRON, Flávio Quinaud. *Novo CPC*: Fundamentos e Sistematização. 2. ed. rev., atual. e ampl. Rio de Janeiro: Forense, 2015.

[89] THEODORO JÚNIOR, Humberto; NUNES, Dierle; BAHIA, Alexandre Melo Franco; PEDRON, Flávio Quinaud. *Novo CPC*: Fundamentos e Sistematização. 2. ed. rev., atual. e ampl. Rio de Janeiro: Forense, 2015, p. 261.

[90] CAHALI, Francisco José. *Curso de arbitragem*: mediação, conciliação e Resolução CNJ 125/2010. 4. ed. rev. atual. e ampl. São Paulo: RT, 2014, p. 58.

[91] GOLDBERG; SANDER, Frank. E. A.; ROGERS, N. H.; COLE, S. R. Dispute Resolution. Negotiation, Mediation and other process. 4. ed. New York, 2003, p. 323 *apud* GUERRERO, Luis Fernando. *Efetividade das Estipulações voltadas à instituição dos Meios Multiportas de Solução de Litígios*. 2012. 255 f. Tese (Doutorado) – Faculdade de Direito da Universidade de São Paulo, São Paulo, 2012, p. 14.

3.2. Conciliação

A conciliação consiste na intervenção de um terceiro imparcial[92] que aproxima as partes, as escuta e auxilia, apontando-lhes as vantagens na celebração de um acordo que ponha termo àquela disputa.

Trata-se de meio consensual de solução de conflitos em que a autocomposição é bilateral e facilitada pela intervenção de um terceiro neutro e imparcial.[93]

Nas palavras de Cândido Rangel Dinamarco, consiste "na intercessão de algum sujeito entre os litigantes, com vista a persuadi-los à autocomposição".[94]

---

[92] "A clareza na atuação do terceiro imparcial é um elemento essencial para reduzir desconfianças e conferir credibilidade ao mecanismo consensual" (TARTUCE, Fernanda. Conciliação em juízo: o que (não) é conciliar? In: SALLES, Carlos Alberto de; LORENCINI; Marco Antônio Garcia Lopes; e SILVA, Paulo Eduardo Alves da (Coords.). *Negociação, Mediação e Arbitragem*: Curso básico para programas de graduação em Direito. Rio de Janeiro: Forense, São Paulo: Método, 2012, p. 159).

[93] SILVA, Érica Barbosa e. *A efetividade da prestação jurisdicional civil a partir da conciliação*. Tese de doutorado. Faculdade de Direito da Universidade de São Paulo. São Paulo, 2012, p. 137. A autora, divergindo da doutrina tradicional, conceitua a conciliação como "meio de resolução de conflitos, cuja composição é triangular pela atuação de um terceiro, neutro e imparcial, que investiga os interesses e necessidades das partes, pela facilitação da comunicação entre elas com vistas à compreensão do conflito e pela aplicação de técnicas relacionadas à sua adequada transformação, com orientação facilitativa e sem objetivar o acordo, enfocando a relação intersubjetiva, quando necessário, sendo mais afeta aos conflitos unidimensionais" (SILVA, Érica Barbosa e. *A efetividade da prestação jurisdicional civil a partir da conciliação*. Tese de doutorado. Faculdade de Direito da Universidade de São Paulo. São Paulo, 2012, p. 181).

[94] DINAMARCO, Cândido Rangel. *Instituições de Direito Processual Civil*. v. 1. 6. ed. rev. e atual. São Paulo: Malheiros, 2009, p. 126. Humberto Theodoro Junior conceitua a conciliação nos seguintes termos: "a conciliação em sentido lato nada mais é do que uma transação obtida em juízo, pela intervenção do juiz junto às partes ou do conciliador ou mediador, onde houver, antes de iniciar a instrução da causa" (THEODORO JÚNIOR, Humberto. *Curso de Direito Processual Civil*: teoria geral do direito processual civil, processo de conhecimento e procedimento comum. v. 1. 58. ed. rev., atual. e ampl. Rio de Janeiro: Forense, 2017, p. 122).

A conciliação tem se mostrado adequada em especial quando os litigantes não possuem qualquer vínculo social entre si, tais como em litígios envolvendo colisão de veículos, relações de consumo, entre outras semelhantes. São casos em que o conflito é circunstancial, sem perspectiva de continuidade e que envolvem objetivos específicos e pontuais.[95]

De acordo com a doutrina tradicional, que procura distinguir claramente a conciliação da mediação, o conciliador possui posição ativa no processo de conciliação, podendo, inclusive, além de facilitar a reaproximação das partes e de restaurar o diálogo, sugerir solução para o litígio,[96] apontada como o principal objetivo a ser perseguido.[97] Efetivamente, "embora com passagem obrigatória pela análise do conflito, o foco principal na conciliação é a solução do problema. A meta é alcançar um acordo razoável às partes".[98]

Trata-se de atuação mais invasiva do que a que ocorre na mediação, sendo certo, ademais, que este método alternativo trata o conflito de forma mais superficial e célere, normalmente em sessão única ou em poucas sessões, ainda que não se perca de vista o objetivo de solucioná-lo.[99]

---

[95] CAHALI, Francisco José. *Curso de arbitragem*: mediação, conciliação e Resolução CNJ 125/2010. 4. ed. rev. atual. e ampl. São Paulo: RT, 2014, p. 44.

[96] DIDIER JR., Fredie. *Curso de direito processual civil*: introdução ao direito processual civil, parte geral e processo de conhecimento. 19. ed. Salvador: Juspodivm, 2017, p. 308; DONIZETTI, Elpídio. *Curso didático de Direito Processual Civil*. 19. ed. São Paulo: Atlas, 2016, p. 125; TARTUCE, Fernanda. Conciliação em juízo: o que (não) é conciliar? In: SALLES, Carlos Alberto de; LORENCINI; Marco Antônio Garcia Lopes; e SILVA, Paulo Eduardo Alves da (Coords.). *Negociação, Mediação e Arbitragem*: Curso básico para programas de graduação em Direito. Rio de Janeiro: Forense, São Paulo: Método, 2012, p. 150-151.

[97] GRINOVER, Ada Pellegrini; DINAMARCO, Cândido Rangel; CINTRA, Antonio Carlos de Araújo. *Teoria Geral do Processo*. 26. ed. rev. e atual. São Paulo: Malheiros, 2010, p. 34.

[98] CAHALI, Francisco José. *Curso de arbitragem*: mediação, conciliação e Resolução CNJ 125/2010. 4. ed. rev. atual. e ampl. São Paulo: RT, 2014, p. 43.

[99] CAHALI, Francisco José. *Curso de arbitragem*: mediação, conciliação e Resolução CNJ 125/2010. 4. ed. rev. atual. e ampl. São Paulo: RT, 2014, p. 44; GABBAY, Daniela Monteiro. *Mediação & Judiciário*: condições necessárias para a institucionalização dos meios autocompositivos de solução de conflitos. Tese

No entanto, importa mencionar que há autores, como Érica Barbosa e Silva, que não enxergam distinções tão acentuadas entre os institutos da conciliação e o da mediação, destacando que a atuação do conciliador no sentido de forçar o acordo descaracterizaria a conciliação:

> [...] as diferenças das técnicas de intervenção são dadas pelos conflitos e nem por isso não há uma limitação estagnada dos institutos. De toda forma, só será possível vertical uma conciliação realmente positiva se esta técnica for entendida com os mesmos propósitos da mediação, principalmente pelo favorecimento da comunicação entre as partes, decorrente da mudança de paradigma competitivo pelo colaborativo, e ainda com a mesma extensão de atuação do terceiro, ou seja, neutra e imparcial, sem pressões ou ameaças.[100]

De fato, tanto na conciliação quanto na mediação, o terceiro imparcial colabora, por meio de técnicas específicas, para que as partes consigam, *motu proprio*, identificar os reais interesses subjacentes ao conflito.[101]

De início, deve o conciliador, com o objetivo de garantir a imparcialidade e a confiança das partes, explicar-lhes o procedimento, esclarecendo os fins almejados, as regras do jogo e as consequências de se celebrar ou não um acordo.

Atuando como facilitador da comunicação, deve o conciliador, por meio de técnicas próprias, aproximar as partes, contribuindo para o restabelecimento do diálogo entre elas, para a amenização das posturas de acirramento e, sobretudo, para a delimitação do real conflito de interesse que subjaz ao litígio.[102]

---

de Doutorado. Faculdade de Direito da Universidade de São Paulo. São Paulo, 2011, p. 50.

[100] SILVA, Érica Barbosa e. *A efetividade da prestação jurisdicional civil a partir da conciliação.* Tese de doutorado. Faculdade de Direito da Universidade de São Paulo. São Paulo, 2012, p. 171-172.

[101] TARTUCE, Fernanda. Conciliação em juízo: o que (não) é conciliar? In: SALLES, Carlos Alberto de; LORENCINI; Marco Antônio Garcia Lopes; e SILVA, Paulo Eduardo Alves da (Coords.). *Negociação, Mediação e Arbitragem*: Curso básico para programas de graduação em Direito. Rio de Janeiro: Forense, São Paulo: Método, 2012, p. 150.

[102] TARTUCE, Fernanda. Conciliação em juízo: o que (não) é conciliar? In: SALLES, Carlos Alberto de; LORENCINI; Marco Antônio Garcia Lopes; e SILVA, Paulo

Identificados os interesses em jogo, deve, sem exprimir juízo de mérito sobre qualquer questão, colaborar para que as partes superem eventuais posições rígidas, deixem de litigar a partir destas posições e passem a compreender o conflito com base nos interesses envolvidos.[103]

Ainda que seja possível a sugestão de soluções, tal procedimento deve ser adotado apenas em última hipótese, porquanto a açodada sugestão pode comprometer definitivamente a imparcialidade do conciliador, sendo certo, ademais, que as partes, mais familiarizadas com o método adversarial do que com aqueles alternativos consensuais, tendem a tomar tal sugestão como verdadeira decisão para o conflito.[104]

Deve o conciliador, portanto, ao verificar que as partes estão bem informadas e conscientes de seus interesses e posições, deixá-las atuar livremente na direção do acordo, não sendo necessário, nestes casos, sugerir saídas para o impasse, limitando-se a auxiliá-las em outros pontos importantes, como, por exemplo, na exata compreensão e delimitação dos interesses em disputa e na facilitação da comunicação entre elas. É possível, ademais, que o conciliador se valha de reuniões individuais, questionamentos, inclusive suspendendo as sessões quando necessário para eventual consulta das partes a especialistas. Assim, somente quando as partes não conseguirem, por si mesmas, organizar as informações e transformá-las em opções viáveis de acordo, é que deve o conciliador apresentar, de maneira criativa,[105] sugestões.[106]

Eduardo Alves da (Coords.). *Negociação, Mediação e Arbitragem*: Curso básico para programas de graduação em Direito. Rio de Janeiro: Forense, São Paulo: Método, 2012, p. 160-161.

[103] TARTUCE, Fernanda. Conciliação em juízo: o que (não) é conciliar? In: SALLES, Carlos Alberto de; LORENCINI; Marco Antônio Garcia Lopes; e SILVA, Paulo Eduardo Alves da (Coords.). *Negociação, Mediação e Arbitragem*: Curso básico para programas de graduação em Direito. Rio de Janeiro: Forense, São Paulo: Método, 2012, p. 164.

[104] TAKAHASHI, Bruno. Dilemas Éticos de um Conciliador. São Paulo: *Revista do Advogado*, v. 123, p. 65, 2014.

[105] CAHALI, Francisco José. *Curso de arbitragem*: mediação, conciliação e Resolução CNJ 125/2010. 4. ed. rev. atual. e ampl. São Paulo: RT, 2014, p. 44.

[106] TAKAHASHI, Bruno. Dilemas Éticos de um Conciliador. São Paulo: *Revista do Advogado*, v. 123, p. 65, 2014.

A regulamentação trazida pelo novo Código de Processo Civil parece, em parte, consentânea com as características que são tradicionalmente atribuídas à conciliação. Nesse sentido, o § 2º do art. 165 prevê que "o conciliador, que atuará preferencialmente nos casos em que não houver vínculo anterior entre as partes, poderá sugerir soluções para o litígio, sendo vedada a utilização de qualquer tipo de constrangimento ou intimidação para que as partes conciliem".

A conciliação pode ser realizada tanto judicial quanto extrajudicialmente.

Na primeira hipótese, o conciliador é qualificado como auxiliar da justiça, de modo que sobre ele incidem as regras relativas a esse sujeito processual previstas nos arts. 148, II; 170 e 173, II, todos do CPC.

Os conciliadores, de acordo com a disciplina prevista pelo novel diploma processual civil, não precisam ser bacharéis em direito, podendo ser tanto funcionários públicos quanto profissionais liberais, desde que preencham o requisito de capacitação mínima por meio de curso realizado por entidade credenciada, conforme parâmetro curricular definido pelo Conselho Nacional de Justiça em conjunto com o Ministério da Justiça (art. 167, *caput* e § 1º, CPC).

Não obstante a institucionalização da conciliação e os impactos positivos que promove, Fernanda Tartuce[107] aponta uma série de condutas questionáveis que podem desfigurar este meio consensual, a saber: a) o conciliador abrir a sessão questionando se o acordo já foi obtido (é o famoso "há acordo?"); b) levantar as desvantagens do processo judicial como forma de impelir as partes a celebrarem qualquer acordo; c) intimidações e pressões para que as partes conciliem; d) emitir prognósticos desfavoráveis sobre o mérito da atual ou futura demanda; e e) forçar o acordo (pseudoautocomposição). Em todas estas hipóteses, comuns no dia a dia forense, não há verdadeiramente conciliação, apenas simulacro de sua existência.

---

[107] TARTUCE, Fernanda. Conciliação em juízo: o que (não) é conciliar? In: SALLES, Carlos Alberto de; LORENCINI; Marco Antônio Garcia Lopes; e SILVA, Paulo Eduardo Alves da (Coords.). *Negociação, Mediação e Arbitragem*: Curso básico para programas de graduação em Direito. Rio de Janeiro: Forense, São Paulo: Método, 2012, p. 167-174.

A jurisprudência do Superior Tribunal de Justiça já teve oportunidade de destacar, em caso envolvendo transação extrajudicial, que

> [...] é necessário romper com a ideia de que todas as lides devem passar pela chancela do Poder Judiciário, ainda que solucionadas extrajudicialmente. Deve-se valorizar a eficácia dos documentos produzidos pelas partes, fortalecendo-se a negociação, sem que seja necessário, sempre e para tudo, uma chancela judicial.[108]

3.3. Mediação

Outro método de solução de conflitos é a mediação, que é o procedimento – fundado nos princípios da dignidade humana, da autodeterminação, da informalidade, da participação de terceiro imparcial e da não competitividade[109] – pelo qual um terceiro independente, dotado de técnicas específicas e sem sugerir a solução, busca aproximar as partes e facilitar o diálogo entre elas, a fim de que estas compreendam a origem e as facetas de suas posições antagônicas, permitindo-lhes construir, por si mesmas, a resolução do embate, sempre de modo satisfatório.[110]

A definição legal do instituto é dada pelo parágrafo único do art. 1º da Lei nº 13.140/2015: "considera-se mediação a atividade técnica exercida por terceiro imparcial sem poder decisório, que, escolhido ou aceito pelas partes, as auxilia e estimula a identificar ou desenvolver soluções consensuais para a controvérsia".

Conforme afirma Adolfo Braga Neto,[111] no entanto, "a simplicidade conceitual enfatizada [...] esconde o caráter complexo do método, operado

---

[108] REsp 1184151/MS, Rel. Min. Massami Uyeda, Rel. p/ Acórdão Ministra Nancy Andrighi, 3ª T., j. 15.12.2011, *DJe* 9.2.2012.

[109] TARTUCE, Fernanda. *Mediação nos Conflitos Civis*. Rio de Janeiro: Forense, 2008, p. 210 e ss.

[110] "A process in which an impartial third party, who lacks authority to impose a solution, helps others resolve a dispute or plan a transaction" (RISKIN, Leonard L. Understanding Mediators' Orientations, Strategies, and Techniques: A Grid for the Perplexed. *Harvard Negotiation Law Review*, n. 1, p. 8, 1996).

[111] BRAGA NETO, Adolfo. Mediação de conflitos: conceito e técnicas. In: SALLES, Carlos Alberto de; LORENCINI, Marco Antônio Garcia Lopes; e SILVA, Paulo

por meio da intervenção de um terceiro com inúmeras funções, entre elas a de proporcionar momentos de reflexão sobre tudo aquilo que foi vivenciado pelas pessoas".

A mediação foi e continua sendo o método dominante de resolução de conflitos em algumas partes do mundo. Em porções do Oriente, como China e Japão,[112] por exemplo, consoante exposto anteriormente em mais detalhes, a não resolução dos conflitos de forma amigável é vista como vergonhosa.[113]

O foco é a reconstrução da relação abalada entre os litigantes, por isso a mediação tem sido apontada como meio adequado de resolução de conflitos entre aqueles cuja convivência é necessária ou irá perdurar ao longo do tempo,[114] como sói ocorrer em questões envolvendo familiares, vizinhos, colegas de trabalho e de escola, dentre outros.

Isto porque, neste método de resolução de conflitos, toda sorte de fatos, necessidades e interesses que seriam normalmente irrelevantes em um modelo adversarial podem e, frequentemente, são levados em consideração durante a mediação.[115] Em outras palavras, "a mediação tende a trabalhar mais profundamente as facetas do conflito e os interesses das partes

---

Eduardo Alves da (Coords.). *Negociação, Mediação e Arbitragem*: Curso básico para programas de graduação em Direito. Rio de Janeiro: Forense, São Paulo: Método, 2012, p. 104.

[112] CAHALI, Francisco José. *Curso de arbitragem*: mediação, conciliação e Resolução CNJ 125/2010. 4. ed. rev. atual. e ampl. São Paulo: RT, 2014, p. 71.

[113] RISKIN, Leonard L. Mediation and Lawyers. *Ohio State Law Journal*, n. 43.1, p. 29, 1982. "This idea-that the natural and desirable condition is harmony-contrasts sharply with the predominant Western perspectives which focus on freedom as an absence of restraint and on autonomy and individual liberty as the highest goal" (RISKIN, Leonard L. Mediation and Lawyers. *Ohio State Law Journal*, n. 43.1, p. 30, 1982).

[114] CAHALI, Francisco José. *Curso de arbitragem*: mediação, conciliação e Resolução CNJ 125/2010. 4. ed. rev. atual. e ampl. São Paulo: RT, 2014, p. 70.

[115] RISKIN, Leonard L. Mediation and Lawyers. *Ohio State Law Journal*, n. 43.1, p. 34, 1982.

que estão por trás das disputas"[116] com o objetivo de manter a relação entre elas.[117]

Com efeito, como destaca Leonard L. Riskin,[118] diversos benefícios são apontados no uso da mediação quando comparada ao método adversarial tradicional representado pela jurisdição estatal, a saber: a) é menos custosa; b) é mais célere; c) é potencialmente mais adequada para encontrar soluções personalizadas que levem em consideração interesses não materiais das partes; d) contribui para a educação das partes sobre as necessidades uma da outra, bem como as da comunidade em que vivem; e) contribui para que as partes trabalhem em conjunto e compreendam que por meio desta cooperação ambas podem obter resultados positivos (ganha-ganha).

Adolfo Braga Neto[119] aponta as seguintes características desse método alternativo: a) possui como elemento essencial a autonomia das partes; b) pressupõe a confidencialidade; c) o mediador deve gozar da confiança das partes, motivo pelo qual a confiabilidade é um de seus traços marcantes; d) busca administrar os conflitos a partir dos saberes das partes; e) possui caráter didático, porquanto como resultado as partes aprendem a administrar seus próprios conflitos, presentes e futuros; f) busca atender pessoas e não casos, levando em consideração suas perspectivas pessoais; g) possui cunho terapêutico, na medida em que as partes passam a observar a realidade com outros olhos e adquirem uma nova perspectiva sobre as relações humanas;

---

[116] GABBAY, Daniela Monteiro. *Mediação & Judiciário*: condições necessárias para a institucionalização dos meios autocompositivos de solução de conflitos. Tese de Doutorado. Faculdade de Direito da Universidade de São Paulo. São Paulo, 2011, p. 49.

[117] TARTUCE, Fernanda. *Mediação nos Conflitos Civis*. Rio de Janeiro: Forense, 2008, p. 209.

[118] RISKIN, Leonard L. Mediation and Lawyers. *Ohio State Law Journal*, n. 43.1, p. 34, 1982.

[119] BRAGA NETO, Adolfo. Mediação de conflitos: conceito e técnicas. In: SALLES, Carlos Alberto de; LORENCINI, Marco Antônio Garcia Lopes; e SILVA, Paulo Eduardo Alves da (Coords.). *Negociação, Mediação e Arbitragem*: Curso básico para programas de graduação em Direito. Rio de Janeiro: Forense, São Paulo: Método, 2012, p. 105-108.

h) beneficia-se da multidisciplinaridade; e i) para seu bom desempenho, pressupõe o emprego da negociação.

Por força dessas vantagens, a mediação paulatinamente vem sendo difundida em nosso país. Curiosamente, com o advento da Lei de Arbitragem (Lei nº 9.307/1996), observou-se um número crescente de câmaras arbitrais também especializadas em mediação.

Mesmo antes da criação de um marco legal regulatório específico para a mediação – o que ocorreu com a edição da Lei nº 13.140, de 26 de junho de 2015 –, a verdade é que algumas leis esparsas já indicavam a possibilidade de resolução do conflito instaurado por meio desse instituto, sem, contudo, definir ao certo sua metodologia. Como exemplo, o art. 4º, I, da Lei nº 10.101/2000 (mediação visando a participação no lucro das empresas por parte dos trabalhadores), e o art. 11 e seus parágrafos, da Lei nº 10.192/2001 (também mediação em relação de trabalho).

O marco legal da mediação contém em destaque os seguintes pontos: (1) a mediação, extrajudicial ou judicial, pode ser utilizada para dirimir qualquer conflito que admita transação, e, uma vez inserida a cláusula de mediação no contrato, ela passa a ser obrigatória; (2) a mediação extrajudicial independe de registro em cadastro de mediadores; (3) os mediadores judiciais precisarão ser graduados há pelo menos dois anos, e cursar escola de formação de mediadores; (4) a mediação considera-se instituída a partir da data em que é firmado o termo inicial de mediação – marco da suspensão do prazo prescricional –, encerrando-se com a lavratura de seu termo final; (5) é possível a utilização da mediação em conflitos envolvendo órgãos da Administração Pública direta e indireta de todos os entes federados; (6) é viável a realização de mediação via internet ou qualquer outro meio que permita a transação a distância.

Em linhas gerais, a Lei de Mediação guarda consonância com as sugestões constantes em outras proposições legislativas sobre o tema, e, ademais, busca conciliar o texto com o novel Código de Processo Civil (Lei nº 13.105/2015).

Relevante notar, uma vez mais, que o art. 2º, § 1º, da Lei de Mediação, estabelece grande inovação no sistema, pois, se houver previsão contratual de cláusula de mediação, as partes deverão comparecer à primeira reunião, o que implica dizer que a tentativa de mediação prévia passa a ser obrigatória neste caso, mesmo em se tratando de contrato de adesão, porquanto o legislador não distinguiu.

A principal função do mediador é administrar o processo de comunicação, interferindo, com parcimônia e cuidado, nos momentos adequados. Deve, ademais, ter conhecimentos sobre relações humanas e técnicas de negociação, sendo capaz de escutar e de perceber as questões emocionais e psicológicas subjacentes ao conflito e que podem conter a chave para a sua resolução.[120]

Com efeito, conforme destaca Fernanda Tartuce,[121] "a mediação consiste na atividade de facilitar a comunicação entre as partes para propiciar que estas próprias possam, visualizando melhor os meandros da situação controvertida, protagonizar uma solução consensual".

O acordo não é uma meta, mas consequência natural do restabelecimento e aprimoramento do processo comunicativo entre as partes.

A atuação do mediador, terceiro imparcial, é, de fato, fundamental para a efetividade deste método consensual. Deve-se evitar, a todo momento, a natural tendência – muitas vezes verificada na mediação – de dominação da parte mais forte ou com mais conhecimento sobre seus próprios direitos sobre a mais fraca, em clara postura adversarial.[122] Quanto menos imparcial e mais ativa for a atuação do mediador, elaborando, inclusive, considerações acerca do mérito das posições apresentadas, maior será o incentivo para que as partes

---

[120] RISKIN, Leonard L. Mediation and Lawyers. *Ohio State Law Journal*, n. 43.1, p. 36, 1982; CAHALI, Francisco José. *Curso de arbitragem*: mediação, conciliação e Resolução CNJ 125/2010. 4. ed. rev. atual. e ampl. São Paulo: RT, 2014, p. 70.

[121] TARTUCE, Fernanda. *Mediação nos Conflitos Civis*. Rio de Janeiro: Forense, 2008, p. 208.

[122] RISKIN, Leonard L. Mediation and Lawyers. *Ohio State Law Journal*, n. 43.1, p. 34-35, 1982. Não por outro motivo Adolfo Braga Neto destaca que "o empoderamento das pessoas [...] é um elemento imprescindível para a mediação de conflitos. O acesso às informações privilegiadas antes do processo e sobre todas as questões a serem discutidas durante o mesmo constitui-se em um dos seus fatores fundamentais – além, é claro, do mútuo reconhecimento entre as partes e a prevenção dos efeitos da baixa autoestima já existente quando as pessoas se encontram envolvidas em conflitos" (BRAGA NETO, Adolfo. Mediação de conflitos: conceito e técnicas. In: SALLES, Carlos Alberto de; LORENCINI, Marco Antônio Garcia Lopes; e SILVA, Paulo Eduardo Alves da (Coords.). *Negociação, Mediação e Arbitragem*: Curso básico para programas de graduação em Direito. Rio de Janeiro: Forense, São Paulo: Método, 2012, p. 106).

compitam entre si e tentem "ganhar" a opinião do mediador. Cada parte procurará, nestas condições, trazer o mediador para o seu lado, convencendo-o de seu ponto de vista com o objetivo de utilizá-lo contra seu – agora – oponente.[123]

De fato, neste processo, talento e vocação para o mister de mediar são características interessantes, mas considerá-las suficientes não se coaduna com a busca por um sistema jurídico e por um sistema de resolução de conflitos alicerçado em sólidas estruturas.

Não se deve perder de vista que existem técnicas apropriadas para o exercício da mediação com eficiência e que devem ser empregadas por aqueles que pretendem exercer a importante função de mediador, tais como: a) o fornecimento de informações relevantes sobre o método consensual; b) o exercício da escuta ativa; c) exercício do modo afirmativo; d) exercício do modo interrogativo; e) mescla de diferentes modos e humor; e f) intuição e flexibilidade.[124]

Ainda sobre a atuação do mediador, é clássica a distinção proposta por Leonard L. Riskin entre a postura avaliativa (*evaluative*) e a facilitativa (*facilitative*). Na primeira, o mediador reconhece que as partes querem e necessitam de alguma orientação (*i.e.* jurídica ou tecnológica) durante seu processo comunicativo. Já na segunda, o mediador assume postura mais passiva, pois compreende que as partes são capazes de trabalhar em conjunto e de entender os interesses em jogo melhor do que o próprio terceiro imparcial, motivo pelo qual, nesta hipótese, o mediador tem como principal missão clarear e facilitar a comunicação entre as partes – como verdadeiro guardião do diálogo e do processo escolhido[125] – com o objetivo de auxiliá-las a tomar a melhor decisão.[126]

---

[123] BRAZIL, Wayne D. Continuing the Conversation about the Current Status and the Future of ADR: A View from the Courts. *Journal of Dispute Resolution*, n. 2000.1, p. 33, 2000.

[124] TARTUCE, Flávia. Técnicas de Mediação. In: SILVA, Luciana Aboim Machado Gonçalves da (Org.). *Mediação de Conflitos*. São Paulo: Atlas, 2013, p. 45 e ss.

[125] BRAGA NETO, Adolfo. Mediação de conflitos: conceito e técnicas. In: SALLES, Carlos Alberto de; LORENCINI, Marco Antônio Garcia Lopes; e SILVA, Paulo Eduardo Alves da (Coords.). *Negociação, Mediação e Arbitragem*: Curso básico para programas de graduação em Direito. Rio de Janeiro: Forense, São Paulo: Método, 2012, p. 104.

[126] RISKIN, Leonard L. Understanding Mediators' Orientations, Strategies, and Techniques: A Grid for the Perplexed. *Harvard Negotiation Law Review*, n. 1, p.

Ademais, tradicionalmente, apontam-se duas abordagens possíveis para a mediação, quais sejam, a adversarial e a de solução de problemas (*problem-solving*).

A abordagem adversarial toma como pressuposto que a mediação terá como foco um recurso limitado – como o dinheiro – e que as partes terão que decidir se e como o dividirão. Nesta primeira espécie, os objetivos são flagrantemente contrapostos, de modo que o que uma parte ganha necessariamente é perdido pela outra. Por outro lado, a abordagem de solução de problemas (*problem-solving*) procura trazer à tona e compor os interesses subjacentes ao conflito.[127]

Não se pode perder de vista, não obstante, que a mediação deve atender aos interesses das partes envolvidas no conflito e que buscam neste método uma solução consensual para seus problemas, e não aos interesses dos mediadores. Nancy Welsh,[128] atenta a esta questão, adverte que, enquanto mediadores debatem os objetivos, as abordagens, as habilidades e comportamentos que devem caracterizar a mediação, o procedimento acabou sendo, em muitos casos, moldado de acordo com as necessidades, expectativas e restrições dos próprios mediadores que comandam estes ambientes.

A mediação – mercê de estimular participação mais ativa dos contendores para resolução de suas divergências – representa um significativo avanço. Por isso, a fixação do marco legal regulatório, com a edição da Lei nº

24, 1996. Em texto mais recente, Leonard L. Riskin elabora crítica ao modelo apresentado e propõe uma nova categorização das posturas do mediador (*directive* e *elicitive*). Cf. RISKIN, Leonard L. Decisionmaking in Mediation: The New Old Grid and the New New Grid System. *Notre Dame Law Review*, n. 79.1, p. 1-54, 2003. Para uma análise de diversas Escolas de Mediação, ver: GABBAY, Daniela Monteiro. *Mediação & Judiciário*: condições necessárias para a institucionalização dos meios autocompositivos de solução de conflitos. Tese de Doutorado. Faculdade de Direito da Universidade de São Paulo. São Paulo, 2011, p. 52 e ss.

[127] RISKIN, Leonard L. Understanding Mediators' Orientations, Strategies, and Techniques: A Grid for the Perplexed. *Harvard Negotiation Law Review*, n. 1, p. 14, 1996.

[128] WELSH, Nancy A. Stepping Back through the Looking Glass: Real Conversations with Real Disputants about Institutionalized Mediation and Its Value. *Ohio State Journal on Dispute Resolution*, n. 19.2, p. 576-577, 2004.

13.140/2015, vem contribuindo e contribuirá cada vez mais para a promoção e assimilação da cultura de métodos adequados de solução de conflitos.

3.4. Arbitragem

Conforme Carlos Alberto Carmona,

> [...] a arbitragem é uma técnica para solução de controvérsias através da intervenção de uma ou mais pessoas que recebem seus poderes de uma convenção privada, decidindo com base nesta convenção sem intervenção do Estado, sendo a decisão destinada a assumir eficácia de sentença judicial.[129]

A arbitragem é regulada pela Lei nº 9.307/1996, com as recentes alterações trazidas pela Lei nº 13.129/2015.

Na elaboração da chamada Lei de Arbitragem, foram consultadas modernas leis e diretrizes da comunidade internacional, com destaque para as fixadas pela Organização das Nações Unidas (ONU), na Lei Modelo sobre Arbitragem Internacional elaborada pela *United Nations Comission on International Law* (Uncitral), a Convenção para o Reconhecimento e Execução de Sentenças Arbitrais Estrangeiras firmada em 1958 na cidade de Nova York, e a Convenção Interamericana sobre Arbitragem Comercial firmada no Panamá.

Após algumas vicissitudes, típicas do processo legislativo – agravadas, no caso, pela proposta revolucionária de mudança de "mentalidade" em relação à função de prestar jurisdição –, foi editada a Lei nº 9.307, de 23.9.1996, com seu reconhecido texto dinâmico e atual para a prática da arbitragem, excelente instrumento à realização da justiça.

Enquanto a conciliação e a mediação são métodos autocompositivos, a arbitragem é espécie de heterocomposição, ou seja, atribui-se a terceiro imparcial a responsabilidade de decidir o litígio, substituindo a vontade das partes.[130] De fato, de acordo com o art. 31 da referida lei, "a sentença arbitral produz, entre as partes e seus sucessores, os mesmos efeitos da sentença

---

[129] CARMONA, Carlos Alberto. *Arbitragem e Processo*. 2. ed. rev. atual. e ampl. São Paulo: Atlas, 2004, p. 33.

[130] CAHALI, Francisco José. *Curso de arbitragem*: mediação, conciliação e Resolução CNJ 125/2010. 4. ed. rev. atual. e ampl. São Paulo: RT, 2014, p. 94.

proferida pelos órgãos do Poder Judiciário e, sendo condenatória, constitui título executivo".

No que diz respeito à natureza jurídica da arbitragem, tema que por muito tempo suscitou inúmeros debates, importa mencionar que o Superior Tribunal de Justiça já se manifestou no sentido de que "a atividade desenvolvida no âmbito da arbitragem tem natureza jurisdicional, sendo possível a existência de conflito de competência entre juízo estatal e câmara arbitral",[131] motivo pelo qual pode-se falar, verdadeiramente, em um processo – e não mero procedimento – arbitral.[132]

Com efeito, a natureza jurisdicional da arbitragem pode ser extraída da previsão constante do já mencionado art. 31 da lei.

Na verdade, para que se possa recorrer a este método, de acordo com o art. 1º da Lei da Arbitragem, é preciso que as partes sejam capazes (arbitrabilidade subjetiva) e que o conflito verse sobre direitos patrimoniais disponíveis (arbitrabilidade objetiva), sendo certo, ademais, que, desde o advento da Lei nº 13.129/2015, é possível a sua utilização em litígios envolvendo a Administração Pública (art. 1º, § 1º).

Em interessante julgado, o Superior Tribunal de Justiça consignou que é possível a cláusula arbitral em contrato de adesão de consumo quando não se verificar presente sua imposição pelo fornecedor ou a vulnerabilidade do consumidor, bem como quando a iniciativa da instauração ocorrer pelo consumidor ou, no caso de iniciativa do fornecedor, venha a concordar ou

---

[131] CC 111.230/DF, Rel. Ministra Nancy Andrighi, Segunda Seção, julgado em 8.5.2013, *DJe* 3.4.2014.

[132] Nesse sentido manifesta-se Carlos Alberto Carmona: "Notem que não falei em procedimento arbitral, mas sim em processo arbitral, porque minha visão é de perfeita equivalência entre a arbitragem (mecanismo jurisdicional) e o processo estatal (mecanismo também jurisdicional): em outras palavras, o árbitro faz, efetivamente, o papel de juiz, de fato e de direito, e por isso a própria natureza jurídica do instituto responde a esta ideia de jurisdicionalidade. Trata-se não só de localização propedêutica da arbitragem, mas também de um correto entendimento do instituto e das escolhas do legislador". (CARMONA, Carlos Alberto. O processo arbitral. *Revista de Arbitragem e Mediação*. v. 1, p. 22, jan./abr., 2004).

ratificar expressamente com a instituição, afastada qualquer possibilidade de abuso.[133]

Ademais, também reconheceu o STJ que

[...] o Tribunal Arbitral é competente para processar e julgar pedido cautelar formulado pelas partes, limitando-se, porém, ao deferimento da tutela, estando impedido de dar cumprimento às medidas de natureza coercitiva, as quais, havendo resistência da parte em acolher a determinação do(s) árbitro(s), deverão ser executadas pelo Poder Judiciário, a quem se reserva o poder de *imperium*.[134]

Admite-se que o Poder Judiciário conceda medida cautelar antes da instalação do juízo arbitral, mas a este competirá a análise da necessidade de manutenção, revogação ou alteração da tutela eventualmente concedida.[135]

A forma pela qual as partes manifestam suas vontades no sentido de adotar a arbitragem para resolução do conflito de interesses instalado é a convenção de arbitragem, que pode materializar-se, de acordo com o antigo sistema francês,[136] tanto na chamada cláusula compromissória quanto no compromisso arbitral.

A cláusula compromissória, que deve ser estipulada por escrito (art. 4º, § 1º), é o "pacto através do qual os contratantes avençam, por escrito, submeter à arbitragem a solução de eventual litígio que possa decorrer de uma determinada relação jurídica".[137] Caso a interpretação da referida cláusula gere dúvidas quanto à submissão da controvérsia à arbitragem, a tendência é que se atribua ao órgão arbitral a competência para dirimir a contenda: "na dúvida, pró arbitragem".[138]

---

[133] REsp 1189050/SP, Rel. Ministro Luis Felipe Salomão, Quarta Turma, julgado em 1º.3.2016, *DJe* 14.3.2016.

[134] REsp 1297974/RJ, Rel. Ministra Nancy Andrighi, Terceira Turma, julgado em 12.6.2012, *DJe* 19.6.2012.

[135] REsp 1325847/AP, Rel. Ministro Paulo de Tarso Sanseverino, Terceira Turma, julgado em 5.3.2015, *DJe* 31.3.2015.

[136] CARMONA, Carlos Alberto. O processo arbitral. *Revista de Arbitragem e Mediação*. v. 1, p. 24, jan./abr., 2004.

[137] CARMONA, Carlos Alberto. *Arbitragem e Processo*. 2. ed. rev. atual. e ampl. São Paulo: Atlas, 2004, p. 35.

[138] MARTINS, Pedro A. Batista. Cláusula Compromissória. In: MARTINS, Pedro A. Batista. *Aspectos fundamentais da Lei de Arbitragem*. Rio de Janeiro: Forense, 1999, p. 216.

Importa mencionar, ademais, que, de acordo com o art. 8º da Lei de Arbitragem, "a cláusula compromissória é autônoma em relação ao contrato em que estiver inserta, de tal sorte que a nulidade deste não implica, necessariamente, a nulidade da cláusula compromissória". Tal dispositivo visa coibir abusos que vinham sendo cometidos por aqueles que não desejavam submeter-se à arbitragem mesmo tendo-a previsto contratualmente. Assim, "caberá ao árbitro dirimir as questões suscitadas acerca da existência, validade e eficácia do contrato que contenha esse ajuste, e da própria convenção de arbitragem".[139]

De fato, a Terceira Turma do Superior Tribunal de Justiça, no julgamento do REsp nº 1.355.831/SP,[140] reconheceu que a alegação de nulidade de cláusula arbitral deve ser submetida, em princípio, à decisão arbitral, sendo inviável a pretensão de ver declarada a nulidade da convenção de arbitragem antes de sua instituição, o que configuraria judicialização prematura da controvérsia.

Existindo cláusula compromissória, esta poderá ser objeto de execução específica, isto é, poderá uma das partes forçar a outra, que recalcitra cm submeter-se ao processo arbitral, a fazê-lo (art. 7º), sendo certo que a arbitragem se considera instalada tão logo o árbitro aceite a nomeação ou, se não for único, tão logo todos a aceitem.[141]

Já o compromisso arbitral "é o instrumento firmado pelas partes por meio do qual, diante de um conflito manifesto, já deflagrado entre os envolvidos, faz-se a opção por direcionar ao juízo arbitral a jurisdição para solucionar a questão".[142]

---

[139] MARTINS, Pedro A. Batista. Cláusula Compromissória. In: MARTINS, Pedro A. Batista. *Aspectos fundamentais da Lei de Arbitragem*. Rio de Janeiro: Forense, 1999, p. 217.

[140] REsp 1355831/SP, Rel. Ministro Sidnei Beneti, Terceira Turma, julgado em 19.3.2013, *DJe* 22.4.2013. No mesmo sentido: REsp 1602696/PI, Rel. Ministro Moura Ribeiro, Terceira Turma, julgado em 9.8.2016, *REPDJe* 23.9.2016, *DJe* 16.8.2016.

[141] EDcl no REsp 1297974/RJ, Rel. Ministra Nancy Andrighi, Terceira Turma, julgado em 28.8.2012, *DJe* 4.9.2012.

[142] CAHALI, Francisco José. *Curso de arbitragem*: mediação, conciliação e Resolução CNJ 125/2010. 4. ed. rev. atual. e ampl. São Paulo: RT, 2014, p. 132.

De acordo com o art. 9º e seus parágrafos, o compromisso pode ser tanto judicial quando extrajudicial. No primeiro caso, deverá ser celebrado por termo nos autos perante o juízo ou tribunal. Já no segundo, por escrito particular assinado por duas testemunhas ou por instrumento público.

Nota-se, destarte, que a primeira distinção entre a cláusula e o compromisso é de cunho temporal: enquanto a cláusula compromissória tem por objeto conflito de interesse futuro e eventual, o compromisso arbitral versa sobre conflito concreto e atual.

As diferenças, no entanto, não param por aí. Se por um lado a cláusula compromissória é livre de formalismos inúteis, tendo a lei estabelecido apenas a exigência de que fosse redigida por escrito (art. 4º, § 1º), a forma do compromisso é rigidamente disciplinada por lei, sendo certo, ademais, que esta também prevê seus elementos essenciais (art. 10) e acidentais (art. 11).[143]

Os árbitros, que são equiparados aos funcionários públicos para efeitos da legislação penal (art. 17), devem atuar com imparcialidade, independência, diligência e discrição, sendo certo que o remédio previsto pela legislação para uma atuação que não respeite tais princípios vem previsto no art. 14 da Lei de Arbitragem, que traz a possibilidade de alegação de impedimento ou suspeição, que deverá ser analisada pelos próprios árbitros, não estando sujeita a controle judicial imediato. Assim, caso não seja acatada a alegação, somente ao final do processo arbitral poderá aquele que se sentiu prejudicado recorrer ao Poder Judiciário (art. 33).

É de se observar que os árbitros podem ter as mais variadas formações profissionais, não sendo sequer necessário que possuam conhecimentos jurídicos. Tendo isso em conta, é fácil constatar o grande atrativo da arbitragem: as partes possuem a liberdade para escolher árbitro com conhecimentos específicos da matéria que deverá ser analisada, possuindo maior tecnicidade para apreciar o objeto da controvérsia.

---

[143] CARMONA, Carlos Alberto. O processo arbitral. *Revista de Arbitragem e Mediação*. v. 1, p. 24, jan./abr., 2004.

Francisco José Cahali[144] aponta, ainda, interessante resumo de outras vantagens do processo arbitral: a) maior celeridade, porquanto o julgamento ocorre em instância única e deve, embora as partes possam dispor de modo diverso, encerrar-se em seis meses após a sua instituição; b) maior flexibilidade do procedimento, podendo as partes moldá-lo às suas necessidades; c) cumprimento espontâneo das decisões, consectário lógico da liberdade de escolha dos árbitros, que gozam da confiança de ambas as partes; d) confidencialidade; e e) do ponto de vista econômico-financeiro, o processo arbitral apresenta boa relação entre custo e benefício.

O saudoso Miguel Reale, com sua autoridade, sentenciou:

> [...] a arbitragem vem abrir novo e amplo campo de ação nessa matéria, permitindo que a própria sociedade civil venha trazer preciosa contribuição, valendo-se da alteração verificada na experiência jurídica contemporânea no tocante às fontes do Direito, enriquecidas pelo crescente exercício do chamado poder negocial, em complemento à lei, às decisões judiciais e às normas constitucionais [...].[145]

Em conclusão, pode-se afirmar, com segurança, que a arbitragem representa avanço do processo civilizatório, que, de maneira consciente, busca mecanismos de pacificação social eficientes.

4. OUTROS MÉTODOS DE SOLUÇÃO DE CONFLITOS

Neste capítulo serão abordados, ainda que sumariamente, alguns outros meios alternativos (adequados) de solução de conflitos.[146]

4.1. Negociação

A negociação é o meio consensual de solução de conflitos no qual as próprias partes tornam-se responsáveis pelo deslinde do conflito de interesses instaurado, sem a participação de um terceiro interveniente.

---

[144] CAHALI, Francisco José. *Curso de arbitragem*: mediação, conciliação e Resolução CNJ 125/2010. 4. ed. rev. atual. e ampl. São Paulo: RT, 2014, p. 94-95.

[145] REALE, Miguel. Crise da Justiça e Arbitragem. *Revista de Arbitragem e Mediação*. São Paulo: Revista dos Tribunais, ano 2, n. 5, p. 13, abr./jun., 2005.

[146] Para uma ampla visão de diversos métodos alternativos existentes, ver: SANDER, Frank E. A. Alternative Methods of Dispute Resolution: An Overview. *University of Florida Law Review*. v. 37. n .1, p. 1-18, 1985.

Trata-se da forma mais comum e familiar de resolução de disputas, oferecendo às partes a grande vantagem de, por si mesmas, controlarem o processo e a solução.[147]

Roger Fisher, William Ury e Bruce Patton, em fundamental trabalho intitulado *Gettin to yes* (Como chegar ao sim), apresentam quatro princípios fundamentais de toda negociação bem sucedida: a) não negociar sobre posições, mas sobre interesses; b) separar as pessoas do problema; c) oferecer uma variedade de possibilidades com ganhos recíprocos antes de tomar uma decisão; e d) insistir para que o resultado tenha por base algum padrão objetivo.[148]

Conforme destaca Fernanda Tartuce[149]:

> A vantagem da negociação entre os próprios envolvidos na situação controvertida é notória, porquanto, sendo um método personalíssimo, preserva a autoria e autenticidade dos negociadores na solução dos próprios conflitos, não existindo nada mais adequado e duradouro do que uma solução autonegociada.

4.2. *Ombudsman*

O mecanismo de *ombudsman* envolve a atuação de terceiro de reconhecida habilidade e integridade, que possui o poder de investigar reclamações ou queixas que surjam no interior de determinada instituição.

Trata-se de mecanismo, portanto, destinado, precipuamente, a atuar como controle institucional interno e que culmina com a apresentação, pelo *ombudsman*, de recomendações àquele que é responsável pela instituição.

O julgamento deste terceiro, embora não possua poder coercitivo, por tratar-se, em geral, de pessoa extremamente conceituada para a função, possui significativa relevância.[150]

---

[147] SANDER, Frank E. A. Alternative Methods of Dispute Resolution: An Overview. *University of Florida Law Review*. v. 37. n .1, p. 4, 1985.

[148] FISCHER, Roger; URY, William; PATTON, Bruce. *Como chegar ao sim*. A negociação de Acordos Sem Concessões. Rio de Janeiro: Imago; 1994, p. 28.

[149] TARTUCE, Fernanda. *Mediação nos conflitos civis*. Rio de Janeiro: Forense, 2008, p. 60.

[150] SANDER, Frank E. A. Alternative Methods of Dispute Resolution: An Overview. *University of Florida Law Review*. v. 37. n .1, p. 8, 1985.

Interessante mencionar que o mecanismo do *ombudsman* é cada vez mais estudado pelo setor bancário nacional com o fito de proceder à sua autorregulação.[151] De fato, como resultado do *I Seminário* Ombudsman *como Forma de Desjudicialização dos Conflitos na Relação de Consumo*, foi debatida e elaborada minuta para a regulamentação do *ombudsman* bancário no Brasil.[152]

---

[151] ANDRADE, Juliana Loss de. 2016 foi um marco para os meios extrajudiciais de solução de conflitos. *Consultor Jurídico* – Conjur. 1º jan. 2017. Disponível em: <https://www.conjur.com.br/2017-jan-01/juliana-loss-2016-foi-marco-linha--tempo-mediacao>. Acesso em: 8 nov. 2017. Aliás, interessante mencionar que na Alemanha e na Suíça o modelo de *ombudsman* bancário tem se mostrado bastante eficiente: "Nos dois sistemas, o *ombudsman* é uma ferramenta consensual: o consumidor, depois de ter uma reclamação formal não resolvida pelo banco, leva o seu caso ao *ombudsman*, que propõe uma solução. Tanto o banco quanto o cliente têm de concordar. Caso contrário, nada feito. Em ambos os países, o sistema é gratuito para o consumidor. Quem o mantém são os bancos, por meio de suas associações (a federação dos bancos, no caso alemão, e a associação nacional de bancos, no caso suíço). E nos dois países, os *ombudsman* são pessoas não relacionadas aos bancos. Na Alemanha, costumam ser juízes aposentados. Na Suíça, advogados, professores de Direito ou economistas, desde que não tenham relações com o mercado financeiro e nem com entidades de defesa do consumidor" (CANÁRIO, Pedro. Suíça e Alemanha mostram eficiência de modelo de *ombudsman* bancário. *Consultor Jurídico* – Conjur. 17 set. 2016. Disponível em: <https://www.conjur.com.br/2016-set-17/suica-alemanha-mostram-eficiencia--modelo-ombudsman-bancario>. Acesso em: 8 nov. 2017).

[152] A FGV Projetos, em parceria com o Superior Tribunal de Justiça e com a Federação Brasileira de Bancos (Febraban), realizou, nos dias 12 e 13 de setembro de 2016, o *I Seminário* Ombudsman *como Forma de Desjudicialização dos Conflitos na Relação de Consumo*, cujas coordenações científica e executiva ficaram a cargo, respectivamente, do Ministro Ricardo Villas Bôas Cueva e de Juliana Loss de Andrade, e que contou com a participação, como moderadores de painéis, dos Ministros Luis Felipe Salomão, João Otávio de Noronha e Paulo de Tarso Sanseverino. O evento teve como propósito refletir sobre a função do *ombudsman* com foco nas disputas bancárias e elaborar propostas concretas para a sua autorregulação no setor bancário brasileiro. Como resultado dos trabalhos, foi elaborado o documento *O Modelo de* Ombudsman *Bancário para o Brasil*, que conta com rica e proveitosa síntese das principais conclusões do seminário, bem como foi debatida e elaborada minuta para a regulamentação do *ombudsman*

GUERRA E PAZ: AS CONEXÕES ENTRE JURISDIÇÃO ESTATAL E OS MÉTODOS ADEQUADOS DE RESOLUÇÃO DE CONFLITOS **93**

De acordo com a minuta de autorregulação, o *ombudsman* seria composto por cinco membros escolhidos dentre pessoas com reputação ilibada e notável saber jurídico, sem vínculo com o setor bancário ou com entidades de defesa do consumidor há pelo menos seis meses, e aprovados pelo Conselho de Autorregulação Bancária, para um exercício de quatro anos, podendo ser reconduzidos por iguais e sucessivos períodos.

Destaca-se, ainda, a atribuição ao *ombudsman* de competência para receber reclamações de clientes das instituições signatárias e solucionar as disputas, por meio de conciliação, de mediação e de determinação nas decisões (art. 3º), sendo certo, não obstante, que esta sua competência estaria adstrita às reclamações que não excedessem 40 vezes o salário mínimo, inclusive as envolvendo discordância das condições das operações de crédito, conhecidas como "revisionais de crédito" (art. 3º, § 1º).

Ao final do procedimento, de acordo com o art. 20 da referida minuta, a decisão deveria ser prolatada em até 30 dias corridos, contados do recebimento da defesa, mencionando os elementos de convicção do *ombudsman*, com breve resumo dos fatos relevantes, dispensado o relatório.

4.3. *Factfinding*

Outro mecanismo que importa ser mencionado é o do *factfinding*, no qual determinado sujeito neutro em relação ao conflito é contratado para "levantar fatos que gerem elementos para uma decisão interna ou que balizem, num segundo momento, uma negociação, mediação ou processo judicial".[153]

4.4. Facilitação

Também merece menção o método denominado de facilitação. Trata-se, segundo Célia Regina Zapparolli,[154] de:

---

bancário no Brasil. Referido documento está disponível em: <http://fgvprojetos.fgv.br/sites/fgvprojetos.fgv.br/files/arquivos/conclusoes_ombudsman.pdf>.

[153] SILVA, Érica Barbosa e. *A efetividade da prestação jurisdicional civil a partir da conciliação.* Tese de doutorado. Faculdade de Direito da Universidade de São Paulo. São Paulo, 2012, p. 132.

[154] ZAPPAROLLI, Célia Regina. Políticas públicas de Justiça e a mediação de conflitos intra-familiares em contextos de crimes processados pelas leis 9.099/1995 e

[...] processo técnico para a articulação de diversos instrumentos e de redes, com vistas à solução de problemas e demandas específicas. Nela os resultados objetivados são predeterminados em metas estrategicamente predefinidas. Há a parcialidade objetiva do facilitador, um terceiro, a favor do resultado a ser alcançado.

A facilitação, mecanismo útil na implementação de políticas públicas, estimula a cooperação entre as pessoas e o desenvolvimento, pelo facilitador, do equilíbrio de poder e do sentimento de responsabilidade das partes envolvidas.[155]

4.5. Avaliação de terceiro neutro

Mencione-se, ainda, o mecanismo da avaliação de terceiro neutro (*early neutral evaluation*), método segundo o qual terceiro imparcial, denominado avaliador, normalmente advogado experiente e que goza de grande respeito, fornece a cada uma das partes envolvidas no conflito, logo no início do litígio, uma avaliação confidencial, célere e franca acerca de suas posições no caso concreto.[156]

Utilizando-se deste método, seus criadores buscavam atingir os seguintes objetivos: a) forçar as partes a confrontar o mérito das respectivas pretensões; b) identificar, logo no início da disputa, quais são as questões de fato e de direito envolvidas; c) desenvolver uma abordagem eficiente para a descoberta; e d) fornecer uma franca avaliação do caso.[157]

11.340/2006. In: SALLES, Carlos Alberto de (Coord.). *As grandes transformações do processo civil brasileiro* – Homenagem ao Professor Kazuo Watanabe. São Paulo: Quartier Latin, 2009, p. 542.

[155] SILVA, Érica Barbosa e. *A efetividade da prestação jurisdicional civil a partir da conciliação*. Tese de doutorado. Faculdade de Direito da Universidade de São Paulo. São Paulo, 2012, p. 133.

[156] LEVINE, David I. Early Neutral Evaluation: The Second Phase. *Journal of Dispute Resolution*, p. 2, 1989. Para mais detalhes sobre este método alternativo, ver: BRAZIL, Wayne D.; KAHN, Michael A.; NEWMAN, Jeffrey P.; GOLD, Judith Z. Early Neutral Evaluation: An Experimental Effort to Expedite Dispute Resolution. *Judicature*, n. 69.5, p. 279-285, 1986.

[157] LEVINE, David I. Early Neutral Evaluation: The Second Phase. *Journal of Dispute Resolution*, p. 2, 1989.

Com todas estas informações, as partes possuem compreensão mais realista e objetiva de suas situações, tanto do ponto de vista fático quanto jurídico, o que favorece a construção de excelente canal de comunicação entre elas; facilitando, naturalmente, eventual negociação antes de se gastar tempo e recursos com disputas judiciais.[158]

4.6. *Dispute Resolution Board*

O *Dispute Board* (DB), de acordo com a *Dispute Resolution Board Foundation*, é, em regra, um painel composto por três membros experientes, respeitados e imparciais, que se forma no início de determinada obra para encorajar as partes a encontrarem soluções, no ambiente da própria obra, para disputas instauradas, podendo, no entanto, proferir decisão dirimente do conflito nas hipóteses em que o conflito não puder ser resolvido pelos próprios interessados.[159]

Os membros deste painel recebem os documentos contratuais necessários, familiarizam-se com os procedimentos do projeto e com seus participantes, são atualizados acerca do andamento das obras, mantêm encontros regulares com representantes das partes e gozam de grande confiança dos interessados no projeto.[160]

O termo *Dispute Resolution Board* representa gênero do qual são espécies: a) o *Dispute Review Board*, mecanismo originado nos EUA que profere manifestações não vinculantes; b) o *Dispute Adjudication Board*, mecanismo que resulta em manifestações vinculantes (decisões); e c) o *Combined Dispute Board*, mecanismo híbrido que permite a elaboração tanto de manifestações não vinculantes quanto de decisões vinculativas.[161]

---

[158] LEVINE, David I. Early Neutral Evaluation: The Second Phase. *Journal of Dispute Resolution*, p. 47, 1989.

[159] Disponível em: <http://www.drb.org/language/portuguese/>.

[160] Disponível em: <http://www.drb.org/language/portuguese/>.

[161] CHAPMAN, Peter H.J. The Use of Dispute Boards on Major Infrastructure Projects. *Turkish Commercial Law Review*, n. 1.3, p. 220, 2015; CETINEL, Yasemin. The Nature of Dispute Board Decisions, with Special Emphasis on the Turkish Law Approach. *Turkish Commercial Law Review*, n. 2.1, p. 104, 2016.

Surgido na década de 1970 e utilizado pela primeira vez em 1975 na construção da segunda parte do Túnel Eisenhower no estado do Colorado – EUA,[162] o *Dispute Resolution Board* foi desenvolvimento no específico âmbito das grandes construções de engenharia, em substituição às negociações ou à simples decisão pelo arquiteto ou engenheiro da obra, com o escopo de evitar que eventuais conflitos entre as partes degenerassem a ponto de inviabilizar o bom e eficiente andamento dos trabalhos.[163]

Deve-se levar em conta, conforme assevera Cristopher R. Seppala, que o engenheiro é, em regra, contratado e pago por uma das partes, de modo que, por não possuir postura neutra com relação aos contratantes, não se pode razoavelmente dele esperar que atue sempre com imparcialidade na solução dos conflitos inerentes ao empreendimento.[164]

Ademais, após a Segunda Guerra Mundial, conforme destaca Arnoldo Wald, a competição entre os construtores se intensificou e os contratos de construção tornaram-se mais complexos, de modo que "os conhecimentos dos engenheiros e dos arquitetos, que antes bastavam para a resolução dos problemas, se mostraram insuficientes, diante da nova gama de matérias a serem enfrentadas, e a contribuição de profissionais de outras áreas se fez cada vez mais necessária".[165]

Atualmente, no entanto, sua utilização se ampliou para além das obras de engenharia, podendo ser encontrada também nos setores de serviços

---

[162] VAZ, Gilberto José; LIMA, Renata Faria Silva; NICOLI, Pedro Augusto Gravatá. Os *Dispute Boards* como método alternativo de resolução de disputas na indústria da construção. *Revista de Arbitragem e Mediação*: RArb, v. 11, n. 40, p. 326, jan./mar. 2014.

[163] WALD, Arnold. *Dispute resolution boards*: evolução recente. *Revista de Arbitragem e Mediação*: RArb, v. 8, n. 30, p. 140, jul./set. 2011; CHAPMAN, Peter H.J. The Use of Dispute Boards on Major Infrastructure Projects. *Turkish Commercial Law Review*, n. 1.3, p. 220, 2015.

[164] SEPPALA, Christopher R. The New FIDIC Provision for a Dispute Adjudication Board. *International Business Law Journal*, n. 8, p. 968, 1997.

[165] WALD, Arnoldo. *Dispute resolution boards*: evolução recente. *Revista de Arbitragem e Mediação*: RArb, v. 8, n. 30, p. 141, jul./set. 2011.

financeiros, seguros, tecnologia da informação, concessões, contratos de consumo, entre outros.[166]

Em termos geográficos, a utilização do *Dispute Board* já se disseminou pelo mundo, podendo ser encontrada nos EUA, Inglaterra, Irlanda, França, Dinamarca, Bulgária, Grécia, Turquia, África do Sul, Egito, Hong Kong, China e Austrália.[167]

No Brasil, o *Dispute Board*

> [...] já começa a ser visto com melhores olhos pelos principais participantes do mercado brasileiro da construção, que buscam, primeiramente, evitar controvérsias, e, em não sendo possível, solucioná-las em um prazo razoável e de forma fundamentada, à luz das questões técnicas e jurídicas envolvidas.[168]

Importa consignar, não obstante, que em nosso sistema jurídico sua utilização ainda é rara, tanto em virtude de seu desconhecimento quanto da desconfiança quanto à admissibilidade no direito brasileiro de sua modalidade obrigatória (*Dispute Adjudication Board*), existindo, no entanto, amplo campo para sua utilização e desenvolvimento.[169]

As funções do *Dispute Board* são definidas pelo contrato, podendo ser utilizado para dirimir questões técnicas, jurídicas ou econômicas, sendo certo, ademais, que seus membros não possuem responsabilidade pessoal ou profissional por suas ações como membros do painel, o que lhes confere maior liberdade e independência de atuação.

---

[166] CHAPMAN, Peter H.J. The Use of Dispute Boards on Major Infrastructure Projects. *Turkish Commercial Law Review*, n. 1.3, p. 220, 2015.

[167] CHAPMAN, Peter H.J. The Use of Dispute Boards on Major Infrastructure Projects. *Turkish Commercial Law Review*, n. 1.3, p. 222, 2015.

[168] VAZ, Gilberto José; LIMA, Renata Faria Silva; NICOLI, Pedro Augusto Gravatá. Os *Dispute Boards* como método alternativo de resolução de disputas na indústria da construção. *Revista de Arbitragem e Mediação*: RArb, v. 11, n. 40, p. 333, jan./mar. 2014.

[169] WALD, Arnold. *Dispute resolution boards*: evolução recente. *Revista de Arbitragem e Mediação*: RArb, v. 8, n. 30, p. 144, jul./set. 2011; VAZ, Gilberto José; LIMA, Renata Faria Silva; NICOLI, Pedro Augusto Gravatá. Os *Dispute Boards* como método alternativo de resolução de disputas na indústria da construção. *Revista de Arbitragem e Mediação*: RArb, v. 11, n. 40, p. 329, jan./mar. 2014.

A principal diferença entre o *Dispute Board* e os demais métodos adequados de solução de conflitos – e possivelmente o motivo pelo qual esta técnica tem obtido sucesso –, é o fato de ser instaurado antes ou no momento do início da execução do contrato, caracterizando-se pelo acompanhamento e envolvimento constante de seus membros no processo de desenvolvimento do empreendimento.[170]

De fato, devido a estas características e por possuir caráter permanente, o *Dispute Board*, ao mesmo tempo em que gera maior confiança e respeito entre as partes e os membros do painel – devido ao contato direto e constante –, permite o acompanhamento do empreendimento em tempo real, ensejando que os conflitos sejam dirimidos de maneira sumária antes ou logo que surjam, evitando-se, assim, o acúmulo de controvérsias e eventual paralisação da obra.[171]

Com efeito, o mecanismo foi idealizado para permitir que questões com potencial possam se tornar conflitos reais, portanto, podem ser prevenidas, e que disputas possam ser dirimidas em tempo real. Em outras palavras, pretende-se que eventuais desacordos sejam solucionados antes que se tornem disputas formais.[172]

Há, ainda, digno de nota, interessante enunciado aprovado na *I Jornada sobre Prevenção e Solução Extrajudicial de Litígios,* realizado pelo Conselho da Justiça Federal (CJF) com apoio do Superior Tribunal de Justiça (STJ), segundo o qual:

---

[170] CHAPMAN, Peter H.J. The Use of Dispute Boards on Major Infrastructure Projects. *Turkish Commercial Law Review*, n. 1.3, p. 219, 2015.

[171] WALD, Arnold. *Dispute resolution boards*: evolução recente. *Revista de Arbitragem e Mediação*: RArb, v. 8, n. 30, p. 144-149, jul./set. 2011; VAZ, Gilberto José; LIMA, Renata Faria Silva; NICOLI, Pedro Augusto Gravatá. Os *Dispute Boards* como método alternativo de resolução de disputas na indústria da construção. *Revista de Arbitragem e Mediação*: RArb, v. 11, n. 40, p. 327, jan./mar. 2014.

[172] CETINEL, Yasemin. The Nature of Dispute Board Decisions, with Special Emphasis on the Turkish Law Approach. *Turkish Commercial Law Review*, n. 2.1, p. 104, 2016; VAZ, Gilberto José; LIMA, Renata Faria Silva; NICOLI, Pedro Augusto Gravatá. Os *Dispute Boards* como método alternativo de resolução de disputas na indústria da construção. *Revista de Arbitragem e Mediação*: RArb, v. 11, n. 40, p. 326, jan./mar. 2014.

[...] as decisões proferidas por um Comitê de Resolução de Disputas (*Dispute Board*), quando os contratantes tiverem acordado pela sua adoção obrigatória, vinculam as partes ao seu cumprimento até que o Poder Judiciário ou o juízo arbitral competente emitam nova decisão ou a confirmem, caso venham a ser provocados pela parte inconformada. (Enunciado 76).

4.7. *Design* de Sistema de Disputas (DSD)

Por derradeiro, mencione-se o interessante mecanismo do *Design* de Sistema de Disputas (DSD), novo campo de estudos na seara dos métodos alternativos (ou adequados) de resolução de disputas.[173]

Trata-se de mecanismo desenvolvido por William L. Ury, Jeanne M. Brett e Steven B. Goldberg na década de 80 e exposto na obra *Getting disputes resolved:* designing systems to cut the costs of conflict, que consiste em um processo sistemático de criação de um sistema de resolução de litígios que aproveite os aspectos positivos de um conflito ou, ao menos, minimize seus aspectos negativos.[174]

O DSD não é, por si mesmo, um modo alternativo de solução de conflitos, mas antes um método de criação de processos de resolução de conflitos eficientes, efetivos e justos, que leva em consideração as necessidades únicas do caso concreto.[175] De fato, "a customização do sistema permite que as necessidades únicas de cada caso concreto sejam atendidas com eficiência e evita gastos de recursos, tempo, energia emocional e perda de oportunidade".[176]

De acordo com Susan D. Franck,[177] o objetivo do DSD é o desenvolvimento de melhores sistemas de resolução de disputas por meio: a) da análise

---

[173] FALECK, Diego. Introdução ao *Design* de Sistema de Disputa: Câmara de Indenização 3054. *Revista Brasileira de Arbitragem*, n. 23, p. 8, ju./set., 2009.

[174] FRANCK, Susan D. Integrating Investment Treaty Conflict and Dispute Systems Design. *Minnesota Law Review*, n. 92.1, p. 177, 2007.

[175] FRANCK, Susan D. Integrating Investment Treaty Conflict and Dispute Systems Design. *Minnesota Law Review*, n. 92.1, p. 178, 2007.

[176] FALECK, Diego. Introdução ao *Design* de Sistema de Disputa: Câmara de Indenização 3054. *Revista Brasileira de Arbitragem*, n. 23, p. 8, ju./set., 2009.

[177] FRANCK, Susan D. Integrating Investment Treaty Conflict and Dispute Systems Design. *Minnesota Law Review*, n. 92.1, p. 178, 2007.

do padrão de disputa das partes para diagnosticar o sistema vigente; b) do desenvolvimento de métodos para gerenciar conflitos de forma mais eficaz com princípios práticos; c) da implementação da arquitetura do novo sistema; d) de testes e avaliações do novo sistema para realizar eventuais revisões adequadas antes da disseminação do método.

São vários os exemplos internacionais emblemáticos de utilização do DSD, sendo o mais famoso deles o *September 11th Compensation Fund of 2001*, que conseguiu distribuir mais de 7 bilhões de dólares a mais de 5 mil vítimas e seus familiares em um período de dois anos.[178]

No Brasil, a "Câmara de Indenização Voo 3054" foi o primeiro exemplo de utilização do *Design* de Sistema de Disputas. Motivada pelo acidente de grandes proporções ocorrido no dia 17 de julho de 2007, no aeroporto de Congonhas, em São Paulo, foi criada como meio eficiente e justo de indenizar os beneficiários das vítimas, representando não apenas mais uma alternativa, mas sim "um meio especialmente desenhado para o tratamento dos conflitos originados pela referida tragédia",[179] marcada fortemente por emoções extremas, altas expectativas e pelo medo de eventual oportunismo por parte da empresa aérea e das seguradoras.[180]

Nesse sentido, foi elaborado mecanismo capaz de: a) identificar os legitimados a receber indenização; b) atendê-los e ouvi-los; c) verificar seus documentos e informações; d) calcular o valor da indenização e e) efetuar o pagamento.

Proposta inicialmente pela Secretaria de Direito Econômico (SDE) do Ministério da Justiça, a "Câmara de Indenização Voo 3054" conseguiu que aproximadamente 92% das indenizações fossem realizadas antes do acidente completar dois anos.[181]

---

[178] ACKERMAN, Robert M. The September 11th Victim Compensation Fund: An Effective Administrative Response to National Tragedy. *Harvard Negotiation Law Review*, n. 10, p. 227, 2005.

[179] OSTIA, Paulo Henrique Raiol. *Desenhos de Sistema de Solução de Conflito: sistemas indenizatórios em interesses individuais homogêneos*. Dissertação de mestrado. Faculdade de Direito da Universidade de São Paulo. São Paulo, 2014, p. 176.

[180] FALECK, Diego. Introdução ao *Design* de Sistema de Disputa: Câmara de Indenização 3054. *Revista Brasileira de Arbitragem*, n. 23, p. 12, jul./set., 2009.

[181] FALECK, Diego. Um passo adiante para resolver problemas complexos: desenho de sistemas de disputas. In: SALLES, Carlos Alberto de; LORENCINI; Marco

Em virtude de seu sucesso, nos Estados Unidos da América a utilização do DSD tem crescido, abrangendo, dentre outras matérias, questões relacionadas ao direito de família e à proteção do consumidor.[182]

5. CONCLUSÃO

As soluções extrajudiciais de resolução de conflitos – como se percebe nos dias de hoje – não crescem à sombra do insucesso ou da não jurisdição estatal.

Ao contrário, representam o avanço do processo civilizatório da humanidade, que, de maneira consciente, busca mecanismos de pacificação social eficientes.

Indiretamente, carregam perspectiva de racionalidade para a jurisdição estatal, assoberbada com o enorme volume de processos e com a excessiva judicialização da vida em sociedade.

* **Texto elaborado com apoio e pesquisa do assessor e mestrando Augusto Cézar Lukascheck Prado.**

** **Este artigo é dedicado aos integrantes da Comissão de Juristas do Senado encarregada de elaborar os anteprojetos de lei que ampliaram a arbitragem e criaram o marco legal da Mediação no Brasil: André Martins, Adriana Braghetta, Caio Rocha, Carlos Carmona, Eleonora Coelho, Ellen Gracie Northfleet, Francisco Müssnich, Francisco Maia Neto, José Antonio Fichtner, José Roberto Castro Neves, José Rogério Cruz e Tucci, Marcelo Ribeiro de Oliveira, Marcelo Nobre, Marco Maciel, Pedro Paulo Medeiros, Roberta Rangel, Sílvia Pachikoski, Tatiana Prazeres e Walton Rodrigues.**

*** **O autor é Ministro do Superior Tribunal de Justiça – STJ. Foi Promotor de Justiça, Juiz de Direito e Desembargador. É professor emérito da Escola da Magistratura**

Antônio Garcia Lopes; e SILVA, Paulo Eduardo Alves da (Coords.). *Negociação, Mediação e Arbitragem*: Curso básico para programas de graduação em Direito. Rio de Janeiro: Forense, São Paulo: Método, 2012, p. 261.

[182] FRANCK, Susan D. Integrating Investment Treaty Conflict and Dispute Systems Design. *Minnesota Law Review*, n. 92.1, p. 1790180, 2007.

(RJ e SP), professor *honoris causa* da Escola Superior da Advocacia (RJ). Foi professor universitário. Autor de diversos livros e artigos, é palestrante no Brasil e exterior.

REFERÊNCIAS

ACKERMAN, Robert M. The September 11th Victim Compensation Fund: An Effective Administrative Response to National Tragedy. *Harvard Negotiation Law Review*, n. 10, p. 135-230, 2005.

ANDRADE, Manuel A. Domingues de. *Teoria Geral da Relação Jurídica*. v. 1. Coimbra: Almedina, 1983.

ARRUDA ALVIM, Angélica et al. (Coords.) *Comentários ao Código de Processo Civil*. São Paulo: Saraiva, 2016.

BENSLEY, Norman. Online Dispute Resolution. *TortSource*. n. 6.4, p. 1-6, 2004.

BRAGA NETO, Adolfo. Mediação de conflitos: conceito e técnicas. In: SALLES, Carlos Alberto de; LORENCINI, Marco Antônio Garcia Lopes; e SILVA, Paulo Eduardo Alves da (Coords.). *Negociação, Mediação e Arbitragem*: Curso básico para programas de graduação em Direito. Rio de Janeiro: Forense, São Paulo: Método, 2012.

BRAZIL, Wayne D. Continuing the Conversation about the Current Status and the Future of ADR: A View from the Courts. *Journal of Dispute Resolution*, n. 2000.1, p. 11-40, 2000.

_____; KAHN, Michael A.; NEWMAN, Jeffrey P.; GOLD, Judith Z. Early Neutral Evaluation: An Experimental Effort to Expedite Dispute Resolution. *Judicature*, n. 69.5, p. 279-285, 1986.

CAHALI, Francisco José. *Curso de arbitragem*: mediação, conciliação e Resolução CNJ 125/2010. 4. ed. rev. atual. e ampl. São Paulo: RT, 2014.

CAPPELLETTI, Mauro e GARTH, Bryant. *Acesso à Justiça*. Porto Alegre: Sergio Fabris, 1998.

_____. Os métodos alternativos de solução de conflitos no quadro do movimento universal de acesso à justiça. In: WALD, Arnoldo (Org.). *Doutrinas Essenciais – Mediação e Arbitragem*. São Paulo: Revista dos Tribunais, 2014.

CARMONA, Carlos Alberto. *Arbitragem e Processo*. 2. ed. rev. atual. e ampl. São Paulo: Atlas, 2004.

_____. O processo arbitral. *Revista de Arbitragem e Mediação*. v. 1, p. 21-31, jan./abr., 2004.

CARNELUTTI, Francesco. *Teoria Geral do Direito*. Rio de Janeiro: Âmbito Cultural, 2006.

CAVALCANTE, Elizabeth Nantes; GARCIA, Rebeca Alves de Souza. Mediação e composição amigável: mudança de paradigma na administração da justiça e a atuação do advogado. *Revista Síntese Direito Civil e Processual Civil*, v. 18, n. 108, p. 13-28, jul./ago. 2017.

CETINEL, Yasemin. The Nature of Dispute Board Decisions, with Special Emphasis on the Turkish Law Approach. *Turkish Commercial Law Review*, n. 2.1, p. 103-110, 2016.

CHAPMAN, Peter H.J. The Use of Dispute Boards on Major Infrastructure Projects. *Turkish Commercial Law Review*, n. 1.3, p. 219-232, 2015.

CRETELLA NETO, José. Da arbitragem no Japão e na China. *Revista NEJ* – Eletrônica, vol. 15, n. 1, p. 46-60, jan./abr., 2010.

DALLARI, Dalmo de Abreu. *Elementos de Teoria Geral do Estado*. 20. ed. atual. São Paulo: Saraiva, 1998.

DEUTSCH, Morton. A Resolução do Conflito. In: AZEVEDO, André Gomma de. *Estudos em Arbitragem, Mediação e Negociação*. Brasília: Brasília Jurídica, 2004.

DIDIER JR., Fredie. *Curso de direito processual civil*: introdução ao direito processual civil, parte geral e processo de conhecimento. 19. ed. Salvador: Juspodivm, 2017.

DIEZ-PICAZO, Luis. *Fundamentos del derecho civil patrimonial*. 6. ed. Madri: Civitas, 2007.

DINAMARCO, Cândido Rangel. *Instituições de Direito Processual Civil*. v. 1. 6. ed. rev. e atual. São Paulo: Malheiros, 2009.

FALECK, Diego. Um passo adiante para resolver problemas complexos: desenho de sistemas de disputas. In: SALLES, Carlos Alberto de; LORENCINI; Marco Antônio Garcia Lopes; e SILVA, Paulo Eduardo Alves da (Coords.). *Negociação, Mediação e Arbitragem*: Curso básico para programas de graduação em Direito. Rio de Janeiro: Forense, São Paulo: Método, 2012.

FISCHER, Roger; URY, William; PATTON, Bruce. *Como chegar ao sim*. A negociação de Acordos Sem Concessões. Rio de Janeiro: Imago; 1994.

FRANCK, Susan D. Integrating Investment Treaty Conflict and Dispute Systems Design. *Minnesota Law Review*, n. 92.1, p. 161-230, 2007.

GABBAY, Daniela Monteiro. *Mediação & Judiciário*: condições necessárias para a institucionalização dos meios autocompositivos de solução de conflitos. Tese de Doutorado. Faculdade de Direito da Universidade de São Paulo. São Paulo, 2011.

GALANTER, Marc. *Compared to What* – Assessing the Quality of Dispute Processing. Denver University Law Review. n. 66. v. 3, p. xi-xiv, 1988-1989.

GONÇALVES, Carlos Roberto. *Responsabilidade Civil*. 9. ed. rev. São Paulo: Saraiva, 2005.

GRINOVER, Ada Pellegrini; DINAMARCO, Cândido Rangel; CINTRA, Antonio Carlos de Araújo. *Teoria Geral do Processo*. 26. ed. rev. e atual. São Paulo: Malheiros, 2010.

GUERRERO, Luis Fernando. *Efetividade das Estipulações voltadas à instituição dos Meios Multiportas de Solução de Litígios*. 2012. 255 f. Tese (Doutorado) – Faculdade de Direito da Universidade de São Paulo, São Paulo, 2012.

HENRY, James F. The Courts at a Crossroads: A Consumer Perspective of the Judicial System. *Georgetown Law Journal*. n. 95.4, p. 945-964, 2007.

JAZZAR, Inês Sleiman Molina. *Mediação e conflitos coletivos de trabalho*. 2008. 136 f. Dissertação (Mestrado) – Faculdade de Direito da Universidade de São Paulo, São Paulo, 2008.

KRAVEC, Nicole Gabrielle. Dogmas of Online Dispute Resolution. *University of Toledo Law Review*. n. 38.1, p. 125-136, 2006.

LESSA NETO, João. O novo CPC adotou o modelo multiportas!!! E agora?!. *Revista de Processo*: RePro, São Paulo, v. 40, n. 244, p. 427-441, jun. 2015.

LEVINE, David I. Early Neutral Evaluation: The Second Phase. *Journal of Dispute Resolution*, p. 1-58, 1989.

LIMA, Alvino. *Culpa e Risco*. 2. ed. rev. e atual. São Paulo: RT, 1999.

LIMA, Gabriela Vasconcelos; FEITOSA, Gustavo Raposo Pereira. Online Disputes Resolution (ODR): a solução de conflitos e as novas tecnologias. *Revista do Direito*. v. 3, n. 50, p. 53-70, set./dez. 2016.

LORENCINI, Marco Antônio Garcia Lopes. Sistema Multiportas: opções para tratamento de conflitos de forma adequada. In: SALLES, Carlos Alberto de; LORENCINI, Marco Antônio Garcia Lopes; ALVES E SILVA, Paulo Eduardo. *Negociação, Mediação e Arbitragem*: curso básico para programas de graduação em Direito. São Paulo: Método, 2012.

LUHMAN, Niklas. *Legitimação pelo procedimento*. trad. Maria da Conceição Côrte--Real. Brasília: Universidade de Brasília, 1980.

LUMIA, Giuseppe. *Lineamenti di teoria e ideologia del diritto*. 3. ed. Milano: Giuffrè. 1981, p. 102 (trad. port., com adaptações e modificações, de Alcides Tomasetti Jr., Teoria da Relação Jurídica, 1999, mimeo).

MARTINS, Paulo Fernando de Melo; MARQUES, Julianne Freire; GUIMARÃES, Halyny Mendes. Educação e justiça restaurativa: os desafios na resolução de conflitos no ambiente escolar. *Revista da Escola Superior da Magistratura Tocantinense* – ESMAT, v. 8, n. 11, p. 13-29, jul./dez., 2016.

MARTINS, Pedro A. Batista. Cláusula Compromissória. In: MARTINS, Pedro A. Batista. *Aspectos fundamentais da Lei de Arbitragem*. Rio de Janeiro: Forense, 1999.

MELLO, Marcos Bernardes de. *Teoria do Fato Jurídico*: Plano da Existência. 21. ed. São Paulo: Saraiva, 2017.

MOTA PINTO. Carlos Alberto da. *Teoria Geral do Direito Civil*. 3. ed. atual. Coimbra: Coimbra, 1986.

OSTIA, Paulo Henrique Raiol. *Desenhos de Sistema de Solução de Conflito: sistemas indenizatórios em interesses individuais homogêneos*. Dissertação de Mestrado. Faculdade de Direito da Universidade de São Paulo. São Paulo, 2014.

PHILIPPE, Mireze. ODR Redress System for Consumer Disputes: Clarification, UNCITRAL Works & EU Regulation on ODR. *International Journal of Online Dispute Resolution*. n. 1.1, p. 57-69, 2014.

PONTES DE MIRANDA, Francisco Cavalcanti. *Tratado de Direito Privado*: Pessoas físicas e jurídicas. Atualizado por Judith Martins-Costa, Gustavo Haical e Jorge Cesar Ferreira da Silva. São Paulo: RT, 2012. t. I.

_____. _____. Atualizado por Rui Stoco. São Paulo: RT, 2012. t. LIII.

POUND, Roscoe. The Causes of Popular Dissatisfaction with the Administration of Justice. *Annual Report of the American Bar Association*. n. 29, p. 395-417, 1906.

REALE, Miguel. Crise da Justiça e Arbitragem. *Revista de Arbitragem e Mediação*. São Paulo: Revista dos Tribunais, ano 2, n. 5, p. 11-13 abr./jun. 2005.

_____. *Lições Preliminares de Direito*. 27. ed. São Paulo: Saraiva, 2002.

RISKIN, Leonard L. Decisionmaking in Mediation: The New Old Grid and the New New Grid System. *Notre Dame Law Review*, n. 79.1, p. 1-54, 2003.

_____. Mediation and Lawyers. *Ohio State Law Journal*, n. 43.1, p. 29-60, 1982.

_____. Understanding Mediators' Orientations, Strategies, and Techniques: A Grid for the Perplexed. *Harvard Negotiation Law Review*, n. 1, p. 7-52, 1996.

RUIZ, Ivan Aparecido; SOUZA BEDÊ, Judith Aparecida de. *Revisitando novos caminhos para o acesso à justiça: a mediação*. Trabalho publicado nos Anais do XVII Congresso Nacional do Conpedi, realizado em Brasília – DF nos dias 20, 21 e 22 de novembro de 2008, p. 135. Disponível em: <http://gajop.org.br/justicacidada/wp-content/uploads/Revisitando-Novos-Caminhos-Para-o--Acesso-aa-Justica_-A Mediacao1.pdf>. Acesso em: 8 nov. 2017.

SALLES, Carlos Alberto de. Mecanismos alternativos de solução de controvérsias e acesso à justiça: a inafastabilidade da tutela jurisdicional recolocada. In: FUX, Luiz; NERY JR, Nelson; WAMBIER, Teresa Arruda Alvim (Coords.). *Processo e Constituição*: estudos em homenagem ao professor José Carlos Barbosa Moreira. São Paulo: RT, 2006.

SALOMÃO, Luis Felipe; ROCHA, Caio Cesar Vieira (Coords.). *Arbitragem e Mediação, a reforma da legislação brasileira*. São Paulo: Atlas, 2017.

SANDER, Frank E. A. Alternative Methods of Dispute Resolution: An Overview. *University of Florida Law Review*. v. 37. n .1, p. 1-18, 1985.

SEPPALA, Christopher R. The New FIDIC Provision for a Dispute Adjudication Board. *International Business Law Journal*, n. 8, p. 967-988, 1997.

SILVA, Érica Barbosa e. *A efetividade da prestação jurisdicional civil a partir da conciliação*. Tese de doutorado. Faculdade de Direito da Universidade de São Paulo. São Paulo, 2012.

TAKAHASHI, Bruno. Dilemas Éticos de um Conciliador. São Paulo: *Revista do Advogado*, v. 123, p. 62-69, 2014.

TARTUCE, Fernanda. Conciliação em juízo: o que (não) é conciliar? In: SALLES, Carlos Alberto de; LORENCINI; Marco Antônio Garcia Lopes; e SILVA, Paulo Eduardo Alves da (Coords.). *Negociação, Mediação e Arbitragem*: Curso básico para programas de graduação em Direito. Rio de Janeiro: Forense, São Paulo: Método, 2012.

_____. *Mediação nos Conflitos Civis*. Rio de Janeiro: Forense, 2008.

THEODORO JÚNIOR, Humberto. *Curso de Direito Processual Civil*: teoria geral do direito processual civil, processo de conhecimento e procedimento comum. v. 1. 58. ed. rev., atual. e ampl. Rio de Janeiro: Forense, 2017.

_____; NUNES, Dierle; BAHIA, Alexandre Melo Franco; PEDRON, Flávio Quinaud. *Novo CPC*: Fundamentos e Sistematização. 2. ed. rev., atual. e ampl. Rio de Janeiro: Forense, 2015.

TOMASETTI JR., Alcides. A propriedade privada entre o direito civil e a Constituição. *Revista de Direito Mercantil industrial, econômico e financeiro*, v. 126, abr.-jun. 2002.

VAN DEN HERIK, Jaap; DIMOV, Daniel. Towards Crowdsourced Online Dispute Resolution. *Journal of International Commercial Law and Technology*. n. 7.2, p. 99-111, 2012.

VAZ, Gilberto José; LIMA, Renata Faria Silva; NICOLI, Pedro Augusto Gravatá. Os *Dispute Boards* como método alternativo de resolução de disputas na indústria da construção. *Revista de Arbitragem e Mediação*: RArb, v. 11, n. 40, p. 325-333, jan./mar. 2014.

VEZULLA, Juan Carlos. Noções gerais de conflito. In: *Mediação, teoria e prática* – Guia para utilizadores e profissionais. Lisboa: Ministério da Justiça, 2005.

VIANNA, Luiz Werneck; CARVALHO, Maria Alice; PALACIUS, Manoel; BURGOS, Marcelo. *A judicialização da política e das relações sociais no Brasil*. Rio de Janeiro: Revan, 1999.

WALD, Arnold. *Dispute resolution boards*: evolução recente. *Revista de Arbitragem e Mediação*: RArb, v. 8, n. 30, p. 139-151, jul./set. 2011.

WATANABE, Kazuo. Acesso à justiça e sociedade moderna. In: *Participação e processo*. São Paulo: Revista dos Tribunais, 1988.

_____. Cultura da sentença e cultura da pacificação. In: YARSHELL, Flavio Luiz e MORAES, Maurício Zanoide (Coords.). *Estudos em homenagem à professora Ada Pellegrini Grinover*. São Paulo: DPJ, 2005.

WELSH, Nancy A. Stepping Back through the Looking Glass: Real Conversations with Real Disputants about Institutionalized Mediation and Its Value. *Ohio State Journal on Dispute Resolution*, n. 19.2, p. 573-678, 2004.

ZAPPAROLLI, Célia Regina. Políticas públicas de Justiça e a mediação de conflitos intra-familiares em contextos de crimes processados pelas leis 9.099/1995 e 11.340/2006. In: SALLES, Carlos Alberto de (Coord.). *As grandes transformações do processo civil brasileiro* – Homenagem ao Professor Kazuo Watanabe. São Paulo: Quartier Latin, 2009.

AUGUSTO CURY

Há anos tem-se discutido sobre o desenvolvimento das relações sociais e suas implicações. A globalização e as necessidades trazidas pelo mundo moderno fazem com que os indivíduos se inter-relacionem, dependam uns dos outros cada vez mais e gerem relações jurídicas das mais diversas naturezas.

A ideia de acumular riqueza e ascender socialmente fundamenta o fato de os indivíduos procurarem sempre a obtenção de vantagens numa relação, o que gera, automaticamente, maior número de conflitos.

É muito comum, num debate, cada indivíduo olhar somente para o seu lado da discussão, sem considerar o ponto de vista e as questões do outro, alimentando a cultura do conflito e até da judicialização das questões.

Mas será que todas as discussões merecem ser judicializadas? Ou melhor, será que todos os conflitos deveriam ser judicializados?

O objetivo da Teoria da Inteligência Multifocal – TIM é estudar o funcionamento da psique, a natureza e a construção dos pensamentos, a formação dos indivíduos enquanto pensadores, o papel histórico do Eu como gestor do teatro da mente e a liderança do Eu como autor da própria história, auxiliando de forma decisiva na construção de relações intra e interpessoais mais saudáveis.

A TIM oferece elementos para que o indivíduo possa se relacionar consigo mesmo e com os outros de forma saudável, aprendendo a desenvolver a tolerância, o trabalho em equipe, a administração de conflitos e o carisma. A ideia aqui é trabalhar para que o indivíduo modifique sua forma de pensar, seus conceitos pré-moldados e suas experiências anteriores para quebrar paradigmas intelectuais e possa ver as situações futuras de forma mais imparcial e coerente.

Um indivíduo que desenvolve de forma adequada a inteligência multifocal consegue trabalhar com os códigos da inteligência, desenvolvendo sua capacidade de superação e suas potencialidades intelectuais.

Nossa memória é seletiva. Ela funciona conforme os estímulos que recebemos e as janelas que esses estímulos acionam. A Teoria da Inteligência Multifocal procura direcionar o indivíduo para abrir as janelas adequadas, mesmo com estímulos negativos. Ele deve ser capaz de optar pela resolução de conflitos – quando possível – por meio de instrumentos como a negociação, a arbitragem, a conciliação e a mediação.

Como a cultura de sentença impacta o Judiciário

POR UMA CULTURA DE DIREITOS, NÃO DE LITIGIOSIDADE

CLAUDIO LAMACHIA

Presidente Nacional da Ordem dos Advogados do Brasil (2016-2018).

Sumário: 1. Breve contextualização histórica – 2. O papel do Poder Judiciário no Estado Democrático de Direito – 3. O direito de acesso à justiça como garantia cidadã – 4. A sobrecarga do Poder Judiciário: o exemplo brasileiro – 5. Medidas contra a crise do Judiciário: a solução consensual de litígios – 6. Substituindo a cultura de litigiosidade por uma cultura de direitos – 7. O papel da advocacia para a promoção da paz social – Referências.

1. BREVE CONTEXTUALIZAÇÃO HISTÓRICA

Ao longo da história, a experiência da vida em sociedade passou por diversos avanços. Entre eles, sem nenhuma dúvida, destaca-se a disseminação da organização política compreendida como "Estado Democrático de Direito", o que ocorreu, em linhas gerais, sobretudo após as Revoluções Americana e Francesa, no século XVIII. Embora hoje nos pareça óbvia a ideia de que, com base em decisões democráticas, o Estado deve observar leis previamente estabelecidas e promover o interesse da coletividade, a realidade nem sempre foi assim. Ao contrário, por muito tempo vigorou a noção segundo a qual o "soberano" tinha discricionariedade para agir conforme seus próprios desígnios, sem necessidade de prestar contas ao conjunto da sociedade. Esta, na verdade, era constituída de "súditos", aos quais cabia, tão somente, obedecer às determinações do líder.

A partir da consagração do Estado Democrático de Direito, o conceito de "súditos" foi substituído pelo de "cidadãos", compreendendo indivíduos que, embora continuassem a ter deveres para com a Administração Pública, passavam a deter, igualmente, direitos – alguns dos quais, inalienáveis. Assim, houve uma profunda transformação nas relações de poder estabelecidas no âmbito dos agrupamentos humanos organizados sob a égide estatal: se, antes, os "súditos" deviam servir ao Estado; agora, este é quem deve servir àqueles.

Embora a noção de Estado Democrático de Direito apresente diversas nuances conforme diferentes inclinações teóricas,[1] podemos, simplificadamente, apontar algumas de suas principais características, tais quais: a submissão do poder estatal à lei; a separação dos poderes; a garantia de direitos fundamentais; a soberania popular; o pluralismo político; a independência judicial.

Para os propósitos deste artigo, interessa-nos enfatizar, de maneira especial, a importância do estabelecimento de um ordenamento jurídico ao qual o Estado, bem como toda a sociedade, deve submeter-se. Esse princípio elementar é absolutamente imprescindível para assegurar previsibilidade aos cidadãos. Todavia, nunca é demais enfatizar que, por mais bem elaborada que seja a legislação vigente em determinado país, ela apenas será eficiente se houver um Poder Judiciário forte, capaz de emitir sentenças vinculantes e de obrigar todos a cumpri-las. Do contrário, as leis tornam-se meras abstrações, com pouco ou nenhum valor, como no caso da célebre "Lei Feijó", de 1831, a qual, elaborada sob pressão da Coroa britânica, deu origem à expressão "para inglês ver", que, até os dias de hoje, designa algo feito sem a real intenção de provocar efeitos concretos.

Pois bem, a fim de que as leis não sejam apenas "para inglês ver", mas cumpram adequadamente as elevadas funções que delas se esperam, é im-

---

[1] Para uma abordagem acadêmica do assunto, veja o artigo do professor José Afonso da Silva *O Estado Democrático de Direito*, disponível em: <http://bibliotecadigital.fgv.br/ojs/index.php/rda/article/viewFile/45920/44126>. Último acesso: 15 de outubro de 2017.

prescindível franquear a todos o acesso à justiça sempre que seus direitos forem desrespeitados. Não se pode jamais perder de vista a importância desse instrumento de gestão dos conflitos dos cidadãos entre si ou com o Estado. Além de possibilitar a todos o usufruto dos direitos que lhes cabem, a justiça permite a resolução pacífica de litígios, rompendo com a lógica, que imperou por muitos séculos em âmbito global, de fazer justiça com as próprias mãos – o que, na prática, significava resolver as questões por meio da força e não mediante a aplicação rigorosa de princípios ou leis.

O reforço das obrigações prestacionais do Estado – com a construção dos Estados do bem-estar social, especialmente desde a década de 1950 – e a onda de direitos coletivos e difusos – especialmente desde a atenção internacional à questão do meio ambiente e da saúde a partir da década de 1960 – começaram a gerar fortes pressões sobre a atuação dos tribunais nacionais. Um número cada vez maior de cidadãos via-se interessado em acessar o Poder Judiciário, e a carga de trabalho dos juízes aumentou consideravelmente. As demandas multiplicavam-se, bem como os questionamentos sobre a melhoria da prestação jurisdicional.

As discussões sobre o acesso à justiça surgem como resposta a esse fenômeno. A ênfase nesse direito remonta à década de 1970, com o Projeto Florença, um movimento de pesquisadores de ciências sociais voltado para a adequação do processo civil, e foi reforçado na década de 1980 com pesquisas financiadas pelo Banco Mundial para a reforma do Judiciário na América Latina e no Caribe.[2]

Esse movimento teve grande repercussão no Brasil ainda na década de 1980, com a criação dos Juizados de Pequenas Causas (Lei nº 7.244/1984), com previsão expressa na Constituição Federal de 1988. Em seguida, foram criados os Juizados Especiais Estaduais (Lei nº 9.099/1995) e os Juizados Especiais Federais (Lei nº 10.259/2001), em substituição aos Juizados de Pequenas Causas, estruturas que permanecem em pleno funcionamento até os dias de hoje, promovendo a solução mais rápida de conflitos de menor complexidade

---

[2] Sobre a história dessas duas iniciativas, ver a dissertação de Júlia Pinto Ferreira Porto *Acesso à justiça: Projeto Florença e Banco Mundial*, disponível em: <http://tede.mackenzie.br/jspui/bitstream/tede/1267/1/Julia%20Pinto%20Ferreira%20Porto.pdf>. Último acesso: 8 de novembro de 2017.

e de valor reduzido, bem como contemplando as demandas reprimidas da população que tinha menor condição de acessar a Justiça Comum.

Recentemente, consolidou-se a perspectiva de que o direito de acesso à justiça não é suficiente, também sendo necessária a construção de uma cultura de lealdade entre os litigantes, assim como a redução da litigiosidade social desnecessária e/ou deletéria. Além da questão do direito de acesso à justiça, tem-se dado atenção cada vez maior a alternativas para uma crescente crise da Justiça, uma vez que os sistemas judiciários de diversos países se veem, muitas vezes, assoberbados com uma grande carga de trabalho. E isso continua a acontecer até mesmo depois da instalação de estruturas judiciais menos formulares e mais simplificadas. Diante desse diagnóstico, há, desde o final da década de 1990, a popularização do movimento internacional para a promoção dos meios alternativos de solução de controvérsias e para a redução da cultura de litígios.

No caso brasileiro, a instituição dos Juizados Especiais já se deu no marco dessa virada, com o estabelecimento da obrigação de se tentar a conciliação previamente ao julgamento. Essa tendência foi reforçada ao longo dos anos 2000, com o lançamento, pelo Conselho Nacional de Justiça, do Movimento pela Conciliação e da Semana Nacional de Conciliação. A Resolução CNJ nº 125/2010 detalhou a *Política Judiciária Nacional de tratamento adequado dos conflitos de interesses no âmbito do Poder Judiciário*. Foram criados, na estrutura do Poder Judiciário, os Centros Judiciários de Solução de Conflitos e Cidadania e os Núcleos Permanentes de Métodos Consensuais de Solução de Conflitos. O recentíssimo Código de Processo Civil de 2015 (Lei nº 13.105/2015) alçou a solução consensual de conflitos à condição de norma fundamental do direito processual civil brasileiro.[3]

É na linha dessa evolução que gostaria de apresentar minha contribuição para esta obra, da qual tenho grande prazer em participar. Para uma

---

[3] O texto do art. 3º, §§ 2º e 3º, do Novo Código de Processo Civil é o seguinte: "Art. 3º [...]

§ 2º O Estado promoverá, sempre que possível, a solução consensual dos conflitos.

§ 3º A conciliação, a mediação e outros métodos de solução consensual de conflitos deverão ser estimulados por juízes, advogados, defensores públicos e membros do Ministério Público, inclusive no curso do processo judicial."

adequada consolidação do Estado Democrático de Direito, é cada vez mais importante complementar o direito de acesso à justiça com outras medidas essenciais para o combate de uma cultura de litigiosidade em favor de uma cultura de direitos. Nas páginas a seguir, tratarei de tais temas, dando ênfase ao papel que a advocacia pode cumprir na concreção desses importantes objetivos.

2. O PAPEL DO PODER JUDICIÁRIO NO ESTADO DEMOCRÁTICO DE DIREITO

A função jurisdicional, exercida propriamente pelo Poder Judiciário, envolve dois elementos principais: declarar qual é a norma vigente, a partir da interpretação do arcabouço legislativo; e resolver litígios, para a garantia de direitos e a aplicação imperativa e coercitiva da norma jurídica. Os juízes julgam as controvérsias a eles submetidas e declaram o direito aplicável aos fatos, determinando o cumprimento obrigatório de sua ordem: a decisão judicial.

A existência de um Poder Judiciário independente é um requisito essencial para a manutenção do Estado Democrático de Direito. Isso porque o Poder Judiciário, na construção teórica derivada do modelo das revoluções liberais, é o principal responsável por assegurar o Império da Lei, que submete Estado e cidadãos, em pé de igualdade, aos comandos democraticamente determinados de forma geral e abstrata no conjunto de leis que conforma o ordenamento jurídico nacional.

Quando não há um Poder Judiciário forte e seguro, a efetividade da lei é restrita, e o Estado de Direito fica em risco, podendo degenerar-se em um Estado de Exceção, pautado pela vontade dos mais fortes e poderosos. Em um regime democrático, descumprir sistematicamente a legislação é opor-se à vontade popular, uma vez que a lei nasce como expressão do povo por meio de seus representantes, vinculando a todos sem exceção. O Poder Judiciário funciona, portanto, como uma garantia democrática, a fim de que ninguém esteja acima da lei.

Assim, uma democracia estável depende não só de um Poder Legislativo eleito e de um Poder Executivo submetido a controles republicanos, como também de um Poder Judiciário independente, comprometido com a efetividade da lei. Na expressão de Themístocles Cavalcanti, o Legislativo, o Executivo e o Judiciário são órgãos da Soberania nacional, atuando em conjunto a serviço do interesse da coletividade.

Inexistindo o Poder Judiciário, os problemas relacionados à negativa de cumprimento da lei ou a dúvidas objetivas sobre a interpretação da lei tenderiam a se perpetuar, corroendo as fibras dos laços sociais que conformam o regime democrático. Muitas vezes, os litígios não são resolvidos na prática e é necessária a intervenção de um terceiro independente, competente e equilibrado para solucioná-los. E o conflito não se dá necessariamente por uma das partes ter uma conduta moralmente condenável. A existência de um litígio não pressupõe má-fé, pois é perfeitamente possível e provável que a disputa se fundamente em dúvidas objetivas sobre a titularidade do direito: se este é atribuível a uma parte ou à outra.

O instrumento típico de atuação do Poder Judiciário para a solução de controvérsias é o processo judicial. Os juízes apreciam os argumentos dos advogados das partes e as provas por eles apresentadas, de modo a chegar a uma conclusão sobre a melhor aplicação do direito ao caso concreto. Por meio do processo, o Poder Judiciário resolve controvérsias de fato e de direito, posicionando-se em favor da pretensão do autor ou da resistência do réu. O magistrado, após ouvir as diferentes posições, indica qual é o direito e a quem ele corresponde.

Tendo em vista que o processo se constrói como uma "obra coletiva", sempre que tratarmos da função jurisdicional é importante não nos limitarmos a mencionar os juízes. A melhor expressão é a referência à Administração da Justiça, a qual contempla todos os sujeitos do processo. A Administração da Justiça envolve, além dos agentes próprios do Poder Judiciário, um complexo de outros agentes que atuam em juízo. Por força de expressa previsão constitucional, são indispensáveis para o adequado desenrolar da função jurisdicional os advogados públicos e privados e, quando for o caso, os defensores públicos e os fiscais da lei.

Quando os direitos do cidadão enfrentam oposição por ato ou omissão de outros particulares ou até mesmo do Estado, o processo é um mecanismo adequado para a superação desses óbices, tratando-se de instrumento posto à disposição de todos para assegurar a efetividade da lei. Afinal, no Estado Democrático de Direito, o poder público se compromete não apenas a emitir o comando normativo, mas também a torná-lo efetivo, pois o ato legislativo decorre da vontade popular. Humberto Theodoro Júnior, em singela e lúcida afirmação, diz que o processo é um mecanismo essencial para a concretização dos direitos fundamentais, traduzindo a lei genérica na decisão particular.[4]

Os advogados, no contexto processual, atuam como profissionais qualificados para representar os interesses das partes, traduzindo suas pretensões em linguagem técnica e orientando-as para a produção das provas necessárias para sustentar o pleito. Trata-se do direito de defesa técnica, de base constitucional, o qual assegura que será mantido um diálogo entre iguais com o magistrado, e que os interesses da parte serão comunicados adequadamente em juízo. Sem a livre e desimpedida atuação de advogado, o cidadão vê-se desmuniciado no tribunal, diminuindo significativamente a chance de sucesso de seu pleito, mesmo que fundado em pretensões legítimas, respaldadas pela lei.

É importante, portanto, reconhecer o Poder Judiciário como o principal mecanismo de solução de litígios no contexto do Estado Democrático de Direito, equivalendo a um ganho evolutivo, que se opõe à violência privada e que tem nos advogados os principais defensores da cidadania, funcionando como intérpretes dos problemas concretos e tradutores de fatos e interesses em controvérsias jurídicas decididas pelos magistrados.

3.   O DIREITO DE ACESSO À JUSTIÇA COMO GARANTIA CIDADÃ

Como vimos, a função jurisdicional, típica do Poder Judiciário, destina-se ao esclarecimento e à aplicação do direito, resolvendo problemas práticos dos cidadãos. Contudo, o Poder Judiciário, diferentemente dos Poderes Legislativo e Executivo, somente desempenha de maneira passiva sua função típica. Apenas age na administração da justiça após ser provocado, por meio de uma ação, de um incidente ou de um recurso.

Para que o cidadão efetivamente tenha a oportunidade de se beneficiar da tutela jurisdicional, não devem existir óbices indevidos à capacidade de o advogado formular uma provocação ao Poder Judiciário. O processo, portanto,

---

[4]   Para essa referência, bem como uma análise do conceito do processo justo, veja o artigo de Humberto Theodoro Júnior, *Processo justo e contraditório dinâmico*, disponível em: <http://revistas.unisinos.br/index.php/RECHTD/article/view/4776/2029>. Último acesso: 10 de novembro de 2017.

não pode ser excessivamente dispendioso, demorado ou complexo. O direito processual deve, acima de ser um conjunto de regras tecnicamente coerentes, ser um conjunto de regras socialmente úteis, capazes de gerar efeitos positivos para a pacificação social: resolvendo os conflitos com justiça (o devido processo substantivo), permitindo a livre manifestação das partes (a ampla defesa e o contraditório) e assegurando a previsibilidade e a repetibilidade das decisões que tratam de condições semelhantes (a segurança jurídica).

As iniciativas de acesso à justiça, gestadas na década de 1970, voltam-se à resolução desses problemas, visando garantir um direito substantivo (na realidade), e não apenas formal (no papel) de o cidadão ativar a tutela jurisdicional. Na obra mais importante sobre o tema, o tempo de tramitação, os custos de judicialização, a tutela imperfeita dos direitos difusos e o desequilíbrio entre litigantes foram identificados como as principais causas restritivas do acesso à justiça.[5]

Os mecanismos para a implementação de respostas mais efetivas a esses desafios foram adotados em três ondas.[6] Em um primeiro momento, foram criados mecanismos estatais para a defesa gratuita dos pobres, seja pela remuneração de advogados privados, seja pela contratação de advogados públicos. Em um momento posterior, foram pensados mecanismos próprios para a defesa de direitos difusos, que pudessem superar os desafios gerados pelos efeitos "carona" e "franco-atirador", que facilitassem a atividade probatória e que permitissem a satisfação de todos os afetados. No último momento, discernido pelos autores de forma muito mais prospectiva, seriam reconhecidos os méritos das iniciativas anteriores, as quais deveriam ser complementadas por novos mecanismos. Sob essa nova óptica, o ponto fundamental seria a multiplicação dos procedimentos e das estruturas, assegurando diversas vias de acesso à justiça, as quais refletem a variabilidade das controvérsias sociais.

No caso brasileiro, múltiplas iniciativas marcam uma resposta pública e privada ao desafio de acesso à justiça, com a tentativa de se assegurar a todos os cidadãos as condições mínimas para formular sua demanda perante o

---

[5] Ver as páginas 15 a 29 de: Mauro Cappelletti e Bryant Garth, *Acesso à Justiça*, traduzido para o português pela Ministra Ellen Gracie Northfleet em 1988 (Porto Alegre: Sergio Antonio Fabris Editor).

[6] Idem, p. 31 a 73.

Poder Judiciário e para buscar resolver suas controvérsias no marco de um processo judicial, fazendo valer os seus direitos.

Em primeiro lugar, há uma larga tradição nos círculos jurídicos nacionais de prestação de assistência judiciária gratuita por parte dos advogados privados. Esse nobre costume é identificado, no Brasil Imperial, na atuação de Luiz Gama, que fez a defesa de centenas de escravos, para assegurar que as alforrias fossem efetivas. Na Primeira República, essa prática foi conduzida por importantes advogados humanistas, como Ruy Barbosa e Sobral Pinto. Na década de 1930, a recém-criada Ordem dos Advogados do Brasil instalou a Assistência Judiciária do Distrito Federal, criando uma estrutura de atendimento pela qual a população carente poderia contar com o apoio de causídicos atuantes na antiga capital da República. Até os dias de hoje, a assistência judiciária gratuita encontra grande protagonismo na advocacia nacional, como o demonstram os trabalhos da Comissão Nacional de Acesso à Justiça e a recente inclusão de capítulo sobre a advocacia *pro bono* no novo Código de Ética e Disciplina da OAB (Resolução nº 02/2015 do Conselho Federal da OAB).

Em segundo lugar, a Constituição de 1988 marca uma mudança de orientação estatal, com a criação de órgão público para a prestação de assistência jurídica aos necessitados, complementar à atuação dos advogados privados. Iniciativas estaduais esparsas haviam levado à criação da figura dos defensores públicos desde a década de 1950 (primeiro no Rio de Janeiro e, logo após, no Rio Grande do Norte); os núcleos de atendimento, contudo, eram ainda pequenos e contavam com restrita formalização. A Constituição de 1988 e, especialmente, a Lei Complementar nº 80/1994 alteraram esse cenário. As Defensorias Públicas Estaduais, Distrital e Federal têm tido papel importante para assegurar o acesso à justiça aos mais carentes.

Em terceiro lugar, a defesa dos direitos difusos também conta com mecanismos próprios no direito brasileiro. A Constituição de 1946 incluiu pioneiramente a previsão de ação anulatória de ato lesivo ao patrimônio público (art. 141, § 38). Essa matéria foi objeto de regulamentação pela Lei nº 4.717/1965, que instituiu a Ação Popular. Tal previsão foi robustecida pela Lei Complementar nº 40/1981, que incluiu outro instrumento de defesa de direitos difusos, a Ação Civil Pública, no rol de funções institucionais do Ministério Público. A Lei nº 7.347/1985 determinou, então, as balizas para o uso dessa espécie processual. A Lei nº 8.078/1990, mais conhecida como o

Código de Defesa do Consumidor, e a Lei n° 9.008/1995, que cria o Fundo de Defesa de Direitos Difusos, foram marcos na ampliação do significado e da efetividade da proteção dos efeitos difusos no País.

O exemplo brasileiro demonstra que tanto o ordenamento jurídico quanto a comunidade jurídica não ficaram imunes aos efeitos do movimento internacional para o acesso à justiça. Desde uma longa tradição de advocacia *pro bono*, passando pelas primeiras iniciativas de institucionalização entre as décadas de 1930 a 1970 e concluindo com um novo e reforçado paradigma nas décadas de 1980 e 1990, com a criação da Defensoria Pública e do Fundo de Defesa dos Direitos Difusos, os instrumentos consolidados no arcabouço legislativo pátrio dão grande efetividade para a primeira e a segunda ondas desse movimento, o que reforça o direito de acesso à justiça como uma garantia cidadã e expande a defesa técnica para englobar a tutela dos direitos individuais, coletivos e difusos de todos, independentemente da condição social.

Como veremos a seguir, também há, no exemplo nacional, a adoção de mecanismos variados para a solução de controvérsias, na linha da terceira onda de acesso à justiça, muito em função de uma notável crise do Poder Judiciário, o qual se encontra abarbado diante de um grande estoque de processos.

4. A SOBRECARGA DO PODER JUDICIÁRIO: O EXEMPLO BRASILEIRO

Apesar dos avanços quanto a tais mecanismos de acesso, ligados ao imperativo de facilitar a formulação de uma demanda, há uma tendência extremamente deletéria em vários países que prejudica a perfeita concretização do direito de acesso à justiça e que tem sido notada por diversos estudos sobre a matéria. A capacidade instalada de atendimento do Poder Judiciário não consegue fazer frente a todas as causas que lhe são apresentadas. Constata-se sobrecarga de processos, o que é facilmente evidenciado por alguns dados sobre a Justiça brasileira.

O Conselho Nacional da Justiça, no relatório anual *Justiça em Números*, compila dados sobre o funcionamento do Poder Judiciário, para traçar um retrato fidedigno da produtividade desse Poder e das demandas a ele submetidas. Para ilustrar os graves problemas da Justiça brasileira, trarei, a seguir, dados constantes da última edição dessa pesquisa, *Justiça em Números 2017.*[7]

Apesar dos índices históricos de casos sentenciados em 2016, podemos ver que o número de casos em tramitação aumentou. A carga de serviço acumulada é tal que demandaria dois anos e oito meses de trabalho a mais somente para zerar o estoque atual. A taxa de congestionamento líquida, referente ao percentual de processos sem solução em comparação com o total em tramitação, excluídos os sobrestados ou suspensos, é de 69,3%, com valores ainda mais elevados quando fazemos um recorte para contemplar somente a Justiça Estadual (73,1%), também chamada Justiça Comum, a principal esfera decisória no País.

Outro elemento claramente evidenciado é a dificuldade do Poder Judiciário em fazer cumprir suas decisões. O tempo de tramitação na fase de execução supera em três vezes o tempo médio de tramitação na fase de conhecimento. Com isso, o congestionamento dos processos em fase de execução alcança inacreditáveis 87%. Não surpreende, portanto, que as execuções perfaçam a maior parte (51%) dos estoques processuais dos tribunais. Assim, obter uma decisão favorável não significa que seu direito será concretizado.

Apesar de o processo de execução continuar a ser uma "pedra no sapato" para os magistrados brasileiros, fato esse que está principalmente relacionado às limitações funcionais do Poder Judiciário e à complexidade excessiva de alguns mecanismos executórios,[8] pesquisas do CNJ indicam que a produtividade dos magistrados brasileiros não é um elemento que impacta negativamente o tempo de tramitação jurisdicional. Segundo da-

---

[7] Dados obtidos do *Relatório Justiça em Números 2017*, de autoria do Conselho Nacional de Justiça, com dados referentes ao ano-calendário de 2016, disponível em: <http://www.cnj.jus.br/files/conteudo/arquivo/2017/11/d982ddf36b7e-5d1554aca6f3333f03b9.pdf>. Último acesso: 13 de novembro de 2017.

[8] Vide, por exemplo, Pesquisa do IPEA intitulada *Custo Unitário do Processo de Execução Fiscal na Justiça Federal*, a qual aponta que apenas três quintos das execuções fiscais na Justiça Federal superam a fase de citação e que a penhora de bens só ocorre em um quarto dos casos. Disponível em: <http://repositorio.ipea.gov.br/bitstream/11058/887/1/livro_custounitario.pdf>. Último acesso: 16 de novembro de 2017.

dos do *Estudo Comparado sobre Recursos, Litigiosidade e Produtividade,*[9] baseado em informações do Conselho Nacional de Justiça e do Conselho da Europa, os magistrados brasileiros estão entre os mais produtivos no mundo, superando a quase totalidade dos juízes europeus, com a singela exceção da Dinamarca e da Áustria. O diagnóstico de um excesso de judicialização, portanto, repousa mais sobre a carga processual, em comparação com a estrutura judiciária, do que sobre a suposta incapacidade de seus integrantes.

O constante aumento de demandas e o elevado índice de recorribilidade são, certamente, alguns dos principais elementos que pressionam a atuação do Poder Judiciário. Contudo, ainda podemos vislumbrar a existência de outros condicionantes, para além dos problemas no cumprimento das decisões. A redução do grau de congestionamento poderia ser promovida, por exemplo, pelo preenchimento dos cargos vagos. Entre as vagas criadas por lei para magistrados e para servidores, 19,8% e 18,8%, respectivamente, continuam sem o devido provimento. Desse modo, tem-se um déficit de quase 1/5 em relação à sua capacidade de atendimento estimada. Ainda há margens razoáveis para o reforço institucional desse Poder.

O congestionamento, naturalmente, traduz-se em morosidade. Desde a criação da Ouvidoria do CNJ, no segundo semestre de 2009, a consulta mais comum a esse órgão tem sempre sido o registro de críticas quanto à demora do Poder Judiciário, o que perfaz, ao longo desse período, cerca de 45% de todos os atendimentos.[10]

E um sistema moroso, no qual a prestação jurisdicional é imperfeita, não atende às exigências do direito de acesso à justiça.

---

[9] Informações obtidas do *Estudo Comparado sobre Recursos, Litigiosidade e Produtividade*: a prestação jurisdicional no contexto internacional, de novembro de 2011, disponível em: <http://www.cnj.jus.br/images/pesquisas--judiciarias/relat_estudo_comp_inter.pdf>. Último acesso: 13 de novembro de 2017.

[10] Dados obtidos dos relatórios anuais da Ouvidoria do CNJ, disponíveis em: <http://www.cnj.jus.br/ouvidoria-page/documentos>. Último acesso: 10 de novembro de 2017.

5. MEDIDAS CONTRA A CRISE DO JUDICIÁRIO: A SOLUÇÃO CONSENSUAL DE LITÍGIOS

Um desafio fundamental para a garantia do acesso à justiça é a criação de mecanismos rápidos e baratos, sem que haja o prejuízo da qualidade da prestação jurisdicional. Afinal, o Poder Judiciário, assim como outras esferas públicas, oferece serviço que não se dá sem custos de funcionamento. Nesse contexto, a expansão da concessão de gratuidade judiciária tem como consequência negativa a redução do volume de recursos para custeamento da Justiça, a qual passa a operar também em um déficit. A série histórica das despesas e das arrecadações do Poder Judiciário aponta para um descompasso atual da ordem de 50% entre os valores ingressados e os valores gastos.

Na linha da terceira onda de acesso à justiça, uma medida comumente adotada para debelar a crise do Judiciário, tanto do ponto de vista dos custos quanto do ponto de vista da presteza, é a criação de mecanismos para a solução consensual de litígios. A mediação, a conciliação e a solução extrajudicial de conflitos são, cada vez mais, identificadas como alternativas à prestação jurisdicional, complementando a simplificação de procedimentos nas causas de menor complexidade e a tutela coletiva de direitos.

Trata-se de vertente atualmente adotada com grande vigor no Brasil. Após as experiências pioneiras da Justiça do Trabalho, a solução consensual de litígios foi adotada em outras instâncias, especialmente desde a segunda metade da década de 1990, reforçada com a criação do Conselho Nacional de Justiça em 2005. Com a edição do novo Código de Processo Civil, a solução consensual foi elevada à condição de princípio processual.

As duas modalidades mais comuns da solução consensual de controvérsias são a conciliação e a mediação.[11] A conciliação dirige-se à solução de

---

[11] Ao lado dessas modalidades, cujo desenlace tem natureza consensual, temos outro meio alternativo de solução de controvérsias, cujo estabelecimento é consensual, mas cujo desenlace é conduzido por um terceiro. Assim, as partes concordam em estabelecê-lo, mas não serão elas que negociarão a decisão final. Trata-se da arbitragem, que se baseia na indicação de um árbitro, seja por meio de um acordo específico ou de uma cláusula contratual, cuja decisão será similar a um provimento judicial.

conflitos de menor complexidade, com a intervenção de um terceiro facilitador, que pode propor soluções às partes e auxiliá-las ativamente a alcançarem uma solução comum. A mediação, por sua vez, é um mecanismo utilizado em conflitos de maior complexidade, muitas vezes envolvendo pessoas com um relacionamento continuado. Nela, o terceiro tem um papel majoritariamente passivo, promovendo o diálogo entre as partes e auxiliando na superação de desavenças, sem propor uma solução final, a qual deve ser alcançada pelos próprios envolvidos. O mediador, portanto, deve tentar empoderar as partes para a tomada de decisão autônoma.

A mediação e a conciliação podem ser conduzidas nos Centros Judiciários de Solução de Conflitos e Cidadania (Cejuscs), estruturas criadas pelos Tribunais Estaduais e Federais para que as partes e os terceiros contem com um ambiente de maior informalidade para alcançar o consenso. Além deles, é autorizada a criação de Câmaras Privadas de Conciliação, as quais também podem ser credenciadas para a condução da solução consensual de litígios.

Os defensores dos meios consensuais de solução de controvérsias normalmente defendem tal posição com base em dois argumentos: em primeiro lugar, a redução de custos e de tempo; em segundo lugar, a ideia de que, em algumas matérias, a melhor solução para as partes seria aquela para a qual elas deram seu aval expresso.

A primeira defesa, portanto, tem um caráter utilitarista: várias questões deveriam ser resolvidas com uma menor intervenção do Judiciário, de modo a reduzir o volume de processos. Nos casos em que haja um acordo negociado, o Judiciário fica desincumbido de sua função de pacificação social, e uma decisão pode ser alcançada de forma mais rápida e menos dispendiosa.

A segunda defesa, por sua vez, parte do postulado de que muitos problemas submetidos ao Poder Judiciário, que tratariam de relações privadas ou de questões íntimas, seriam mais bem resolvidos por uma negociação entre as partes – acompanhadas de um terceiro que as auxiliaria na tomada

---

Para além da arbitragem, já prevista na Lei nº 9.307/1996, o Novo Código de Processo Civil criou uma nova figura dirigida à solução alternativa de controvérsias. Trata-se dos negócios jurídicos processuais, os quais, pela autonomia da vontade, podem alterar a incidência do ordenamento processual. São eles outra importante inovação no contexto da simplificação procedimental.

de decisão – do que por um processo judicial, que envolve uma lógica de distanciamento e neutralidade para a descoberta da verdade.

Essa é a ideia por trás do "sistema multiportas", de inspiração norte-americana, adotado no novo Código de Processo Civil, segundo o qual a demanda deve ser submetida ao método de solução de controvérsias que seja mais adequado para resolvê-la, privilegiando-se também a vontade das partes. Antes da solução judicial, as partes podem buscar uma solução negociada, na audiência de mediação ou conciliação, a qual é obrigatória em questões familiares, muitas das quais são resolvidas pelo restabelecimento do laço de afetividade.

Uma questão essencial para que a conciliação e a mediação não prejudiquem direitos fundamentais é a presença de advogado, fornecendo aconselhamento técnico às partes. O advogado deve informar o seu cliente claramente sobre as demais alternativas disponíveis e sobre a desejabilidade do acordo alcançado. Por um lado, ele deve contribuir para a manutenção de um ambiente calmo e racional para a negociação, reduzindo as tensões do litígio e explicando as propostas apresentadas. Por outro lado, ele também deve indicar ao cliente, no caso de propostas desproporcionais da parte contrária, que a conciliação ou a mediação não seriam as melhores opções no caso concreto, por conferirem resultado significativamente inferior em comparação com eventual decisão judicial.

Sem a defesa técnica, muitas desigualdades nas relações entre os litigantes tendem a se estender à solução consensual de conflitos. As partes mais acostumadas à negociação podem identificar a fragilidade do polo adverso e obter acordos excessivamente vantajosos. Para que a autocomposição não reflita um consenso falso ou precário, pouco capaz de pacificação social no longo prazo, não podemos deixar que a conciliação e a mediação se assemelhem à lógica de um contrato de adesão, no modelo de "pegar ou largar". Ambas as partes, na solução alternativa de controvérsias, devem estar em plenas condições de discernir quais elementos impactam verdadeiramente na negociação e quais elementos não mantêm nenhuma relação com o acordo a ser negociado. A presença de advogado é essencial para que os mecanismos de solução consensual de controvérsias não se realizem em prejuízo das partes.

A ideia de que uma solução negociada é sempre preferível a uma solução determinada por um terceiro, seja um juiz ou um árbitro, constitui uma simplificação nem sempre verdadeira. Admitir a conciliação e a mediação no ordenamento jurídico brasileiro foi um avanço importante tanto para refrear a crise do Judiciário quanto para solucionar causas de menor complexidade ou conflitos interpessoais com grande carga emotiva. Contudo, é importante que os novos mecanismos não sejam vistos como substitutos perfeitos da tutela jurisdicional, a qual continua a ser o melhor mecanismo de solução de controvérsias em diversas hipóteses, especialmente nos casos de maior complexidade.

A conciliação e a mediação são instrumentos úteis, mas de nenhum modo exaustivos. Propor a plena substituição da tutela jurisdicional pelos meios consensuais é um retrocesso no Estado de Direito, ao tolher a lei de mecanismos de maior imperatividade e coercibilidade para sua efetivação. O recurso à autocomposição deve ser bem delimitado e, em nenhuma hipótese, deve dar-se sem a defesa técnica prestada por advogado.

6. SUBSTITUINDO A CULTURA DE LITIGIOSIDADE POR UMA CULTURA DE DIREITOS

Para pensarmos em soluções duradouras para o direito de acesso à justiça e para a promoção do Estado Democrático de Direito, é essencial irmos além das discussões sobre o melhor mecanismo de solução de controvérsias, para analisarmos a realidade social subjacente à ordem jurídica.

Antes de mais nada, é fundamental apontarmos uma advertência conceitual sobre uma questão muito comumente negligenciada. Faz-se mister não confundirmos, em nenhum caso, o litígio com a litigiosidade. Insistirei em criticar a cultura de litigiosidade, em lugar da cultura de litígios, uma vez que a última expressão, utilizada por diversos autores, pode provocar perigosos equívocos. Enquanto os litígios são uma consequência natural da vida social, a litigiosidade excessiva representa uma postura social negativa.

O litígio é a simples manifestação de uma controvérsia, consequência inevitável da vida em sociedade. Como reiteram os processualistas, a lide, expressão jurídica do conflito de interesses, inevitavelmente tem algum pé na realidade.[12] Trata-se, assim, de um problema concreto que pode ser enquadrado

---

[12] Um dos mais famosos processualistas, de grande repercussão no Brasil, Francesco Carnelutti, alicerçava os conceitos de lide e de pretensões insatisfeitas no contraste

pelo direito. Quando a lide não está fundada em uma base real, temos a chamada lide simulada, que autoriza ao magistrado aplicar a pena de multa às partes, por terem acionado o Poder Judiciário de forma inadequada ou fraudulenta.

A litigiosidade, por sua vez, é a propensão à formação de litígios. Ela diz respeito à disposição da população em considerar que seus problemas sustentam uma controvérsia juridicamente relevante e que ela deve ser judicializada.[13] Naturalmente, um mínimo de litigiosidade é importante para a adequada tutela de direitos. Afinal, os cidadãos não podem se prostrar passivamente quando creem que seus direitos estão sendo desrespeitados. Por outro lado, a litigiosidade exacerbada é um verdadeiro mal social, pois banaliza o recurso ao Judiciário. Alguns litigantes habituais sistematicamente descumprem a lei, deixando a resolução de todos os seus problemas a cargo da Justiça, seguindo a lógica do "só faço se processado".

Se a morosidade pode ser interpretada, na maior parte dos casos, como uma falha estrutural do Poder Judiciário, ela não se dá sem que haja alguns beneficiados. Para alguns litigantes habituais, os custos envolvidos com a demora em reparar o dano ou com a desistência de outros litigantes podem justificar a judicialização excessiva, muito em função de cada nova ação impor custos decrescentes.[14] A litigiosidade, causadora de morosidade, conta com alguns admiradores.

O Estudo *O Uso da Justiça e o Litígio no Brasil*,[15] divulgado pela Associação dos Magistrados Brasileiros em 2015, comprova essa tese, de que a cultura

---

entre as necessidades ilimitadas dos homens e a escassez dos bens disponíveis (Vide o primeiro volume de seu *Sistema del Diritto Processuale Civile*).

[13] É pela propensão à judicialização que a promoção do acesso à justiça tende a se consolidar em um aumento da litigiosidade. Afinal, quanto mais simples é o acesso aos tribunais, menor será a resistência em acessá-los. Esse aumento é representado pelo fenômeno comumente chamado de litigiosidade contida.

[14] Veja-se o artigo do Ministro Francisco Peçanha Martins, *A crise no Poder Judiciário*: causas e soluções, à Revista *Doutrina*: STJ dez anos a serviço da Justiça. Disponível em: <http://www.stj.jus.br/publicacaoinstitucional/index.php/Dou-10anos/article/view/3449>. Último acesso: 14 de novembro de 2017.

[15] O inteiro teor do estudo está disponível em: <https://www.conjur.com.br/dl/uso-justica-litigio-brasil-pesquisa-amb.pdf>. Último acesso: 14 de novembro de 2017.

de litigiosidade parece ser do interesse de alguns agentes. Ao lado do Poder Executivo, o setor financeiro, os serviços de telefonia e comunicações, os seguros e planos de saúde e a previdência social formam os principais grupos de demandados/demandantes nos tribunais brasileiros, em todas as instâncias. Com isso, um conjunto de menos de cem litigantes corresponde a uma parcela superior à metade das causas em tramitação nos tribunais nacionais.

Duas medidas parecem imediatamente lógicas nesse contexto.

Em primeiro lugar, é importante que o próprio Estado brasileiro assuma uma postura crítica sobre sua atuação em juízo. A advocacia pública, no exercício de suas funções, deve sempre ter em mente a distinção essencial, feita por Renato Alessi, entre o interesse público primário (referente a toda a coletividade) e o interesse público secundário (referente ao órgão público ou à pessoa jurídica da administração pública).

Justamente por não contribuir com custas, somente aportando com os honorários sucumbenciais, e por contar com regras favoráveis para a atualização monetária, a Fazenda Pública não deve contar com uma espécie de "carta branca" para judicializar os casos em que o poder público claramente não tem fundo de direito. Protelar por protelar é um ato claramente contrário ao interesse público primário, sacrificando o bem-estar do cidadão sem ganhos coletivos significativos. São os cidadãos que precisam arcar com os custos processuais, somente sendo ressarcidos no caso de vitória.

Em segundo lugar, mais do que pensar em medidas próprias para o Poder Judiciário, a existência de causas repetitivas em setores econômicos regulados pelo poder público aponta para a necessidade de uma fiscalização mais firme pela Administração Pública. É importante que as agências reguladoras e os demais entes administrativos desempenhem um papel mais ativo na fiscalização de bancos, empresas telefônicas e planos de saúde,[16] seja para prevenir os litígios em massa, seja para penalizar de forma mais incisiva a prestação sistemática de serviços defeituosos, exigindo das empresas um melhor controle de qualidade. A utilização de dados sobre a judicialização e sobre a negativa de solução de problemas pode conformar índices de con-

---

[16] No caso dos bancos, há a regulação pelo Bacen e pelo CMN; no caso das empresas de telefonia, pela Anatel; no caso dos planos de saúde, pela ANS.

fiabilidade a serem amplamente divulgados para informar os consumidores e desestimular as práticas abusivas.

Como já tivemos a oportunidade de ressaltar, o Poder Judiciário tem por principal função a solução de conflitos, definindo a interpretação adequada da lei e decidindo a quem corresponde o direito em disputa. A existência de litígios, via de regra, aponta para a existência de lides fundamentadas em divergências reais quanto a perspectivas fático-jurídicas. Contudo, a partir do momento em que o Judiciário é utilizado somente como uma ferramenta protelatória, algo está muito errado.

É preciso distinguir litígios de litigiosidade. A cultura da litigiosidade, que vê com oportunismo a prestação jurisdicional e que se aproveita dos problemas que ela mesma causa, não deve ser promovida, sob pena de perverter o papel do Poder Judiciário como mecanismo de pacificação social.[17]

Para alguns litigantes habituais, descumprir a lei é a regra. E isso é inaceitável, pois demonstra um claro descaso para com os direitos dos demais cidadãos. Afinal, toda relação jurídica, salvo pequenas exceções, equivale a uma perfeita correspondência entre direitos e deveres: se alguém pode reivindicar algo, é porque outro está obrigado a concedê-lo. Ignorar solenemente seus deveres é uma conduta antissocial, incompatível com o modelo do Estado Democrático de Direito. O reconhecimento, na doutrina constitucional, de que não somente os negócios privados como também os direitos fundamentais contam com efeitos diretos nas relações entre cidadãos reforça essa ideia. Cumprir a lei é um dever de todos.

É importante, portanto, que tentemos substituir os focos de uma cultura de litigiosidade em favor de uma cultura de direitos, como o único

---

[17] Ver também o interessante artigo de André Bezerra na revista eletrônica *Consultor Jurídico, Explosão da litigiosidade é resultado da distância entre a lei e a realidade*, disponível em: <https://www.conjur.com.br/2016-nov-05/andre--bezerra-litigiosidade-vem-distancia-entre-lei-realidade>. Último acesso em: 14 de novembro de 2017. Cito um excerto especialmente interessante: "O fato, contudo, é que o congestionamento do Judiciário gerado por apenas três espécies de litigantes [Estado, bancos e empresas de telefonia] revela alguma patologia nas estruturas políticas e econômicas brasileiras, que deságua, inexoravelmente, em um absurdo volume de trabalho para todos os agentes do sistema de justiça".

meio possível para a não banalização da atividade jurisdicional e para que o Poder Judiciário efetivamente seja um instrumento de pacificação social. E, quando falo em uma cultura de direitos, não pretendo resgatar uma cultura individualista e antissocial, mas uma cultura cidadã e socialmente comprometida, na linha das reflexões formuladas por Mary Ann Glendon, em seu famoso livro *Rights Talk*, cuja crítica transcrevo a seguir:

> À medida que novos direitos são proclamados ou propostos, o catálogo de liberdades individuais se expande sem muita consideração quanto aos fins para os quais eles se orientam, quanto a suas relações mútuas, quanto às responsabilidades correspondentes, quanto ao bem-estar geral. Convergindo com a linguagem da psicoterapia, o discurso sobre direitos reforça a tendência, própria a todo homem, de situar-se ele mesmo no centro do universo moral. Ao lado do consumismo e da normal repulsa a tudo que é inconveniente a cada um de nós, essa postura promove o curto prazo sobre o longo prazo, a intervenção sobre a prevenção, os interesses particulares sobre o bem geral. [...] Nessa forma distinta, o discurso sobre direitos [...] funciona frequentemente contra as condições necessárias para a busca de uma vida digna pelos homens e mulheres livres.[18]

É preciso resgatar as condições mínimas de cidadania, especialmente por parte de vários litigantes habituais, os quais acabam por sobrecarregar o Poder Judiciário em detrimento de seu adequado funcionamento e do direito de acesso à justiça. Uma cultura de direitos é aquela em que os direitos equivalem ao reconhecimento de valores socialmente úteis para a vida em comum.[19]

7. O PAPEL DA ADVOCACIA PARA A PROMOÇÃO DA PAZ SOCIAL

A fim de apresentar uma análise abrangente sobre a administração da justiça, não poderia deixar de formular reflexões específicas sobre o papel de

---

[18] Livre tradução de Mary Ann Glendon, *Rights Talk*: The Impoverishment of Political Discourse, resumo publicado na revista *The Social Contract*, disponível em: <http://www.thesocialcontract.com/pdf/two-one/Glendon.pdf>. Último acesso: 16 de novembro de 2017.

[19] Ver Flor María Avila Hernández, *Derechos Humanos y Cultura en el Siglo XXI*: las Áreas Declaratorias de Derechos, publicado nos *Cadernos Prolam/USP*, disponível em: <https://www.revistas.usp.br/prolam/article/view/81792>. Último acesso: 16 de novembro de 2017.

pacificação social exercido pelos advogados na construção de uma cultura de direitos e no reforço do acesso à justiça. Sem sombra de dúvidas, a advocacia desempenha função determinante para a promoção da paz social.

Com efeito, quando se discute sobre o Poder Judiciário, não se pode deixar de fazer especial menção à advocacia, que é, nos termos do art. 133 da Constituição, essencial para a administração da justiça. No contexto processual, os advogados são os responsáveis pela representação das partes, traduzindo os fatos e os interesses em pedidos juridicamente fundamentados, ligados a uma lide a ser resolvida pelo magistrado. O debate em juízo não descamba para a violência física ou a agressão psicológica, pois conduzido civilizadamente, de acordo com o princípio da lealdade processual. Além disso, a atuação do advogado não se esgota em juízo, dentro dos tribunais. É tarefa dos advogados o assessoramento jurídico dos seus clientes, com a atuação preparatória ou até mesmo preventiva para a solução de controvérsias.

Vários exemplos apontam para a possibilidade de atuação dos advogados em prol do reforço do Estado Democrático de Direito e da Administração da Justiça.

Os advogados, em primeiro lugar, podem exercer função preventiva, aconselhando agentes públicos e privados para que eles atuem segundo os ditames legais. É cada vez mais popular entre os bacharéis uma formação híbrida com conhecimentos em administração, como demonstra a multiplicação de cursos de MBA e de Direito e Políticas Públicas. Além da já tradicional consultoria em matéria tributária, cresce a popularidade do campo da *compliance* pública e empresarial, que visa adequar os procedimentos da empresa ou do órgão público a leis e regulamentos externos e internos, estabelecendo diretrizes e *standards* para a detecção e a correção de desvios.

Os advogados, em segundo lugar, podem funcionar como fomentadores do acesso à justiça. A larga tradição nacional da advocacia *pro bono*, dirigida aos mais necessitados, conta com o forte apoio institucional da Ordem dos Advogados do Brasil. Em muitos Estados, como no caso de São Paulo, a estrutura da Defensoria Pública ainda é significativamente deficitária, sendo a OAB a principal responsável pela prestação de assistência judiciária gratuita. As ações para a defesa do bem público e para a proteção de direitos difusos são outros instrumentos valiosos à nossa disposição na promoção de questões fundamentais a todos os cidadãos.

Os advogados, em terceiro lugar, podem funcionar como agentes e promotores da autocomposição. O novo Código de Ética e Disciplina da OAB, na linha do sistema multiportas do novo Código de Processo Civil, estabeleceu que o advogado deve "estimular [...] a conciliação e a mediação entre os litigantes, prevenindo, sempre que possível, a instauração de litígios". Desse modo, os advogados devem assessorar as partes na mediação e na conciliação, auxiliando na formulação de propostas e na identificação de entraves indesejados à negociação, ou podem até mesmo atuar como mediadores ou conciliadores, conduzindo a autocomposição de forma justa, equilibrada e proporcional. É interessante que toda a advocacia se capacite em métodos de solução consensual de controvérsias, para que possa exercer com competência a defesa técnica.

Os advogados, em quarto lugar, podem funcionar como um filtro prévio à litigiosidade. O novo Código de Ética e Disciplina da OAB prevê o dever do advogado de desaconselhar "lides temerárias".[20] Quando a pretensão não tiver a menor viabilidade e se configurar como mera "aventura judicial", o advogado deve alertar seu cliente quanto a isso e, nos casos-limite de ilegalidade, recusar-se a assumir a causa. Além disso, os advogados têm o dever de prestar informações claras sobre as possíveis consequências da demanda e sobre as melhores alternativas disponíveis. Advogados públicos e privados devem sempre tentar dissuadir seus representados do ajuizamento de ações infundadas e da interposição de recursos protelatórios.

A advocacia tem um papel determinante a cumprir para a substituição dos focos de uma cultura de litigiosidade em favor de uma cultura de direitos. Os advogados, no seu cotidiano profissional, devem ser promotores e defensores da cidadania, pautando sua atuação pelo Estado Democrático de Direito. Para tanto, devem cumprir à risca a lição de Sobral Pinto de que "a advocacia não é profissão para covardes", com a coragem não só de aconselhar seus clientes a demandarem suas pretensões em juízo, como também de desaconselhá-los a perseverarem em questões que não visem verdadeiramente à pacificação social.

---

[20] Ver, sobre isso, o conciso artigo de René Ariel Dotti, *Venda de ilusão e lide temerária*, publicado no portal eletrônico Migalhas, disponível em: <http://www.migalhas.com.br/dePeso/16,MI42031,91041-Venda+de+ilusao+e+lide+temeraria>. Último acesso: 17 de novembro de 2017.

REFERÊNCIAS

BEZERRA, André. Explosão da litigiosidade é resultado da distância entre a lei e a realidade. *Consultor Jurídico*. Disponível em: <https://www.conjur.com.br/2016-nov-05/andre-bezerra-litigiosidade-vem-distancia-entre-lei-realidade>. Último acesso: 14 nov. 2017.

BRASIL. Conselho Nacional de Justiça. *Estudo Comparado sobre Recursos, Litigiosidade e Produtividade*: a prestação jurisdicional no contexto internacional. Disponível em: <http://www.cnj.jus.br/images/pesquisas-judiciarias/relat_estudo_comp_inter.pdf>. Último acesso: 13 nov. 2017.

_____. _____. *Relatório Justiça em Números 2017*. Disponível em: <http://www.cnj.jus.br/files/conteudo/arquivo/2017/11/d982ddf36b7e5d1554aca6f3333f03b9.pdf>. Último acesso: 13 nov. 2017.

_____. Instituto de Pesquisa Econômica Aplicada. *Custo Unitário do Processo de Execução Fiscal na Justiça Federal*. Disponível em: <http://repositorio.ipea.gov.br/bitstream/11058/887/1/livro_custounitario.pdf>. Último acesso: 16 nov. 2017.

CAPPELLETTI, Mauro; GARTH, Bryant. *Acesso à Justiça*. Porto Alegre: Sergio Antonio Fabris Editor, 1988.

CARNELUTTI, Francesco. *Sistema del Diritto Processuale Civile*. Vol. I. Padova: Cedam.

DOTTI, René Ariel. *Venda de ilusão e lide temerária*. Portal eletrônico Migalhas. Disponível em: <http://www.migalhas.com.br/dePeso/16,MI42031,91041--Venda+de+ilusao+e+lide+temeraria>. Último acesso: 17 nov. 2017.

GLENDON, Mary Ann. Rights Talk: The Impoverishment of Political Discourse. Resumo publicado na revista *The Social Contract*. Disponível em: <http://www.thesocialcontract.com/pdf/two-one/Glendon.pdf>. Último acesso: 16 nov. 2017.

HERNÁNDEZ, Flor María Avila. Derechos Humanos y Cultura en el Siglo XXI: las Áreas Declaratorias de Derechos. *Cadernos Prolam/USP*. Disponível em: <https://www.revistas.usp.br/prolam/article/view/81792>. Último acesso: 16 nov. 2017.

MARTINS, Francisco Peçanha. A crise no Poder Judiciário: causas e soluções. *Doutrina*: STJ dez anos a serviço da Justiça. Disponível em: <http://www.stj.jus.br/publicacaoinstitucional/index.php/Dou10anos/article/view/3449>. Último acesso: 14 nov. 2017.

PORTO, Júlia Pinto Ferreira. *Acesso à justiça*: Projeto Florença e Banco Mundial. Dissertação. Disponível em: <http://tede.mackenzie.br/jspui/bitstream/tede/1267/1/Julia%20Pinto%20Ferreira%20Porto.pdf>. Último acesso: 8 nov. 2017.

SILVA, José Afonso da. *O Estado Democrático de Direito*. Disponível em: <http://bibliotecadigital.fgv.br/ojs/index.php/rda/article/viewFile/45920/44126>. Último acesso: 15 out. 2017.

THEODORO JÚNIOR, Humberto. *Processo justo e contraditório dinâmico*. Disponível em: <http://revistas.unisinos.br/index.php/RECHTD/article/view/4776/2029>. Último acesso: 10 nov. 2017.

AUGUSTO CURY

O ser humano é a espécie mais fantástica do planeta Terra, porque está no topo da inteligência das demais espécies e é capaz de pensar e criar mecanismos inteligentes para todas as suas ações. Apesar disso, muitas vezes utilizamos as piores formas de soluções de conflitos, esquecendo o real motivo do conflito – sua materialidade – e nos preocupando apenas em provar nossa razão, a qualquer custo.

Geralmente os mecanismos que utilizamos para a resolução dos conflitos é a força, a omissão e a agressividade, desconsiderando a arte de pensar, de analisar as variáveis da situação, de ouvir o outro em preconceitos, de aprender a ceder quando é necessário, de exercitar a tolerância e reconhecer a necessidade da outra parte.

A utilização de mecanismos negativos, como elevação de tom de voz, menosprezo da outra parte, crítica excessiva, pressões e comparações desnecessárias, disparam em frações de segundo o gatilho da memória, que abre as janelas *killer*, provocando um imenso volume de tensão que fecha o circuito, fazendo com que o ser humano aja por instinto, sem pensar, sem se reciclar ou se reinventar.

Em suma, a abertura das janelas *killer* nessa situação faz com que o homem deixe de ser um *Homo sapiens* – pensante – e passe a ser um *Homo bios*, que age somente por instinto.

É impossível mudarmos alguém, mas, infelizmente, podemos piorar o outro se incentivarmos esse comportamento agressivo.

O problema que enfrentamos atualmente é que a sociedade ajuda a estimular e instigar esse tipo de comportamento negativo e a cultura do litígio é um dos resultados disso.

É fundamental aprendermos a tratar as situações conflituosas de forma diferente, nos utilizando das nossas janelas *light*, promovendo condutas acertadas e nos colocando no lugar do outro, surpreendendo-o de forma saudável, com palavras de acolhimento e compreensão.

A humanidade precisa de mais pessoas carismáticas e empáticas que estejam dispostas a quebrar esse ciclo de agressividade e diminuir os focos de estresse, educando a emoção. O futuro da humanidade depende de gestores da mente.

Compreendendo melhor a natureza dos nossos pensamentos, os papéis da memória, as dificuldades do Eu com a finalidade de gerenciar a energia psíquica, o fenômeno da psicoadaptação e a autuação rapidíssima dos fenômenos inconscientes que constroem as complexas cadeias de pensamentos, seríamos mais tolerantes, generosos, colaboradores e estrategistas que pensam na humanidade a médio e longo prazos.

O futuro da humanidade só será próspero se estivermos dispostos a entender a mente neste milênio. Precisamos de um novo ser humano, que parta da era da informação para a era do Eu como gestor; da era do Eu como espectador passivo dos movimentos da vida para a era do Eu como protagonista.

Enfrentando o conflito

REFLEXÕES SOBRE O CONFLITO E SEU ENFRENTAMENTO

VALERIA FERIOLI LAGRASTA

Juíza de Direito da 2ª Vara da Família e das Sucessões da Comarca de Jundiaí. Pós-graduada em Métodos de Soluções Alternativas de Conflitos Humanos pela Escola Paulista da Magistratura (2009). Formada em Mediação Judicial ("Mediation and the Judicial System") e Negociação e Mediação Avançadas ("Advanced Negotiation and Mediation") pela Columbia University (2012/2013). Membro-fundadora da Confederação Internacional de Mediação por Justiça, com sede em Paris (França). Formadora da Escola Nacional de Formação e Aperfeiçoamento de Magistrados – ENFAM. Instrutora de Mediação do Conselho Nacional de Justiça – CNJ.

Sumário: 1. Considerações iniciais – 2. Crise do Judiciário – 3. O conflito: origem histórica e peculiaridades – 4. Métodos autocompositivos e heterocompositivos de solução de conflitos – 5. Conclusão – Referências.

1. CONSIDERAÇÕES INICIAIS

O povo brasileiro, devido ao histórico legislativo e ao próprio comportamento do Estado paternalista, é um povo dependente de autoridade.

O cidadão, ao viver um conflito, sequer tenta solucioná-lo por meio do diálogo, preferindo que um terceiro, no caso, o juiz, solucione-o, impondo uma decisão, através da sentença.

A mentalidade dos magistrados e dos demais lidadores do direito, por sua vez, também é voltada para a sentença. Todas as faculdades de direito do País adotam um modelo de ensino voltado para a solução formal, contenciosa e adjudicada dos conflitos de interesses; e é esse também o modelo de profissional do direito exigido pelo mercado. É raro uma faculdade oferecer, em nível de graduação, disciplinas obrigatórias voltadas à solução não contenciosa dos conflitos. A consequência é o distanciamento cada vez maior entre juiz, partes e advogados, ingressando os dois últimos com a ação, não para buscar uma solução conciliada para o caso, mas sim uma sentença. E a sentença, apesar de ser uma solução para o caso, não leva à pacificação das partes, pois gera o descontentamento de, pelo menos, uma delas, dando ensejo à execução e aos recursos, com o consequente estrangulamento do sistema judicial.

Outra consequência da chamada "cultura da sentença" é a resistência dos advogados em relação à utilização dos métodos consensuais de solução de conflitos, por verem no litígio um meio profissional de subsistência, acreditando que tais métodos irão enfraquecer a prática profissional da advocacia tradicional, quando, na verdade, representam um campo absolutamente propício ao oferecimento e contratação de serviços de advogados.

Tal quadro indica o colapso do sistema e não leva apenas ao descrédito do Poder Judiciário, mas ao descrédito de todos os operadores do Direito, e à busca de soluções privadas e violentas para os conflitos (Justiça de mão própria), com sérias consequências, tanto para a garantia dos direitos, quanto para o desenvolvimento do País.

2. CRISE DO JUDICIÁRIO

Não bastasse nossa cultura, vivemos uma crise no Judiciário, devido a vários fatores como morosidade, falta de investimento em estrutura, pessoal, capacitação de magistrados e servidores, exposição de magistrados na mídia, entre outros, que acabam levando o cidadão a olhar o Judiciário com desconfiança.

Por outro lado, grande parte da crise se deve à judicialização dos conflitos, muitas vezes, por ineficiência da Administração Pública, encontrando-se o Estado entre os maiores demandantes e demandados, mas também à própria cultura do povo brasileiro, voltada para o litígio, à expansão de órgãos como o Ministério Público, a Defensoria Pública e a Ordem dos Advogados do Brasil, com a ampliação da assistência judiciária aos economicamente necessitados, além de problemas de ordem econômica e política.

A verdade é que o Poder Judiciário tem convivido com a multiplicação de processos.

Em 1988 (ano da promulgação da Constituição Federal) havia, segundo banco de dados do Judiciário, 350 mil processos em andamento.

Dez anos mais tarde, já eram 17,5 milhões.

Hoje, são 106 milhões de processos, com ingresso de 28 milhões de novos processos ao ano.

Em 27 anos, o número de processos se multiplicou 80 vezes, enquanto o número de juízes apenas quadruplicou, de 4.900 para 17 mil hoje, o que significa dizer que temos oito juízes para cada 100 mil habitantes.

E há excesso de judicialização em vários âmbitos, como na política, nas relações de consumo, na saúde etc.

Na área da saúde, por exemplo, existem 330 mil casos ajuizados contra o Sistema Único de Saúde, apenas nos Estados do Rio Grande do Sul, Rio de Janeiro e São Paulo, concentrando-se 114 mil casos somente no Rio Grande do Sul.

Apenas no Estado de São Paulo, a Secretaria de Estado da Saúde teve que responder, desde 2010, a 79.557 ações judiciais, cumprindo (dados de 2017) cerca de 47 mil condenações, com um gasto anual estimado de um bilhão de reais, sendo 69% dessas ações para atender pedidos oriundos de médicos da rede privada e 482 ações para fornecer medicamentos sem registro na Anvisa (Agência Nacional de Vigilância Sanitária).

E os pedidos são os mais variados, desde obtenção de medicamentos, até internações e cirurgias de emergência.

Claro que os casos não se limitam a demandas propostas contra o Estado, encontrando-se entre os grandes litigantes muitas empresas de planos de saúde, empresas de telefonia, bancos etc., que acabam congestionando os Fóruns, os Tribunais e, principalmente, os Juizados Especiais Cíveis.

Esse protagonismo, por um lado, é bom, pois reflete o conhecimento dos direitos pelos cidadãos e o acesso à justiça, ou seja, significa que a sociedade está entregando seus pleitos ao Judiciário, como canal de afirmação da cidadania. Mas por outro lado é ruim, pois congestiona, sendo atualmente a taxa de congestionamento de 72%.

Em outras palavras, a ampliação do acesso à justiça é importante e condenar a judicialização é um retrocesso democrático e um golpe contra a cidadania, mas além de permitir que as pessoas ingressem no Judiciário, é necessário permitir que elas consigam sair (ideia do Tribunal Multiportas: uma grande porta de entrada, com acesso amplo, e várias portas de saída, não só a sentença, mas também a conciliação, a mediação, a arbitragem etc.); ou que nem ingressem, por conseguir solucionar seus conflitos antes, por meio dos métodos consensuais de solução de conflitos.

Entretanto, conforme já afirmado, o povo brasileiro, pela sua cultura, é um povo dependente de autoridade: em vez de decidir seus conflitos pelo diálogo, prefere que um terceiro, no caso, um juiz, resolva os conflitos impondo uma decisão (a sentença) que, na maioria das vezes, deixa pelo menos uma das partes descontentes, quando não as duas, o que gera a execução e os recursos.

E isso se deve ao fato de que a sentença resolve apenas a parcela da lide levada a juízo, ou em outras palavras, resolve o processo, mas não o conflito.

Melhor explicando, a sentença resolve a controvérsia jurisdicional, que reflete as posições das partes, que são levadas a juízo, na inicial e na contestação e, ainda, por um intermediário, que é o advogado. Mas não resolve a controvérsia social, o verdadeiro conflito, que reflete os interesses e necessidades das partes, e que fica encoberta pela controvérsia jurídica, como a base de um *iceberg*.

E, por isso, ou seja, por não resolver o conflito no seu âmago, a sentença não pacifica as partes.

Então, chega-se à conclusão de que a pacificação social apenas é atingida quando se utilizam os métodos consensuais de solução de conflitos, como a conciliação e a mediação, pois estes enfrentam a controvérsia social e, portanto, são capazes de solucionar o conflito de forma definitiva.

Atualmente, devido a essa percepção e à própria crise da Justiça e sua morosidade, busca-se o resgate dos métodos consensuais de solução de conflitos, que, diferentemente do que parece, não são novos, e já foram utilizados em grande escala, em diferentes fases ligadas à própria forma de organização da sociedade.

Nas tribos indígenas, por exemplo, as famílias se organizam em ocas, em círculo e voltadas para o centro, e nelas, o ancião, no caso, o cacique, resolve os conflitos por mecanismos informais.

Concluindo, em face da sobrecarga do sistema judiciário e de sua consequente ineficiência, surge a necessidade de resgate dos meios informais ou consensuais de solução de conflitos, pois o acesso à Justiça, como "acesso à ordem jurídica justa", como costuma dizer o Professor Kazuo Watanabe, não se limita ao mero acesso ao Poder Judiciário (o que, em grande parte, foi resolvido com a Assistência Judiciária Gratuita e os Juizados Especiais), mas significa também a possibilidade de sair dele, com a obtenção de uma solução célere, justa, adequada e efetiva para o conflito.

Nota-se, assim, que em todos os âmbitos, estamos numa fase de transição da "cultura da sentença" para a "cultura da pacificação", conforme afirma Watanabe,[1] havendo várias iniciativas legislativas nesse sentido, como a inclusão da mediação no processo civil (Lei nº 13.105/2015 – Novo Código de Processo Civil), e na Administração Pública (Lei nº 13.140/2015 – Lei de Mediação), sendo a principal delas o advento da Resolução nº 125, do Conselho Nacional de Justiça, de 29 de novembro de 2010, que permitiu a utilização da mediação e da conciliação, tanto dentro do processo, quanto em fase anterior a ele, fase pré-processual, evitando, assim, a judicialização dos conflitos.

Em outras palavras, está havendo um incentivo ao diálogo e à cooperação, em todos os níveis, com a introdução dos métodos consensuais de solução de conflitos, como a conciliação e a mediação, no processo, a modificação do ensino jurídico (muitas universidades já incluíram em seus currículos disciplinas específicas de métodos consensuais de solução de conflitos) e a modificação do relacionamento interinstitucional (Ministério Público, Defensoria Pública, Ordem dos Advogados, Procuradorias, Poder Judiciário) e entre Poderes do Estado (Judiciário, Legislativo e Executivo).

Trata-se de alteração do paradigma da Justiça, passando o Poder Judiciário a ser um prestador de serviços que atende aos anseios da comunidade, capaz de tornar efetivo o princípio do acesso à justiça, tal como previsto na Constituição Federal, não se limitando ao mero acesso ao Poder Judiciário, mas acesso a uma decisão célere, justa e efetiva para o conflito, o que exige cooperação entre

---

[1]　Para saber mais, leia-se WATANABE, Kazuo. Cultura da sentença e cultura da pacificação. In: MORAES, Maurício Zanoide; YARSHELL, Flávio Luiz (Coords.). *Estudos em homenagem à professora Ada Pellegrini Grinover*. São Paulo: DPJ, 2005. p. 684-690.

magistrados, partes e advogados, e também entre o magistrado e o corpo social (conciliadores e mediadores).

Apesar de os métodos consensuais de solução de conflitos não serem a solução para a crise do Judiciário, esta passa pela adoção e o estudo daqueles; sendo que, para entender os métodos consensuais de solução de conflitos, entre os quais, a conciliação e a mediação, é necessário, antes, entender o conflito.[2]

3. O CONFLITO: ORIGEM HISTÓRICA E PECULIARIDADES[3]

O homem, pela sua natureza, se aproxima de seus semelhantes e com eles convive, estabelecendo relações duradouras, permanentes, pacíficas e de pleno entendimento. Entretanto, com o tempo e a convivência, são introduzidos outros elementos nos inter-relacionamentos, como a animosidade, a competição, a contenciosidade etc., nascendo percepções diferentes, que acabam por deflagrar conflitos.

Assim, o conflito existe e é inevitável, caracterizando-se como um processo frente a qualquer situação de mudança ou, pela ótica de Weber (1980), a qualquer situação na relação social, pensada como uma probabilidade de que as ações sociais se interconectem numa conduta plural. Nesse diapasão, pode-se dizer que o indivíduo pressupõe determinada atitude de seu contrário em relação a si (pressuposição que pode estar totalmente ou parcialmente errada) e é com base nessa expectativa que orienta sua conduta, o que é suficiente para o surgimento de consequências relativas ao desenvolvimento da ação e à forma da relação.

---

[2] Para saber mais sobre o conflito e os métodos autocompositivos e heterocompositivos de solução de conflitos, vide LAGRASTA LUCHIARI, Valeria Ferioli. Conciliação e Mediação como Técnicas de Solução de Conflitos. In: HONÓRIO, Maria do Carmo, DE OLIVEIRA, José Anselmo (Org.). *Sistema dos Juizados Especiais.* São Paulo: Millenium, 2011.

[3] Texto baseado em LAGRASTA LUCHIARI, Valeria Ferioli. *Mediação Judicial – Análise da realidade brasileira – origem e evolução até a Resolução nº 125, do Conselho Nacional de Justiça.* GRINOVER, Ada Pellegrini; WATANABE, Kazuo. (Coords.). São Paulo: Forense, 2012, p. 9-17.

Então, conflito é um choque de posições divergentes, ou seja, de intenções, condutas diferentes, que aparecem num momento de mudança na vida de uma ou de ambas as partes. E, de forma simplista, pode-se dizer que o conflito é o resultado normal das diferenças humanas e da insatisfação de suas necessidades.

Na visão do conflitante é algo negativo, que surge quando há uma alteração no seu ritmo "natural" de vida (rompimento do equilíbrio), e que, às vezes, é inerente à sua própria evolução.

O conflito não surge apenas quando uma pessoa é contrariada, mas quando surge uma situação de desconforto, gerada pela mudança.

Isso porque, assim como todos os seres vivos, o homem procura preservar a sua integridade, que está, de um modo geral, associada ao equilíbrio alcançado. E esse equilíbrio está relacionado com a integridade psicofísica e inclui todos os bens materiais possuídos, os afetos e as ilusões. Conforme Vezzulla (2001), essa aparente estabilidade, à qual nos agarramos como uma tábua de salvação, se vê ameaçada com a aproximação de um conflito.

Depois que a pessoa atravessa o conflito, que consegue administrá-lo, ele passa a ser visto como crescimento e, portanto, como algo positivo.

Existem vários conceitos de conflito, que variam conforme o autor e a área de conhecimento à qual pertencem.

Para Boulding,[4] conflito é "uma situação de concorrência, em que as partes estão conscientes da incompatibilidade de futuras posições potenciais e na qual cada uma delas deseja ocupar uma posição incompatível com os desejos da outra".

Assim, o simples fato de alguém desejar algo e, ao mesmo tempo, pensar que outro deseja o mesmo, torna possível um conflito.

Rummel[5] considera o conflito como "a luta pelo poder que se manifesta na procura de todas as coisas" e divide a vida do conflito em cinco fases: 1) o

---

[4]   *Apud* VEZZULLA, Juan Carlos. *Mediação*: teoria e prática e guia para utilizadores e profissionais. Edição conjunta, Lisboa: Agora Publicações Ltda., 2001.

[5]   *Apud* VEZZULLA, Juan Carlos. *Mediação*: teoria e prática e guia para utilizadores e profissionais. Edição conjunta, Lisboa: Agora Publicações Ltda., 2001.

conflito latente; 2) o início do conflito; 3) a procura do equilíbrio do poder; 4) o equilíbrio do poder; 5) a ruptura desse equilíbrio.

Ambos os autores citados acrescentam à definição de conflito o conceito de poder, acentuando a relação das ações de um, como resposta às ações do outro. Entretanto, esse conceito de causalidade linear dificulta a compreensão da dinâmica do conflito.[6]

Também é importante trazer a definição de Deutsch (1973), que subdivide o conflito, em relação à forma de sua manifestação, em conflito manifesto, que é aberto ou explícito, e conflito oculto, que é implícito, oculto ou negado.

E ainda é de grande valia falar um pouco sobre os conflitos intrapsíquicos, ou seja, aspectos e motivações ocultas, que ficam atrás do conflito manifesto e encobertas pelo mesmo.

Em outras palavras, o homem é dotado de um psiquismo inconsciente, com desejos e pensamentos que atuam sobre a sua consciência e influenciam as suas percepções, pensamentos e atos.

Então, o conceito de conflito, sob a ótica psicológica, pode ser explicado como a luta do homem entre a busca da satisfação de suas necessidades, o respeito pelos ideais (autoestima) que podem contrariar essas necessidades, e o que os outros esperam dele (como deve comportar-se para ser aceito). Esses níveis de querer, dever, ser e procurar ser aceito é que vão dominar a comunicação dos problemas e confundir as partes, não só na elaboração dos seus discursos, mas também no próprio saber do que desejam realmente e de quais são seus interesses, gerando o conflito.

Adolfo Braga Neto e Lia Regina Castaldi Sampaio (2007, p. 31), na obra *O que é Mediação de Conflitos*, sintetizando esses conceitos, corretamente definem o conflito como:

> [...] um conjunto de propósitos, métodos ou condutas *divergentes*, que acabam por acarretar um choque de posições antagônicas, em um momento de divergências entre as pessoas, sejam físicas, sejam jurídicas. O choque de posições citado é fruto da conscientização de que a situação vivenciada pela pessoa a

---

[6] Leia-se também VEZZULLA, Juan Carlos. *Mediação*: teoria e prática e guia para utilizadores e profissionais. Edição conjunta, Lisboa: Agora Publicações Ltda., 2001, p. 22.

deixa desconfortável e a faz solicitar a outra a possibilidade de mudança. Mudança é toda e qualquer perspectiva dela, conduz ao conflito, ainda que nem toda mudança *ocasione* um conflito.

Portanto, o conflito existe em qualquer inter-relação, ainda que momentânea. E a organização do ser humano em sociedade pressupõe a existência de conflitos, de onde advém a necessidade do Direito. Mas o conflito não é algo negativo, pois faz parte das relações sociais e constitui fator importante para a realização de mudanças individuais e coletivas.

E, dentro desta visão, o conflito pode ser entendido como uma oportunidade para reflexão sobre a relação da qual se originou, alterando essa relação; ou seja, do conflito pode advir uma oportunidade de estabelecimento de um novo relacionamento entre os envolvidos.

A partir do século XX, em face das grandes transformações ocorridas, houve um aprimoramento dos estudos sobre o conflito e as formas de composição do mesmo, não só no campo do Direito, mas também da Sociologia e da Psicologia.

Assim, em relação aos meios adequados de solução de conflitos, parte-se de uma abordagem ampla e multidisciplinar do conflito, a fim de se aferir qual a técnica mais adequada para a solução do conflito posto.

As diferenças e insatisfações que dão origem ao conflito, conforme a sua natureza, devem receber um tratamento diferente, não só em relação à forma de comunicação para o seu encaminhamento, mas também em relação à necessidade de uma análise sistêmica a respeito do método mais adequado para lidar com o problema, cujas origens podem estar tanto nos valores (culturais e morais), quanto nas estruturas, relações, informações e interesses. Esses conflitos originados pela discrepância em relação a valores e estruturas são considerados de difícil negociação.

Entretanto, em determinadas circunstâncias – nas quais as partes têm muito em comum, as questões a tratar são poucas e claras, os recursos existentes são adequados, não existem consequências complexas, os incentivos são altos e existe um forte comprometimento entre as partes –, a solução dos problemas é mais fácil, bastando, para tanto, a aplicação da técnica em comunicação interpessoal.

Em outras palavras, normalmente, se o caso envolve preponderantemente questões materiais e não há histórico de relacionamento anterior entre as partes, ou se ele é meramente circunstancial, pode-se dizer que o conflito tem características eminentemente objetivas. Contudo, se há histórico de inter-relações entre as partes ou se se trata de caso em que, de alguma maneira, as partes deverão manter contatos futuros (familiares, sócios de uma empresa, moradores de um condomínio etc.), os aspectos subjetivos adquirem relevância e influenciam a abordagem dos aspectos objetivos a serem resolvidos; podendo-se dizer que o conflito é eminentemente subjetivo.[7]

Assim, para a definição do método de solução de conflitos a ser utilizado, deve-se levar em consideração os objetivos das partes envolvidas no conflito, suas características e as peculiaridades do relacionamento existente.[8]

A negociação direta apresenta-se como o método adequado quando as partes mantêm bom relacionamento e conseguem tratar objetivamente das questões a decidir.

A mediação é o mecanismo adequado quando há conflitos que envolvem inter-relações duradouras e nos quais preponderam os aspectos subjetivos, pois este método privilegia a retomada do diálogo entre as partes e o estímulo à obtenção de possíveis soluções por elas mesmas, favorecendo a autodeterminação. O que se busca com esse método é a pacificação das partes, e não necessariamente o acordo.

---

[7] Nesse sentido, consulte-se VEZZULLA, Juan Carlos. *Mediação*: teoria e prática e guia para utilizadores e profissionais, cit. p. 35-38.

[8] Com a mesma posição, consultar também Robert F. Peckham, para o qual: "the determination of wich alternative dispute resolution technique is best suited to a particular case is dependent on a number of factors. [...] The selection of a particular technique depends not only on the issues and complexity of the case and nature of the parties involved in the action, but also on the personalities of the lawyers" ("a determinação de qual técnica de resolução alternativa de disputas é mais apropriada para um caso específico depende de vários fatores. [...] A escolha de uma das técnicas depende não apenas do assunto em discussão e de sua complexidade e da natureza das partes envolvidas, mas também da personalidade dos advogados." – tradução livre.), *in* PECKHAM, Robert F. A judicial response to the cost of litigation: case management, two-stage discovery planning and alternative dispute resolution, *Rutgers Law Review*, v. 37, p. 269, 1984-1985.

Quando, porém, o conflito é eminentemente objetivo, pois não há aspectos subjetivos marcantes, nem relação interpessoal passada ou futura, e as partes pretendem resolvê-lo com brevidade, o método recomendado é a conciliação, tradicionalmente utilizada entre nós, que visa à obtenção de um acordo pela atuação convergente e criativa do conciliador, que deve estimulá--las a esclarecerem o fato circunstancial que as colocou em contato, destacar os pontos comuns e contribuir para a obtenção da solução consensual.

Para questões objetivas, consideradas a partir de diferentes critérios pelas partes, aconselhável é a avaliação neutra de terceiro, que se caracteriza pela identificação da questão objetiva a se resolver e dos critérios de realidade mais adequados para sua mensuração que, uma vez esclarecidos, norteiam as tentativas de composição.

Por fim, a arbitragem é aplicada aos conflitos em que aspectos técnicos específicos da questão objetiva controversa (que deve versar sobre direitos patrimoniais disponíveis) se sobrepõem a eventuais aspectos subjetivos que envolvem as partes. Trata-se de solução adjudicada do conflito por um terceiro especialista na matéria, o árbitro.

O que não se deve perder de vista é que a jurisdição estatal é o meio ordinário para a solução do conflito, cabendo aos envolvidos optarem por buscar a solução amigável (por meio de métodos autocompositivos) ou provocar a jurisdição (e o poder que lhe é inerente), pois ambos coexistem e possuem um escopo maior, que é a restauração da paz social.

De tudo o que foi dito, o que não se pode deixar de lado é que, na interação continua e diária, o conflito está latente em todos os ambientes, e que, por mais estranho que possa parecer, sem conflito não há crescimento. Desta forma, é de acordo com o modo de como se dá seu enfrentamento que sensações, em princípio, negativas, de repulsa ou omissão do conflito, poderão ser suportadas, sendo substituídas por experiências bem-sucedidas de oportunidades de crescimento e bem-estar interior.[9-10]

---

[9]   Veja-se MENDONÇA, Ângela Hara Buonomo, *MESC* (Métodos Extrajudiciais de Solução de Controvérsias) – Uma visão geral de conceitos e aplicações práticas, Brasília, edição independente do Projeto CACB/SEBRAE, 2003, p. 11-13.

[10]   Nesse sentido, confira-se o entendimento de Malvina Ester Muszkat, *in* MUSZKAT, Malvina Ester. *Guia prático de mediação de conflitos em famílias e organizações*, 2. ed., São Paulo: Summus, 2008, p. 27-28.

4. MÉTODOS AUTOCOMPOSITIVOS E HETEROCOMPOSITIVOS DE SOLUÇÃO DE CONFLITOS

Conforme já explicitado na seção anterior, todo relacionamento humano, em maior ou menor grau, apresenta conflitos, e todas as sociedades, das mais primitivas às mais institucionalizadas, possuem mecanismos para a sua solução a fim de harmonizar o tecido social.

Se durante muito tempo a heterocomposição e a autocomposição foram consideradas instrumentos próprios das sociedades tribais e primitivas, enquanto a jurisdição estatal refletia grande avanço da civilização, hoje surge o interesse pelo resgate das vias alternativas ao processo, capazes de evitá-lo ou encurtá-lo, embora não o excluam necessariamente.[11]

Os mecanismos de solução de conflitos, segundo a trilogia de Niceto Alcalá-Zamora y Castilho (1970), se classificam em *autotutela, autocomposição e processo.*

A *autotutela*, considerada a mais primitiva das formas de solução de conflitos, corresponde à imposição, pela violência moral (*vis relativa*) ou física (*vis absoluta*) de uma vontade sobre outra, vencendo a resistência do adversário. Conforme CINTRA, DINAMARCO e GRINOVER (2003, p. 21), a *autotutela* como forma de solução de conflitos corresponde à imposição da vontade do mais forte (força física, política ou econômica), na medida em que o próprio indivíduo envolvido no conflito garante a satisfação de seus interesses de acordo com seus próprios recursos. Assim, características fundamentais da *autotutela* são a ausência de um terceiro com poder de decisão vinculativa e a imposição da vontade de uma parte à outra; o que a identifica com as fases primitivas de civilização nas quais não se dispunha de uma sociedade organizada e, por isso, é incoerente com o Estado de Direito, sendo vedada pelo ordenamento jurídico, salvo situações específicas, expressamente autorizadas em lei.[12]

---

[11] Para saber mais, consulte-se CINTRA, Antonio Carlos de Araújo; DINAMARCO, Cândido Rangel; GRINOVER, Ada Pellegrini. *Teoria Geral do Processo*. 19. ed., São Paulo: Malheiros, 2003, p. 19-20.

[12] Desforço imediato em caso de ameaça à posse (CC, art. 1.210, § 1º), direito de retenção (CC, art. 742), entre outros.

A *autocomposição* corresponde à forma de solução de conflitos pela ação legítima das próprias partes envolvidas, que buscam obter uma solução razoável para a disputa existente por meios persuasivos e consensuais, sem intervenção vinculativa de terceiro.[13]

A solução autocompositiva pode ser obtida de forma unilateral (a critério de uma só das partes, que sacrifica sua pretensão em nome do fim do conflito) ou bi/multilateral (as duas ou mais partes envolvidas na disputa buscam uma solução conjunta para a situação apresentada). A última é a solução negociada do conflito, que envolve mútuas concessões das partes interessadas, que podem chegar a um acordo, por si próprias, por meio da negociação direta, ou receber o auxílio de um terceiro (facilitador), capacitado em técnicas de solução de conflitos (conciliador, mediador ou avaliador neutro). O que é importante ter em mente é que na autocomposição as partes mantêm o poder de decisão sobre a composição obtida.[14]

Conforme Alcalá-Zamora y Castilho (1970), em relação ao processo judicial, a autocomposição do litígio (uni, bi ou multilateral) pode ser: 1) *extraprocessual*, ou seja, completamente independente, sem que haja a propositura de demanda judicial relativa à questão discutida ou à composição alcançada; 2) *pré-processual*, se a autocomposição da lide ocorre antes da propositura de demanda que questiona seus limites, validade e/ou eficácia; 3) *intraprocessual*, se no curso do processo judicial obtém-se a autocomposição; e 4) *pós-processual*, se ocorre depois de encerrado o processo judicial.

Por fim, a *heterocomposição* é a forma de solução de conflitos decorrente da imposição de uma decisão de um terceiro, à qual as partes se vinculam. Ou seja, o poder de decisão é transferido das partes para este terceiro, de forma mais ou menos institucionalizada. Os principais exemplos de meios heterocompositivos de solução de conflitos são o processo judicial (heterocomposição pública ou estatal) e a arbitragem (heterocomposição privada), esta surgida bem antes que aquele, quando a sociedade ainda não era organi-

---

[13]   Sobre o conceito de autocomposição, consulte-se MARTINS, Soveral. *Processo e direito processual,* Coimbra: Centelha, 1985, v. 1, p. 49.

[14]   Soveral Martins enfatiza que a intervenção de terceiros auxiliares deve assumir a "natureza de mero auxílio que não traduza qualquer poder compositivo heterônomo", *in* MARTINS, Soveral. *Processo e direito processual,* cit., v.1, p. 49.

zada em termos institucionais. Apenas quando o Estado afirma seu poder e se impõe aos particulares como fonte disciplinadora das normas de regência da sociedade é que surge o processo judicial (jurisdição).

Além da clássica trilogia de Niceto Alcalá-Zamora y Castilho (1970), existem outras classificações das soluções de conflitos, elaboradas por observadores de formação jurídica e não jurídica; entretanto, a maioria delas são variações da referida trilogia, como, por exemplo, a classificação de Christopher Moore, experiente mediador norte-americano, que a amplia, procedendo apenas a subdivisões.[15]

Em resumo, afastando-se a autotutela como meio egoísta e pouco civilizado de solução de conflitos, verificam-se duas formas de solução pacífica dos conflitos: a autocomposição e a heterocomposição. Esta, também definida como método adversarial de solução de conflitos, se levada em conta a postura das partes frente ao conflito, caracteriza-se pelo enfrentamento das partes e pela imposição de uma decisão por um terceiro (árbitro, se escolhido pelas próprias partes, ou juiz), na qual um ganha e o outro perde. Aquela, como método não adversarial de solução de conflitos, caracteriza-se por uma busca conjunta das partes por um resultado que atenda aos interesses de ambas, através do diálogo, prevalecendo a cooperação sobre a competição; ou seja, é a obtenção da solução por obra dos próprios litigantes, podendo ser obtida espontaneamente ou após o incentivo praticado por meio de mecanismos apropriados.

A autocomposição recebe a dimensão processual quando fruto da *conciliação* realizada em juízo ou quando as partes autocompostas fora do processo resolvem levar o "acordo" para o processo, visando a homologação judicial. Então, a autocomposição judicial não é somente aquela cujas tratativas se realizam em juízo, através da atividade jurisdicional de conciliação, de órgãos

---

[15]   Para saber mais, leia-se MOORE, Christopher. *El proceso de mediación* – métodos prácticos para la resolución de conflictos. Buenos Aires: Granica, 1995, que elabora um critério subjetivo, analisando as possibilidades de solução do conflito do ponto de vista de quem nele se encontra envolvido e precisa adotar uma solução e que, então, teria as seguintes alternativas: evitar o conflito, discussão informal, negociação, mediação, decisão administrativa, arbitragem, decisão judicial, decisão legislativa, ação direta não violenta e violência.

auxiliares da justiça ou de organismos especificamente criados para esse fim; mas, igualmente, a que é efetivada pelas partes em quaisquer circunstâncias, com a participação posterior e conclusiva do juiz. É a composição negociada da lide, caracterizada pela opção das partes de evitar a sentença (ato judicial de cognição e decisão), apresentando, elas mesmas, a solução para o conflito.

Desta forma, a conciliação é um mecanismo para a obtenção da autocomposição, mas que não se confunde com esta, que pode ser obtida através de outros mecanismos de solução de conflitos e ser levada a juízo para homologação, passando a ser denominada autocomposição judicial.

A conciliação, como mecanismo de solução de conflitos, é a atividade desenvolvida por um terceiro facilitador, que domina a escuta, para incentivar, facilitar e auxiliar as partes a se autocomporem, adotando metodologia que permite a apresentação de proposições às mesmas, visando a obtenção de um acordo. E é um método autocompositivo, pois apesar da presença de um terceiro, este apenas atua como facilitador e condutor do processo de composição, não detendo o poder de decisão.

Em outras palavras, a conciliação é o método de solução de conflitos no qual um terceiro imparcial, que domina a escuta, sem forçar as vontades dos participantes, investiga apenas os aspectos objetivos do conflito e sugere opções para sua solução, estimulando-os à celebração de um acordo.

A conciliação, então, é útil para a solução rápida e objetiva de problemas superficiais (verdade formal ou posição), que não envolvem relacionamento entre as partes, não tendo, portanto, a solução encontrada repercussão no futuro das vidas dos envolvidos. E, assim, diferencia-se da mediação, na medida em que apresenta procedimento mais simplificado, não tendo o conciliador que investigar os verdadeiros interesses e necessidades das partes, subjacentes ao conflito aparente.

Importante deixar consignado, por fim, que na literatura especializada, principalmente nos Estados Unidos da América, a conciliação, como técnica de solução de conflitos, vem absorvida pela mediação, o que se dá basicamente por gerar o termo conciliação certa confusão com eventual propósito de reconciliação, como nos casos de separação de casais, entre outros.

A mediação, por sua vez, é um meio de solução de conflitos no qual um terceiro facilitador, num ambiente sigiloso, auxilia as partes em conflito no restabelecimento do diálogo, investigando seus reais interesses, por meio de técnicas próprias, e fazendo com que se criem opções, até a escolha da melhor, chegando as próprias partes à solução do problema, o que redunda no seu comprometimento com esta.

Esse terceiro imparcial, ao buscar a reconstrução da comunicação entre as partes e a identificação do conflito, estimula a negociação (cooperativa), sendo as próprias partes as responsáveis pela obtenção de um eventual acordo.

Em outras palavras, a mediação é um processo cooperativo, que leva em conta as emoções, as dificuldades de comunicação e a necessidade de equilíbrio e respeito dos conflitantes e que pode resultar num acordo viável, fruto do comprometimento dos envolvidos com a solução encontrada.

Para tanto, exige-se que os participantes sejam plenamente capazes de decidir, pautando-se o processo na livre manifestação da vontade dos participantes, na boa-fé, na livre escolha do mediador, no respeito e cooperação no tratamento do problema e na confidencialidade. Esta última pressupõe que as questões discutidas numa sessão de mediação sejam cobertas pelo sigilo, que compreende o mediador e as partes.

Em princípio, todos os conflitos interpessoais podem ser trabalhados na mediação e, se esta não culminar num acordo, pelo menos os participantes terão esclarecido o conflito e aprendido a dialogar entre si de forma respeitosa e produtiva, pois o verdadeiro objetivo do mediador não é obter um acordo, mas sim restabelecer o diálogo entre as partes, permitindo que melhorem o relacionamento, para que, por si, cheguem às soluções de seus problemas.

Assim, como a mediação visa, em última análise, a pacificação dos conflitantes, seus recursos técnicos são utilizados, inclusive, como estratégia preventiva, criando ambientes propícios à colaboração recíproca, com o objetivo de evitar a quebra da relação entre as partes. Por esse motivo, a mediação representa uma fusão das teorias e das práticas das disciplinas da Psicologia, Assessoria, Direito e outros serviços do campo das relações humanas, sendo interdisciplinar.

A utilização dos dois institutos aqui definidos (conciliação e mediação) foi disciplinada no Brasil pela Resolução nº 125, de 29 de novembro de 2010, do Conselho Nacional de Justiça, que institui a Política Judiciária Nacional de tratamento adequado de conflitos de interesses, tendo como cerne o acesso à justiça; e que foi idealizada pelo Professor Kazuo Watanabe, sendo desenvolvida por grupo de magistrados, do qual fiz parte, sob a coordenação da então Conselheira do Conselho Nacional de Justiça, Morgana de Almeida Richa.

A partir da Política Pública e de sua implantação, houve a normatização do tema no Código de Processo Civil (Lei nº 13.105/2015) e na Lei de Mediação (Lei nº 13.140/2015), com a introdução definitiva da mediação no processo e a possibilidade, tanto de sua utilização, quanto da utilização da conciliação, já arraigada entre nós, logo no início do processo ou em fase anterior à propositura da ação (fase pré-processual), evitando a judicialização dos conflitos e contribuindo para a pacificação da sociedade.

E, realmente, a conciliação e a mediação são instrumentos de pacificação social, pois através deles possibilita-se às partes uma solução célere, justa e adequada do seu conflito, que, na maioria das vezes, é definitiva, já que há o comprometimento com a solução encontrada.

5. CONCLUSÃO

No momento, vivemos a transição da "cultura da sentença" para a "cultura da pacificação".

Então, necessário que haja investimento na correta divulgação dos métodos consensuais de solução de conflitos, a fim de que o cidadão entenda seu funcionamento e passe a utilizá-los espontaneamente, no âmbito privado, deixando de levar todos os seus conflitos ao Judiciário, que deve se limitar a solucionar os conflitos sobre direitos indisponíveis, mais complexos, ou aqueles nos quais as pessoas, apesar de poderem, não querem submetê-los a outra solução, que não a sentença.

Trata-se de uma verdadeira mudança de mentalidade de todos: magistrados, operadores do Direito (advogados, promotores de justiça, defensores públicos, procuradores) e cidadãos, os dois primeiros, no sentido de que o verdadeiro objetivo dos métodos consensuais de solução de conflitos é a pacificação social e o acesso à justiça, e não a diminuição do número de processos; e os últimos, no sentido de que podem resolver seus conflitos pelo diálogo, mesmo fora do Poder Judiciário, através de métodos consensuais de solução de conflitos, capazes de propiciar um solução célere, justa, adequada e efetiva para o conflito e, na maioria das vezes, definitiva.

Mas, para isso, é preciso que haja adequada capacitação de conciliadores e mediadores e controle sobre sua atuação, a fim de evitar que as pessoas se submetam a "aventureiros", que se intitulam conciliadores/mediadores, utilizando, inclusive, símbolos e insígnias próprias do Poder Judiciário, confundindo o cidadão comum.

Nesse diapasão, o Código de Processo Civil e a Lei de Mediação preveem a necessidade de capacitação mínima de conciliadores e mediadores judiciais, conforme parâmetros fixados pelo Conselho Nacional de Justiça, em conjunto com o Ministério da Justiça, estabelecendo o primeiro, no Anexo I, da Resolução CNJ nº 125/2010 (conforme redação da Emenda nº 02/2016), os critérios de capacitação.

Entretanto, esses critérios apenas norteiam e são obrigatórios para a capacitação de conciliadores e mediadores que atuam no Poder Judiciário, seja na fase pré-processual, seja na processual, sendo exigido, em ambas, o cadastramento dos terceiros facilitadores nos Tribunais, e a submissão à fiscalização direta de magistrados.

A legislação não impõe qualquer controle sobre a capacitação dos conciliadores e mediadores que atuam no âmbito extrajudicial, motivo pelo qual estamos assistindo à proliferação de câmaras privadas, que oferecem serviços de conciliação e mediação, mediante pagamento, não se sabendo, ao certo, qual a qualidade do serviço prestado e a justiça das soluções encontradas.

Também necessário que haja um maior controle dos chamados "mutirões de conciliação", hoje vistos como panaceia para a solução da morosidade do Judiciário, sendo um desafio o afastamento da utilização dos métodos consensuais de solução de conflitos pelos grandes litigantes (bancos, empresas prestadoras de serviços públicos, empresas de telefonia etc.) em detrimento do litigante comum, devendo haver o incentivo a projetos que beneficiem esse último, como o chamado projeto de Superendividamento do Procon, por meio do qual há a conscientização do consumidor em relação aos gastos que podem ou não ser suportados por seus rendimentos, paralelamente à cotização das dívidas apresentadas e seu pagamento, com a participação dos credores.

Hoje, nesses "mutirões", apesar do grande número de acordos obtidos, não se sabe ao certo quantos deles geram execução, pois isso não é contabilizado, sabendo-se apenas, pela experiência prática no Judiciário, que há muito descumprimento, com a propositura de ações de execução, o que significa dizer que grande parte dessas soluções não são definitivas, e muito devido à falta de capacitação adequada de conciliadores e mediadores, que acabam forçando acordos, com o único intuito de obter estatísticas, e sem preocupação com o verdadeiro objetivo dos métodos consensuais de solução de conflitos, que é a pacificação social.

Assim, ainda há muito a ser feito, não sendo a mudança de cultura de um povo instantânea e direta, devendo haver maior controle da disseminação dos métodos consensuais de solução de conflitos e, principalmente, da criação de câmaras privadas, o que exige a correta divulgação desses métodos, inclusive na grande mídia, bem como investimento e organização por parte dos Poderes Executivo e Judiciário, principalmente no que diz respeito à capacitação e remuneração de conciliadores e mediadores.

E isso porque a maioria das pessoas, exatamente devido à nossa cultura, voltada para o litígio, apenas vai conhecer os métodos consensuais de solução de conflitos pelas mãos do Estado. Cabe a este, portanto, capacitar adequadamente seus conciliadores e mediadores e remunerá-los, permitindo, assim, que as pessoas adquiram informações precisas sobre os métodos (conciliação e mediação) e que, em litígios futuros, possam procurar por eles espontaneamente, mesmo em instituições privadas, mas tendo condições de avaliar o tipo de serviço prestado e a seriedade do trabalho oferecido por conciliadores e mediadores privados, controlando o mercado.

Por outro lado, no mundo moderno, globalizado e dinâmico, os conflitos surgem todos os dias, numa velocidade bem maior que no passado e, por isso, precisamos aprender a lidar com eles, solucionando-os, sem que seja necessário recorrer sempre ao Judiciário, cujo volume de processos não permite mais que se atenda às necessidades do cidadão, com o dinamismo esperado; o que pode, muitas vezes, levar à escalada de conflitos, retirando totalmente a perspectiva de entendimento entre os envolvidos.

Atualmente, devido à falta de diálogo direto e ao fato de se dar preferência a conversas através de meios digitais, que servem de "escudo" ao interlocutor, vê-se o aumento da agressividade, tanto nas relações familiares, quanto nas relações entre amigos, profissionais etc. Ainda, devido à falta de tempo que assola todos nós, muito em virtude de sua destinação às redes sociais, deixamos de nos ater a esses pequenos conflitos que surgem diariamente, o que acaba levando a grandes desentendimentos.

Assim, além de termos que pensar numa maior preocupação com as pessoas que estão "do outro lado da tela", temos que aprender a solucionar esses pequenos conflitos diários por meio do diálogo e de forma espontânea, deixando para o Poder Judiciário apenas aqueles conflitos nos quais realmente perdemos a capacidade de dialogar.

Na verdade, temos que resgatar a convivência, a cooperação e o diálogo, refletindo sobre a comunicação digital e incentivando familiares e amigos na busca de ligações mais diretas, com o conhecimento, ao menos superficial, dos métodos consensuais de solução de conflitos, a fim de que consigamos solucioná-los de forma mais humana e perene.

É uma mudança de paradigma!

Apesar de termos iniciado a caminhada, ainda há muito a ser feito, seja no âmbito privado, seja no público, com maiores investimentos nos métodos consensuais de solução de conflitos, e sua adequada divulgação.

Tudo isso para alcançarmos, em última análise, a mudança de cultura de nosso povo e o acesso à justiça, tal qual previsto na Constituição Federal, como "acesso à ordem jurídica justa" (expressão cunhada pelo Professor Kazuo Watanabe); ou seja, acesso não apenas ao Poder Judiciário, mas a uma solução célere, justa e adequada para o conflito.

REFERÊNCIAS

ABNT NBR 6023, 6024, 10520 e 14724.

ALCALÁ-ZAMORA Y CASTILLO, Niceto. *Proceso, autocomposición y autodefensa*. 2. ed. México: Universidad Nacional Autónoma de México, 1970.

BRAGA NETO, Adolfo; CASTALDI SAMPAIO, Lia Regina. *O que é Mediação de Conflitos*. São Paulo: Brasiliense, 2007.

CINTRA, Antonio Carlos de Araújo; DINAMARCO, Cândido Rangel; GRINOVER, Ada Pellegrini. *Teoria Geral do Processo*. 25. ed. São Paulo: Malheiros, 2009.

DEUSTSCH, Morton, *The Resolution of Conflict*. New Haven: Vale University Press, 1973.

GRINOVER, Ada Pellegrini; LAGRASTA NETO, Caetano; WATANABE, Kazuo (coordenadores). *Mediação e Gerenciamento do Processo* – Revolução na Prestação Jurisdicional. São Paulo: Atlas, 2007-a.

_____. Os fundamentos da justiça conciliativa. *Revista de Arbitragem e Mediação*. RArb 14. p. 116-21. 2007-b.

LAGRASTA LUCHIARI, Valeria Ferioli. *Mediação Judicial – Análise da realidade brasileira – origem e evolução até a Resolução nº 125, do Conselho Nacional de Justiça.* GRINOVER, Ada Pellegrini; WATANABE, Kazuo. (Coords.). São Paulo: Gen/Forense, 2012.

_____. Conciliação e Mediação como Técnicas de Solução de Conflitos. In: HONÓRIO, Maria do Carmo, DE OLIVEIRA, José Anselmo (Orgs.). *Sistema dos Juizados Especiais.* São Paulo: Millenium, 2011.

MARTINS, Soveral. *Processo e direito processual.* v. 1 e 2 Coimbra: Centelha, 1985.

MENDONÇA, Ângela Hara Buonomo. *MESC* (Métodos Extrajudiciais de Solução de Controvérsias) – Uma visão geral de conceitos e aplicações práticas. Brasília: edição independente do Projeto CACB/SEBRAE, 2003.

MOORE, Christopher. *El proceso de mediación* – métodos prácticos para la resolutión de conflictos. Buenos Aires: Granica, 1995.

MUSZKAT, Malvina Ester. *Guia Prático de Mediação de Conflitos em famílias e organizações.* 2. ed. São Paulo: Summus, 2008.

PECKHAM, Robert F. *A judicial response to the cost of litigation*: case management, two-stage discovery planning and alternative dispute resolution. EUA: Rutgers Law Review. v. 37. 1984-1985.

VEZZULLA, Juan Carlos. *Mediação – Teoria e Prática e Guia para Utilizadores e Profissionais.* Edição Conjunta. Lisboa: Agora Publicações Ltda., 2001-a.

WATANABE, Kazuo. Cultura da sentença e cultura da pacificação. In: MORAES, Mauricio Zanoide; YARSHELL, Flávio Luiz (Coords.). *Estudos em homenagem à professora Ada Pellegrini Grinover.* São Paulo: DPJ, 2005-b, p. 684-690.

_____. A mentalidade e os meios alternativos de solução de conflitos no Brasil. In: GRINOVER, Ada Pellegrini; LAGRASTA NETO, Caetano; _____. (Coords.) *Mediação e gerenciamento do processo*: revolução na prestação jurisdicional: guia prático para a instalação do setor de conciliação e mediação. São Paulo: Atlas, 2007-c.

AUGUSTO CURY

Buscando entender o que há por trás dos conflitos entre as partes do processo judicial, a TIM – Teoria da Inteligência Multifocal revela que as relações saudáveis são baseadas em atitudes que traduzem o raciocínio multifocal.

No raciocínio unifocal, enxerga-se apenas os seus próprios direitos; no multifocal, enxerga-se o direito dos outros. No raciocínio unifocal, liberta-se o instinto e fere-se quem nos feriu; no multifocal, liberta-se a generosidade para que se pense antes de reagir. O Eu unifocal quer ter o controle dos outros, o Eu multifocal sonha em ter o controle de si.

As diferenças básicas entre os dois tipos de raciocínio são:

Raciocínio Unifocal	Raciocínio Multifocal
Enxerga-se somente as próprias necessidades.	Coloca-se no lugar do outro e enxerga as necessidades dele.
A felicidade do outro não afeta sua emoção, é a fonte do egoísmo.	Contribuir com a felicidade do outro irriga a sua própria felicidade, é a fonte do altruísmo.
Enxerga-se apenas os próprios direitos.	Enxerga-se também o direito do outro.
Desencadeiam-se guerras, genocídio, homicídios e exclusão social.	Desencadeiam-se as lutas pela igualdade, fraternidade e liberdade.
Há uma liberdade sem limites.	Enxerga-se que só há liberdade dentro de certos limites.
Procura-se o prazer a qualquer custo.	Procura-se o prazer que preserve a vida.
Liberta-se o instinto e fere quem o feriu.	Liberta-se a generosidade e pensa antes de agir e reagir.
Toda ação provoca uma reação.	Toda ação provoca a razão/ato de pensar.
Ama-se a resposta.	Ama-se a oração dos sábios, o silêncio proativo.
Detesta-se os fracassos e ama-se o sucesso a qualquer preço.	Tem-se plena consciência de que ninguém é digno do sucesso se não usar seus fracassos para conquistá-lo.

Raciocínio Unifocal	Raciocínio Multifocal
Procura-se os sorrisos e os aplausos.	Sabe-se que o drama e a comédia, os aplausos e as vaias fazem parte da historicidade humana.
Leva o Eu a ter a necessidade neurótica de estar em evidência social.	Liberta o Eu para encontrar prazer no anonimato.

Todos gostariam de remover a impaciência, a ansiedade, as fobias, o humor depressivo e a timidez de seu psiquismo. Mas a vontade consciente de mudança ou superação de um conflito, por mais forte e poderosa que seja, não é eficiente. Não basta o Eu querer reorganizar sua personalidade, é preciso utilizar estratégias.

Isso acontece porque ficamos presos no Circuito Fechado da Memória. E o que é Circuito Fechado de Memória?

Toda vez que viciamos a leitura em determinado grupo de janelas da Memória reduzimos a complexidade do nosso raciocínio, contraímos de maneira simplista a interpretação de um objeto de estudo, que pode ser uma coisa ou pessoa.

Ciúmes, atritos, discórdias, raiva, mágoas e medos são, com frequência, frutos de mentes estressadas, equipadas para pensar sem complexidade. Os piores inimigos do Eu não estão frequentemente fora dele, e sim nas emboscadas existentes em seus mecanismos construtivos.

O maior desafio do ser humano é abrir o máximo de janelas de memórias possíveis em cada situação, buscando sair do Circuito Fechado. Se abrir diversas Janelas, poderá dar respostas inteligentes diante de estímulos estressantes. Se as fechar, poderá dar respostas inseguras, agressivas, não saudáveis.

Segundo o Ministro Marco Aurélio Gastaldi Buzzi, é necessário adotar novas práticas para uso eficiente dos recursos materiais e humanos do Poder Judiciário. Esta decisão envolve uma nova cultura e novas políticas institucionais: perceber que pode haver ganho com a participação em mediações e conciliações, tratando estas como uma oportunidade de crescimento e amadurecimento, ou até mesmo para empresas, como *marketing* direto e de aproximação com o consumidor. Ganham os envolvidos, que constroem suas próprias soluções satisfatórias; ganham as famílias, que estabilizam seus sistemas familiares; e ganham as empresas, que preservam seu maior patrimônio: o cliente. Para tanto, fazse necessário ter uma perspectiva não adversária de uma disputa judicial. Perceber o consumidor como adversário em um processo judicial induz a empresa a agir de forma defensiva e até mesmo passiva quanto ao contexto apresentado pelo autor.[16]

---

[16] BRASIL. CONSELHO NACIONAL DE JUSTIÇA. AZEVEDO, André Gomma de (Org.). *Manual de Mediação Judicial*. 6. ed. (Brasília/DF: CNJ), 2016.

Desta maneira, observamos que a TIM expõe as Janelas da Memória que são território de leitura de determinado momento existencial. É a metáfora do armazenamento das nossas experiências, registradas pelo Fenômeno RAM (Registro Automático da Memória), que cria o conteúdo dessas Janelas de memória, tornando-as a mais excelente máquina de fotografa que existe. Esse fenômeno fotografa em nossa mente centenas de reações espontâneas que transmitimos.

Existem três tipos de registros ou Janelas da Memória

1. Janela de baixo impacto emocional (Janelas Neutras). É por meio dessas janelas que armazenamos informações importantes para operacionalizar uma série de ações em nosso cotidiano, como acender um fósforo, dirigir, resolver contas de matemática, nos localizar pela cidade (ruas) etc. São registros de baixo impacto emocional. Suas recordações não causam emoções extremamente agradáveis ou desagradáveis, apenas ajudam a organizar informações e experiências práticas e necessárias para a vida social.

2. Janela de alto impacto (*killer*): são pequeníssimas áreas da mente, mas nelas estão arquivados nossos traumas, fantasias, fantasmas, crises, fobias, ciúmes, sentimento de inveja, baixa autoestima, timidez, complexo de inferioridade, necessidade neurótica de poder, de controlar os outros, de ser perfeito.

3. Janela de alto impacto (*light*): contém as experiências de segurança, as imagens altruístas, a solidariedade, a tolerância, a generosidade, a paciência, a autoconfiança, a autoestima, os prazeres, a capacidade de colocar-se no lugar dos outros, a sensibilidade, a necessidade de inclusão.

As Janelas *killer* ou zonas de conflito travam ou bloqueiam os Códigos da Inteligência, a lucidez, o raciocínio esquemático, a serenidade, a sabedoria, a racionalidade humana. As Janelas *light*, ao contrário, as promovem.

Precisamos treinar diariamente: dar um choque de lucidez na nossa capacidade de interpretar a vida e seus eventos. Caso contrário, é quase impossível não cometermos erros, e erros que podem ser gravíssimos.

A criação de circunstâncias não conflitantes de resolução de problemas e de disputas consiste em um grande desafio para o Poder Judiciário, pois trabalhar as Janelas da Memória envolve grandes mudanças, inclusive de cultura. Para que elas sejam alteradas, é necessário amplo conhecimento e esforço, além de, neste caso em específico, colaboração por parte da estrutura do Poder Judiciário e seus operadores.

Desta maneira, quanto mais Janelas *light* abrirmos, mais teremos possibilidade de mudar a visão sobre os litígios ou, ainda, de mudar toda uma cultura de conflito. Essa nova percepção pode fazer com que as partes da relação jurídica se tornem parceiras e não adversárias, mesmo se figurarem em polos diferentes do processo judicial.

De acordo com um relatório do CNJ, a cada ano, para cada dez novos processos propostos no Poder Judiciário, apenas três processos antigos são resolvidos. O cenário torna-se ainda mais preocupante quando falamos em cerca de 93 milhões de processos pendentes. Fica clara a urgência necessária para a mudança da cultura do litígio.

A Política Judiciária Nacional e o tratamento adequado dos conflitos

GESTÃO JUDICIAL E SOLUÇÃO ADEQUADA DE CONFLITOS: UM DIÁLOGO NECESSÁRIO

HENRIQUE ÁVILA

Conselheiro do Conselho Nacional de Justiça. Advogado licenciado. Doutorando em Direito Processual pela PUC/SP. Mestre em Direito Processual pela PUC/SP. Professor de Processo Civil do Instituto Brasiliense de Direito Público.

TRÍCIA NAVARRO XAVIER CABRAL

Pós-Doutoranda em Processo Civil pela USP. Doutora em Direito Processual pela UERJ. Mestre em Direito Processual pela UFES. Juíza Estadual no Espírito Santo. Membro da Comissão Acadêmica do Fonamec. Membro efetivo do IBDP.

Sumário: 1. Introdução – 2. Governança judicial – 3. O fortalecimento de mecanismos legítimos de solução adequada de conflito – 4. Reflexos da Política Judiciária Nacional de tratamento adequado dos conflitos – 5. Análise prospectiva do tema – Referências.

1. INTRODUÇÃO

O Brasil tem cerca de 76,7 milhões de processos em tramitação. A edição de 2017 do relatório *Justiça em Números* do Conselho Nacional de Justiça

(CNJ) mostra que o estoque de processos só aumenta, com um crescimento acumulado de 31,2% nos últimos sete anos.

A esse diagnóstico desanimador podem ser imputadas diversas causas sociais, políticas e jurídicas, mas ele também se deve a uma postura comportamental que se desenvolveu nas últimas décadas no ordenamento pátrio.

A Constituição da República, em seu art. 5º, XXXV, assegura o amplo acesso à justiça ao dizer que "A lei não excluirá da apreciação do Poder Judiciário lesão ou ameaça a direito". Trata-se do chamado princípio da inafastabilidade do controle jurisdicional, que permite a postulação de tutela jurisdicional, preventiva ou reparatória, versando sobre direitos individuais ou coletivos.

Essa garantia constitucional ganhou outros reforços legislativos e estruturais, como o inciso LXXIV do art. 5º da própria Constituição, que estabelece a assistência judiciária integral e gratuita aos que comprovarem insuficiência de recursos.

Ainda no campo legislativo, a Lei nº 9.099/1995 trouxe grandes avanços aos jurisdicionados, ao possibilitar – nas hipóteses em que a lei especifica – o direito de ação sem a presença de advogado, de forma gratuita e com um procedimento mais simples.

Ademais, a estruturação da Defensoria Pública também foi importante fator de facilitação do acesso à justiça, já que proporcionou a concretização da assistência jurídica aos cidadãos mais necessitados, tanto no âmbito extrajudicial quanto na esfera judicial.

Por sua vez, esses fenômenos foram acompanhados de uma alteração no comportamento de consumo do brasileiro e no crescimento dos conflitos de massa, cuja proteção já havia sido devidamente regulamentada, especialmente pelo Código de Defesa do Consumidor (Lei nº 8.078/1990).

Outro fator que também contribuiu para uma mudança no papel do Poder Judiciário no contexto nacional foi o incremento da judicialização da vida pública (interferência em políticas públicas) e uma politização do poder judicial (tensão política entre magistrados e políticos). O equilíbrio está na releitura da governança do poder judicial e nos órgãos de controle externo, garantindo a independência da judicatura e dos demais Poderes e a qualidade judicial, bem como a responsabilidade e a responsabilização dos atores.

Observa-se, pois, que essas são apenas algumas circunstâncias responsáveis pelo caos que se formou no Poder Judiciário, que se viu impotente em sua missão de solucionar os conflitos e pacificar a sociedade, causando recorrente frustração ao jurisdicionado.

E como consequência interna, o que se tem no cotidiano forense é uma latente falta de credibilidade na instituição judiciária, que acaba refletindo no comportamento dos profissionais do direito, por meio de desestímulo com a carreira, constantes problemas de saúde – físicos e mentais –, inadequação no tratamento ao próximo, baixa produtividade e numerosas reclamações perante os órgãos de controle, só para citar alguns dos efeitos colaterais. E nessa situação se encontram os juízes, advogados, promotores, servidores, estagiários e outros atores que compõem e atuam no sistema judicial.

Nesse contexto, foi necessário pensar uma nova forma de gestão e tratamento dos conflitos, o que acabou ensejando mudanças na política judiciária, incluindo a adoção de uma mais sofisticada gestão administrativa e processual, além da utilização de variados e eficientes métodos de resolução de controvérsias, capazes de conferir a esperada qualidade e humanização aos que necessitam da Justiça.

2. GOVERNANÇA JUDICIAL

O formato do nosso Poder Judiciário, tradicionalmente formal e burocrático, precisava de um choque de realidade para se reinventar diante de tantos fatores sociais que impactaram a sua estrutura e a sua eficiência. Por isso, a palavra de ordem passou a ser "gestão", especialmente em relação aos maiores gargalos: custo-lentidão-complexidade.

Não foi difícil identificar que o modelo de gestão até então presente não só no campo administrativo, mas também jurídico, não mais atendia ao jurisdicionado e nem aos próprios integrantes do Poder Judiciário.

E para além de se pretender imprimir gestão em aspectos eminentemente processuais,[1] a necessidade de gerenciamento pelo magistrado pas-

---

[1]   Ver interessante análise do tema, por: ALEXANDRE, Isabel. *O dever de gestão processual do juiz na proposta de lei relativa ao novo CPC*. Disponível em: <http://

sou a incluir os aspectos periféricos à atividade jurisdicional, relacionados à estrutura administrativa, pessoal e material da unidade judiciária, já que também possuem o condão de influenciar no bom andamento do processo e prejudicar a eficiência do sistema judiciário.

A governança é um mecanismo analítico de compreensão e controle dos fatores que envolvem todos os meios pessoais, materiais e estruturais no alcance dos objetivos.[2] Por conseguinte, a gestão judicial é o conjunto de tarefas que garante o uso eficaz de recursos do Poder Judiciário, visando uma prestação jurisdicional eficiente.

Não obstante, tem-se por práticas governamentais o conjunto de medidas e comportamentos para o planejamento, acompanhamento e controle das atividades judiciais e judiciárias. Assim, a governança judicial inclui as seguintes dimensões: independência judicial, *accountability* (controle externo – responsabilidade e responsabilização), acessibilidade à Justiça, estrutura do Poder Judiciário e recursos estratégicos do Poder judiciário. Importante, ainda, é o estabelecimento de um ambiente institucional, com práticas de interação com outros órgãos e atores do sistema judicial.[3]

Assim, o modelo de juiz-gestor constitui um novo paradigma,[4] já que essa postura otimiza o funcionamento das unidades judiciárias, por meio de decisões racionais e fundamentadas que buscam a satisfação das necessidades dos jurisdicionados.

---

www.cej.mj.pt/cej/recursos/ebooks/ProcessoCivil/Texto_intervencao_Isabel_Alexandre.pdf>. Acesso em: 2 ago. 2017.

[2] AKUTSU, Luiz; GUIMARÃES, Tomas de Aquino. *Dimensões da governança judicial e sua aplicação ao sistema judicial brasileiro*. Disponível em: <http://www.scielo.br/scielo.php?pid=S1808-24322012000100008&script=sci_arttext>. Acesso em: 7 jan. 2015.

[3] Confira interessante artigo sobre o assunto. In: AKUTSU, Luiz; GUIMARÃES, Tomas de Aquino. *Governança judicial*: proposta de modelo teórico-metodológico. Disponível em: <http://www.trt7.jus.br/pe/files/noticias_publicacoes/arquivos/governanca_judicial.pdf>. Acesso em: 7 jan. 2015.

[4] REIS, Wanderlei José dos. *Juiz-gestor*: um novo paradigma. Disponível em: <http://www.ibrajus.org.br/revista/artigo.asp?idArtigo=215>. Acesso em: 7 jan. 2015.

Para tanto, o juiz-gestor utiliza indicadores e metas de desempenho no exercício de sua profissão. Planos estratégicos e operacionais, bem como um efetivo acompanhamento e controle de gestão garantem a eficiência da prestação jurisdicional, especialmente em unidades judiciárias doentes.[5]

Nesse contexto, foi criado o Conselho Nacional de Justiça – CNJ, um órgão de controle externo, inserido na Emenda Constitucional nº 45/2004, que tem por missão ser instrumento efetivo de desenvolvimento do Poder Judiciário e contribuir para a efetividade da prestação jurisdicional. Seus valores são: agilidade, ética, imparcialidade, probidade e transparência. O órgão é composto por 15 conselheiros, com direitos e deveres estabelecidos por Regimento Interno.

O CNJ, como é mais conhecido, foi o principal responsável pela transformação da estrutura administrativa e judicial no Brasil, embora tenha tido grande resistência no início pelos juízes, pois a figura de um órgão externo controlador poderia interferir na questão da independência dos magistrados, além de representar mais uma instância de punição. A sensação era de desconfiança e até de indignação.

Com o tempo, o CNJ foi se mostrando imprescindível para a boa gestão e eficiência do Poder Judiciário. Atualmente, o referido órgão passa por críticas e certo desalinhamento quanto aos seus objetivos e atribuições, especialmente porque as prioridades mudam a cada Presidência. Isso também ocorre nas Presidências e nas Corregedorias de Justiça dos Tribunais brasileiros: a cada administração, altera-se naturalmente a ideologia e o perfil do gestor, ora mais rígido, ora mais brando.

De qualquer modo, a governança judicial ganhou força no Brasil especialmente após a criação do Conselho Nacional de Justiça – CNJ.

Para esse fim, o CNJ utiliza a Gestão de Processos como metodologia para acompanhar, avaliar e redesenhar os processos de trabalho, visando à melhoria contínua destes e ao alcance dos objetivos estratégicos da organização.

As ações são divididas em 11 macroprocessos, relacionados à governança judiciária (promoção da cidadania, do acesso à justiça e da modernização

---

[5] REIS, Wanderlei José dos. *Juiz-gestor*: um novo paradigma. Disponível em: <http://www.ibrajus.org.br/revista/artigo.asp?idArtigo=215>. Acesso em: 7 jan. 2015.

do Judiciário) e também à correição e fiscalização, permitindo uma visão sistêmica e abrangente da atuação do CNJ,[6] ajudando, inclusive, na solução das dificuldades quantitativas e qualitativas dos Tribunais brasileiros.

Outro desafio é fazer com que os servidores do Poder Judiciário entendam a nova filosofia e aceitem caminhar em direção a um objetivo comum, que é gerir uma unidade judiciária de forma correta e dinâmica.

Isso porque o poder de gestão do juiz passa também pela administração das secretarias e dos servidores, principalmente no que se refere às novas técnicas, como o calendário e as convenções processuais, sem contar no atendimento às metas do CNJ, que anualmente estabelecem prioridades e exigem relatórios periódicos.

Também na doutrina, o gerenciamento pelo juiz vinha sendo estudado somente sob a perspectiva judicial, ou seja, quanto à gestão das técnicas processuais capazes de conferir mais efetividade à prestação jurisdicional, sem, contudo, se preocupar com uma mudança comportamental dos juízes e demais profissionais do direito também fora do processo.

Contudo, a gestão administrativa (judiciária), aliada à judicial, é muito mais eficaz na garantia da coerência estrutural do sistema.

Portanto, constata-se que a maior eficiência, tanto na gestão administrativa como na condução processual, observadas de maneira simultânea e com igual relevância, pode proporcionar a efetividade jurisdicional,[7] eliminando, por consequência, a morosidade das ações judiciais e a baixa eficácia de suas decisões, trazendo, assim, a esperada satisfação do jurisdicionado.

3. O FORTALECIMENTO DE MECANISMOS LEGÍTIMOS DE SOLUÇÃO ADEQUADA DE CONFLITO

O Conselho Nacional de Justiça também foi certeiro ao diagnosticar que a tentativa de se resolver todos os conflitos sociais por meio de uma

---

[6] Disponível em: <http://www.cnj.jus.br/sobre-o-cnj/macroprocessos>. Acesso em: 8 jan. 2015.

[7] Cf.: CAHALI, Cláudia Elisabete Schwerz. *O gerenciamento de processos judiciais:* em busca da efetividade da prestação jurisdicional (com remissões ao projeto do novo CPC). Brasília: Gazeta Jurídica, 2013. (Coleção Andrea Proto Pisani, vol. 10).

decisão judicial já não mais atendia à estrutura do Poder Judiciário e nem aos próprios consumidores da Justiça.

Assim, por meio da paradigmática Resolução nº 125, de 2010, o Conselho Nacional de Justiça instituiu a Política Judiciária Nacional de tratamento adequado dos conflitos de interesses no âmbito do Poder Judiciário, chamando para o órgão julgador a responsabilidade de incrementar as atividades de conciliação e mediação,[8] incluindo-as como legítimos mecanismos de resolução de controvérsias, sejam litígios pré-processuais ou aqueles já judicializados.

Essa iniciativa ganhou apoio do legislador nacional que, inspirado na Res. nº 125/2010, do Conselho Nacional de Justiça, incluiu a matéria em outros projetos de lei.

Já seguindo esta linha, a Lei nº 13.105/2015, que instituiu o novo Código de Processo Civil, estabeleceu como uma de suas premissas o incentivo ao uso de formas não adjudicatórias de solução de conflitos, como a mediação e a conciliação. Em seguida, foi promulgada a Lei nº 13.129/2015, que alterou a Lei nº 9.307/1996 e aperfeiçoou o uso da arbitragem. Posteriormente, foi publicada a Lei nº 13.140/2015, que trata da mediação nas esferas pública e privada, formando, assim, um verdadeiro microssistema de meios *adequados* de solução de controvérsias (não mais *alternativos*, como acertadamente prefere a Res. nº 125/2010 do CNJ).

E devido a essas adesões legislativas, O Conselho Nacional de Justiça, em 8 de março de 2016, publicou a Emenda nº 2, que alterou e acrescentou artigos e anexos à Res. nº 125/2010, compatibilizando o referido ato normativo ao aprimoramento das novas Leis.

Assim, em 2015, o ordenamento jurídico brasileiro passou por uma mudança de paradigma legislativo digna de especial reflexão pelos profissionais do direito no tocante à consolidação dos institutos da conciliação e da mediação como mecanismos adequados de solução de conflitos, tanto

---

8   Sobre a origem e evolução do instituto da mediação, cf.: CHASE, Oscar G. I metodi alternativi di soluzione dele controversie e la cultura del processo: il caso degli Stati Uniti D'America. In: VARANO, Vincenzo (Org.). *L'altragiustizia*: il metodi alternativi di soluzione dele controversie nel diritto comparato. Milano: Dott. A. Giuffrè Editore, 2007, p. 129-156.

no âmbito público como no privado, trazendo novas perspectivas para as relações jurídicas e sociais.

Esse aparato legal deu um contorno contemporâneo ao acesso à justiça, disponibilizando amplos mecanismos de ingresso no Poder Judiciário, mas também diferentes maneiras de sair dele, com o uso da técnica que melhor atender às particularidades do litígio. Trata-se do modelo de Justiça Multiportas,[9] que oferece aos litigantes variadas opções de resolução das controvérsias, além da sentença adjudicada.

Essa realidade indica que é preciso um novo olhar para os formatos tradicionais de enxergar os conflitos, o que inclui experimentar o uso de mecanismos mais adequados de tratá-los.

Portanto, importante se faz reconhecer o empenho do Poder Legislativo em regulamentar instrumentos de transformação de uma sociedade mais autônoma e independente, com liberdade para resolver seus conflitos de forma mais adequada, dentro ou fora do Poder Judiciário.

4. REFLEXOS DA POLÍTICA JUDICIÁRIA NACIONAL DE TRATAMENTO ADEQUADO DOS CONFLITOS

A adoção pelo legislador de uma Política Nacional que objetivasse tratar adequadamente os conflitos surtiu efeitos imediatos no Poder Judiciário.

No âmbito processual, a nova lei da mediação e o fomento ao uso de métodos adequados de solução de disputas introduzido no Código de Processo Civil ensejaram o estabelecimento de uma etapa autocompositiva logo no início do processo (art. 334 do CPC), proporcionando um primeiro diálogo entre as partes antes de se prosseguir com a demanda, já que, na maioria das vezes, elas não tiveram – ou não quiseram ter – a oportunidade de conversar em momento anterior à judicialização.

Aliás, este fator está diretamente relacionado ao formato de ensino nos cursos de direito, em que os profissionais são preparados para o lití-

---

[9] ZANETI JR., Hermes; CABRAL, Trícia Navarro Xavier. *Justiça Multiportas*: mediação, conciliação, arbitragem e outros meios de solução adequada de conflitos. (Coleção Grandes Temas do Novo CPC – vol. 9). Salvador: Juspodivm, 2017.

gio e não para a solução amistosa das controvérsias, em que todos saem ganhando.

Contudo, a boa intenção legislativa em instituir uma cultura da pacificação esbarrou, na prática, em dificuldades físicas, estruturais e pessoais que demandam uma rápida atenção e solução pelos Tribunais, sob pena de comprometimento do sistema autocompositivo.

De qualquer forma, os benefícios já são identificáveis na prática forense, pois a propagação das novas técnicas de resolução de conflitos já tem gerado um acréscimo no número de acordos judiciais e extrajudiciais,[10] e isso pouco tempo após a vigência da nova legislação.

Outro setor que pode se beneficiar com o novo cenário legislativo é a Administração Pública, já que passa a ser possível que os conflitos – individuais e coletivos – envolvendo os entes públicos sejam resolvidos por meio da mediação ou da conciliação. Exemplo disso são os mutirões de execução fiscal, em que o Executivo e o Judiciário formam parcerias para resolver de modo definitivo questões tributárias de contribuintes, aliviando tensões sociais e proporcionando uma arrecadação fiscal imediata e significativa para o ente público.

Ademais, no campo da Administração Pública, tanto a Lei de Mediação quanto o CPC/2015 tratam da utilização da mediação e da conciliação em conflitos envolvendo os entes públicos, e entre estes e os privados. Sem dúvida, essa previsão legal representa uma quebra de paradigmas sobre a possibilidade de que disputas que envolvam interesse público sejam resolvidas mediante autocomposição, com benefícios para todos os participantes. O assunto, que sempre foi alvo de intensos debates na doutrina, pela questão da indisponibilidade dos bens públicos, começa a ter uma interpretação condizente com o grau de interesse público envolvido no conflito, permitindo que controvérsias transacionáveis, ainda que referentes a direitos outrora indisponíveis, sejam passíveis de autocomposição, sepultando, assim, restrições injustificáveis e sem efetividade.

Saliente-se, nesse contexto, o papel da advocacia, do Ministério Público e da Defensoria Pública, que acabam sendo essenciais na interlocução entre

---

[10] Disponível em: <http://www.cnj.jus.br/noticias/judiciario/84469-conciliacoes--aumentam-em-vitoria-es-apos-novo-cpc>. Acesso em: 16 mar. 2017.

os órgãos públicos e a população. Indispensáveis à Justiça, todos eles, aos poucos, estão aderindo ao novo modelo de solução de conflitos sociais. Não por outra razão o art. 3º, § 3º, do CPC, dispõe que: "A conciliação, a mediação e outros métodos de solução consensual de conflitos deverão ser estimulados por juízes, advogados, defensores públicos e membros do Ministério Público, inclusive no curso do processo judicial".

Na esfera privada, há inúmeras possibilidades de uso dos meios adequados de solução de controvérsias para resolver as divergências pessoais internas e externas das empresas. De fato, várias entidades privadas têm modificado o seu estilo de gestão para inserir na sua administração uma política conciliatória. Essa estratégia tem gerado bons resultados práticos, econômicos e de *marketing*, além de influenciar os instrumentos contratuais, que passaram a incluir cláusulas de mediação e conciliação para evitar a judicialização do conflito ou, ao menos, tentar não a utilizar como primeira opção.

Não obstante, de acordo com a legislação em vigor, poderão ser criadas câmaras privadas, instituídas por profissionais de diversas áreas do conhecimento, desde que tenham em seus quadros conciliadores e mediadores capacitados de acordo com as diretrizes do Conselho Nacional de Justiça, para que possam ser habilitadas perante os Núcleos Permanentes de Métodos Consensuais de Solução de Conflitos (Nupemecs) dos tribunais e indicadas aos Centros Judiciários de Solução de Conflitos e Cidadania (Cejuscs), bem como para que seus acordos sejam devidamente homologados.

As câmaras também podem funcionar em parceria com os Procons, Centros de Cidadania, cartórios, empresas privadas, entre outros; podendo, ainda, oferecer o serviço de capacitação de conciliadores e mediadores, desde que sigam os parâmetros curriculares estabelecidos no Anexo I da Resolução nº 125/2010 do CNJ. Tanto as câmaras como seus facilitadores devem atender ao Código de Ética do CNJ e estão sujeitos a sanções pelo cometimento de eventual infração.

Surge, então, um novo mercado de trabalho, não só para os profissionais autônomos no âmbito do direito privado, mas também para a estrutura da Administração Pública, que poderá criar câmaras de prevenção e resolução administrativa dos conflitos para dirimir controvérsias envolvendo somente os órgãos públicos entre si, ou entre estes e o particular.

Outra novidade foi o lançamento recente, pelo Conselho Nacional de Justiça, da Mediação Digital,[11] plataforma dirigida aos conflitos de massa, podendo ser utilizada, ainda, em créditos tributários. O objetivo é evitar a judicialização e reduzir o número de processos, e, ainda, quebrar o paradigma da educação contenciosa. A ferramenta funciona aproximando as partes por meio de troca de mensagens e informações virtuais, cujo acordo poderá ser homologado judicialmente.

Ademais, no Fonamec (Fórum Nacional de Mediação e Conciliação), realizado nos dias 14 e 15 de abril de 2016 em Cuiabá/MT, o Conselho Nacional de Justiça anunciou a criação do Escritório Digital, plataforma capaz de agregar e compatibilizar os diferentes sistemas de informática para auxiliar os advogados, contendo, ainda, a possibilidade de acesso a um *link* que permite a realização de mediação ou conciliação extrajudicial, cujo resultado poderá ser vinculado ao processo em tramitação para a homologação do acordo pelo juiz competente.

A resistência dos advogados ao uso da mediação e conciliação também será amenizada com a entrada em vigor das alterações do Código de Ética da categoria, uma vez que seu art. 48 regulamenta, de forma expressa, os honorários conciliatórios e seu tratamento junto aos clientes.[12]

De qualquer forma, são inúmeros os benefícios do uso destes meios autocompositivos em relação ao processo judicial: o tempo de resolução da controvérsia, o custo do procedimento e a satisfação dos envolvidos, já que constroem, por si próprios, a melhor solução para o conflito, o que, por conseguinte, refletirá no maior cumprimento das obrigações assumidas.

Assim, o conceito contemporâneo de jurisdição abrange a justiça estatal, a justiça arbitral e a justiça conciliativa, uma vez que todas elas constituem meios legítimos de pacificação social.[13]

---

[11] Disponível em: <http://www.cnj.jus.br/mediacaodigital/>. Acesso em: 23 mai. 2016.

[12] Disponível em: <http://www.oab.org.br/arquivos/resolucao-n-022015--ced-2030601765.pdf>. Acesso em: 23 mai. 2016.

[13] Cf.: GRINOVER, Ada Pellegrini. *Ensaio sobre a processualidade*: fundamentos para uma nova teoria geral do processo. Brasília: Gazeta Jurídica, 2016, p. 18-20.

5. ANÁLISE PROSPECTIVA DO TEMA

O Brasil tem sido prestigiado com um amplo acervo legislativo que autoriza e estimula a mudança de paradigma, de cultura e de atitude pelos atores e participantes dos conflitos sociais e de sua resolução.

A judicialização excessiva das controvérsias criou graves problemas quantitativos e qualitativos na forma de se atender ao jurisdicionado, de modo que somente a adoção de um novo modelo de justiça – o que inclui a participação do setor privado –, com diferentes possibilidades de resolução dos conflitos, será capaz de equilibrar os papéis das instituições no alcance da pacificação social.

Um último detalhe, mas não menos importante, é o caráter humanizador desses mecanismos adequados de solução de controvérsias, que se preocupa não só com o conflito em si, mas também com os sentimentos das pessoas e o resgate dos relacionamentos e da credibilidade dos entes envolvidos.

Essa característica é essencial para a compreensão da relevância desses institutos autocompositivos e da necessidade de assimilação e implementação, de forma célere, da política nacional de tratamento dos conflitos de interesses pelos diferentes segmentos da sociedade civil.

Portanto, a expectativa é de que, a médio prazo, o formato da justiça brasileira ganhe e o comportamento dos profissionais de direito caminhe para uma maior autonomia e satisfação nas formas de resolução das controvérsias, o que poderá, reflexamente, contribuir para um Judiciário mais efetivo.

REFERÊNCIAS

AKUTSU, Luiz; GUIMARÃES, Tomas de Aquino. *Dimensões da governança judicial e sua aplicação ao sistema judicial brasileiro.* Disponível em: <http://www.scielo.br/scielo.php?pid=S1808-24322012000100008&script=sci_arttext>. Acesso em: 7 jan. 2015.

_____. *Governança judicial*: proposta de modelo teórico-metodológico. Disponível em: <http://www.trt7.jus.br/pe/files/noticias_publicacoes/arquivos/governanca_judicial.pdf>. Acesso em: 7 jan. 2015.

ALEXANDRE, Isabel. *O dever de gestão processual do juiz na proposta de lei relativa ao novo CPC.* Disponível em: <http://www.cej.mj.pt/cej/recursos/ebooks/ProcessoCivil/Texto_intervencao_Isabel_Alexandre.pdf>. Acesso em: 2 ago. 2017.

CAHALI, Cláudia Elisabete Schwerz. *O gerenciamento de processos judiciais:* em busca da efetividade da prestação jurisdicional (com remissões ao projeto do novo CPC). Brasília: Gazeta Jurídica, 2013. (Coleção Andrea Proto Pisani, vol. 10).

CHASE, Oscar G. I metodi alternativi di soluzione dele controversie e la cultura del processo: il caso degli Stati Uniti D'America. In: VARANO, Vincenzo (Org.). *L'altragiustizia*: il metodi alternativi di soluzione dele controversie nel diritto comparato. Milano: Dott. A. Giuffrè Editore, 2007, p. 129-156.

GRINOVER, Ada Pellegrini. *Ensaio sobre a processualidade*: fundamentos para uma nova teoria geral do processo. Brasília: Gazeta Jurídica, 2016.

REIS, Wanderlei José dos. *Juiz-gestor*: um novo paradigma. Disponível em: <http://www.ibrajus.org.br/revista/artigo.asp?idArtigo=215>. Acesso em: 7 jan. 2015.

ZANETI JR., Hermes; CABRAL, Trícia Navarro Xavier. *Justiça Multiportas*: mediação, conciliação, arbitragem e outros meios de solução adequada de conflitos. (Coleção Grandes Temas do Novo CPC – vol. 9). Salvador: Juspodivm, 2017.

AUGUSTO CURY

A modernidade nos traz diversos desafios. Por um lado, as rápidas mudanças permitem mantermos nossos pensamentos e ideias numa dinâmica constante, mas, por outro lado, se não soubermos lidar com essa dinamicidade, ficamos estagnados, com pensamentos retrógrados que não acompanharão a evolução da sociedade e dos processos.

O grande avanço da tecnologia nos confere uma vida mais longa, mais recursos no dia a dia, mais projetos e interações sociais, o que gera, automaticamente, mais conflitos.

A verdade humana nunca foi tão interpretativa. Não se pode tomá-la como pura. Sempre há dois lados numa história e, ao passo que se aumentam as interações, isso se torna ainda mais certo.

Quando deciframos adequadamente os códigos da Inteligência, nos tornamos mais flexíveis, tolerantes, inclusivos. Entendemos que mesmo as verdades científicas – que são cobertas por fundamento e coerência – podem não ser absolutas e imutáveis. No campo da ciência, cada grande descoberta torna-se uma grande verdade, até que surja outra grande descoberta, modificando a primeira. Basta-nos pensar que se no campo científico as verdades são tão mutáveis, no âmbito das relações humanas a situação é ainda mais sensível. Por isso, é necessário reconsiderarmos sempre nosso modo de pensar e nossos atos no que se refere às outras pessoas.

Considerando as situações que podem surgir – jurídicas ou não –, podemos concluir que temos em nós o dom da solução pacífica de conflito, já que em alguns momentos da vida tivemos a capacidade de ponderar os dois lados do mesmo fato, levando em conta a história de vida de cada sujeito, as experiências anteriores e suas expectativas. Já intermediamos discussões, auxiliamos pessoas do nosso círculo social, e fora dele. Negociamos soluções para situações diversas, fizemos acordos, entramos em consensos. Podemos concluir que sabemos como conduzir, de forma pacífica, a solução de uma demanda.

Embora saibamos administrar de forma não agressiva a resolução de uma questão, estamos acostumados a defender firmemente nosso ponto de vista, no intuito de demonstrar nossa razão e diminuir a razão do nosso oponente.

Para quebrarmos essa rotina conflituosa, quase instintiva, precisamos desarmar nossa mente e entender que os conflitos devem ser resolvidos de forma pacífica ou, pelo menos, que esse precisa ser o tom da primeira tentativa de solução.

No âmbito jurídico, a questão é urgente! Como muito bem explanam Henrique Ávila e Trícia Navarro Xavier Cabral:

> O Brasil tem cerca de 76,7 milhões de processos em tramitação. A edição de 2017 do relatório Justiça em Números do Conselho Nacional de Justiça (CNJ) mostra que o estoque de processos só aumenta, com um crescimento acumulado de 31,2% nos últimos 07 anos.

A aplicação da Teoria da Inteligência Multifocal (TIM) nesse tipo de demanda pode auxiliar – e muito – na solução pacífica desses conflitos, evitando o excesso de judicialização e fazendo com que a conciliação seja mais eficaz. Em regra, nos conflitos judiciais há certa dificuldade de comunicação entre as partes, a qual pode ser viabilizada pela TIM.

Só é eficiente quem aprende a ser líder de si mesmo, ainda que intuitivamente: errando, traumatizando-se, recompondo-se, refletindo sobre os motivos que o fizeram chegar até ali, melhorando sua conduta.

Ao decifrar os códigos da inteligência, entendemos definitivamente que somos seres humanos que erram. Decifrar os códigos do Eu como gestor do intelecto, da autocrítica, da resiliência, do altruísmo, do debate de ideias, do carisma, da intuição criativa, do Eu como gestor da emoção fará com que nos tornemos conciliadores mais humanos, que valorizam os pontos de vista de cada parte, que ouvem cada participante, que dialogam e consideram as opiniões diversas.

Institucionalizando uma prática transformadora para a realização da Justiça

OS MEIOS CONSENSUAIS DE SOLUÇÃO DE CONFLITOS COMO PRÁTICA TRANSFORMADORA PARA A REALIZAÇÃO DA JUSTIÇA

LUIZ PONTEL DE SOUZA

Secretário Nacional de Justiça do Ministério da Justiça (2018).

> **Sumário:** 1. Introdução – 2. O cenário atual – 3. Iniciativas normativas que contribuíram para a solução consensual de conflitos – 4. Conciliação, mediação e arbitragem: distinção e aplicação – 5. A atuação do Ministério da Justiça – 6. A importância dos sentimentos para a solução de litígios – 7. Considerações finais – Referências.

1. INTRODUÇÃO

Se no passado distante a humanidade resolvia suas divergências pelo uso irracional da força, sem nenhuma formalidade processual, atualmente, o avanço do processo civilizatório definitivamente afastou essa forma de resolução de conflitos.

O que prevalece então, com a evolução da sociedade e a divisão do Estado em poderes Executivo, Legislativo e Judiciário, e suas respectivas competências, é o princípio da inafastabilidade da jurisdição, segundo o qual apenas o Poder Judiciário tem jurisdição e pode dizer o direito.[1] Disso deflui que o interesse em satisfazer uma disputa, ou uma divergência individual, também é do Estado, que o exerce com exclusividade.

Assim, afastada a autoaplicação da prevalência de um direito individual, resta ao cidadão a provocação da função jurisdicional, por meio do processo, em que um juiz substitui a vontade das partes para decidir.

A prática tem demonstrado que, ao demandar à Justiça, o que o cidadão busca, além de pôr fim à controvérsia, é uma resposta minimamente satisfatória, dentro de um prazo também minimamente aceitável e com custos igualmente razoáveis.

Em virtude disso, ganham espaço a conciliação, a mediação e a arbitragem, como eficientes instrumentos à disposição das partes para enfrentar as inevitáveis desavenças nas relações sociais.

É importante ressaltar que a conciliação e a mediação devem ser observadas por todos os órgãos do Poder Judiciário, nos termos da Resolução nº 125, de 29 de novembro de 2010, e, posteriormente, da Recomendação nº 50, de 8 de maio de 2014, ambas publicadas pelo Conselho Nacional de Justiça – CNJ.

No Poder Executivo, também podemos elencar medidas para incentivar as formas alternativas de solução de controvérsias, dentre elas as implementadas pela Secretaria Nacional de Justiça – SNJ, integrante do Ministério da Justiça e sucessora da Secretaria da Reforma do Judiciário – SRJ, como a edição da Portaria Interinstitucional nº 1.186, de 2 de julho de 2014, que instituiu a Estratégia Nacional de Não Judicialização – Enajud, bem como da Portaria MJ nº 1.920, de 4 de setembro de 2012, por meio da qual foi criada a Escola Nacional de Mediação e Conciliação – ENAM.

2. O CENÁRIO ATUAL

Segundo o anuário estatístico mais recente do Conselho Nacional de Justiça, somente no ano de 2016 o Poder Judiciário brasileiro concluiu o exercício com 79,7 milhões de processos em andamento. Tais dados apon-

---

[1] Art. 5º, inciso XXXV, da Constituição Federal.

MEIOS CONSENSUAIS DE SOLUÇÃO DE CONFLITOS COMO PRÁTICA TRANSFORMADORA PARA A REALIZAÇÃO DA JUSTIÇA **189**

tam uma média de 12.907 novas ações a cada grupo de 100 mil habitantes, naquele ano.[2]

No mesmo ano de 2016, diminuiu o número de processos novos, entretanto, aumentaram os casos pendentes de deliberação. As estatísticas apontam que naquele ano ingressaram na Justiça 3 milhões de novos casos criminais: 1,9 milhão (62,9%) na fase de conhecimento, ou seja, no 1º grau; 443,9 mil (15%) na fase de execução; 18,4 mil (0,6%) nas turmas recursais; 555,2 mil processos (18,7%) no 2º grau e 80,6 mil (2,7%) nos tribunais superiores.[3]

Essa exagerada judicialização das relações pessoais, comerciais e empresariais pode ser atribuída à cultura de litigiosidade impregnada em nossa sociedade. Também se pode atribuir tal congestionamento a outros fatores, como o reconhecimento de direitos e o estabelecimento de garantias de acesso à Justiça, especialmente após a promulgação da Constituição de 1988, assim como à melhoria da condição financeira e ao consequente aumento das relações de consumo e dos conflitos decorrentes.

Dentre os fatores apontados, todos com significativo impacto, entende-se que tem lugar de destaque no cenário apresentado a nova cultura jurídica introduzida pela Constituição cidadã de 1988, tendo em vista que trouxe consigo a expansão dos meios processuais e do próprio sistema judiciário, assim como um importante conjunto de direitos individuais, sociais e coletivos.

Assim, é inegável que tais circunstâncias, entre outras, concorreram para o chamado uso predatório da Justiça e contribuíram para o quadro de congestionamento crescente em todas as instâncias do Poder Judiciário.

Na prática, instaurou-se um paradoxo: se de um lado restou facilitado o acesso à justiça, de outro houve um notório prejuízo ao princípio constitucional da duração razoável do processo, segundo o qual a todos, no âmbito judicial e administrativo, são assegurados a razoável duração do processo e os meios que garantam a celeridade de sua tramitação.[4]

---

[2]   Dados estatísticos. Conselho Nacional de Justiça, *Justiça em Números 2017*. Disponível em: <http://www.cnj.jus.br/files/conteudo/arquivo/2017/09/e5b5789fe-59c137d43506b2e4ec4ed67.pdf>. Acesso em: 25 mai. 2018.

[3]   Idem.

[4]   Art. 5º, inciso LXXVIII, da Constituição Federal.

O cenário é inquietante, notadamente em face da desproporcional quantidade de magistrados e servidores em relação ao elevado número de demandas, impondo-se uma reflexão sobre as alternativas para contribuir com o aprimoramento da prestação jurisdicional e atender melhor às expectativas dos jurisdicionados.

A preocupação gerada por esse diagnóstico contribuiu para impulsionar o necessário aprimoramento e modernização da tramitação de processos judiciais em todos os Tribunais do País, especialmente a introdução de novas tecnologias que permitem o curso de processos eletrônicos. Corroboram com essa assertiva os dados divulgados pela publicação do CNJ, referente a 2016, dando conta de que o percentual de processos novos que ingressaram eletronicamente no Poder Judiciário foi de 70,1%, sendo 73% na primeira instância e 48% na segunda instância.

Contudo, reputa-se que apenas investimentos em tecnologia ou em recursos humanos talvez não sejam suficientes para resolver o problema. Há que se considerar outras estratégias que permitam cogitar uma mudança mais profunda na forma de se lidar com os conflitos, em especial a introdução de alternativas que priorizem o diálogo, a cooperação e o consenso.

3. INICIATIVAS NORMATIVAS QUE CONTRIBUÍRAM PARA A SOLUÇÃO CONSENSUAL DE CONFLITOS

Metodologicamente, os caminhos começaram a ser descortinados há bastante tempo pela Justiça do Trabalho, na qual a cultura conciliatória está consolidada como política pública judiciária. Com efeito, os indicadores apontam que no ano de 2016, cerca de 26% das disputas trabalhistas foram resolvidas por acordo entre as partes. Nesse mesmo ano, no estado de Alagoas, as conciliações chegaram a 36% de êxito.[5]

A importância dos métodos consensuais, representados pela mediação, conciliação e arbitragem, entre outros, foi reconhecida pela Justiça do Trabalho com bastante objetividade, sobretudo privilegiando esses mecanismos consensuais como instrumentos de pacificação social. Essas diretrizes, no

---

[5]   Ibidem.

âmbito da política judiciária trabalhista, estão formalizadas nos termos da Resolução do Conselho Superior da Justiça do Trabalho – CSJT nº 174, de 30 de setembro de 2016.

O ordenamento jurídico também inovou em outra seara da Justiça, que trata dos juizados especiais cíveis e criminais, estabelecendo que o processo deverá ser norteado por critérios de oralidade, simplicidade, informalidade, economia processual e celeridade, sempre que possível em busca da conciliação ou da transação.[6] Verifica-se, pelos dados constantes no mesmo anuário estatístico do CNJ referido anteriormente, que nos juizados especiais cíveis e criminais, onde há menos formalismos e mais objetividade, no ano de 2016, cerca de 16% das disputas acabaram pela conciliação.

Na esfera criminal, em especial no que tange aos crimes de menor potencial ofensivo, cabe trazer à luz a experiência exitosa do Estado de São Paulo no âmbito da Polícia Judiciária Comunitária, onde o Delegado de Polícia é prestigiado como verdadeiro Conciliador. Normativamente, a ele é autorizado proceder à formalização de composições preliminares a serem posteriormente submetidas à apreciação do Ministério Público e consequente homologação pelo Poder Judiciário.

Em busca da celeridade e economia processual previstas na Lei nº 9.099, de 26 de setembro de 1995, mormente para aproximar os princípios estabelecidos no normativo à realidade em que seus preceitos são aplicados, o Governador do Estado de São Paulo editou o Decreto nº 61.974, de 17 de maio de 2016, por meio do qual foram institucionalizados os Núcleos Especiais Criminais – Necrims, com a incumbência de:

I – receber os procedimentos de polícia judiciária de autoria conhecida, boletins de ocorrência ou termos circunstanciados, referentes às infrações penais de menor potencial ofensivo de ação penal pública condicionada à representação ou de ação penal privada, para instrução e realização de audiência de composição, por meio de mediação ou conciliação, entre autores e ofendidos;

II – encaminhar ao Poder Judiciário o termo circunstanciado elaborado, após a realização da audiência de composição e a formalização do Termo de Composição de Polícia Judiciária – TCPJ, que instruirá aquele, independentemente de consenso entre autor e ofendido, bem como nas hipóteses em que tenha

---

[6]   Lei nº 9.099, de 26 de setembro de 1995.

se verificado a retratação da vítima quanto ao direito de representação ou de requerimento.[7]

A experiência teve início em 2010, na cidade de Lins (SP), por normativo interno da Polícia Civil, com o escopo de incentivar a cultura da pacificação e desafogar os trabalhos do Judiciário, do Ministério Público e da própria Polícia Civil. Gradativamente, a experiência mostrou-se positiva, devido aos excelentes resultados alcançados, a ponto de hoje estarem instalados 47 Núcleos em todo o Estado de São Paulo. As estatísticas apontam que no período de 2010 a 2017 foram realizadas 106.601 audiências pelos Necrims e 94.777 conciliações, o que representa um percentual de 89% de acordo entre as partes.[8]

O Conselho Nacional de Justiça, por sua vez, editou a Resolução nº 125/2010, e posteriormente a Resolução nº 50/2014, dispondo respectivamente sobre a política judiciária nacional de tratamento adequado dos conflitos de interesses no âmbito do Poder Judiciário e sobre a continuidade ao movimento permanente pela conciliação, contendo uma forte tendência à implementação de mecanismos de solução de conflitos baseados no consenso, em especial a mediação e a conciliação.

Nesse contexto resolutivo, o CNJ criou e regulamentou os Centros Judiciários de Solução de Conflitos e Cidadania – Cejuscs, em toda a estrutura do Poder Judiciário, com a incumbência de realizar as sessões e audiências de conciliação e mediação por meio de conciliadores e mediadores credenciados e supervisionados pelos respectivos Tribunais.[9]

Mais recentemente, e no mesmo sentido, o novo Código de Processo Civil – CPC previu expressamente que a conciliação, a mediação e outros métodos para a gestão consensual de conflitos deverão ser estimulados por

---

[7] Art. 2º, do Decreto nº 61.974, de 17 de maio de 2016, do Governador do Estado de São Paulo.

[8] Publicação. *Progressão NECRIM 2010*. Delegacia Geral de Polícia Adjunta. São Paulo. 16 jan. 2018.

[9] Seção II, da Resolução nº 125, de 29 de novembro de 2010, do Conselho Nacional de Justiça.

juízes, advogados, defensores públicos e membros do Ministério Público, inclusive no curso do processo judicial.[10]

O novo normativo, que regula o processo civil, privilegia e dá relevância ao tema em outros dispositivos do texto, além de se dedicar, especialmente em uma seção, à regulamentação da atuação dos Conciliadores e Mediadores Judiciais.[11] O conciliador e o mediador passaram a ser auxiliares da justiça,[12] e aos Tribunais é dada a incumbência de criar centros judiciários de solução consensual de conflitos, responsáveis pela realização de sessões e audiências de conciliação e mediação e pelo desenvolvimento de programas destinados a auxiliar, orientar e estimular a autocomposição.[13]

O atual Código de Processo Civil também definiu como regra a imediata designação de audiência de conciliação ou de mediação, se a petição inicial preencher os requisitos essenciais e não for o caso de improcedência liminar do pedido, demonstrando expressamente o estímulo à composição consensual da controvérsia.[14]

O processo legislativo, igualmente, trouxe ao ordenamento jurídico brasileiro a Lei nº 13.140, de 26 de junho de 2015, dispondo sobre a mediação entre particulares como meio de solução de controvérsias e sobre a autocomposição de conflitos no âmbito da administração pública, o que reforça o contínuo movimento a favor de soluções alternativas, inclusive na seara da gestão pública.

Por outro lado, a Lei nº 13.129, de 26 de maio de 2015, que alterou a Lei nº 9.307, de 23 de setembro de 1996, introduziu em nosso sistema a arbitragem como instrumento para dirimir controvérsias de caráter patrimonial disponível. Pelas suas próprias características e roupagem legal, tal modalidade tende a ser aplicada com mais frequência, e propriedade, nas questões empresariais.

---

[10] Art. 3º, § 3º, da Lei nº 13.105, de 16 de março de 2015.

[11] Livro III, Título IV, Capítulo III, Seção V, da Lei nº 13.105, de 16 de março de 2015 – Dos Conciliadores e Mediadores Judiciais.

[12] Art. 149 da Lei nº 13.105, de 16 de março de 2015.

[13] Art. 165 da Lei nº 13.105, de 16 de março de 2015.

[14] Art. 334 da Lei nº 13.105, de 16 de março de 2015

Resta claro, portanto, que o panorama traçado reflete uma tendência de se incentivar cada vez mais a utilização de práticas cooperativas para uma melhor gestão da administração da justiça, sob as perspectivas da eficiência, satisfação dos interesses das partes envolvidas e razoabilidade de prazo para a conclusão das demandas.

Para além disso, pelo grande potencial e capacidade comprovada para a pacificação com justiça, magistrados, advogados e operadores do direito passaram a defender essas propostas como caminho seguro para se evitar a excessiva judicialização de conflitos de interesses.

A Ministra do Superior Tribunal de Justiça Nancy Andrighi, uma das maiores especialistas em mediação no Brasil, resumiu o sentimento dos juízes sobre a temática:

> O pensamento que hoje domina a magistratura é o de que a pacificação social não é dada apenas pela prestação jurisdicional. Pelo contrário, vige, cada vez com mais vigor, a tese de que o caminho a ser buscado, não apenas para a solução do conflito propriamente dito, mas também para a aquietação pessoal dos litigantes, será mais rapidamente atingido se for fruto de uma composição.[15]

Assim, percebe-se que a convergência de ideias, além do arcabouço normativo introduzido e o conjunto de circunstâncias que permeiam a temática, atualmente transformaram a realidade e possibilitaram o reconhecimento das soluções consensuais como importantes modalidades para administração de divergências.

De fato, essas ferramentas podem minimizar uma das maiores queixas direcionadas à administração da Justiça: a excessiva duração das demandas, cuja situação desacredita o processo como meio e o Poder Judiciário como ente capaz de solucionar conflitos. Sob este aspecto, vale lembrar o pensamento do festejado orador e jurista Rui Barbosa: "Justiça tardia nada mais é do que injustiça institucionalizada".

4. CONCILIAÇÃO, MEDIAÇÃO E ARBITRAGEM: DISTINÇÃO E APLICAÇÃO

Ao considerar as três formas amigáveis de autocomposição e de solução de litígios mais proeminentes referidas até aqui – conciliação, mediação e

---

[15] BRASIL. Secretaria de Reforma do Judiciário. *Revista Diálogos sobre Justiça*. Centro de Estudos sobre o Sistema de Justiça, n. 3, p. 12, set-dez/2014.

arbitragem –, torna-se relevante sublinhar algumas diferenças conceituais de cunho acadêmico, para que sejam mais bem compreendidas as características de cada uma delas.

Essa análise permite afirmar que existem os meios heterocompositivos e autocompositivos de resolução de litígios. As principais formas heterocompositivas de solução de conflitos se aperfeiçoam por meio do processo judicial, desenvolvido perante o Poder Judiciário, assim como pelos atos de instrução realizados no curso do procedimento de arbitragem. Como métodos autocompositivos podemos citar a negociação, a conciliação e a mediação. Segundo Francisco José Cahali, é possível fazer a seguinte distinção entre os meios heterocompositivos e autocompositivos de resolução de litígios:

> Nas soluções autocompositivas, embora possa participar um terceiro facilitador da comunicação (inclusive com propostas de solução, conforme o caso), o resultado final depende exclusivamente da vontade das partes; a aceitação ou recusa à composição está no arbítrio do interessado. Já nos métodos heterocompositivos, a resolução do conflito é imposta por um terceiro, com poderes para tanto (magistrado, árbitro etc.), daí por que falar-se em solução adjudicada; as partes estarão submetidas à decisão preferida pelo terceiro, mesmo se contrária aos seus interesses.[16]

Nesse sentido, o eminente Ministro do Superior Tribunal de Justiça – STJ Luis Felipe Salomão assim definiu o instituto da conciliação:

> Um desses métodos autocompositivos é a conciliação, que consiste na intervenção de um terceiro imparcial que aproxima as partes, as escuta e as auxilia, apontando-lhes as vantagens na celebração de um acordo que ponha termos àquela disputa. A conciliação tem se mostrado adequada, em especial quando os litigantes não possuem qualquer vínculo social entre si, tais como em litígios envolvendo colisão de veículos e relação de consumo, dentre outras semelhantes.[17]

---

[16] CAHALI, Francisco José. *Curso de Arbitragem*: mediação, conciliação e Resolução CNJ 125/2010. 6. ed., rev e atual. e ampl. São Paulo: Revista dos Tribunais, 2017, p. 43.

[17] SALOMÃO, L. F. O marco regulatório para a mediação no Brasil. *Revista Diálogos sobre a Justiça*. Secretaria Nacional de Reforma do Judiciário., n. 3, p. 16, set-dez/2014. Brasília: Centro de Estudos sobre o Sistema de Justiça, 2014.

De outro lado, o mesmo Ministro do Superior Tribunal de Justiça trouxe a seguinte interpretação quanto ao conceito de mediação:

> A mediação, por seu turno, é um procedimento pelo qual um terceiro – imparcial e independente –, dotado de técnicas específicas e sem sugerir a solução, busca aproximar as partes e facilitar o diálogo entre si, a fim de que as partes compreendam a origem e as facetas de suas posições antagônicas, permitindo-lhes construir por si mesmas a resolução do embate, sempre de modo satisfatório. Ao ter por foco a reconstrução da relação abalada entre os litigantes, a mediação tem sido apontada como meio adequado de resolução de conflitos entre aqueles cuja convivência é necessária ou irá perdurar ao longo do tempo, como sói ocorrer em questões envolvendo familiares, vizinhos, colegas de trabalho e de escola, dentre outros.[18]

Nessa mesma linha de compreensão, a doutrina tende a indicar distinções entre os dois institutos, referindo que na conciliação o conciliador pode sugerir análise de mérito da contenda, podendo, inclusive, recomendar a solução que ele, como conciliador, entende mais justa, sendo que na mediação essas sugestões ou recomendações não são cabíveis.

Matérias como pensão alimentícia, partilha de bens, acidentes de trânsito, dívidas em bancos, danos morais, demissão e questões de vizinhança, entre outras, podem ser objeto de conciliação ou mediação.

Já a arbitragem é considerada meio alternativo que atua na solução de conflitos que gravitam exclusivamente em torno de questões patrimoniais e disponíveis, podendo as partes eleger árbitros de sua livre escolha.[19] Como já afirmado, essa reserva legal se aplica mais comumente a questões relativas a divergências no âmbito do direito empresarial e do comércio internacional.

Portanto, os caminhos apontados pelos dispositivos legais estão sendo cada vez mais trilhados em direção da maior informalidade e pragmatismo, favorecendo-se a conciliação e o acordo como alternativas para a gestão pacífica de conflitos, seja por meio de mediadores, conciliadores ou mesmo árbitros eleitos pelas partes.

---

[18] Idem.

[19] Lei nº 9.307, de 23 de setembro de 1996, alterada pela Lei nº 13.129, de 26 de maio de 2015.

Pode-se dizer, assim, que há um significativo movimento enfatizando e acreditando que os meios consensuais são fundamentais para a solução de grande parte dos conflitos que, de uma forma ou de outra, tendem a provocar o sistema processual e o Poder Judiciário, agravando o quadro de crescente congestionamento processual.

Desta forma, reputa-se que nesse contexto, em que o arcabouço normativo se inclinou para essas novas propostas, devido ao expressivo volume de demandas judiciais sem a correspondente capacidade do Judiciário em atendê-las de forma satisfatória e em tempo razoável, tais formas devem ser incentivadas e consolidadas como ações colaborativas e em harmonia com o Poder Judiciário, sobretudo como alternativas que se mostram eficientes para a solução consensual de conflitos com a necessária segurança para as partes.

Assim, não só sob a perspectiva de economia processual, mas também como forma de pacificação das contendas por meio do diálogo construtivo, os institutos da mediação, conciliação e arbitragem podem ser instrumentos garantidores de uma melhor distribuição de justiça, contribuindo para desafogar o Poder Judiciário do excessivo número de processos que diariamente bate às suas portas.

5. A ATUAÇÃO DO MINISTÉRIO DA JUSTIÇA

No âmbito do Ministério da Justiça, o recente Decreto nº 9.360, datado de 7 de maio de 2018, prevê que cabe à Secretaria Nacional de Justiça a coordenação, em parceria com os demais órgãos da administração pública, a formulação e a implementação das políticas públicas de modernização, aperfeiçoamento e democratização do acesso à justiça e à cidadania.

Essa norma impõe que tal responsabilidade deverá ser concretizada por intermédio da articulação com os demais órgãos dos Poderes Executivo, Legislativo e Judiciário, do Ministério Público, das Defensorias, da Ordem dos Advogados do Brasil, dos Governos estaduais e distrital, das agências internacionais e das organizações da sociedade civil.

Assim, o Ministério da Justiça, por meio da Secretaria Nacional de Justiça, sucessora da Secretaria da Reforma do Judiciário, que existia na estrutura do Ministério até o ano de 2016,[20] vem cumprindo seu papel e construindo as alternativas em defesa dos direitos e garantias dos cidadãos, entre elas a promoção de políticas públicas que favoreçam a efetivação de direitos em prazo razoável.

Nessa direção, em conjunto com a Advocacia-Geral da União – AGU, com o então Ministério da Previdência Social – MPS e com o Conselho Nacional do Ministério Público – CNMP, foi articulada a edição da Portaria Interinstitucional nº 1.186, de 2 de julho de 2014, por meio da qual foram instituídas as bases da chamada Estratégia Nacional de Não Judicialização – Enajud.

A Estratégia tem por finalidade formalizar articulação interinstitucional e multidisciplinar para desenvolver, consolidar e difundir os métodos autocompositivos de gestão de conflitos, promover a prevenção e a redução dos litígios judicializados, contribuir para a ampliação do acesso à justiça e para a celeridade e a efetividade dos direitos e das garantias fundamentais.[21]

Coordenada pelo Ministério da Justiça, a iniciativa reúne o poder público e parceiros privados para refletir sobre o tema, disseminar boas práticas e incentivar as formas alternativas de solução de conflitos como instrumentos adequados para a redução da litigiosidade e contribuir para a promoção do acesso à justiça.

Importante registrar que a extinção da SRJ, em 2016, impactou na continuidade das articulações interinstitucionais relacionadas à temática, especialmente em razão da transferência, para outros órgãos, das competências da extinta Secretaria, com a consequente necessidade de estruturação e capacitação dos órgãos receptores, de forma a permitir o desempenho das novas atribuições.

No entanto, as tratativas com os parceiros institucionais da Enajud estão sendo retomadas pelo Ministério da Justiça, reafirmando-se o compromisso com a continuidade da política de incentivo aos métodos alternativos para a solução de conflitos de interesses.

---

[20] A SRJ foi extinta pelo Decreto nº 8.668, de 11 de fevereiro de 2016.

[21] Art. 1º da Portaria Interinstitucional nº 1.186, de 2 de julho de 2014 (MJ, AGU, MPS e CNMP).

Além disso, vislumbrando a necessidade de difusão de conhecimentos, centralização, padronização e harmonização das capacitações para lidar com os referidos mecanismos alternativos de solução de controvérsias, o Ministério da Justiça criou a Escola Nacional de Mediação e Conciliação – ENAM, por meio da Portaria nº 1.920, de 4 de setembro de 2012.

Esse modelo foi instituído para disseminar as técnicas de resolução extrajudicial de conflitos, capacitar e aperfeiçoar os operadores do direito, estudantes do direito e professores, agentes de mediação comunitária, servidores do Ministério da Justiça, bem como membros de outros órgãos, entidades ou instituições em que as técnicas de autocomposição sejam pertinentes para a sua atividade.[22]

O oferecimento de cursos de capacitação presencial e à distância em mediação, conciliação, negociação e outras formas consensuais de solução de controvérsias são recursos a serem aplicados pela Escola Nacional de Mediação e Conciliação.

Também são objetivos a serem perseguidos pela ENAM: promover estudos, conferências, seminários, debates e discussões de temas conexos à mediação e outros meios alternativos de resolução de conflitos; estimular a ampliação da produção acadêmica e científica sobre a temática; contribuir para a criação, o fortalecimento e a ampliação de programas de educação em mediação e áreas conexas; estimular a utilização de dados estatísticos como subsídio ao aprofundamento dessas questões; bem como promover o intercâmbio de experiências e conhecimentos com outras Escolas de Governo, inclusive com instituições similares mantidas por órgãos do sistema de Justiça.[23]

Apreciando essa moderna visão das relações processuais, o Ministério da Justiça, por meio da extinta Secretaria de Reforma do Judiciário, lançou em 2013 o *Manual de Mediação Judicial* objetivando disseminar os mecanismos de solução adequada de conflitos, firme no entendimento de que a mediação judicial tem potencial para conduzir as partes à solução consensual com elevado grau de satisfação.

---

[22] Art. 1º da Portaria nº 1.920, de 4 de setembro de 2012.
[23] Art. 2º da Portaria nº 1.920, de 4 de setembro de 2012.

Juntamente com outras iniciativas no mesmo sentido, principalmente do Conselho Nacional de Justiça, o manual foi introduzido como ferramenta de auxílio para os treinamentos e capacitações realizadas, servindo, também, como um referencial que contém informações e orientações apropriadas para a autocomposição.

Atualmente, a Secretaria Nacional de Justiça também busca retomar esse material para dar seguimento àquela política pública e utilizar o compêndio em espaços onde a capacitação e o treinamento podem ser fortalecidos, entre eles a potencial utilização da ENAM como dimensão acadêmica a ser mais bem explorada, sempre com o apoio de parceiros institucionais.

Com essa mesma visão, e alinhado ao movimento inovador que propõe o fortalecimento e consolidação dos meios alternativos de solução de conflitos, o Conselho Nacional de Justiça lançou, em 2016, a 6ª edição do *Manual de Mediação Judicial*, sob a ótica daquele Conselho, mas em total alinhamento com o Manual do Ministério da Justiça. Verifica-se, assim, uma convergência de esforços em apoio ao movimento pela resolução pacífica de conflitos em várias esferas dos Poderes do Estado.

Noutra vertente, vinculada especificamente às relações de consumo, o Ministério da Justiça implementou, por meio da Secretaria Nacional do Consumidor – Senacon, uma plataforma eletrônica de interlocução direta entre empresas e consumidores para que haja entendimento pela internet. Esse serviço é denominado *Consumidor.gov.br* e pode ser acessado, via *web*, rápida e gratuitamente nesse mesmo endereço eletrônico.

A ferramenta é mantida, controlada e monitorada pela Senacon, em articulação e com o apoio dos demais órgãos e entidades do Sistema Nacional de Defesa do Consumidor. Contribuem e acompanham o serviço os órgãos de proteção e defesa do consumidor – Procons, Defensorias, Ministérios Públicos e a sociedade em geral. Ela visa à gestão de conflitos de forma transparente, desburocratizada, simples e célere, por intermédio da rede mundial de computadores.

As estatísticas apontam que 99,5% das reclamações atendidas pelo sistema *Consumidor.gov.br* são respondidas e 80% são equacionadas pelas empresas, que formalmente aderem ao serviço, em prazo médio de sete dias.

Lançado em 2014, o sistema recebeu até o ano passado 1.091.643 reclamações, possui 839.215 usuários cadastrados e 422 empresas credenciadas.[24] Em 2018, 35 órgãos aderiram à plataforma como ferramenta de monitoramento, entre eles Ministérios Públicos, Tribunais de Justiça e Procons, com destaque para a Agência Nacional de Aviação Civil – ANAC, que sabidamente interage com milhões de passageiros que se utilizam diuturnamente de transporte aéreo no País.

Esse mesmo modelo de experiência de sucesso se encontra encampado pelo CNJ, igualmente em plataforma eletrônica. Em maio de 2016 foi lançado no portal do Conselho o sistema de Mediação Digital,[25] que disponibiliza às partes a alternativa de mediação *on-line*. Os acordos firmados podem ser homologados pela Justiça. Caso não seja firmado acordo, pode-se marcar mediação presencial por meio dos Cejuscs.

Portanto, em sintonia com os demais atores do sistema de justiça e para contribuir com o aprimoramento e melhoria do cenário, sobretudo em busca de uma maior celeridade e eficiência, o Poder Executivo, pelo canal do Ministério da Justiça, optou por concentrar seus esforços em processos voltados especialmente à mediação, em amplo sentido.

6. A IMPORTÂNCIA DOS SENTIMENTOS PARA A SOLUÇÃO DE LITÍGIOS

Sob a perspectiva do cidadão, que almeja resolver uma demanda pessoal em conflito com interesse de outrem, e que naturalmente se encontra emocionalmente envolvido com a questão que está sendo discutida, a disputa envolve também sentimentos que merecem uma compreensão muitas vezes maior do que meramente as formalidades processuais.

A experiência tem demonstrado que em conflitos interpessoais afloram sentimentos como ódio, raiva, vingança, frustração, rancor e mágoa decorrentes até de relacionamentos ou interesses anteriores entre as partes.

---

[24] Dados estatísticos. *Balanço 2017 Consumidor.gov.br.*

[25] Portal do Conselho Nacional de Justiça. Disponível em: <http://www.cnj.jus.br/mediacaodigital/>.

Desta forma, em um processo onde se pretende firmar acordo, não se pode descurar do perfil de cada um dos interessados, suas necessidades, anseios ou expectativas, circunstâncias que podem fazer parte da origem da desavença, bem como da solução do problema.

Em abrangente reflexão sobre o tema, leciona Tânia Almeida, médica, pós-graduada em Neuropsiquiatria, Psicanálise, Terapia da Família e Sociologia:

> Nas questões de conflitos, com muita frequência observamos que as questões subjetivas se sobrepõem às objetivas, mascaram-nas ou impossibilitam que sejam cuidadas. Na vigência do conflito, a emoção é invariavelmente mobilizada, com vistas a preservar a autoestima e dinamizar defesas que protejam os sujeitos dos desconfortos que o dissenso provoca. A legitimação e a consideração da emoção contempladas pela psicologia jurídica têm viabilizado leituras e abordagens mais abrangentes.[26]

Ponderando sobre os sentimentos de paixão e emoção que envolvem especificamente as desavenças familiares, com bastante propriedade lecionam os professores José Sebastião de Oliveira e Humberto Luiz Carapunarla:

> Assim, em muitos casos a sentença se apresenta como solução do litígio, mas não consegue apaziguar as partes que, na maioria das vezes têm que continuar a conviver, situação que se apresenta como um suplício, principalmente porque os litígios de família normalmente não apresentam um vencedor, mas partes que tem cindidos seus direitos, como é o caso das ações de guarda, visitação e alimentos de filhos, entre outras. E, nesse contexto, os institutos da conciliação e mediação amenizam a consequência, quando não conseguem resolver – e apaziguar – totalmente a questão. Daí a importância de proporcionar às partes a possibilidade de solução por intermédio de tais institutos.[27]

---

[26] ALMEIDA, T. A. Resolução Pacífica de Conflitos: A Importância da Abordagem Multidisciplinar e do Protagonismo dos Envolvidos. *Programa Mediação de Conflitos*. Belo Horizonte: Arraes Editores, 2011.

[27] OLIVEIRA, J. S. O; CARAPUNARLA, H. L. C. Vencendo a Paixão e a Emoção nos Conflitos Familiares: A Conciliação e a Mediação como Solução para os Litígios na Área de Família. *Revista de Formas Consensuais de Solução de Conflitos*. Brasília, v. 2, n. 1, p. 100-118, Jan/Jun. 2016. Disponível em: <http://indexlaw. org/index.php/revistasolucoesconflitos/article/view/1130/1123>.

Destarte, o processo de resolução consensual deve levar em consideração as questões emocionais que gravitam em torno do conflito apresentado e não apenas as questões jurídicas tuteladas ou delimitadas pela petição inicial e pela contestação, a fim de permitir que as próprias partes possam amoldar os seus interesses e chegar a uma solução equilibrada.

O *Manual de Mediação Judicial*, lançado pelo Ministério da Justiça em 2013, orienta como o mediador deve abrir um processo de mediação. O modelo é baseado em cursos de mediação da Faculdade de Direito da Universidade de Brasília – UnB. Em síntese, após as apresentações iniciais, sugere-se que o diálogo transcorra, exemplificativamente, da seguinte forma:

"[...] A mediação judicial é um processo no qual nós, mediadores, trabalharemos com vocês para ajudá-los a resolver a situação que os trouxe até aqui. Cada um de vocês terá a oportunidade para expor suas preocupações para nós e para as demais partes. Nós queremos ajudá-los a esclarecer seus próprios objetivos e preferências; trabalhar com vocês na avaliação de opções; ajudá-los a tomar decisões eficientes considerando suas situações particulares e também oferecer a oportunidade para compreender o ponto de vista da outra parte.

Nosso trabalho não é decidir quem está certo ou errado, mas sim entender suas preocupações e auxiliá-los a desenvolver soluções que atendam adequadamente seus interesses.

Uma vez que cada um de vocês tenha tido a oportunidade de explicar sua posição, trabalharemos de modo a ajudá-los a decidirem o que fazer em relação às questões enfrentadas nesse nosso encontro. Um acordo formal é apenas um dos desfechos possíveis da mediação. Os resultados dessa sessão dependem de vocês.

A nossa experiência tem mostrado que a forma mais produtiva de estruturar nosso trabalho é, primeiramente, ouvir cada um de vocês sobre a situação que os trouxe até aqui. Faremos perguntas para que possamos melhor compreender suas preocupações. A partir de então, iremos sugerir que vocês se concentrem no futuro para resolver a situação pendente e para estabelecermos maneiras pelas quais vocês irão interagir futuramente. Se vocês alcançarem um acordo, nós podemos, se desejarem, firmá-lo a termo para que assinem.

Durante a mediação, cada um de vocês terá a oportunidade para falar. Acreditamos ser útil que cada parte ouça atentamente a outra, de modo que cada parte possa falar tudo que tem a dizer sem ser interrompida.

Nós fornecemos papel e caneta para que vocês tomem notas enquanto ouvem a outra parte. Em regra, pedimos às partes que anotem especialmente dois tipos de dados – os fatos novos que tenham tido conhecimento somente aqui na mediação e os fatos que vocês acreditam que a outra parte ainda não compreendeu ou que foram objeto de uma falha de comunicação.

Portanto, sintam-se à vontade para falar abertamente acerca de suas preocupações.[28]

Esse olhar abrangente e consistente, contemplando o interesse das partes em efetivamente saírem da disputa com a consciência de que o procedimento foi justo e que de fato trouxe satisfação às suas pretensões, é determinante para que esses processos construtivos se tornem soluções aceitáveis e possíveis para a efetividade dos institutos, na medida em que buscam uma solução dialogada e racional, sempre objetivando a real satisfação dos interesses dos envolvidos.

7. CONSIDERAÇÕES FINAIS

Estas reflexões indicam que está pavimentado um caminho sem volta, ou seja, a aplicação proveitosa dos institutos de solução alternativa de conflitos como garantia de acesso à justiça e consequente consolidação da cultura de composição e de pacificação em contraposição à cultura do litígio, segundo a qual somente a tutela jurisdicional pode eliminar os conflitos sociais.

Porém, os desafios ainda são grandes, entre eles dar maior visibilidade ao tema, conscientizar as pessoas quanto a essa nova forma de agir, formar profissionais para atuarem nesse campo de solução consensual de controvérsias e estimular a introdução dessas ferramentas colaborativas para quebrar paradigmas e definitivamente se inserir como alternativa de resolução de demandas em face da reconhecida e prevalente cultura de se utilizar da estrutura do sistema de justiça para pôr fim a conflitos interpessoais.

Como se vê, todos os interessados podem ser beneficiados quando existem possibilidades autocompositivas voluntárias, equilibradas, razoáveis e que carregam verdadeira sensação de aplicação de justiça, com celeridade e eficácia nos acordos transigidos e pactuados.

Em conclusão, pode-se afirmar com absoluta convicção que essa política pública e de administração da Justiça, lastreada na utilização de meios consensuais de solução de litígios, deve ser um compromisso de todos, pois representa grande avanço como prática efetivamente transformadora e de realização de justiça.

---

[28] BRASIL. Ministério da Justiça. *Manual de Mediação Judicial*, 2013, p. 110/111.

REFERÊNCIAS

ADVOCEF. *Revista do Direito da Advocef* (Diálogos sobre a Justiça). Porto Alegre, Advocef, v.1, n. 25, 2017.

ALMEIDA, Tânia; PELAJO, Samantha; JONATHAN, Eva (Coords). *Mediação de Conflitos para iniciantes, praticantes e docentes*. Salvador: Juspodivm, 2016. Disponível em: <https://www.editorajuspodivm.com.br/cdn/arquivos/9de9e cc398efc20c24c40b1dba5674d4.pdf>. Acesso em: 28 mai. 2018.

BRASIL. Conselho Nacional de Justiça. *Justiça em Números 2017*. Disponível em: <http://www.cnj.jus.br/files/conteudo/arquivo/2017/09/e5b5789fe59c137d-43506b2e4ec4ed67.pdf>. Acesso em: 28 mai. 2018.

_____. _____. *Manual de Mediação Judicial*. 6. ed. Brasília: Comitê Gestor Nacional da Conciliação, 2016.

_____. Defensoria Pública da União. *Revista da Defensoria Pública da União* nº 10 (jan-dez/2017). Brasília: DPU, 2017.

_____. Ministério da Justiça. *Desafios da transparência no sistema de justiça brasileiro*. Brasília: Secretaria da Reforma do Judiciário, 2013.

_____. _____. *Manual de Mediação Judicial*. AZEVEDO, André Gomma de. (Org.) 1. ed. Brasília: Secretaria da Reforma do Judiciário, 2013.

_____. *Revista Diálogos sobre a Justiça*. n. 3, set-dez/2014. Brasília: Centro de Estudos sobre o Sistema de Justiça, 2014.

_____. Superior Tribunal de Justiça. *Acesso à Justiça*: o custo do litígio no Brasil e o uso predatório do Sistema de Justiça. Brasília, 2018.

CAHALI, Francisco José. *Curso de Arbitragem*: mediação, conciliação, Resolução CNJ 125/2010. 6. ed. Rev., atual. e ampl. São Paulo: Revista dos Tribunais, 2017.

COMISSÃO TÉCNICA DE CONCEITOS DO PROGRAMA DE MEDIAÇÃO DE CONFLITOS – CTC – PMC. *Programa Mediação de Conflitos*: uma experiência de mediação comunitária no contexto das políticas públicas. Belo Horizonte: Arraes Editores, 2011. Disponível em: <http://www.institutoelo.org.br/site/files/publications/732b97393c88308cb2d84dc9c406c1cb.pdf>. Acesso em: 28 mai. 2018.

OLIVEIRA, José Sebastião de; CARAPUNARLA, Humberto Luiz. Vencendo a Paixão e a Emoção nos Conflitos Familiares: A Conciliação e a Mediação como Solução para os Litígios na Área de Família. *Revista de Formas Consensuais de Solução de Conflitos*. Brasília, v. 2, n. 1, p. 100-118, Jan/Jun. 2016. Disponível em: <http://indexlaw.org/index.php/revistasolucoesconflitos/article/view/1130/1123>. Acesso em: 28 mai. 2018.

SALOMÃO, L. F. O marco regulatório para a mediação no Brasil. *Revista Diálogos sobre a Justiça*. Secretaria Nacional de Reforma do Judiciário., n. 3, p. 16, set--dez/2014. Brasília: Centro de Estudos sobre o Sistema de Justiça, 2014.

VASCONCELOS, Carlos Eduardo de. *Mediação de conflitos e práticas restaurativas*. São Paulo: Método, 2008.

AUGUSTO CURY

Vale ressaltar que ninguém é capaz de mudar ninguém. A partir disso, nos questionamos: como é, então, que vamos contribuir para essa mudança na cultura de judicialização excessiva?

Certamente a resposta está em sermos exemplos pelas nossas práticas.

Os profissionais do Judiciário podem, sem dúvida, contribuir estimulando a conversa entre as partes, não só pela obrigação processual, mas por acreditarem realmente que essa é a melhor saída.

Estimular que uma pessoa se coloque no lugar da outra, ser um facilitador na conversa entre as duas partes, mostrar que o que importa é a materialidade do problema e não o "ter razão acima de tudo", é papel do Judiciário. Mas, antes disso, precisamos enxergar que essa é realmente a melhor opção para a solução de conflitos.

Um ser humano que procura desenvolver suas habilidades intelectuais e emocionais, que entende que a gestão da emoção é um fator importantíssimo na sua formação e no seu relacionamento com a sociedade é, antes de qualquer coisa, alguém que procura honrar seus feitos e agir da melhor maneira em todas as situações, tirando, assim, proveito de qualquer situação. Isso, sem dúvida, se relaciona com as janelas *light*, que entram em ação em qualquer gatilho da memória, ou seja, ao se deparar com uma dificuldade, a memória resgata um arquivo que demonstra que essa é a melhor saída para aquela situação e, com isso, ele acaba por tomar atitudes mais amenas.

A mais grave doença da nossa espécie é a perda do sentido psicossocial de espécie, que acaba se tornando uma grande forma de violação dos direitos humanos.

Nos esforçamos para conservar nossos laços genéticos e laços com as pessoas que escolhemos ao longo da vida, mas ainda não conquistamos, em sua totalidade, uma das mais nobres características da inteligência humana: a de alicerçar a práxis da teoria da igualdade, de construir coletivamente os sentimentos globais mais altruístas da psique.

Compartilhamos costumes, gostos, tecnologia, saberes de outros grupos sociais, mas não compartilhamos a cidadania e a democracia de ideia, ignorando o sentido psicossocial de espécie.

Se formos capazes de compreender melhor a natureza dos pensamentos e das ações, seremos mais tolerantes e menos propensos a nos discriminar e ver somente o lado negativo das pessoas envolvidas nos conflitos em que nos envolvemos.

Processos judiciais e medidas legais em geral não resolverão os conflitos sociais mais importantes. Eles trarão uma solução paliativa para amenizar esses problemas, mas logo as partes terão outros e outros conflitos, pois não aprenderam a considerar a vivência e as opiniões contrárias à sua de forma saudável e tranquila.

A partir disso, é fundamental refletirmos sobre as soluções pacíficas de conflitos que o nosso Judiciário já nos propõe. Esse, sem dúvida, é o primeiro passo para que tenhamos, de fato, a solução completa para eventuais discordâncias que possam se apresentar em nossa vida social.

O Judiciário como espaço para uma nova forma de resolver conflitos

CONFLITOS, HUMANISMO E JURISDIÇÃO: A CONCILIAÇÃO NA JUSTIÇA FEDERAL DA PRIMEIRA REGIÃO

REYNALDO SOARES DA FONSECA

Ministro do Superior Tribunal de Justiça (STJ). Professor licenciado da Universidade Federal do Maranhão (UFMA). Doutorando em Direito Constitucional na Faculdade Autônoma de São Paulo (Fadisp) com pesquisa realizada na Università degli Studi di Siena. Mestre em Direito Público pela Pontifícia Universidade Católica de São Paulo (PUC/SP).

GABRIEL CAMPOS SOARES DA FONSECA

Graduando em Direito pela Universidade de Brasília (UnB). *Visiting Student* (2016) em *Democracia e Desenvolvimento* pela Università degli Studi di Siena (UniSi – Itália). Pesquisador do Centro de Pesquisa em Direito Constitucional Comparado da UnB. Editor-chefe da *Revista dos Estudantes de Direito da UnB* (RED|UnB).

Sumário: 1. Introdução – 2. O jus-humanismo normativo: um breve olhar – 3. O princípio da fraternidade como categoria jurídica: 3.1. Reconstrução histórica: liberdade, igualdade e fraternidade; 3.2. A normatividade do princípio da fraternidade – 4. Conflitos, conciliação e fraternidade – 5. A experiência da Justiça Federal da 1ª Região – 6. Considerações finais – Referências.

1. INTRODUÇÃO

O presente artigo busca elucidar, em linhas gerais, um aporte teórico acerca do problema da explosão de litigância no Brasil. Assim, visualiza a conciliação como um método crucial para a solução pacífica dos conflitos de forma a aliviar o aparato jurisdicional brasileiro e fomentar uma sociedade plural e fraterna. O intento fundamental é o de demonstrar a conciliação como resultado de um viés humanista do Direito e expressá-la como uma forma de concretizar o princípio da fraternidade, de modo a cristalizar o apaziguamento social e a solução consensual dos conflitos. Para tanto, busca-se expor a experiência bem-sucedida da Justiça Federal da 1ª Região como exemplo real deste recorte teórico.

A partir da análise metodológica de vasta revisão bibliográfica, este trabalho, em sua primeira parte, expõe sucintamente as bases do jus-humanismo normativo, de modo a apresentá-lo como aporte teórico para a construção do pensamento desenvolvido ao longo deste texto. Dessa forma, busca-se a compreensão do Direito como um vetor de transformação social, e assim, para os fins deste trabalho, intentar melhor solucionar os anseios e os conflitos dos jurisdicionados.

Na segunda parte deste trabalho, almeja-se expor o princípio da fraternidade como fonte constitucional e moral para a construção de uma cultura de conciliação. Destarte, primeiramente, reconstrói-se o seu marco histórico, calcado na Revolução Francesa, para demonstrar um certo desinteresse e um certo esquecimento do princípio da fraternidade no debate político e jurídico. No entanto, posteriormente, demonstra-se a insuficiência dos corolários da liberdade e da igualdade para tratar da concretização do Estado Democrático de Direito, bem como para cuidar das relações da vida em comunidade. Por fim, busca-se representar a densidade deste princípio em diversos ordenamentos jurídicos, na doutrina e na jurisprudência.

Na terceira parte deste trabalho, a intenção é introduzir algumas das causas e das origens dos conflitos interpessoais e judiciais. Desse modo, apresenta-se a difusão dos métodos alternativos de resolução de disputa ao redor do mundo para explicitá-los como importantes meios para perpassar pela explosão de litigância na sociedade brasileira. No entanto, o foco deste trabalho é a conciliação *lato sensu* – englobando tanto a mediação quanto a conciliação *stricto sensu*. Por isso, entende-se que ela deve ser percebida como um meio para se alcançar uma sociedade mais fraterna, à luz dos mandamentos do nosso próprio preâmbulo.

Por fim, na última parte deste trabalho, tenta-se demonstrar, por meio de alguns dados, a concretização desses referenciais teóricos no âmbito da Justiça

Federal da 1ª Região para concluir que os métodos alternativos de resolução de disputas são a chave para ultrapassar a explosão de litigância no País, assim como para concretizar o princípio da fraternidade e consolidar um viés do Direito mais humanista, na prática.

2. O JUS-HUMANISMO NORMATIVO: UM BREVE OLHAR

O conceito de Direito continua sendo disputado até os dias de hoje. Não obstante os mais diversos autores e as mais diversas linhas de pensamento jusfilosófico, o juspositivismo, o jusnaturalismo e o realismo jurídico se apresentaram como as três linhas clássicas principais. A despeito da complexidade do tema e dos contínuos debates acerca das mais variadas vertentes de cada linha, é importante perceber que, com o advento da modernidade, o Direito deve ser repensado para além dos questionamentos tradicionais. Destarte, urge a necessidade de se repensar um aporte teórico e metodológico do Direito que permita a consolidação dos meios técnicos e axiológicos para um juízo acerca da justiça das normas.

Na linha do professor português Paulo Ferreira da Cunha, a injustiça evidencia-se a partir da violação de algum destes preceitos jurídicos: viver retamente, não prejudicar ninguém e atribuir a cada um o que é seu.[1] O jus--humanismo normativo surge a partir dessa perspectiva, então, inspirando-se nas postulações do jurista mexicano Eduardo Garcia Maynes e do francês Michel Villey. Partindo-se disso, visualiza-se como necessário entrelaçar as principais constatações do jusnaturalismo, do juspositivismo e do realismo jurídico.

Criada pelo professor Ricardo Sayeg e sistematizada em conjunto com o professor Wagner Balera nos debates relativos ao Direito Econômico,[2] esta corrente teórica, aplicada à teoria do Direito à luz de sua universalidade e de

---

[1] CUNHA, Paulo Ferreira da. *Síntese de Filosofia do Direito*. Coimbra: Almedina, 2009. p. 141.

[2] Tal teoria foi constituída, primeiramente, à vista de uma concepção jus humanista de regência jurídica do mercado e da economia, assim articulando uma estrutura saudável e balanceada entre mercado e vida humana. Ver: SAYEG, Ricardo; BALERA, Wagner. *O Capitalismo Humanista*: Filosofia Humanista de Direito Econômico. Petrópolis: KBR, 2011. p. 17.

sua transversalidade, defende a intersecção do texto (direito positivo) com o metatexto (realismo jurídico) e com o intratexto (jusnaturalismo à luz dos direitos humanos). É importante ressaltar, no entanto, que o marco teórico do jus-humanismo diz respeito à fraternidade. Sob essa égide, busca-se instituir uma sociedade plural e fraterna, alicerçando-se nos direitos humanos para tanto.

A apresentação breve e sucinta desta teoria serve, para fins deste trabalho, para reconhecer o princípio da fraternidade como elemento norteador de uma prática jurídica atenta aos anseios sociais e em busca da solução pacífica dos conflitos. Este novo olhar percebe a necessidade de se agregar elementos das três principais vertentes jusfilosóficas clássicas para, então, reconhecer uma multidimensionalidade intrínseca à vida social e à concretização do Direito como um todo.

Objetiva-se, portanto, sob a consciência de uma atual explosão conflitiva e litigiosa, a satisfação do ser humano no que tange às dimensões objetivas da dignidade da pessoa humana, da democracia e da paz. O Direito, assim, não pode ser observado sob desdobramentos e rótulos simplistas de modelos de teoria do direito. Em verdade, diferentemente, deve ser reflexo de um sistema complexo que busca solucionar os anseios dos jurisdicionados – densificando a "justiça" no caso em concreto –, porém mantendo, ao mesmo tempo, a sua consistência interna de objetividade e de previsibilidade – formatando suas bases racionais autônomas.

3. O PRINCÍPIO DA FRATERNIDADE COMO CATEGORIA JURÍDICA

Em consonância com a visão humanista do Direito, depreende-se que a fraternidade se evidencia como um princípio crucial e norteador para a aplicação do Direito. Como é bem sabido, o evento histórico da Revolução Francesa, em 1789, proliferou mudanças incontornáveis para todas as searas do conhecimento, incluindo-se o Direito.

Tal contexto político-social-cultural tinha como bandeira três princípios: liberdade, igualdade e fraternidade. Com o desenvolvimento da sociedade sob esse novo paradigma pós-revolucionário, posteriormente, muito se discutiu acerca das ingerências (recíprocas ou não) entre a liberdade e a igualdade; todavia, esqueceu-se da fraternidade. Destarte, é preciso reconhecer a dimensão política e jurídica da fraternidade[3] a fim de, posteriormente, utilizá-la na busca da construção de uma sociedade mais atenta aos perigos da litigiosidade nociva e excessiva.

3.1. Reconstrução histórica: liberdade, igualdade e fraternidade

No pano de fundo de um Estado de Direito liberal, a liberdade tomou as rédeas da aspiração social frente às mazelas causadas pelo absolutismo. Assim, o Estado ideal era visto como mínimo, um mal necessário. A autonomia privada seria, então, preponderante e deveria condicionar a autonomia pública. Consequentemente, o papel do Estado, dos direitos fundamentais e da própria Constituição estava condicionado à garantia das liberdades individuais em face de uma possível intromissão do Estado nessa esfera. Dessa forma, liberdade e igualdade eram tidas como direitos negativos, verdadeiras salvaguardas do indivíduo em face de uma possível intervenção inapropriada do Estado.

Malgrado, no âmbito do segundo paradigma Constitucional, isto é, o Estado Social, começou-se a buscar a materialização desses direitos fundamentais, principalmente no que tange à liberdade e à igualdade, pois não se demonstravam reais na prática. Para tanto, o Estado demonstrar-se-ia mais presente e mais ativo defendendo as partes mais fracas e concedendo direitos aos cidadãos. Iniciou-se, assim, por parte do Estado, a realização de prestações positivas nas áreas de bens e de serviços tidos como sociais. Em consequência disso, muda-se a "seta valorativa"[4] em relação ao papel do Estado, firmando a autonomia pública como delimitadora, a partir do ideal do bem comum, dos limites da autonomia privada sob uma burocracia tecnocrata.

Liberdade e igualdade, sob o ponto de vista liberal, eram conceitos-chave, porém, tidos sob uma perspectiva meramente formal e pela qual a liberdade se sobressaía. Assim, permitiu-se uma exploração dos economi-

---

[3] BAGGIO, Antonio Maria. The Forgotten Principle: Fraternity in Its Public Dimension. West Lafayette: *Claritas* – Journal of Dialogue and Culture, vol. 2, n. 2, 2013. p. 35.

[4] CARVALHO NETTO, Menelick de; SCOTTI, Guilherme. *Os direitos fundamentais e a (in)certeza do direito*: a produtividade das tensões principiológicas e a superação do sistema de regras. Belo Horizonte: Fórum, 2011. p. 108-109.

camente mais vulneráveis de forma espantosa. A ascensão do *Welfare State* buscou responder os anseios de tal segmento social materializando esses direitos de forma positiva, retirando-os do "papel". Porém, diferentemente da retórica manipuladora da época, fixou-se um verdadeiro clientelismo no qual os indivíduos não eram cidadãos de fato, mas, sim, reféns de políticas populistas. No paradigma do Estado Democrático de Direito, começa-se a repensar a questão com a devida complexidade, articulando autonomia pública e privada. Percebe-se a relação equiprimordial entre forma e matéria. Assim, a materialização da liberdade e da igualdade perpassa, antes, por uma afirmação formal dos sujeitos e do estabelecimento de salvaguardas processuais e individuais. Fixa-se, então, uma relação de complementaridade entre liberdade e igualdade.

No entanto, a fraternidade foi esquecida, de certa forma, como categoria jurídica; porém, este esquecimento não pode mais ser tolerado. Como já aludido, ambas experiências permitiram a ascensão de experiências político--constitucionais nocivas ao regime democrático e ao cumprimento sensato da ordem constitucional. Tendo em vista as experiências que prezaram pela realização da igualdade à custa da liberdade (totalitarismo) ou vice-versa (lógica exploradora do mercado), é possível notar que uma transformação social não sustentada pela fraternidade é, simplesmente, catastrófica. A reinserção da fraternidade no âmbito do debate jurídico, político e moral – campos necessariamente distintos, porém, que dialogam constantemente – tornou-se uma questão fundamental para a sustentação do próprio Estado Democrático de Direito. A complexidade dos problemas sociais, estruturais e jurídicos das democracias ocidentais demandam a redescoberta do princípio da fraternidade como uma categoria jurídica inerente.[5]

3.2. A normatividade do princípio da fraternidade

Cabe ressaltar, ao menos de forma breve, que os princípios não podem ser meros vazios retóricos, sob pena de se recair em uma argumentação

---

[5] SOARES DA FONSECA, Reynaldo. *A Conciliação à Luz do Princípio Constitucional da Fraternidade*: A Experiência da Justiça Federal da Primeira Região. São Paulo: Dissertação (Mestrado em Direito) – Pontifícia Universidade Católica de São Paulo (PUC/SP), 2014. p. 19.

utópica. A despeito de uma aplicação manipuladora ou de uma banalização da função dos princípios no ordenamento jurídico, eles devem ser vistos como oriundos das escolhas políticas de uma comunidade composta por indivíduos livres e autônomos.[6]

À vista das possíveis críticas da falta de previsão do princípio da fraternidade e da possível vagueza que ele, aparentemente, transpassaria, é preciso analisar sua expressa previsão em não só ordenamentos constitucionais e internacionais, mas, também, na doutrina e na jurisprudência.

Como exemplo de normatividade internacional, a Declaração Universal dos Direitos Humanos ressalta, em seu art. 1º, com clareza solar, a fraternidade como valor universal:

> Todas as pessoas são dotadas de razão e consciência e devem agir em relação umas às outras com **espírito de fraternidade**.[7]

Na Constituição lusitana, vigente desde 1976, o constituinte registrou, logo no preâmbulo, o significativo comprometimento do povo português:

> A Assembleia Constituinte afirma a decisão do povo português de defender a independência nacional, de garantir os direitos fundamentais dos cidadãos, de estabelecer os princípios basilares da democracia, de assegurar o primado do Estado de Direito democrático e de abrir caminho para uma sociedade socialista, no respeito da vontade do povo português, tendo em vista a construção de um país mais livre, mais justo e **mais fraterno**.[8]

No plano nacional, na mesma linha, o preâmbulo da Constituição brasileira de 1998 expõe que:

> Nós, representantes do povo brasileiro, reunidos em Assembleia Nacional Constituinte para instituir um Estado Democrático, destinado a assegurar o exercício dos direitos sociais e individuais, a liberdade, a segurança, o bem-

---

[6]   DWORKIN, Ronald. *O Império do Direito*. Tradução de Jefferson Luiz Camargo. 2. ed. São Paulo: Martins Fontes, 2007. p. 227.

[7]   ONU. *Declaração Universal dos Direitos Humanos*. Paris: ONU, 1948. (Grifos nossos)

[8]   PORTUGAL. *Constituição da República Portuguesa*. Lisboa: Assembleia da República, 1976. (Grifos nossos)

-estar, o desenvolvimento, a igualdade e a justiça como valores supremos de uma **sociedade fraterna**, pluralista e sem preconceitos, fundada na harmonia social e comprometida, na ordem interna e internacional, com a solução pacífica das controvérsias [...].[9]

Apesar de o preâmbulo não ser dotado de força normativa, ele representa uma orientação para a interpretação e a aplicação das normas constitucionais.[10] Como bem aponta a Ministra Cármen Lúcia, o preâmbulo apresenta, em verdade, a explicitação dos valores que dominam a obra constitucional de 1988.[11] Em consequência disso, é possível afirmar que o princípio da fraternidade, ao lado dos demais valores supremos, é condição basilar para uma leitura coerente da Carta Maior de 1988[12] e irradia-se nas normas constitucionais brasileiras.

Apesar de não ser possível uma análise pormenorizada da jurisprudência a respeito do tema, sob pena de alargar o escopo deste trabalho, cabe ainda ressaltar alguns julgados que densificaram este princípio nos respectivos casos em concreto. A argumentação do Ministro Gilmar Mendes na ADPF 186-2/DF[13] afirmou que "No limiar deste século XXI, liberdade e igualdade devem ser (re)pensadas segundo o valor fundamental da fraternidade". Na mesma linha, o Ministro Carlos Ayres Britto nos ensinou, na ADI 3.128,[14] em seu brilhante voto, que "a solidariedade, como objetivo fundamental da República Federativa do Brasil, em verdade, é fraternidade, aquele terceiro valor fundante, ou inspirador da Revolução Francesa".

---

[9]   BRASIL. *Constituição da República Federativa do Brasil*. Brasília: Senado Federal, 1988. (Grifos nossos)

[10]   SILVA, José Afonso da. *Comentário Contextual à Constituição*. São Paulo: Malheiros, 2006. p. 22.

[11]   BRASIL. Supremo Tribunal Federal. *ADI 2.649*, voto da rel. min. Cármen Lúcia, j. 8.5.2008. *DJE* de 17.10.2008. p. 41.

[12]   LAZZARIN, Sonilde K. *O princípio da fraternidade na Constituição Federal Brasileira de 1988*. Porto Alegre: Direito & Justiça, v. 41, n.1, 2015. p. 93.

[13]   BRASIL. Supremo Tribunal Federal. *MC na ADPF nº 186-2*. Min. Gilmar Mendes. *Dj*. 31.7.2009. p. 7.

[14]   BRASIL. Supremo Tribunal Federal. *ADI 3.218*. Voto Min. Carlos Ayres Britto. *Dj* 5.9.2011.

No âmbito doutrinário, respeitáveis vozes já se manifestaram acerca do assunto. No entanto, como bem ressaltado pelo ilustríssimo Peter Häberle,[15] pouco se falou da fraternidade após a Revolução Francesa de 1789. A despeito disso, o jurista português Paulo Ferreira da Cunha, expoente no tema, ressurge com tal discussão, expondo que o Direito Fraterno Humanista[16] representa uma aglutinação de movimentos e de tendências de vários campos de estudo. Todavia, ele preza, de maneira geral, por se postar como um novo paradigma, definido como o "paradigma jurídico-político dos Direitos Humanos" propondo, assim, que o Direito deve atuar "tanto nas fronteiras da realidade dos homens, quanto nos limites do individual, e configurar-se em função desses dois universos integrados, sempre ao encalço de uma atribuição justa".[17] Por fim, o douto Carlos Ayres Britto afirma a existência do constitucionalismo fraternal, isto é, o constitucionalismo que ultrapassou a mera feição liberal e social para assim consubstanciar uma feição fraternal e emancipatória, em um verdadeiro sentido de comunhão. Ademais, a fraternidade se apresenta, portanto, como "o ponto de unidade a que se chega pela conciliação possível entre os extremos da Liberdade, de um lado, e, de outro, da Igualdade".[18]

Destarte, a fraternidade representa um passo para além da insuficiência do caráter individualista do Direito. Ela intenta permitir a fruição dos direitos fundamentais previstos no ordenamento jurídico por todas as camadas sociais, firmando-se, assim, como um valor fundamental para assegurar a própria vida em comunidade[19] e para efetivar o próprio Estado Democrático de Direito.[20]

---

[15] HÄBERLE, Peter. *Libertad, igualdad, fraternidad*: 1789 como historia, actualidad y futuro del Estado constitucional. Madrid: Trotta, 1998.

[16] CUNHA, Paulo Ferreira da. Do Direito Fraterno Humanista: diálogos e vetores. Montes Claros: *Revista Brasileira de Estudos Jurídicos*, v.11, n.1, jan./jun. 2016, p. 14.

[17] CUNHA, Paulo Ferreira da. Do Direito Natural ao Direito Fraterno. São Leopoldo: *RECHTD*, v.1, n.1, 2009. p. 78.

[18] BRITTO, Carlos Ayres. *Teoria da Constituição*. Rio de Janeiro: Forense, 2006. p. 218.

[19] MACHADO, Carlos Augusto Alcântara. *A Fraternidade como Categoria Jurídico-Constitucional*. Aracaju: Portal Ciclo, 2008. p. 14.

[20] NICKNICH, Mônica. O Direito e o princípio da fraternidade. Joinville: *Revista de Direito da Univille*, 2012. p. 174.

4. CONFLITOS, CONCILIAÇÃO E FRATERNIDADE

A vida em sociedade pressupõe a existência inerente de conflitos intersubjetivos de interesses. Com o advento do convívio social, pessoas diferentes começam a se interessar por um mesmo bem da vida, ocasionando, por conseguinte, um conflito entre elas. Antes da prática da resolução dos conflitos por meio do processo, existiam, de modo geral, três formas de resolvê-los: (i) a solução por violência; (ii) a solução moral; e (iii) a solução contratual/consensual. Entretanto, com a introdução e o posterior desenvolvimento da prática de um terceiro resolvendo conflitos de outras pessoas, o processo emergiu como uma maneira racional para a composição de litígios. Sendo assim, o processo firma-se como resultado da função jurisdicional do Estado e dessa forma, sob um conceito amplo, ele se evidencia como o meio e o instrumento de que se vale o Estado para, no exercício de sua função jurisdicional, compor as lides.

Uma cultura político-constitucional saudável carrega dentro de si o dito "direito à diferença".[21] Isso implica em reafirmar a existência de um pluralismo social que permita a convivência de diversos valores morais e políticos no mesmo tecido social. Em decorrência dessa interação de visões de mundo heterogêneas e até, por vezes, incompatíveis, a propagação de inúmeros conflitos se torna inevitável. Não obstante, depreende-se logicamente que não convém, aos desígnios do Estado, uma sociedade litigiosa, pois ele deve buscar o apaziguamento social e, consequentemente, prezar pela autocomposição dos litígios, isto é, estimular que eles sejam resolvidos sem a necessidade de se mover o aparato jurisdicional do Estado.

No Direito Processual, identificam-se três ondas de acesso à Justiça, que estariam no sentido da remoção dos obstáculos à resolução de litígios. A primeira onda refere-se à remoção de obstáculos econômicos, tendo como marco a assistência jurídica gratuita. Seguidamente, a segunda onda se traduz na remoção de obstáculos de cunho individualista, logo, se criaram mecanismos de proteção de interesses transindividuais. Por fim, a terceira onda é

---

[21] BITTAR, Eduardo C. B. Reconhecimento e Direito à Diferença: Teoria Crítica, Diversidade e a Cultura dos Direitos Humanos. São Paulo: *Revista da Faculdade de Direito da Universidade de São Paulo*, v. 104, 2009. p. 552.

referente aos obstáculos qualitativos, assim gerando a reforma e reinvenção do Poder Judiciário, a sua desformalização e a introdução dos meios alternativos de resolução de conflitos.

Demais disso, diante da problemática hodierna de carência de recursos, com causas de cunho estrutural, conjuntural, processual e cultural, torna-se inevitável desautorizar o velho dogma de que o monopólio estatal da jurisdição emana da manifestação do juiz no processo via procedimento ordinário, em geral. Nesse diapasão, entretanto, noticia-se a imprescindibilidade das resoluções alternativas de disputa para a manutenção do Poder Judiciário como instituição funcional na dinâmica do Estado e da sociedade civil.

Recentemente, diversas mudanças substanciais ocorreram na maneira de se abordar o conflito em si. Assim, ao redor do mundo, buscou-se desenvolver estratégias mais eficientes, menos onerosas e mais satisfatórias, para as partes e para o Estado, de se resolver tais conflitos de modo a expandir os métodos de *Alternative Dispute Resolution* (ADR).[22] De maneira geral, os ditos métodos de resolução alternativa de disputa podem englobar (i) a negociação, (ii) a mediação, (iii) a conciliação e (iv) a arbitragem.

No entanto, para os fins deste trabalho, é importante focar no âmbito da conciliação como um conceito mais amplo, envolvendo tanto a conciliação *stricto sensu* quanto a mediação. A mediação e a conciliação representam formas de solução de conflito nas quais um terceiro interfere no processo negocial visando auxiliar as partes a fim de se chegar à autocomposição do litígio. Assim, as duas técnicas são norteadas por princípios como informalidade, simplicidade, economia processual, celeridade, oralidade e flexibilidade processual. Os mediadores e os conciliadores, portanto, exercem um papel de catalisadores da solução negocial do conflito, de modo que a eles não cabe resolver o problema[23] em si. Na realidade, eles devem agir com uma postura

---

[22] STIPANOWICH, Thomas J. ADR and the "Vanishing Trial": The Growth and Impact of "Alternative Dispute Resolution". New Jersey: *Journal of Empirical Legal Studies*, v. 1, n. 3, 2004. p. 843.

[23] DIDIER, Fredie. *Curso de Direito Processual Civil*: introdução ao direito processual civil, parte geral e processo de conhecimento. 17. edição. Salvador: Juspodivm, 2015. p. 275.

assertiva, trazendo propostas concretas para conjugar os interesses envolvidos e, então, pôr fim ao litigio.

Todavia, é importante diferenciá-las, de modo que a mediação é uma forma de solução de conflitos na qual uma terceira pessoa, neutra e imparcial, facilita o diálogo entre as partes, para que elas construam, com autonomia e solidariedade, a melhor solução para o problema. Em regra, ela é utilizada em conflitos multidimensionais, ou complexos por ser um procedimento estruturado, não tendo um prazo definido e podendo terminar ou não em acordo, pois as partes têm autonomia para buscar soluções que compatibilizem seus interesses e necessidades. Por outro lado, a conciliação *stricto sensu* é um método utilizado em conflitos mais simples, ou restritos, no qual o terceiro facilitador pode adotar uma posição mais ativa, porém neutra em relação ao conflito. É, portanto, um processo consensual breve, que busca uma efetiva harmonização social e a restauração, dentro dos limites possíveis, da relação social entre as partes.[24]

O exercício da jurisdição, como atividade substitutiva do Estado, resolve a disputa, o litígio; porém, não consegue eliminar por completo o conflito subjetivo entre as partes, isto é, as respectivas mágoas, a animosidade ou o ressentimento entre elas. Assim, há sempre vencedor e vencido, nos termos da lei que ali foi aplicada. Por outro lado, tem-se a conciliação que, em conceito amplo, por assim dizer, deve ser percebida como um meio para se alcançar uma sociedade mais fraterna à luz de seu caráter autocompositivo. Portanto, na linha do já exposto, tem-se a função precípua de demonstrar que a conciliação, de maneira geral, ainda representa uma possível concretização do princípio da fraternidade, na medida em que busca o apaziguamento social, a construção de uma sociedade dialógica e o abrandamento da cultura de litigiosidade.

5. A EXPERIÊNCIA DA JUSTIÇA FEDERAL DA 1ª REGIÃO

Após a reflexão teórica exposta, com o intuito de conferir uma expressão mínima de empiria a este trabalho, é preciso analisar como tais postulações

---

[24] CONSELHO NACIONAL DE JUSTIÇA. *Mediação e Conciliação, qual a diferença?* Brasília: CNJ, 2016.

teóricas são aplicáveis na prática. Para tanto, o breve relato da experiência da Justiça Federal da 1ª Região demonstra um exemplo memorável no âmbito da conciliação.

O Judiciário percebeu a necessidade de estimular e contribuir para a consolidação da cultura da conciliação no meio da sociedade civil, como forma efetiva de pacificação social e de tornar excepcional a via judicial. São, atualmente, mais de 92 milhões de processos em tramitação no Brasil, sendo mais de 11 milhões nos órgãos da Justiça Federal. A partir de 2002, os Juízes Federais de primeiro grau passaram a desenvolver iniciativas na perspectiva da conciliação, especialmente nos processos do Sistema Financeiro da Habitação (financiamento da casa própria). Contaram com o decisivo apoio da Empresa Gestora de Ativos – EMGEA e da Caixa Econômica Federal. Os resultados alcançados, especialmente em Minas Gerais, no Pará, no Maranhão e no Distrito Federal, foram extremamente positivos e estimularam a reflexão do Tribunal para a sistematização de um projeto maior de conciliação.

Em maio de 2005, a Presidência do Tribunal Regional Federal da 1ª Região editou a Resolução nº 100-14, de 25.5.2005, autorizando a sistematização e implantação de um projeto de conciliação na 1ª Região, inclusive quanto aos processos em grau de recurso, nos quais se discutem contratos de mútuo vinculados ao Sistema Financeiro da Habitação. No ano seguinte (2006), a então Presidente, hoje Ministra Assusete Magalhães, elegeu como uma das prioridades de sua administração a efetiva implantação da cultura da conciliação na 1ª Região, obtendo resultados impressionantes (mais de 70% de acordos, com a ajuda de mais de 100 magistrados voluntários). Sua Excelência ampliou, ainda, o projeto, enveredando pela área previdenciária, em parceria com o INSS (Resolução PRESI nº 600-04, de 6.3.2008).

Assim, quando a eminente Ministra Ellen Gracie, então Presidente do Supremo Tribunal Federal e do Conselho Nacional de Justiça, lançou, em 2006, o Movimento Nacional pela Conciliação, o TRF da 1ª Região tornou-se, de imediato, parceiro do Conselho Nacional de Justiça, colaborando muito para a consolidação da cultura da conciliação no País.

Apenas para ilustrar, no período 2010/2014 (junho), a 1ª Região homologou mais de 420 mil acordos cíveis, o que alcançou mais de dois milhões de pessoas, se considerarmos a média da família brasileira (cinco membros).

Na última semana do mês de março de 2013, 50 novos Juízes Federais implementaram em dois dias, como parte do seu curso de treinamento e formação, 1.000 audiências agendadas. No último mutirão dos JEFs do Maranhão (maio de 2014 – São Luís – duas semanas) foram realizadas cerca de 8.000 audiências e mais de 5.000 acordos previdenciários. Nota-se, assim, que a conciliação permitiu ainda, em não raras vezes, o desenvolvimento social e a resolução dos conflitos de forma mais humana. É importante registrar, a propósito, que a partir de 2006, o Conselho Nacional de Justiça instituiu o Movimento Nacional de Conciliação e, nessa linha de ação, estabeleceu uma simbologia importante: uma vez ao ano, todo o Judiciário realiza, em conjunto, uma Semana Nacional de Conciliação. Para a 1ª Região, que venceu três prêmios nacionais *Conciliar é legal*, os resultados foram extraordinários. Foram alcançados, no período de 2006/2013 (uma semana anual), mais de 41 mil acordos e cerca de 500.000.000, 00 (quinhentos milhões de reais) em valores negociados. Tal movimento em prol da conciliação é tão forte que, hoje, já se fala em conciliação até mesmo pré-processual, isso tudo à vista de melhor solucionar os litígios e anseios dos jurisdicionados, dar maior celeridade aos julgamentos e permitir um maior filtro para se chegar ao Judiciário; preferindo, antes, o diálogo e as variadas formas alternativas de resolução de disputa.

6. CONSIDERAÇÕES FINAIS

Ante o exposto, conclui-se pela necessidade de se consolidar uma nova cultura no Poder Judiciário e na própria sociedade: uma cultura dialógica e fraterna. Isso é extremamente relevante no que diz respeito aos conflitos interpessoais, pois pode influir no aumento da solução destes fora do âmbito judicial. A despeito disso, é importante ressaltar que existem conflitos que devem, de fato, ser resolvidos na via judicial. No entanto, o meio judicial costuma gerar, na maioria dos casos, uma alta carga de insatisfação, tendo em vista que propaga um vencedor e um vencido; porém, um tremendo estresse para ambos. Outrossim, gera um desgaste muito grande do próprio Estado--jurisdição, pois o incha de demandas e, ao fim, leva à prestação jurisdicional insuficiente por parte do Estado, porque não consegue, no mais das vezes, extinguir com celeridade e qualidade as diversas lides.

Desse modo, é sempre necessário relembrar que "criticar o que é naturalizado é, gradualmente, alterar as bases que moldam nossa realidade e, assim, construir um novo contexto".[25] Para isso, os métodos alternativos de resolução de disputa aparecem como uma importante saída para além do velho dogma que enche o Judiciário de demandas: "o juiz deve decidir e a única decisão válida emana dele". Nessa linha, a conciliação *lato sensu* evidencia uma tentativa de se mudar essa realidade de explosão de litigância para concretizar o mandamento do Poder Constituinte de que devemos buscar a solução pacífica de controvérsias por meio da construção de uma sociedade fraterna e solidária, ainda resolvendo o processo de forma satisfatória e célere.

A partir do já elucidado, cabe relembrar que o jus-humanismo normativo serve como base fundamental para a reintrodução da fraternidade no imaginário jurídico. A partir desse adensamento teórico, é possível buscar um Direito mais humano e preocupado com os anseios da população, que o busca para solucionar seus mais diversos conflitos. A fraternidade, da mesma forma, figura como uma importante categoria político-jurídica, especialmente no que diz respeito à vivência em comunidade, apesar de esquecida, caso comparada com os outros dois membros da tríade – liberdade e igualdade. Urge, então, a reintrodução deste importante princípio no debate constitucional para fins de um constitucionalismo que ultrapasse as amarras meramente liberais ou sociais. A partir de sua previsão em inúmeros ordenamentos nacionais e internacionais, bem como aceitação doutrinária e jurisprudencial, a fraternidade figura como um importante valor constitucional a ser alcançado.

Portanto, a conciliação deve ser enxergada a partir do princípio constitucional da fraternidade e de um viés humanista do Direito; porém, concomitantemente, necessita ser vista como um instrumento que possa concretizá-los à luz da busca pelo apaziguamento social, pelo fim da cultura de litigiosidade e pela construção de uma cultura pautada no diálogo.

REFERÊNCIAS

BAGGIO, Antonio Maria. The Forgotten Principle: Fraternity in Its Public Dimension. West Lafayette: *Claritas* – Journal of Dialogue and Culture, vol. 2, n. 2, 2013.

BITTAR, Eduardo C. B. Reconhecimento e Direito à Diferença: Teoria Crítica, Diversidade e a Cultura dos Direitos Humanos. São Paulo: *Revista da Faculdade de Direito da Universidade de São Paulo*, v. 104, 2009.

---

[25] FONSECA, Gabriel C. Soares da. O Dilema da Última Palavra: Cortes Constitucionais, Democracia e Deliberação. Juiz de Fora: *Periódico Alethes* – UFJF, v. 06, n. 12, set/dez, 2016. p. 328.

BRASIL. *Constituição da República Federativa do Brasil*. Brasília: Senado Federal, 1988.

_____. Supremo Tribunal Federal. *ADI 2.649*, voto da rel. min. Cármen Lúcia, j. 8/5/2008. *DJe* de 17.10.2008.

_____. Supremo Tribunal Federal. *MC na ADPF nº 186-2*. Min. Gilmar Mendes. *Dje* de 31.7.2009.

_____. Supremo Tribunal Federal. *ADI 3.218*. Voto Min. Carlos Ayres Britto. *DJe* 5.9.2011.

BRITTO, Carlos Ayres. *Teoria da Constituição*. Rio de Janeiro: Forense, 2006.

CARVALHO NETTO, Menelick de; SCOTTI, Guilherme. *Os direitos fundamentais e a (in)certeza do direito*: a produtividade das tensões principiológicas e a superação do sistema de regras. Belo Horizonte: Fórum, 2011.

CONSELHO NACIONAL DE JUSTIÇA. *Mediação e Conciliação, qual a diferença?* Brasília: CNJ, 2016.

CUNHA, Paulo Ferreira da. *Síntese de Filosofia do Direito*. Coimbra: Almedina, 2009.

_____. Do Direito Fraterno Humanista: diálogos e vetores. Montes Claros: *Revista Brasileira de Estudos Jurídicos*, v.11, n.1, jan./jun. 2016.

_____. Do Direito Natural ao Direito Fraterno. São Leopoldo: *RECHTD*, v.1, n.1, 2009.

DIDIER, Fredie. *Curso de Direito Processual Civil*: introdução ao direito processual civil, parte geral e processo de conhecimento. 17. edição. Salvador: Juspodivm, 2015.

DWORKIN, Ronald. *O Império do Direito*. Tradução de Jefferson Luiz Camargo. 2. ed. São Paulo: Martins Fontes, 2007.

FONSECA, Gabriel C. Soares da. O Dilema da Última Palavra: Cortes Constitucionais, Democracia e Deliberação. Juiz de Fora: *Periódico Alethes* – UFJF, v. 06, n. 12, p. 305-332, set/dez, 2016.

HÄBERLE, Peter. *Libertad, igualdad, fraternidad*: 1789 como historia, actualidad y futuro del Estado constitucional. Madrid: Trotta, 1998.

LAZZARIN, Sonilde K. *O princípio da fraternidade na Constituição Federal Brasileira de 1988*. Porto Alegre: Direito & Justiça, v. 41, n.1, 2015.

MACHADO, Carlos Augusto Alcântara. *A Fraternidade como Categoria Jurídico-Constitucional*. Aracaju: Portal Ciclo, 2008.

NICKNICH, Mônica. O Direito e o princípio da fraternidade. Joinville: *Revista de Direito da Univille*, 2012.

ONU. *Declaração Universal dos Direitos Humanos*. Paris: ONU, 1948.

PORTUGAL. *Constituição da República Portuguesa*. Lisboa: Assembleia da República, 1976.

SAYEG, Ricardo; BALERA, Wagner. *O Capitalismo Humanista*: Filosofia Humanista de Direito Econômico. Petrópolis: KBR, 2011.

SILVA, José Afonso da. *Comentário Contextual à Constituição*. São Paulo: Malheiros, 2006.

SOARES DA FONSECA, Reynaldo. *A Conciliação à Luz do Princípio Constitucional da Fraternidade*: A Experiência da Justiça Federal da Primeira Região. São Paulo: Dissertação (Mestrado em Direito) – Pontifícia Universidade Católica de São Paulo (PUC/SP), 2014.

STIPANOWICH, Thomas J. ADR and the "Vanishing Trial": The Growth and Impact of "Alternative Dispute Resolution". New Jersey: *Journal of Empirical Legal Studies*, v. 1, n. 3, 2004.

AUGUSTO CURY

A Teoria da Inteligência Multifocal estuda a formação do pensamento e todos os elementos envolvidos nesse complexo processo. Como se baseia nos diversos focos do funcionamento da mente, como a formação da memória e o Eu como gestor da mente, pode ser de grande valia para os processos judiciais, porque tem como tarefa atender, de forma mais simples, às peculiaridades das pessoas e das demandas que elas trazem para o Judiciário, especialmente quando lhes faltam condições para solucioná-las por si mesmas.

É claro que nem todas as pessoas que levam seus conflitos ao Judiciário estão dispostas a ceder em partes ou entrar num consenso, até porque o conflito pode abrir uma janela da memória e, se for uma janela *killer*, ativará más experiências, gerando medo, tensão, angústia, agressividade, raiva, entre outros sentimentos que dificultarão a conciliação. Nesse cenário, infelizmente muito comum nos dias de hoje, o magistrado deve estar capacitado para facilitar a comunicação entre as partes, acionando as janelas *light*, que nos dão tranquilidade, serenidade, prazer e afetividade, tornando-nos mais racionais e afastando nossa instintividade. Dessa forma, o magistrado conseguirá tornar a situação propensa a um diálogo mais aberto, em que as partes considerarão os posicionamentos uma da outra, viabilizando a conciliação.

Atuação do Judiciário na pacificação social e na democracia fraterna

O PAPEL DO JUDICIÁRIO NA NOVA ERA

JAYME MARTINS DE OLIVEIRA NETO
Presidente da Associação dos Magistrados Brasileiros – AMB.

Sumário: 1. Introdução – 2. O Poder Judiciário nas Constituições brasileiras – 3. Solução de conflitos. Conciliação e mediação – 4. Solução de conflitos. A magistratura em movimento de pacificação social – 5. A democracia fraterna – Referências.

1. INTRODUÇÃO

A Constituição de 1988, proclamada a "constituição cidadã", alterou profundamente a relação entre a sociedade e o Poder Judiciário. Primeiro, porque fez uma opção clara ao eleger o Poder Judiciário como uma espécie de moderador do sistema de freios e contrapesos existente na doutrina da tripartição do exercício do poder. Segundo, porque valorizou o acesso à Justiça como caminho adequado para a pacificação social.

Em 1988, segundo dados do IBGE, apenas 30% das pessoas envolvidas em disputas procuravam a Justiça estatal[1], quadro que se alterou profundamente após a abertura democrática e o novo modelo constitucional implantado, porquanto atualmente, com mais de 100 milhões de processos em tramitação e cerca de 20 milhões de novos processos por ano, a Justiça estatal ganhou outra dimensão.

---

[1] SADEK, Maria Tereza. *Acesso à Justiça*. São Paulo: Fundação Konrad Adenauer- -Stiftung, 2001. p. 7.

As escolhas levadas a efeito pelo constituinte refletiam a situação da sociedade naquele momento, mas agora, 30 anos depois, identificam-se problemas a serem corrigidos e novas escolhas a serem feitas, também porque houve alteração no conjunto social.

Esse é o quadro que pretendemos abordar, despretensiosamente, culminando pela defesa de um novo paradigma constitucional, qual seja, o que valorize a fraternidade como princípio jurídico a ser adotado de maneira clara pela ordem jurídica, a significar um novo vetor interpretativo na solução dos conflitos ou mesmo como forma de evitá-los ou, ainda, nas criativas iniciativas adotadas pelos juízes para levar a Justiça ao cidadão.

2. O PODER JUDICIÁRIO NAS CONSTITUIÇÕES BRASILEIRAS

A Constituição imperial de 1824 trouxe o gérmen da "independência" do Poder Judiciário, mas estava distante do ideal. Os juízes, apesar de nomeados pelo imperador, eram, a partir da nomeação, perpétuos nos cargos, mas podiam ser removidos. Naquela altura a interpretação das leis competia ao legislador e não ao juiz.

Com o advento da República, a nova Constituição, de 1891, afirma a existência de um Poder Judiciário independente e autônomo e confere aos tribunais o poder de organizar suas secretarias e eleger seus presidentes e faz surgir a justiça dos estados, fruto da nascente federação instituída.

Em 1934, uma nova Constituição traz as garantias da vitaliciedade, inamovibilidade e irredutibilidade de vencimentos, cria o concurso público para acesso aos cargos de primeiro grau, os critérios de merecimento e antiguidade para acesso ao segundo grau e, ainda, o quinto constitucional, ou seja, nos tribunais superiores um quinto das vagas são ocupadas, a partir de então, por pessoas oriundas da Advocacia e do Ministério Público, em lista elaborada pelo próprio tribunal.

A Carta de 1937 retrocede e nem mesmo se refere à independência do Poder Judiciário. Somente em 1946 recupera-se a ideia de independência, mas os atos institucionais que se seguem a partir de 1964 voltam a constranger o Judiciário, pois são suspensas as garantias da magistratura.

A abertura democrática e a nova Constituição é que vão trazer novas visões e novos papéis ao Poder Judiciário.

Antoine Garapon[2] afirma que o controle crescente da Justiça sobre a vida coletiva é "um dos maiores fatos políticos deste final de século XX", e isso porque nada mais escapa ao controle da Justiça. Foi essa a situação que se verificou no Brasil após o advento da Constituição de 1988.

3. SOLUÇÃO DE CONFLITOS. CONCILIAÇÃO E MEDIAÇÃO

Em **1988** foram ajuizadas no Brasil cerca de 350 mil novas ações. No ano de **2016**, todavia, foram 29,4 milhões de novas ações, um aumento descomunal para os cuidados de 18, 11 mil juízes.

O dado revela, de um lado, que a abertura democrática também democratizou o acesso à Justiça e o Judiciário foi procurado pela população; de outro, mostra a ausência de alterações profundas na maneira de resolver esse volume de demandas e o estoque de processos aumenta a cada ano, por mais que trabalhem os juízes.

A análise da série histórica do Conselho Nacional de Justiça, de 2009 a 2016, mostra o ingresso no Judiciário de 217,4 milhões de novos processos, e no mesmo período proferidas cerca de 206,5 milhões de decisões e sentenças e, ainda, resolvidos em definitivo, aproximadamente 137,7 milhões de demandas, porquanto da soma do período restam pendentes 79,7 milhões de processos no estoque.

Nada obstante, o estoque estava em 60,7 milhões em 2009, e sobe a cada ano, como já afirmado, e de 2015 a 2016 foram quase 30 milhões de processos a mais no estoque, apesar da produção gigantesca e sem paralelo dos juízes brasileiros.

Isso exige reflexões, como a necessidade de repensar as estruturas internas, o próprio modelo de Justiça, a crescente necessidade de informatização e a necessidade de métodos alternativos à solução de conflitos.

A existência desses métodos, *grosso modo*, sempre existiu na sociedade, no sentido de se identificar um terceiro mediador de conflitos. O direito brasileiro, entretanto, cria a todo instante mecanismos de solução de con-

---

[2]   GARAPON, Antoine. *O juiz e a democracia* – o guardião das promessas. Trad. Maria Luiza de Carvalho. Rio de Janeiro: Revan, 1999. p. 24.

trovérsias na busca de uma pacificação social, para além da atividade típica de "dizer o direito", a *jurisdição*.

Na Constituição do Império (1824), a conciliação prévia era obrigatória e submetida aos juízes de paz (arts. 161 e 162), mas a obrigatoriedade deixa de existir com a República quando, por meio do Decreto 359/1890, foi abolida sob o argumento de que seria inútil e onerosa, além de procrastinar a propositura da ação[3].

A obrigatoriedade da conciliação é sempre objeto de controvérsia. Em alguns sistemas, por exemplo, existe a obrigatoriedade da conciliação na fase recursal, de maneira que, após proferida a sentença, a conciliação é obrigatória em caso de inconformismo e pretensão recursal, tudo como forma de reduzir sobremodo o volume de recursos que sobe às instâncias superiores. Em outros, a conciliação ocorre na fase inicial, após ajuizada a demanda, e em outros, ainda, na fase anterior, não se ignorando a possibilidade de convivência de vários métodos em um mesmo sistema.

A conciliação, de uma forma ou de outra, sempre esteve presente no sistema brasileiro, mas o aumento das controvérsias fez surgir novas iniciativas.

Em 1984 surgem os juizados especiais de pequenas causas, fruto de pesquisas, estudos e ideais de pensadores do porte de Kazuo Watanabe, entre outros, e culmina com a Lei 7.244/1984, com destaque para a conciliação, sendo criada a figura do conciliador como auxiliar da justiça e, em 1988, a Constituição da República absorve a proposta e prevê, no art. 98, I, os Juizados Especiais, com competência para conciliação, julgamento e execução das causas cíveis de menor complexidade e infrações penais de menor potencial ofensivo, com a utilização de procedimentos oral e sumaríssimo, permitia a transação e o julgamento dos recursos por turmas de juízes de primeiro grau.

A Lei 9.099/1995 regulamenta a Constituição e disciplina os Juizados Especiais, com destaque para os princípios da celeridade, informalidade e oralidade na busca da conciliação; tão grande foi o sucesso que os juizados não param de crescer, e isso muito em razão do fenômeno da litigiosidade

---

[3] Disponível em: <http://www2.camara.leg.br/legin/fed/decret/1824-1889/decreto-359-26-abril-1890-506287-publicacaooriginal-1-pe.html>.

contida, descrita por Kazuo Watanabe como "fenômeno extremamente perigoso para a estabilidade social, pois é um ingrediente a mais na 'panela de pressão' social, que já esta demonstrando sinais de deterioração do seu sistema de resistência"[4].

Logo em seguida surgiu a Lei 9.307/1996, conhecida como Lei de Arbitragem, com a abertura de uma nova forma de solução e mediação de conflitos, por meio de câmaras, centros ou tribunais arbitrais.

No ano de 2010 o Conselho Nacional de Justiça edita a Resolução 125/2010, para instituir uma política nacional de tratamento adequado aos conflitos no âmbito do Poder Judiciário.

Os modelos mais tradicionais sempre trataram e cuidaram da conciliação no âmbito do próprio Poder Judiciário. Todavia, vale lembrar que as partes, os interessados sempre podem, sem interferência de terceiros, alcançar a conciliação sobre as controvérsias já colocadas ou não no Judiciário, e esse método tem maior ou menor destaque dependendo das questões culturais de cada país. Para além dele, existe a conciliação na qual atua um terceiro imparcial, como no caso do juiz ou do árbitro, ou ainda naquele em que atua um terceiro, mas sem competências para impor uma solução. É o modelo da mediação, que ganha corpo nos últimos tempos, exigindo que as próprias partes colaborem com a construção do processo de solução que melhor possa atender ao interesse deles.

A estrutura do modelo de mediação tem essa característica de coparticipação na construção da solução. As partes assumem um papel de destaque, mediado por um terceiro, profissional preparado para conduzir e desenvolver, por técnicas próprias, ao caminho da solução, por meio pacífico. Esse papel transferido às partes convencionou-se designar de "empoderamento", porque são chamadas a assumir suas responsabilidades no conflito e a colaborar para a solução dele. Trata-se, em verdade, de responsabilidade, com o início da superação da "era dos direitos" pelo equilíbrio com os respectivos "deveres". Isso implica em ver não apenas sua responsabilidade pelo conflito, os seus direitos, mas também, com um alargamento do campo visual, alcançar o ponto de vista do outro, os direitos dos demais, os deveres de todos. Essa

---

[4]   WATANABE, K. Filosofia e características básicas do juizado especial de pequenas causas. *Juizado Especial de Pequenas Causas*. São Paulo: RT, 1985. p. 2.

modalidade inserida no ordenamento jurídico brasileiro resulta não apenas, como se pode imaginar num primeiro momento, em uma prática destinada a reduzir aquela brutal carga de processos estocados, mas também em uma mudança cultural profunda, por desafiar os litigantes a uma nova reflexão e a uma mudança de postura.

O sistema tradicional de justiça vive de um modelo cultural no qual o litigante sempre procura fugir de sua responsabilidade pelo litígio e pela solução, pois, quando indagado ou pressionado, sai com a resposta pronta: o juiz decidirá. Contudo, quando o juiz decide, ele recorre, porque nunca se conforma com a decisão e a solução construída por consenso tende a ser cumprida espontaneamente.

4. SOLUÇÃO DE CONFLITOS. A MAGISTRATURA EM MOVIMENTO DE PACIFICAÇÃO SOCIAL

Há um trabalho realizado pela magistratura brasileira, gigante, fantástico, muitas vezes anônimo e que não aparece nas estatísticas oficiais, mas que não pode ser esquecido porque fundamental no processo de pacificação social com justiça. Refiro-me aos inúmeros projetos que juízas e juízes brasileiros desenvolvem.

Seguem alguns poucos exemplos de projetos que aos poucos a Associação dos Magistrados Brasileiros – AMB adotou para apoiar e incentivar ou mesmo desenvolveu, como o projeto lançado no ano de 1992. A ideia surgiu durante os trabalhos da Assembleia Nacional Constituinte, porquanto se identificou que a maioria da população desconhecia as atribuições do Poder Judiciário. Em 1993, o projeto foi lançado com o nome **"Justiça se Aprende na Escola"**, com a finalidade de conscientizar professores, alunos e familiares sobre seus direitos e deveres como cidadãos por meio de palestras e atividades nas escolas públicas. Ao longo dos anos atingiu milhões de crianças e adolescentes e o personagem principal do gibi, o "brasilzinho", foi se adaptando para *conversar* com o público em atenção aos novos costumes. O juiz Roberto Bacellar, do Paraná, é um dos maiores entusiastas do projeto e foi responsável por sua ampla divulgação nacional. Pode-se afirmar, sem dúvida, que esse projeto da AMB foi fonte de inspiração de inúmeros outros e responsável por uma mudança de paradigma.

O projeto **"O ideal é real"**, de iniciativa do juiz Sérgio Luiz Ribeiro de Souza, do Rio de Janeiro, nasceu da constatação de que há mais pessoas na fila do cadastro de adoção do que crianças em abrigos. Resolveu, então, aproximar os pretensos pais desses abrigos e os resultados são animadores. Com o contato pessoal, direto, surgem situações inesperadas, novas, e emoções afloram nesse ambiente em que os pretensos pais percebem que os filhos que eles procuram já existem, estão a esperar por eles.

Outro projeto denominado **"Eu tenho voz"**, de iniciativa do Instituto Paulista de Magistrado – IPAM e idealizado pela juíza Hertha Helena P. R. de Oliveira, procura enfrentar a difícil questão do abuso sexual infantil. Por meio de uma peça teatral lúdica, com o apoio de uma equipe interdisciplinar, faz-se uma apresentação nas escolas, seguida de debates mediados por juízes, com a finalidade de chamar a atenção das crianças e dos professores, orientando-os sobre os caminhos para buscar auxílio e combater o abuso sexual infantil. Na maioria das vezes, denúncias surgem espontaneamente após a apresentação e os casos são encaminhados às autoridades competentes e preparadas para lidar com o tema. O projeto inclui um curso preparatório para professores por meio do qual são passadas as noções básicas de mediação, mediação escolar, justiça restaurativa e informações sobre prevenção e combate ao abuso sexual.

Outra iniciativa, ainda mais antiga, surgiu em 1972 em São José dos Campos, denominada **APAC**[5], liderada pelo advogado Mário Ottoboni e inspirada nas lições de Santo Agostinho e que servia de base para o "Cursilho da Cristandade". Os cursilhistas de São José dos Campos elegeram um movimento em favor de pessoas em cumprimento de pena privativa de liberdade e o denominaram "amando ao próximo, amarás a Cristo" – APAC.

No Estado de São Paulo o movimento ganhou corpo pelo incentivo e dedicação do juiz de direito Silvio Marques Neto e se caracterizou por uma metodologia própria, com a manutenção da unidade sem o auxílio das forças institucionais de segurança e baseada em alguns valores, a dizer, valorização humana, assistência à saúde, assistência jurídica, assistência religiosa, trabalho diário dos condenados e participação do voluntariado. Constituiu-se uma

---

[5] Neste tema contamos com o inestimável apoio do Desembargador Luiz Carlos Rezende e Santos do TJMG.

pessoa jurídica sem finalidade lucrativa, foi mantida a sigla, mas passou a ser denominado "Associação de proteção e assistências aos condenados – APAC". Posteriormente São Paulo abandonou o sistema.

Minas Gerais, entretanto, em meados da década de 1980, absorveu o modelo, mas foi a partir de 1997 que as APACs alcançaram condição de aplicar toda sua metodologia na cidade de Itaúna, quando o Centro de Reintegração Social ficou exclusivamente para a ONG, sem concurso de policiais, agentes penitenciários ou armas de fogo. Referida APAC serviu de multiplicador de experiência quando o Tribunal de Justiça de Minas Gerais pesquisou os resultados que ali encontrara e, a partir de 2001, adotou a metodologia como política pública no âmbito do Poder Judiciário, com a criação do Projeto "Novos Rumos na Execução Penal".

O Governo do Estado de Minas Gerais, no ano de 2004, adotou a APAC como política pública, permitindo pela primeira vez que fossem firmados convênios de manutenção das unidades, sendo os valores repassados inferiores a um terço da manutenção de cada prisioneiro nas unidades convencionais. Em 2006, o Governo de Minas firmou convênios para a construção de "Centros de Reintegração Social" com a mesma fração reduzida da obra, a dizer, um terço diante das prisões do sistema comum, saltando, no ano de 2009, para 12 unidades, com aproximadamente 600 recuperandos no total. Atualmente, em Minas Gerais, existem 39 Centros de Recuperação Social da APAC, em 36 comarcas, sendo quatro femininas, e um total de 3.500 vagas.

Um dos maiores idealistas do sistema no Estado de Minas Gerais e no Brasil, o Des. Luiz Carlos Rezende e Santos, sempre destaca que nesse percurso não houve caso de morte violenta nem fuga em massa no interior das APACs; tampouco existiram motins ou rebeliões nessas comunidades administradas pelos próprios apenados, sob a supervisão do Poder Judiciário, responsável por autorizar o encaminhamento de cada prisioneiro para os referidos centros, sendo a média da reincidência em Minas Gerais em torno de 15%, mas nas unidades mais antigas, com a metodologia aperfeiçoada, o índice é ainda menor.

Hoje as APACs funcionam nos Estados do Paraná, Rio Grande do Norte, Maranhão e Rondônia, com encaminhamento para instalação nos Estados do Rio Grande do Sul e Espírito Santo. São reconhecidas pelo Conselho Nacional de Justiça – CNJ e pelo Conselho Nacional do Ministério Público – CNMP como boas práticas e recebem apoio internacional, em especial da União

Europeia, que tem contribuído para divulgação e implantação em diversos países, como Chile, Colômbia, Costa Rica, Itália, Croácia e Coreia do Sul, que contam com unidades embrionárias.

Merece destaque o trabalho desenvolvido pelos juízes no tocante à **"Justiça Restaurativa"**. Esta, nas palavras de Edberto Penido, "constitui-se como um conjunto ordenado e sistêmico de princípios, métodos, técnicas e atividades próprias, que visa às conscientização sobre os fatores relacionais, institucionais e sociais motivadores de conflitos e violência, de forma a envolver a corresponsabilidade individual e coletiva, para fins de se entender as causas estruturais do conflito e as necessidades daí advindas, possibilitar a reparação dos danos – a partir da responsabilização ativa dos responsáveis e corresponsáveis – e, ainda, recompor as relações interpessoais e sociais esgarçadas"[6].

Marcelo Salmasso, Diretor-Secretário da Associação dos Magistrados Brasileiros – AMB da pasta de "justiça restaurativa", explica que a justiça restaurativa não se resume a uma técnica especial destinada a resolver conflitos, "mas pode ser entendida como uma filosofia e um verdadeiro instrumento de transformação social, a partir de uma série de ações nas esferas relacional, institucional e social, todas coordenadas e interligadas pelos princípios comuns da humanidade, da compreensão, da reflexão, da construção de novas atitudes, da responsabilidade individual e coletiva, do atendimento de necessidades, com o objetivo de promover a construção de comunidades em que cada qual se sinta igualmente responsável pelas mudanças e pela paz, ou seja, instituindo as ideais de corresponsabilidade e de cooperação. Por isso, a implementação e o desenvolvimento da Justiça Restaurativa se faz a partir do envolvimento de todos os setores sociais, ou seja, na comunidade e pela comunidade"[7].

---

[6]   Conceito apresentado na aula proferida no Curso de Mediação da Escola Paulista da Magistratura, em setembro de 2014.

[7]   Cf. SALMASO, Marcelo Nalesso. Uma mudança de paradigma e o ideal voltado à construção de uma Cultura de Paz. In: CRUZ, Fabrício Bittencourt (coord.). *Justiça restaurativa*: horizontes a partir da Resolução CNJ 225. Brasília: CNJ, 2016. p. 53-57. Disponível em: <http://www.cnj.jus.br/files/conteudo/arquivo/2016/08/4d6370b2cd6b7ee42814ec39946f9b67.pdf>.

No âmbito da Justiça Restaurativa, uma das maiores qualidades, mas não a única, diz com a pouca reincidência, pois, dos conflitos trabalhados em âmbito restaurativo, nota-se que as pessoas envolvidas realmente apresentam transformação efetiva, assumem novos caminhos e deixam em todos, vítima-comunidade-ofensor, como regra geral, um alto grau de satisfação.

5. A DEMOCRACIA FRATERNA

Os exemplos suprarreferidos são pequenas amostras da amplitude de ações, algumas surgidas no próprio seio do Judiciário, outras adotadas pelos juízes como mecanismos de ação pacificadora e condutora de uma Justiça eficaz.

Poderíamos arrolar inúmeras outras, pois são grandes as iniciativas na área de combate à violência doméstica, especialmente no combate à violência contra a mulher. Citem-se iniciativas de conscientização das mulheres, dos homens e da comunidade; desenvolvimento de aplicativos para segurança das mulheres; acompanhamento psicológico às vítimas; trabalho de recuperação da autoestima das vítimas; conscientização e repressão ao abuso sexual em transporte coletivo, enfim, um grande trabalho da magistratura brasileira em prol da cidadania e da justiça, alternativamente aos métodos tradicionais ou integrado a eles.

Em algumas oportunidades, por meio de artigos ou palestras, defendemos a necessidade de se pensar na construção da democracia fraterna como resultado da evolução dos dois modelos conhecidos de democracia, a social e a liberal, nos quais o liberalismo e o igualitarismo preponderaram, exigindo-se, agora, a integração dos dois princípios ao princípio esquecido, o da fraternidade, o que levará à construção de um modelo de democracia fraterna.

Liberdade e igualdade foram positivadas em praticamente todas as ordens jurídicas democráticas, restando a implementação da positivação da fraternidade, construindo-se, de forma semelhante aos direitos de liberdade e de igualdade, os direitos de fraternidade, a despregar-se, este último, apenas de conceitos religiosos ou políticos para assumir a versão jurídica, base de um conceito novo de democracia.

No âmbito do Poder Judiciário, o que se tem visto é a caminhar voluntário dos magistrados aos conceitos ainda não positivados, na medida em que, para além de suas atividades regulares na jurisdição, desenvolvem modelos, formas e projetos de distribuírem justiça, prevenir conflitos e pacificar a sociedade que se estruturam no princípio oculto que aos poucos abrirá novos horizontes interpretativos para a própria atividade estatal de dizer o direito e será vetor de políticas públicas.

REFERÊNCIAS

GARAPON, Antoine. *O juiz e a democracia* – o guardião das promessas. Trad. Maria Luiza de Carvalho. Rio de Janeiro: Revan, 1999.

SADEK, Maria Tereza. *Acesso à Justiça*. São Paulo: Fundação Konrad Adenauer--Stiftung, 2001.

SALMASO, Marcelo Nalesso. Uma mudança de paradigma e o ideal voltado à construção de uma Cultura de Paz. In: CRUZ, Fabrício Bittencourt (coord.). *Justiça restaurativa*: horizontes a partir da Resolução CNJ 225. Brasília: CNJ, 2016. p. 53-57. Disponível em: <http://www.cnj.jus.br/files/conteudo/arquivo/2016/0 8/4d6370b2cd6b7ee42814ec39946f9b67.pdf>.

WATANABE, K. Filosofia e características básicas do juizado especial de pequenas causas. *Juizado Especial de Pequenas Causas*. São Paulo: RT, 1985.

AUGUSTO CURY

As sociedades modernas vivem grandes e graves problemas psicossociais. Devido à globalização da informação, à cultura e ao pensamento cada vez mais massificados, o belo está cada vez mais estereotipado, o consumismo se tornou uma droga coletiva e os paradigmas socioculturais engessam cada vez mais a inteligência humana. Uma mudança de ponto de vista faz-se necessária em todas as relações conflituosas que são apresentadas no Poder Judiciário, o que vai requerer treinamento dos agentes, a fim de que se aperfeiçoem os resultados dos processos e a resolução de conflitos.

O conflito é inerente à vida. Eles se relacionam: conflito/vida, vida/conflito. Ele está presente em todos os relacionamentos humanos e em todas as sociedades. E nem todos os conflitos são ruins: alguns deles proporcionam aprendizado e crescimento, levando ao desenvolvimento dos indivíduos. Por outro lado, outros são negativos e nos trazem sofrimento e desentendimento, sobretudo aqueles que denominamos "conflitos familiares". Uma alternativa a esse tipo de situação seria a mediação desses conflitos, momento em que o mediador não só faria com que as partes entendessem melhor a situação-problema, mas também construiria a sua própria compreensão do contexto conflitante com o qual está lidando.

Só é eficiente quem aprende a ser líder de si mesmo, ainda que intuitivamente: tropeçando, traumatizando-se, levantando-se, interiorizando-se e reciclando-se. E é desta maneira que o Poder Judiciário poderá educar a sociedade, tornando-a mais consensual. Uma coisa é possível afirmar: quem procurar conhecer os mecanismos básicos da formação do Eu terá grande chance de nunca mais ser ou pensar da mesma maneira.

A contribuição da Advocacia-Geral da União na efetiva pacificação social

A MEDIAÇÃO E A CONCILIAÇÃO COMO MECANISMOS DE PROMOÇÃO DE UMA SOCIEDADE MAIS PACÍFICA E INCLUSIVA: EXPERIÊNCIA DA ADVOCACIA-GERAL DA UNIÃO

GRACE MARIA FERNANDES MENDONÇA

Advogada-Geral da União (2016-2019). Mestre em Direito Constitucional. Pós-Graduada em Direito Processual Civil. Mediadora no acordo envolvendo as ações dos planos econômicos. Professora da Universidade Católica de Brasília (2002-2015) nas disciplinas de Direito Constitucional, Direito Administrativo e Direito Processual Civil. Foi Secretária-Geral de Contencioso da Advocacia-Geral da União (2003-2016); Adjunta do Advogado-Geral da União (2002-2003); Coordenadora-Geral do Gabinete do Advogado-Geral da União (2001-2002); Assessora do Subprocurador--Geral da República (1995-2001); e Advogada da Companhia Imobiliária de Brasília – Terracap (1992-1995).

Sumário: 1. Introdução – 2. Uma visão geral a respeito da Advocacia-Geral da União – 3. Avanços da denominada Administração Consensual – 4. Arcabouço normativo sobre o qual se funda a política conciliatória da Advocacia-Geral da União e a experiência institucional. Conciliação e Mediação como instrumentos de efetiva pacificação social – 5. Experiência envolvendo o acordo dos Planos Econômicos – 6. Algumas ponderações acerca do processo de mediação e conciliação – 7. Considerações finais – Referências.

1. INTRODUÇÃO

A agenda das Nações Unidas para o desenvolvimento sustentável traz, como um de seus objetivos, promover sociedades pacíficas e inclusivas para o desenvolvimento sustentável (Objetivo 16).[1] O desafio parte da constatação de que as sociedades vivem situações de conflito e de que é preciso o desenvolvimento de mecanismos aptos a promover a pacificação.

---

[1] **Objetivo 16. Promover sociedades pacíficas e inclusivas para o desenvolvimento sustentável, proporcionar o acesso à justiça para todos e construir instituições eficazes, responsáveis e inclusivas em todos os níveis**

16.1 Reduzir significativamente todas as formas de violência e as taxas de mortalidade relacionada em todos os lugares.

16.2 Acabar com abuso, exploração, tráfico e todas as formas de violência e tortura contra crianças.

16.3 Promover o Estado de Direito, em nível nacional e internacional, e garantir a igualdade de acesso à justiça para todos.

16.4 Até 2030, reduzir significativamente os fluxos financeiros e de armas ilegais, reforçar a recuperação e devolução de recursos roubados e combater todas as formas de crime organizado.

16.5 Reduzir substancialmente a corrupção e o suborno em todas as suas formas.

16.6 Desenvolver instituições eficazes, responsáveis e transparentes em todos os níveis.

16.7 Garantir a tomada de decisão responsiva, inclusiva, participativa e representativa em todos os níveis.

16.8 Ampliar e fortalecer a participação dos países em desenvolvimento nas instituições de governança global.

16.9 Até 2030, fornecer identidade legal para todos, incluindo o registro de nascimento.

16.10 Assegurar o acesso público à informação e proteger as liberdades fundamentais, em conformidade com a legislação nacional e os acordos internacionais.

16.a Fortalecer as instituições nacionais relevantes, inclusive por meio da cooperação internacional, para a construção de capacidades em todos os níveis, em particular nos países em desenvolvimento, para a prevenção da violência e o combate ao terrorismo e ao crime.

16.b Promover e fazer cumprir leis e políticas não discriminatórias para o desenvolvimento sustentável.

De fato, as contendas envolvendo as relações interinstitucionais e interpessoais são, em todo mundo, das mais diversificadas ordens. Questões de índole étnica, racial e de gênero, somadas àquelas de natureza trabalhista, agrária, ambiental, previdenciária, cível, criminal, ética, social etc., formam um acervo capaz de comprovar não somente que os conflitos perpassam toda a atuação humana como também que as sociedades padecem do excesso de litígios.

O ato de não se contentar e de entrar em contenda parece ser ínsito à natureza humana. A contenda nasce precisamente do descontentamento do homem. Basta reportar-se ao registro bíblico da criação, em que o homem, descontente com a limitação que lhe fora imposta, avança em contenda com o seu Criador.

Ao longo da história da humanidade, é impossível quantificar o número de graves conflitos gerados e enfrentados pelo homem, muitos deles culminando em resultados catastróficos.

Se o conflito é inerente à natureza humana, é possível afirmar que a busca pela solução integra, igualmente, a índole humana. O homem não se resigna até que o deslinde seja alcançado. Daí a relação direta e muitas vezes perigosa estabelecida entre o conflito e os mecanismos de solução. Isso porque a busca pela solução de determinada contenda pode revelar-se também um problema. Disputas envolvendo terras, ideologias, concepções e crenças, por exemplo, já vislumbraram na guerra o mecanismo de solução.

Nas sociedades civilizadas e alicerçadas em um Estado de Direito, contudo, a solução para os desentendimentos instaurados entre os indivíduos passa a ser uma tarefa conferida ao Estado, por intermédio de uma de suas primordiais funções.

O Estado chama para si a tarefa de dizer e aplicar as leis e o direito às situações de conflito configuradas no seio da sociedade, subtraindo das mãos dos envolvidos na disputa a missão de solucionar por conta própria a contenda. Esse encargo passa a ser trabalhado e desenvolvido pelo Estado-Juiz, por intermédio de seu Poder Judiciário.

Em decorrência, afasta-se, em regra, a denominada autotutela,[2] e o jurisdicionado deve curvar-se ao que restar decidido pelo Poder Judiciário, a

---

[2] Apenas em caráter excepcional e específico é admitida a autotutela no ordenamento jurídico brasileiro, desde que a lei o preveja expressamente, a exemplo

quem caberá dizer a palavra final a respeito do litígio. A necessidade de solução do conflito, própria do ser humano, vai encontrar no Poder Judiciário seu legítimo amparo, porquanto será ali, pela entrega de uma tutela jurisdicional, que a contenda inaugurada alcançará solução legítima.

Não obstante, se por um lado é o Judiciário o ambiente apropriado para se obter a solução dos conflitos, por outro, a proliferação de demandas a ele submetidas tem comprometido a célere entrega da prestação jurisdicional e, em última análise, a própria concepção de acesso à Justiça. A noção de acesso à Justiça já não pode limitar-se ao ingresso no sistema oficial de solução de conflitos,[3] tanto que o legislador constituinte originário erigiu o direito à duração razoável do processo a garantia constitucional.[4]

A realidade de sobrecarga de trabalho imposta ao Poder Judiciário ostenta uma vertente positiva – na medida em que evidencia estar o cidadão mais ciente de seus direitos e, consequentemente, apto a buscar o Poder Judiciário como função estatal capaz de solucionar os conflitos. Todavia, é inegável que o elevado volume de processos acaba por embaraçar o eficiente funcionamento do sistema de justiça, porquanto a morosidade, natural em um ambiente de aumento exponencial de demandas, acaba por colocar em risco a própria confiança do cidadão na Justiça. Daí a importância de se buscar

---

do desforço imediato praticado em legítima defesa ou no exercício regular de um direito reconhecido ou mesmo nas situações de deterioração ou destruição da coisa alheia, ou lesão a pessoa, a fim de remover perigo iminente (art. 188 do Código Civil). Cabe citar ainda a autotutela administrativa que confere à Administração Pública, com base no princípio da legalidade, a prerrogativa de exercer o controle sobre seus próprios atos, conforme, aliás, previsto na súmula 473 do STF: "A administração pode anular seus próprios atos, quando eivados de vícios que os tornam ilegais, porque deles não se originam direitos; ou revogá-los, por motivo de conveniência ou oportunidade, respeitados os direitos adquiridos, e ressalvada, em todos os casos, a apreciação judicial."

[3] PELUSO, Cezar. Mediação e Conciliação. *Revista de Arbitragem e Mediação*. Ano 8. Vol. 30. Setembro 2011. Editora Revista dos Tribunais, p. 16.

[4] CR/88. Art. 5º. [...] LXXVIII – a todos, no âmbito judicial e administrativo, são assegurados a razoável duração do processo e os meios que garantam a celeridade de sua tramitação. (Incluído pela Emenda Constitucional nº 45, de 2004).

meios alternativos de solução para as contendas, capazes de promover, com maior celeridade, a desejada pacificação.

Os dados da judicialização, anualmente apresentados pelo Conselho Nacional de Justiça, são suficientes para atestar a ausência de razoabilidade em se concentrar apenas no Poder Judiciário brasileiro a missão de solucionar litígios.

Para se ter noção da gravidade do assunto, em 2016, o Poder Judiciário finalizou o ano com 79,7 milhões de processos em tramitação, que aguardavam algum tipo de solução definitiva. No mesmo exercício, ingressaram 29,4 milhões de processos, representando um crescimento em relação ao ano anterior na ordem de 5,6%, segundo dados do próprio CNJ.[5]

Não obstante o empenho dos magistrados na busca por uma célere prestação jurisdicional, fato certo é que o esforço não acompanha a velocidade do ingresso de novos pleitos perante o Poder Judiciário. O simples aumento do número de magistrados também não se apresenta como solução capaz de superar esse quadro adverso. Apesar dos magistrados brasileiros – que, em 2016, solucionaram 1,749 mil processos cada – a taxa de congestionamento do Poder Judiciário permanece alta e registrou, ainda em 2016, o patamar de 73%, a indicar que foram solucionadas apenas 27% da totalidade de demandas judiciais.[6]

Em decorrência, é preciso estimular o desenvolvimento e a aplicação de mecanismos alternativos ao processo judicial, vocacionados à pacificação. Daí a importância de se investir na construção de bases sólidas aptas a proporcionar o diálogo entre as partes envolvidas no litígio.

Não por outra razão, alguns doutrinadores apontam a crise da Justiça como elemento central do renascimento das vias conciliatórias, destacando a importância de se buscar a desobstrução dos tribunais por intermédio de instrumentos voltados à autocomposição, de modo a aprimorar o desempenho e a funcionalidade da Justiça.[7]

---

[5]   Disponível em: <http://www.cnj.jus.br/files/conteudo/arquivo/2017/12/b60a-659e5d5cb79337945c1dd137496c.pdf>.

[6]   CONSELHO NACIONAL DE JUSTIÇA. *Justiça em números 2017*. Brasília: CNJ, 2017. Disponível em: <http://www.cnj.jus.br/files/conteudo/arquivo/2017/09/e5b5789fe59c137d43506b2e4ec4ed67.pdf>.

[7]   GRINOVER, Ada Pellegrini. *Os Fundamentos da Justiça Conciliativa*. Mediação e Gerenciamento do Processo. São Paulo: Atlas, p. 2.

É nesse contexto que a conciliação, a mediação e a arbitragem surgem como mecanismos capazes de obter a formação de consenso e de aliviar a sobrecarga do Poder Judiciário brasileiro, trazendo a almejada pacificação social.

Esse texto procura abordar alguns aspectos inerentes ao tema, precisamente quando é a Administração Pública que está em conflito. Quais são os espaços conciliatórios a ela atribuídos? Como deve se comportar o princípio da indisponibilidade do interesse público frente aos acordos entabulados? Quais são as bases normativas negociais admitidas? Quais os principais desafios à construção de uma política conciliatória sólida envolvendo o setor público? É preciso mudança quanto à visão da gestão da coisa pública quando se leva em conta a conciliação? Como os órgãos de controle têm assimilado a utilização dos meios alternativos de solução de conflitos?

Esses são apenas alguns questionamentos relacionados à matéria, merecedores de atenção e que, em elevada medida, ainda não encontraram a adequada resposta. Daí a importância de debates, reflexões e compartilhamento de experiências a respeito do tema. Fato incontestável, porém, é o de que o desafio de promover sociedades pacíficas, expressamente registrado no objetivo das Nações Unidas supramencionado, pertence a cada um de nós e deve ser enfrentado pelas Instituições e atores envolvidos. Estamos todos inseridos nesse sistema de justiça e temos, em decorrência, a responsabilidade de contribuir para o seu eficiente funcionamento.

Essa contribuição, aliás, revela-se especial quando se leva em conta a missão desenvolvida pela Advocacia-Geral da União, a quem a Constituição da República Federativa do Brasil de 1988 concedeu o papel de promover a defesa judicial da União, mormente considerando ser ela a responsável pela atuação em aproximadamente 20 milhões de processos judiciais ao ano.[8]

Eis nesse texto, portanto, alguns registros acerca da experiência da Advocacia-Geral da União sobre a matéria, associados a outros tantos dilemas e obstáculos que precisam ser cotidianamente superados pelo advogado

---

[8] ADVOCACIA-GERAL DA UNIÃO. *Panorama AGU 2017*. Brasília: AGU, 2018. Disponível em: <http://www.agu.gov.br/page/content/detail/id_conteudo/217496>.

público no exercício de uma política conciliatória considerada ainda tímida nas relações envolvendo a Administração Pública federal.

Por seu caráter paradigmático, na sequência, esse trabalho se debruçará mais detidamente sobre os deslindes que envolveram todo o caminho percorrido até se chegar ao acordo nas ações judiciais nas quais eram reivindicadas indenizações por conta de prejuízos gerados por planos econômicos lançados nas décadas de 1980 e 1990. O acordo firmado pode gerar a extinção de aproximadamente 1 milhão de demandas, tendo por objeto perdas no rendimento das cadernetas de poupança em decorrência dos Planos Bresser (1987), Verão (1989) e Collor II (1991).

2. UMA VISÃO GERAL A RESPEITO DA ADVOCACIA-GERAL DA UNIÃO

A criação da Advocacia-Geral da União figura no acervo de pontos de inovação trazidos pela Constituição da República de 1988.[9] Trata-se, portanto, de uma Instituição jovem, encarregada, entre outras atribuições, de atuar em todos os processos judiciais e extrajudiciais envolvendo os interesses da União.

Qualquer ação judicial ajuizada contra a União, seja qual for a instância ou o tribunal, receberá a adequada defesa por meio dos advogados públicos que integram os quadros da Advocacia-Geral da União.

Toda a estrutura da Instituição é ordenada para que os interesses da União não sejam negligenciados em juízo, tendo como pressuposto inarredável a defesa do interesse público. O monitoramento de demandas, o acompanhamento de prazos, a construção de teses de defesa e de ataque, a elaboração de peças processuais, as sustentações orais, a realização de audiências, o acompanhamento estratégico de casos relevantes e paradigmáticos são apenas alguns registros do acervo de trabalho que integra a vertente contenciosa da Advocacia-Geral da União.

---

[9] A Constituição da República de 1988 estabelece, em seu art. 131, que compete à Advocacia-Geral da União promover a representação judicial e extrajudicial da União e de seus órgãos vinculados, bem como realizar o assessoramento jurídico do Poder Executivo. Até o advento da Constituição de 1988, essa missão era de responsabilidade do Ministério Público.

A cada vitória obtida perante o Poder Judiciário brasileiro, políticas públicas são viabilizadas e recursos públicos, normalmente na casa de bilhões ou milhões de reais, retornam ou deixam de sair dos cofres públicos federais.

Para que se tenha uma ideia acerca do volume de recursos públicos envolvidos em alguns dos conflitos jurídicos da União, o êxito da Advocacia--Geral da União em inúmeras demandas no ano de 2017 representou uma economia para os cofres públicos da ordem de R$ 1,1 trilhão.[10]

Essa força de trabalho e os robustos resultados, embora grandiosos, não vêm sendo suficientes para atender a curva, cada vez mais crescente, da litigiosidade envolvendo a União.

Novas ações ajuizadas, em que se discutem matérias de saúde, de meio ambiente, de demarcação de terras, de repartição de receitas, de segurança nos presídios, de interesses dos povos indígenas, de infraestrutura, de comunicações, do setor elétrico, portuário e aeroportuário, entre tantas outras, são registradas cotidianamente, revelando que o caminho do Poder Judiciário vem sendo cada vez mais buscado e percorrido pelo cidadão.

No tocante especificamente ao Supremo Tribunal Federal, por exemplo, o primeiro relatório analítico elaborado pelo CNJ, no ano de 2017, tendo como base dados de 2016, revela que os dois maiores litigantes, quer no polo ativo quer no passivo, foram, em primeiro lugar, a União, e, em segundo, o Instituto Nacional do Seguro Social (INSS). A União respondeu por 5,41% (polo ativo) e 7,10% (polo passivo), enquanto a atuação do INSS representou 1,76% (polo ativo) e 4,34% (polo passivo).[11]

A efetiva participação do ente público central e de suas autarquias e fundações em quantidade expressiva de demandas judiciais impõe-lhe uma responsabilidade diferenciada quando o assunto é a redução da sobrecarga de litígios enfrentada pelo sistema de justiça, do qual, aliás, a Advocacia-Geral da União faz parte.

---

[10] ADVOCACIA-GERAL DA UNIÃO. *Panorama AGU 2017*. Brasília: AGU, 2018. Disponível em: <http://www.agu.gov.br/page/content/detail/id_conteudo/217496>.

[11] CONSELHO NACIONAL DE JUSTIÇA. *Supremo em ação 2017*: ano-base 2016. Brasília: CNJ, 2017. Disponível em: <http://www.cnj.jus.br/files/conteudo/arquivo/2017/08/f8bcd6f3390e723534ace4f7b81b9a2a.pdf>.

Na qualidade de Instituição essencial à Justiça, presente em todo esse volume de ações, deve a Advocacia-Geral da União buscar desenvolver, com responsabilidade, alternativas juridicamente sustentáveis para a pacificação de conflitos.

É nesse contexto que, a par de trabalhar intensamente para apresentar a melhor defesa dos interesses da União em juízo, a Advocacia-Geral da União vem fazendo uso de meios alternativos para a solução de alguns de seus conflitos.

Com isso, a Instituição passa a romper com a concepção de que a melhor defesa dos interesses do ente central somente poderá ser obtida por meio de uma decisão emanada do Poder Judiciário e do exaurimento de todos os recursos e instâncias colocados à sua disposição pela legislação processual. Vem, assim, apostando na solução construída pelas próprias partes em litígio através do diálogo e do consenso.

3. AVANÇOS DA DENOMINADA ADMINISTRAÇÃO CONSENSUAL

As bases sobre as quais se alicerça a Administração Pública vêm passando por um crescente processo de transformação, que tem abrandado alguns fundamentos tidos como verdadeiros dogmas do Direito Administrativo.

Nesse sentido, é visível a evolução em torno de conceitos importantes, tais como a juridicidade, a supremacia do interesse público, a razoabilidade e a proporcionalidade, a boa-fé, dentre outros.

A juridicidade administrativa, que traduz uma legalidade mais exigente, mostra que a vinculação administrativa à lei transformou-se numa verdadeira vinculação ao Direito.[12] O princípio da supremacia do interesse público tem

---

[12] "A juridicidade administrativa traduz uma legalidade mais exigente, revelando que o Poder Público não está sujeito apenas limitado do Direito que cria, encontrando-se também condicionado por normas e princípios cuja existência e força vinculativa não se encontram na disponibilidade desse mesmo poder. Neste sentido, a vinculação administrativa à lei transformou-se numa verdadeira vinculação ao Direito, registrando-se aqui o abandono de uma posição positivista-legalista [...]". OTERO, Paulo. *Legalidade e Administração Pública*. Coimbra: Almedina. 2. reimp. 2011, p. 16.

se revelado mais atento à proporcionalidade e à razoabilidade, em especial quando os direitos fundamentais estão em jogo. A boa-fé do cidadão que se relaciona com o Poder Público tem sido valorada de modo diferenciado. Tudo a demonstrar que o processo de renovação das bases que norteiam a atuação e o comportamento da Administração Pública contemporânea está em pleno avanço.

Assim, uma eficiente gestão do interesse público deve levar em conta o olhar do cidadão, assegurando-lhe participação. A Administração Pública passa a afastar-se de seu clássico perfil autoritário e unilateral, assumindo uma postura mais dialógica, capaz de permitir um agir administrativo mais racional e simplificado.

Essa nova visão tem como fonte inspiradora o princípio da eficiência, que deve informar a gestão da coisa pública e que mantém relação direta com o direito do cidadão a uma boa administração,[13] mais célere, simplificada e pautada pela economicidade, dando ensejo ao modelo administrativo da boa governança conhecido como consensual. O princípio da eficiência consubstancia, pois, o direito fundamental à boa administração, que tem como pressuposto um agir administrativo mais racional, mais célere, voltado à simplificação de procedimentos e à economicidade.[14]

---

[13] O direito fundamental à boa administração foi previsto pela primeira vez no art. 41 da Carta de Direitos Fundamentais da União Europeia de 2000, que assim dispõe: "Direito a uma boa administração. 1. Todas as pessoas têm direito a que seus assuntos sejam tratados pelas instituições e órgãos da União de forma imparcial, equitativa e num prazo razoável. 2. Este direito compreende, nomeadamente: – o direito de qualquer pessoa a ser ouvida antes de a seu respeito ser tomada qualquer medida individual que a afete desfavoravelmente; – o direito de qualquer pessoa a ter acesso aos processos que lhe refiram, no respeito dos legítimos interesses da confidencialidade e do segredo profissional e comercial; – a obrigação, por parte da administração, de fundamentar as suas decisões. [...]". Disponível em: <http://www.europarl.europa.eu/charter/pdf/text_pt.pdf>.

[14] "[...] trata-se do direito fundamental à administração pública eficiente e eficaz, proporcional cumpridora de seus deveres, com transparência, sustentabilidade, motivação proporcional, imparcialidade e respeito à moralidade, à participação social e à plena responsabilidade por suas condutas omissivas e comissivas. A tal direito corresponde o dever de observar, nas relações administrativas, a cogên-

E quando o tema é a judicialização, como tais conceitos devem se comportar? Onde reside o melhor interesse público: na perpetuação do conflito ou na solução obtida mediante consenso?

Quando se considera a conformação de uma Administração Pública que busca reduzir a distância em relação ao administrado, valorizando o cidadão e pautando sua atuação pelo princípio da eficiência, com enfoque destacado para a obtenção de resultados efetivos, desdobramentos são naturais, inclusive no ambiente dos conflitos.

Não se compadece com a Constituição da República e com a legislação processual civil a atuação do Poder Público que se vale da morosidade do Poder Judiciário para se esquivar do cumprimento de suas obrigações.[15] Daí a importância do papel a ser exercido pelos órgãos de representação judicial dos entes da federação, que deve ser eficiente no desempenho do assessoramento jurídico prestado, tendo como referência o respeito aos direitos fundamentais envolvidos nas contendas.

A visão moderna de Administração Pública consensual, mais flexível, abre espaço para a cooperação, a colaboração, os acordos, a transação e a celebração de atos jurídicos bilaterais, numa verdadeira releitura de alguns princípios que norteiam a atuação administrativa agora à luz de uma concepção dialogante, conciliadora e não adversarial.

O princípio da supremacia do interesse público, aliás, recomenda uma análise profunda dos interesses em discussão, mormente considerando que o interesse público, muitas vezes, encontra-se diretamente vinculado a direitos fundamentais, independentemente da natureza coletiva ou individual. Daí a importância do juízo de ponderação, imprescindível no Estado Democrático de Direito. Compete à Administração Pública ponderar os interesses envolvidos, coletivos ou individuais, sempre orientada pela proporcionalidade.

---

cia da totalidade de princípios constitucionais e correspondentes prioridades." FREITAS, Juarez. As políticas públicas e o direito fundamental à boa administração. *Revista do Programa de Pós-Graduação em Direito da UFC*, v. 35.1, jan./jun. 2015, p. 198.

[15] EIDT, Elisa Berton. Os Institutos da Mediação e da Conciliação e a possibilidade de sua aplicação no âmbito da Administração Pública. *Revista da PGE*. V. 36, n. 75, p. 69.

Afinal, nas relações entre interesses privados e públicos não se pode, de modo abstrato e formal, estabelecer a prevalência de um em detrimento de outro, devendo se utilizar de ponderações proporcionais que envolvam direitos fundamentais constantes da Constituição da República.[16]

Em decorrência, revela-se plenamente possível a formatação de uma atitude no âmbito judicial mais responsável, capaz de avaliar a relação de custo e benefício em torno da manutenção da contenda na seara judicial, dando ao princípio da supremacia do interesse público e ao princípio da indisponibilidade de interesse público a atenuação necessária para, na justa medida, se alcançar a resolução do conflito, tudo com respaldo no próprio princípio da legalidade.

Nesse contexto diferenciado, o exercício da Advocacia Pública vai encontrar espaço para a avaliação e a ponderação do melhor interesse público em concreto. É possível, desse modo, encontrar convergência de interesses no ambiente do conflito de interesses, mesmo quando presente em um dos polos da relação jurídica processual o Poder Público.

A tutela do melhor interesse público passa a ser encarada à luz da vantajosidade presente em eventual conciliação, reduzindo o custo do processo judicial.[17] Afinal, o mesmo Estado que compõe, por intermédio de um acordo, é aquele que paga pela manutenção de todo o sistema de justiça. Daí a importância de o Poder público se valer de técnicas de negociação, mediação, conciliação e arbitragem.

Com isso, atende-se com muito mais celeridade à expectativa por justiça daquele que litiga com o Estado, em atenção à duração razoável do processo

---

[16] REIS, Maria José Andrade; SANTOS, Lílian de Brito. A Composição de Conflitos na Administração Pública: um cotejo aos princípios da juridicidade e da supremacia do interesse público. *R. Bras. de Dir. Mun.* – RBDM. Belo Horizonte. Ano 18, n. 64, pág. 78.

[17] O custo do processo e da manutenção da máquina judiciária brasileira é um dos mais elevados do mundo, conforme revela estudo que leva em consideração a despesa em face do produto interno bruto – PIB. As despesas do Poder Judiciário no Brasil correspondem a 1,3% do PIB. Considerando-se o custo inerente aos demais atores do sistema de justiça, como Ministério Público, Defensoria Pública e Advocacia Pública, o gasto total alcança 1,8% do PIB, algo em torno de R$ 121 bilhões.

e à própria função de pacificação social, colaborando-se concretamente para a redução do congestionamento dos tribunais do País, e minimizando os impactos financeiros oriundos da sobrecarga de trabalho do Poder Judiciário.

O cidadão anseia por justiça e a justiça é alcançada pela solução do conflito, e não pelo simples acesso ao Poder Judiciário, sendo certo que a resolução mais célere da contenda pode ser perfeitamente obtida por meio do diálogo entre as partes litigantes, inclusive quando uma delas é o Poder Público, numa visão mais consentânea com os princípios que guiam o Estado democrático de Direito.

4. ARCABOUÇO NORMATIVO SOBRE O QUAL SE FUNDA A POLÍTICA CONCILIATÓRIA DA ADVOCACIA-GERAL DA UNIÃO E A EXPERIÊNCIA INSTITUCIONAL. CONCILIAÇÃO E MEDIAÇÃO COMO INSTRUMENTOS DE EFETIVA PACIFICAÇÃO SOCIAL

A solução pacífica de conflitos encontra alicerce na Constituição da República de 1988. O preâmbulo constitucional já enuncia a justiça como um dos valores supremos da sociedade fraterna, pluralista e sem preconceitos, fundada na harmonia social e comprometida, "na ordem interna e internacional, com a solução pacífica das controvérsias".

Apesar de não encerrar força de norma constitucional, o preâmbulo veicula os aspectos estruturantes do Estado democrático, assim como os valores e ideais que orientaram os comandos insertos na Lei Maior. Atua, indiscutivelmente, como importante guia interpretativo e, no ponto que interessa ao presente texto, contempla uma clara sinalização de que o Estado deve, por suas instituições, empreender esforços e buscar a solução pacífica de controvérsias, tanto interna quanto externamente.

Não bastou, todavia, ao legislador constituinte originário a previsão preambular. Quis ele fixar, como um dos princípios norteadores da atuação da República Federativa do Brasil, em suas relações internacionais, a solução pacífica de conflitos. O art. 4º, inciso VII, da Constituição da República inseriu expressamente a solução pacífica dos conflitos entre os princípios orientadores da República Federativa do Brasil nas suas relações internacionais.

Essa diretriz vai percorrer outros comandos constitucionais que guardam relação com o tema ora discutido, a exemplo dos princípios da eficiência, da duração razoável do processo e do próprio acesso à justiça, previstos, respectivamente, no art. 37, *caput*; e no art. 5º, incisos LXXVIII e XXXV.

Com amparo nessas premissas constitucionais, no plano infraconstitucional, o direito processual contemporâneo apresenta diretrizes claras quanto ao desenvolvimento do modelo consensual de solução de conflitos, como forma de pacificação e de redução de litigiosidade.

O novo Código de Processo Civil[18] prescreve que, não obstante o princípio da inafastabilidade da jurisdição, a conciliação, a mediação, a arbitragem e outros métodos de solução consensual de conflitos devem ser estimulados por juízes, advogados, defensores públicos e membros do Ministério Público, inclusive no curso do processo judicial.

A valorização de um modelo negocial de solução pode ser vislumbrada em outros tópicos do aludido Código, a exemplo de um capítulo inteiro dedicado à mediação e à conciliação; a audiência prévia ao oferecimento de defesa do réu; a homologação judicial de autocomposição de qualquer natureza e a possibilidade de inclusão de matéria e sujeitos além do objeto litigioso.[19]

A legislação processual civil, inclusive, contempla dispositivo expresso acerca da mediação e da conciliação no âmbito da Administração Pública. Assim, a União, os Estados, o Distrito Federal e os Municípios estão autorizados por lei a criar câmaras de mediação e conciliação, com atribuições relacionadas à solução consensual de conflitos no âmbito administrativo.[20]

No mesmo compasso, os preceitos constantes da Lei Federal que dispõe sobre a mediação entre particulares e a autocomposição de conflitos no âmbito da Administração Pública,[21] a qual estabelece, além do conceito de mediação,

---

[18] Lei nº 13.105/2015, art. 3º, § 3º.

[19] Lei nº 13.105/2015, arts. 165 a 175; arts. 334 e 695; art. 515, III e art. 515, § 2º.

[20] Art. 174 do Código de Processo Civil confere aos referidos entes competência para criar câmaras de mediação e conciliação, com atribuições relacionadas à solução consensual de conflitos no âmbito administrativo, tais como: "I – dirimir conflitos envolvendo órgãos e entidades da administração pública; II – avaliar a admissibilidade dos pedidos de resolução de conflitos, por meio de conciliação, no âmbito da Administração Pública; III – promover, quando couber, a celebração de termo de ajustamento de conduta."

[21] Lei nº 13.140/2015.

princípios que orientam seu uso, com previsão da transação por adesão no tocante aos órgãos da Administração Pública Federal Direta.

Esse arcabouço normativo tem dado suporte ao fortalecimento, no âmbito da Advocacia-Geral da União, de uma política de redução de litigiosidade responsável e de resultado. Importante registrar, contudo, que essa dimensão colaborativa presente na Instituição quanto à solução pacífica de conflitos há muito vem sendo desenvolvida.

Com efeito, a partir da constatação, no ano de 2007, da tramitação de inúmeras contendas envolvendo, de um lado, a União e, de outro, entidades da Administração Pública Indireta, a Advocacia-Geral da União reconheceu a importância de se buscar a construção de um mecanismo seguro, capaz de promover a solução para o conflito e, em decorrência, esvaziar as pretensões submetidas ao juízo.

Foi então concebida a criação de uma Câmara de Conciliação e Arbitragem da Administração Pública Federal, com competência para desencadear o diálogo e a negociação entre as partes, de modo a pôr termo ao conflito judicializado.[22]

Em um primeiro momento, portanto, a referida Câmara buscou solucionar os conflitos entre órgãos da Administração Pública Federal. Porém, o sucesso dos trabalhos acabou por recomendar, um ano depois, a ampliação da Câmara de Conciliação para alcançar também os conflitos instalados entre a União e os Estados federados.[23]

Assim, estados-membros contam hoje com uma unidade da AGU capaz de abrir mesas de diálogo e de obter solução para as contendas de modo pacífico e eficiente, evitando a judicialização de inúmeros problemas ou mesmo pacificando conflitos já instalados.

Os resultados positivos levaram, mais uma vez, ao alargamento da competência da Câmara de Conciliação para também dispor de competência para solucionar problemas envolvendo os municípios e a União.[24]

---

[22] A criação da CCAF ocorreu em 27 de setembro de 2007, por intermédio do Ato Regimental nº 5, de setembro de 2007.

[23] Portaria AGU nº 1.099, de 28 de julho de 2008.

[24] Portaria nº 481, de 6 de abril de 2009, autorizava a conciliação entre a União e municípios com mais de 200 mil habitantes. Posteriormente, o Decreto nº 7.392,

A Câmara de Conciliação e Arbitragem Federal da AGU tem aptidão, assim, não apenas para promover a conciliação de interesses divergentes já judicializados, como também para prevenir conflitos. É instrumento eficiente de redução de litígios e mecanismo de estímulo ao diálogo e à cooperação entre órgãos públicos,[25] colaborando para a concretização da denominada Administração Consensual.

Mais recentemente, diante da edição da Lei de Mediação supramencionada, a Câmara de Conciliação da AGU também passou a deter competência para buscar solução de conflitos entre a União e particulares, perspectiva inovadora que ainda demanda a edição de Decreto para sua regulamentação.

A fim de fomentar a política de redução de litigiosidade, a Advocacia-Geral da União constituiu também Centrais de Negociação, com atuação permanente, voltadas à conciliação em ações submetidas ao Poder Judiciário, em especial em demandas envolvendo servidores públicos.

Também foi consolidado na AGU o Programa de Redução de Litígios, por meio do qual, observados requisitos previamente estabelecidos, o Advogado Público está autorizado a deixar de contestar pedidos formulados e a desistir de demandas.

Uma outra ação inovadora promovida pela AGU diz respeito à criação da Equipe de Trabalho Remoto – Benefício por Incapacidade (ETR – BI), que tem como foco central o reconhecimento do direito dos segurados do INSS ao recebimento de benefícios por incapacidade, tais como o auxílio-doença e a aposentadora por invalidez.

A AGU também realiza mutirões e edita continuamente súmulas por meio das quais o Advogado está autorizado a deixar de recorrer em temas cujo entendimento dos Tribunais Superiores tenha se firmado contrariamente à tese defendida pela União em juízo.

---

de 13 de dezembro de 2010, admitiu a conciliação entre Municípios e União sem qualquer limitação quanto ao número de habitantes.

[25] Jacqueline Kharlakian, em artigo publicado na *Revista Síntese Direito Administrativo* 135 – Março/2017, aborda a importância da Câmara de Conciliação e Arbitragem Federal, como inovação no tocante à solução pacífica de conflitos.

Na mesma perspectiva, a Instituição tem fomentado a edição de pareceres vinculantes,[26] os quais, uma vez aprovados pelo Chefe do Poder Executivo federal, têm a capacidade de vincular a atuação de toda a Administração pública federal, uniformizando o entendimento acerca de temas importantes, evitando-se, assim, questionamentos judiciais.

Todo esse percurso institucional tem colocado a Advocacia-Geral da União na linha de frente quando o assunto é a solução pacífica de conflitos. O beneficiário direto de todo esse esforço é, em última análise, o próprio cidadão, que passa a contar com um ambiente institucional seguro, propício a resolver, de modo mais célere, suas contendas.

Questões altamente complexas submetidas à deliberação do Poder Judiciário Brasileiro podem, em alguns casos, se apresentar como de difícil solução, mormente quando se tem reflexos de ordem temporal. A sentença, ato do Estado que representa a entrega da prestação jurisdicional, muitas vezes não tem a força de gerar a pacificação social, por se limitar a ditar o direito no caso concreto, circunstância que, em regra, gera o descontentamento da parte vencida, que acabará fazendo uso dos meios recursais previstos no sistema processual brasileiro.

Na conciliação[27] e na mediação,[28] por sua vez, é possível construir soluções criativas, mais eficientes do que aquelas obtidas por intermédio de um julgamento.[29] Assim, a polarização entre as partes, típica do processo judicial,

---

[26] O parecer vinculante tem previsão na Lei Complementar nº 73/1993 – Lei Orgânica da Advocacia-Geral da União.

[27] Conforme estabelece o § 2º do art. 165 do Código de Processo Civil, a conciliação, método de solução consensual de conflitos, conta com a presença de um terceiro imparcial que atuará preferencialmente nos casos em que não houver vínculo anterior entre as partes, podendo sugerir soluções para o litígio, sem qualquer constrangimento ou intimidação para que as partes conciliem.

[28] Conforme preceitua o § 3º do art. 165 do Código de Processo Civil, o mediador atuará nos casos em que houver vínculo anterior entre as partes, auxiliando os interessados a compreender as questões e os interesses em conflito, de modo que possam, a partir do restabelecimento da comunicação, identificar, por si próprios, soluções consensuais que gerem mútuos benefícios.

[29] MÜLLER, Julio Guilherme. *A negociação no novo código de processo civil*: novas perspectivas para a conciliação, para a mediação e para as convenções processuais, p. 188.

é elidida com a utilização de mecanismos capazes de gerar a pacificação, pela instauração de mesas de diálogo e de negociação. A mediação, aliás, tem a força de aproximar as partes e de permiti-las construir conjuntamente a melhor solução para o embate.[30]

Nesse sentido, a Lei de Mediação é clara ao considerar a mediação a atividade técnica exercida por terceiro imparcial sem poder decisório que, escolhido ou aceito pelas partes, as auxilia e estimula a identificar ou desenvolver soluções consensuais para a controvérsia, orientando-se pelos princípios da imparcialidade do mediador, da isonomia entre as partes, da oralidade, da informalidade, além da autonomia da vontade entre as partes, busca do consenso, confidencialidade e boa-fé.[31]

O mediador é aquele que, embora não tenha poder de decisão acerca do objeto do conflito, tem a aptidão de auxiliar as partes para que, de forma cooperativa, possam encontrar a pacificação para o conflito. É o mediador aquele que tem a vocação de conduzir as partes à identificação dos pontos principais da controvérsia e de acomodar os interesses contrários. Tem a habilidade de explorar fórmulas de ajuste que ultrapassam o âmbito da disputa, gerando uma nova visão acerca do conflito até então instalado.[32]

A mediação tem inúmeras vantagens, em especial no tocante à agilidade e ao custo quando comparado com o que se depreende de um processo judicial. Mas o seu maior valor reside, sem dúvida, na solução alcançada, que passa a ser fruto do esforço conjunto.

Portanto, a mediação eficiente é aquela que proporciona ambiente favorável ao diálogo e à obtenção do consenso, cujo trabalho participativo

---

[30] Segundo Ada Pellegrini Grinover (*Teoria Geral do Processo*. São Paulo: Malheiros, 2014, p. 30), conciliação e mediação são métodos semelhantes na medida em que se desenvolvem a partir da intermediação de um terceiro, distinguindo-se apenas pela circunstância de que a conciliação busca o acordo entre as partes, enquanto a mediação trabalha o conflito, surgindo o acordo como mera consequência.

[31] É o que consubstancia o art. 1º, parágrafo único, da Lei nº 13.140/2015.

[32] Petrônio Calmon, ao discorrer sobre a figura do mediador, aponta que "o mediador não é um mero assistente passivo, mas sim um modelador de ideias, que mostrará o sentido da realidade necessário para atingir acordos convenientes" (*Fundamentos da Mediação e Conciliação*. 2. ed. p. 115. Gazeta Jurídica).

gera não somente a melhor solução para o conflito, como também acaba por fortalecer os laços de respeito e até mesmo de amizade.

Esse papel vem sendo desenvolvido pela Advocacia-Geral da União, e essa experiência em torno do instituto da mediação, inclusive no tocante ao fortalecimento dos vínculos interpessoais, pôde ser constatada no trabalho de mediação desenvolvido no maior acordo celebrado na história do Poder Judiciário brasileiro envolvendo o tema dos planos econômicos.

5. EXPERIÊNCIA ENVOLVENDO O ACORDO DOS PLANOS ECONÔMICOS

O exemplo mais evidente do amplo alcance e da força da mediação e do processo conciliatório reside no recente acordo celebrado entre bancos e poupadores no tema relacionado à judicialização dos planos econômicos. O elevado grau de complexidade e o número de pessoas envolvidas nos processos em curso perante o Poder Judiciário brasileiro não impediram a solução obtida por meio do diálogo e do consenso.

Nas inúmeras ações judiciais em andamento perante todas as instâncias do Poder Judiciário, os poupadores discutiam a constitucionalidade dos planos econômicos das décadas de 1980 e 1990. Pretendiam obter o pagamento de passivos envolvendo a interpretação de cada uma das leis instituidoras dos respectivos planos (Plano Bresser, Plano Collor, Plano Verão). A discussão chegou ao Supremo Tribunal Federal em sede de recurso (recursos extraordinários com repercussão geral reconhecida), assim como no âmbito do controle abstrato de constitucionalidade, por meio de arguição de descumprimento de preceito fundamental.

As consequências práticas de uma eventual decisão judicial favorável aos poupadores poderiam colocar em risco a própria higidez do Sistema Monetário Nacional, não apenas na perspectiva dos valores envolvidos nos ressarcimentos postulados a título de perdas – na casa de bilhões de reais –, como também no contexto da segurança jurídica. Seria nocivo para o sistema afastar-se a constitucionalidade de leis após quase três décadas. A sinalização poderia ser negativa para o País, quando se leva em conta, em especial, o olhar do investidor estrangeiro, sob o viés da confiança.

Por outro lado, uma eventual decisão favorável às instituições financeiras elidiria a pretensão de milhares de consumidores, gerando insegurança jurídica, já que, em várias ações decididas nas instâncias ordinárias ou mesmo no âmbito do Superior Tribunal de Justiça, a pretensão deduzida por muitos deles já restara devidamente acolhida. O sentimento de injustiça, oriundo do desfecho distinto para poupadores beneficiários de decisão judicial favorável e poupadores que tiveram seus processos judiciais suspensos, seria inevitável e também nocivo ao sistema de justiça.

A Advocacia-Geral da União foi então provocada por instituições financeiras e por entidades representativas de poupadores para atuar na qualidade de mediadora e, com isso, buscar construir uma solução consensual. A medida criaria uma via alternativa segura que elidiria os efeitos lesivos do denominado "tudo ou nada", trazendo um "meio-termo" em tema de elevada estatura.

A magnitude da situação fática, contudo, exigiu esforço redobrado no sentido de constituir um ambiente favorável e receptivo à conciliação em relação a todos os atores envolvidos.

Com efeito, a questão estava sendo objeto de discussão em incontáveis ações coletivas, as quais poderiam beneficiar um expressivo e não calculado número de consumidores. Seria necessário, portanto, um responsável levantamento e estabelecimento de critérios para que os trabalhos pudessem ser iniciados.

Essa primeira etapa exigiu da AGU uma criteriosa colheita de informações a respeito dos processos judiciais, fase processual, legitimados ativos e passivos, prazos prescricionais, jurisprudência consolidada a respeito de aspectos importantes sobre o tema, reflexos de outras decisões judiciais no tema dos planos econômicos etc. Foram meses de trabalho até se firmar o cenário em torno das ações que poderiam ser objeto de conciliação.

Passo seguinte, a Instituição desencadeou os trabalhos de interlocução com os poupadores. Não seria viável abrir um processo conciliatório seguro sem que a mesa de diálogo e negociação pudesse contar com representantes devidamente legitimados a dispor acerca do direito discutido. Essa fase exigiu, igualmente, várias reuniões com representantes de poupadores, até que fosse possível obter-se legitimação adequada, devidamente fixada no representante do Instituto de Defesa do Consumidor – IDEC, bem como na Frente Brasileira dos Poupadores – Febrapo, entidade que, no processo de conciliação, encarregou-se de obter procuração de todas as entidades representativas de poupadores presentes em todas as ações coletivas ativas, para que pudesse legitimamente compor a mesa de diálogo. Foi igualmente realizada interlocução direta com a Federação Brasileira dos Bancos – Febraban, como entidade capaz de atuar na representação das instituições financeiras.

Ultrapassada a fase de consolidação da interlocução, foram desencadeadas reuniões em separado entre a AGU e o representante da Febraban e a AGU e os representantes do IDEC e da Febrapo, com o escopo de criar um ambiente aberto ao diálogo entre os envolvidos. Qualquer precipitação quanto à abertura de mesa de diálogo e negociação conjunta entre as partes diretamente envolvidas poderia colocar em risco todo o trabalho até então desenvolvido.

Algumas das questões mais delicadas para os litigantes foram sendo lapidadas nessas reuniões realizadas entre a AGU e cada uma das partes em separado. As resistências de um lado foram sendo trabalhadas pela AGU e apresentadas ao outro. As concessões de um lado foram igualmente sendo trabalhadas pela AGU e conduzidas à apreciação do outro.

Com o consenso minimamente obtido em torno de alguns pontos sensíveis, a AGU inaugurou uma nova fase. Agora, com o ambiente favorável ao diálogo construído junto a cada uma das partes, seria possível a realização de reuniões conjuntas. Essa sensibilidade em torno do momento correto para colocar as partes diretamente envolvidas na mesma mesa de diálogo e negociação é determinante para o bom êxito do trabalho conciliatório.

A boa receptividade de uma parte em relação às pretensões da outra está diretamente relacionada a esse trabalho prévio de dilapidação do conflito e de retirada de arestas, imprescindível para formação de um ambiente propício ao diálogo, sem o qual a solução não é construída, em especial diante da circunstância de que na mediação as partes conservam para si a resolução do conflito, compartilhando a responsabilidade pela solução.[33]

A etapa de discussões conjuntas seguiu-se, assim, em um intenso processo de negociação, que exigiu de todos os envolvidos muita dedicação. Durante as reuniões, mesas paralelas foram abertas de modo a assegurar a cada uma das partes espaço de diálogo e discussão em separado. A partir

---

[33] CALMON, Petrônio. *Fundamentos da Mediação e Conciliação*. 2. ed. Gazeta Jurídica, p. 116.

desse momento, as mesas de diálogo passaram a contar com a colaboração do Banco Central do Brasil e de sua Procuradoria-Geral.

As propostas em torno de cada um dos termos eram apresentadas na mesa conjunta e, em seguida, avaliadas e discutidas em mesas em separado, dando a liberdade para cada um dos envolvidos de alcançar seu melhor limite em torno das propostas apresentadas.

Foram inúmeros intervalos, incontáveis reflexões e, igualmente, momentos de estremecimento, naturais em um processo de mediação dessa envergadura.

Em tais momentos, embora a AGU não pudesse definir a solução, na qualidade de mediadora, trabalhou intensamente junto a cada uma das partes, levando aspectos positivos e negativos para cada uma das proposições em discussão, conduzindo informações e calibrando as pretensões de cada parte.

Sem se afastar de seu papel de facilitadora da comunicação e negociação entre as partes, a AGU trabalhou para neutralizar as resistências, auxiliando na formação de opções para a solução do conflito, afinal, o mediador deve funcionar como verdadeiro catalisador, conduzindo as partes, sem interferir na substância da solução vislumbrada por elas, em estrito respeito à autonomia da vontade dos envolvidos.[34]

Após 13 meses de intensos trabalhos, durante os quais ocorreram aproximadamente 50 reuniões de trabalho, finalmente foi possível alcançar o ponto de equilíbrio e de consenso entre os interesses perseguidos pelas partes.

A tarefa final seria a de consolidar as convergências obtidas em um termo de acordo que pudesse formalizar a solução consensual. Essa etapa é igualmente complexa e exige muita atenção. Qualquer palavra mal posicionada ou expressão inserida é capaz de gerar reflexos importantes no mundo jurídico, daí o criterioso trabalho desenvolvido por todos os interessados, inclusive pela Advocacia-Geral da União.

---

[34] PINHO, Humberto Dalla Bernardina de; DUARTE, Marcia Michele Garcia. *Conciliação e Mediação*: impacto do novo CPC nos juizados especiais. Repercussões do Novo CPC. Editora Juspodivm, p. 326.

O resultado pôde ser vislumbrado após a assinatura do termo de acordo pelas partes, assim como pela Advocacia-Geral da União, na qualidade de mediadora, e pelo Banco Central do Brasil, que atuou como assistente.

O esforço conciliatório, porém, ainda não tinha alcançado o termo final. Ainda seria necessário o percurso de outra etapa, agora perante a Suprema Corte do Brasil. O acordo precisava passar pela apreciação e chancela do Supremo Tribunal Federal, imprescindível para atribuir validade e segurança jurídica ao ajuste.

A boa notícia veio dias após a apresentação do acordo, por intermédio de despacho homologatório exarado pelo Ministro Dias Toffoli, o qual, a par de revelar o acolhimento pela Corte Suprema quanto a seus termos, foi determinante na perspectiva de valorização da solução alternativa construída e apresentada para o conflito.[35]

Seguindo o mesmo caminho, o Ministro Gilmar Mendes também homologou o mesmo acordo apresentado nos autos de ação sob sua relatoria, confirmando assim a correção dos trabalhos.[36]

Importante registrar que as decisões homologatórias foram precedidas de pareceres emanados pelo Ministério Público Federal que, de modo criterioso, analisou e chancelou a solução advinda do acordo firmado.

Para arrematar todo o trabalho desenvolvido, faltava ainda a decisão a ser proferida pelo Ministro Ricardo Lewandowski, relator da Arguição de Descumprimento de Preceito Fundamental nº 165. Em 15.2.2018, em decisão monocrática, o Ministro acatou os termos do acordo firmado, entendeu pela sua homologação da forma como foi apresentado, destacando que se tratava de uma maneira de "pacificar a controvérsia espelhada nestes autos, que há décadas se arrasta irresolvida nos distintos foros do País".

Ressaltou, todavia, que referida homologação não implicava "qualquer comprometimento desta Suprema Corte com as teses jurídicas nele veiculadas, especialmente aquelas que pretendam, explícita ou implicitamente, vincular terceiras pessoas ou futuras decisões do Poder Judiciário". O relator

---

[35]   Recursos Extraordinários nº 626.307 e nº 591.797.

[36]   Recursos Extraordinários nº 631.363 e nº 632.212.

considerou, porém, de fundamental importância a submissão de sua decisão ao referendo do Plenário da Corte.[37]

A decisão colegiada veio na assentada de 1º.3.2018, tendo o Supremo Tribunal Federal homologado o acordo firmado em votação unânime, referendando a decisão monocrática então proferida pelo relator.[38]

Durante a leitura de seu voto, o relator citou dados que indicavam que a celebração do acordo representaria em torno de 12 bilhões de reais em pagamentos aos poupadores e destacou que "esses recursos devem ser injetados na economia, neste momento em que o País passa por momento de crise econômica".

"A decisão do STF assume um caráter de marco histórico na configuração do processo coletivo brasileiro", ressaltou o relator, não somente pela quantidade de processos que serão resolvidos de uma só vez, algo em torno de 1 milhão, mas também pelos aspectos jurídicos envolvidos. "Ao decidir esse acordo, esta Casa estabelecerá parâmetros para inúmeros casos análogos, passados, presentes e futuros que se apresentam e apresentarão perante juízes, que o tomarão como referência ao referendar acordos coletivos".

Cabe destacar que os prazos estabelecidos no ajuste estão sendo observados, com a construção de uma plataforma eletrônica que permitirá a adesão do poupador e, após a respectiva conferência de dados, o depósito do valor em conta corrente indicada pelo consumidor.

Esse exitoso desfecho revela que, se foi possível entabular-se um acordo em um tema dessa envergadura, discutido em mais de um milhão de processos e com aptidão de beneficiar quase três milhões de poupadores, é viável a política de redução de litigiosidade por intermédio da conciliação e a mediação em nosso país.

A mediação, aliás, que tem como cerne o apaziguamento entre os conflitantes por intermédio do diálogo e do consenso, mostrou-se capaz de

---

[37] Supremo Tribunal Federal. ADPF 165. Relator Min. Ricardo Lewandowski. Decisão de 15.2.2018 (*DJE* nº 29, divulgado em 16.2.2018).

[38] Decisão: O Tribunal, por unanimidade e nos termos do voto do Relator, homologou o acordo. Nessa assentada, o Ministro Luiz Fux declarou-se habilitado a votar. Declarou suspeição o Ministro Edson Fachin. Impedido o Ministro Roberto Barroso. Presidiu o julgamento a Ministra Cármen Lúcia. Plenário, 1º.3.2018.

elidir a polarização própria da via judicial e de harmonizar os interesses em disputa. Em último plano, a justiça passa a ser mais acessível.

6. ALGUMAS PONDERAÇÕES ACERCA DO PROCESSO DE MEDIAÇÃO E CONCILIAÇÃO

O acordo envolvendo os planos econômicos torna-se referência para todos aqueles que ainda resistem a uma política de pacificação de conflitos através do diálogo e do consenso. Se um tema dessa dimensão e complexidade pôde ser solucionado desse modo, outros de menor extensão também podem seguir o mesmo caminho.

Referida conciliação, aliás, configurou apenas uma das frentes de trabalho desenvolvidas na Advocacia-Geral da União. No ano de 2017, foram firmados mais de 80 mil acordos nos mais diversificados conflitos, em especial no âmbito de ações de índole previdenciária.[39]

Fato certo, reitere-se, é o de que, se foi possível a abertura de espaço para o diálogo e o entendimento acerca de contenda histórica, como a relativa aos aludidos planos econômicos, com muito mais razão há perspectivas positivas e esperança quanto à solução pacífica de conflitos em outras tantas matérias. Se a alternativa conciliatória foi alcançada no feito de maior complexidade, as de menor, certamente, contam agora com um estímulo renovado.

Importante registrar, na especial perspectiva daqueles que integram os órgãos de representação judicial de entes da federação, que a busca pela solução de conflitos por meio do diálogo exige muito mais dedicação e persistência. Lapidar as diferenças e construir alternativas para as contendas não configura uma tarefa singela. Elidir as resistências e criar um ambiente propício ao diálogo, por si só, não são atividades simples.

O processo de convencimento acerca da circunstância de ser a solução conciliatória a melhor para o conflito exige perseverança quando o assun-

---

[39] ADVOCACIA-GERAL DA UNIÃO. *Panorama AGU 2017*. Brasília: AGU, 2018. Disponível em: <http://www.agu.gov.br/page/content/detail/id_conteudo/217496>.

to é a mediação. Imbuir os envolvidos da convicção de que a alternativa intermediária é a mais eficiente e de que o "todo" pretendido inicialmente não será alcançado vai demandar uma hábil atividade mediadora. Porém, a partir do momento em que a postura de diálogo é assumida por cada uma das partes em contenda, as bases consensuais passam a ser construídas com maior facilidade.

Em um conflito de interesses, não há conciliação sem renúncia. Cada qual deve ter a clara consciência de que irá arcar com algum nível de perda para que o ganho efetivo seja obtido por intermédio do consenso. É na renúncia parcial da pretensão que o ponto de equilíbrio é alcançado.

Essa operação complexa exige dedicação, consciência, empenho, criatividade para construção de alternativas, disposição para ouvir e para dialogar, tranquilidade quanto ao espectro de renúncia, persistência nas adversidades do processo conciliatório, entre tantos outros valores.

Não obstante todo esse arcabouço de exigências, a compensação vem com os desdobramentos do aperto de mãos, ato que singelamente simboliza o acordo selado.

A par dos aspectos formais das vantagens do acordo, e de seu reflexo na sobrecarga de trabalho do Poder Judiciário brasileiro, fato certo é o de que o processo de diálogo e de conciliação é capaz, a seu termo, de criar novas bases interpessoais, como ficou evidente no processo de mediação dos planos econômicos.

O diálogo profícuo tem a grande virtude de construir pontes e de instaurar um novo ambiente de relacionamento entre as partes. Relações mais respeitosas são estabelecidas a partir do conhecimento da dificuldade e da limitação do outro.

Aliás, faz igualmente parte do processo de conciliação o exercício por uma das partes de colocar-se no lugar do outro, conhecendo sua realidade. Esse esforço acaba por eliminar barreiras até então incompreendidas. Não se alcança sucesso e equilíbrio na atividade conciliatória sem a empatia, sem o colocar-se no lugar do outro e sem a construção conjunta de alternativas.

O resultado, a partir dessas premissas, tem a força de renovar não somente o ânimo dos envolvidos, como também de expandir, para além da relação entre as partes, os reflexos positivos da solução alcançada.

Essas têm sido as bases assumidas pela Advocacia-Geral da União no enfrentamento de seu desafio de reduzir litígios, tal como o fez no mencionado processo de mediação do acordo envolvendo os planos econômicos.

Todo esse trabalho de mediação desenvolvido pela Instituição tem tido por força motivadora sua responsabilidade de colaborar para o sistema de justiça, assim como o respeito pelo cidadão. Se a AGU está presente na maioria das demandas em andamento perante o Poder Judiciário brasileiro, também é ela responsável por envidar esforços no sentido de minimizar a sobrecarga do sistema.

É preciso que as instituições trabalhem em linha de cooperação, porquanto não há verdadeiro Estado Democrático de Direito sem um Poder Judiciário forte, e um Poder Judiciário forte somente se constrói mediante a colaboração efetiva de todos os atores que fazem parte do Sistema de Justiça, cada qual na sua medida e na sua potencialidade. Somente assim se fortalece um verdadeiro Estado democrático de Direito. A Advocacia-Geral da União segue firme no propósito de contribuir para a efetivação desse fortalecimento, na certeza de ser essa a mais nobre missão das instituições que integram as funções essenciais à Justiça.

7. CONSIDERAÇÕES FINAIS

As sociedades modernas têm experimentado um aumento exponencial de contendas envolvendo os mais diversificados temas e as mais variadas relações interinstitucionais e interpessoais. Incontáveis conflitos atinentes a questões de índole étnica, racial e de gênero, somadas àquelas de natureza trabalhista, agrária, ambiental, previdenciária, cível, criminal, ética, social etc. formam um acervo capaz de comprovar que as sociedades têm padecido pelo excesso de litígios.

Por mais que os sistemas de justiça busquem minimizar os impactos dessa litigiosidade excessiva, seja através da ampliação do número de magistrados, seja por intermédio do aprimoramento das regras processuais, a contínua expansão da judicialização tem revelado a importância de se investir, cada vez mais, no aprimoramento dos mecanismos voltados à solução pacífica dos conflitos.

Nesse contexto, é importante apostar na mediação e na conciliação como meios alternativos eficientes no enfrentamento do desafio de se reduzir a litigiosidade. O esforço institucional teve início, de forma mais sistemática, no ano de 2007, quando a Advocacia-Geral da União criou a Câmara de Conciliação e Arbitragem da Administração Federal, que ostenta, nos dias atuais, acervo de atribuições alargado à luz da legislação processual contemporânea.

Mediar e conciliar passam a ser valores institucionais importantes, capazes de colaborar concretamente para o abrandamento da sobrecarga de processos que acomete o Poder Judiciário brasileiro. Se o Poder Público integra os polos ativo e passivo de processos em andamento no âmbito do sistema de justiça, em números consideráveis, cabe à Advocacia-Geral da União, como Função Essencial à Justiça, contribuir de modo eficiente para a reversão desse cenário.

Com essa visão, o sistema tende a funcionar com mais eficiência e a reverter a lógica do conflito, tão presente nos dias atuais. O direito fundamental de acesso à Justiça passa a ter outra conotação. Isso porque não consistirá apenas no direito de encontrar as portas do Poder Judiciário abertas para o enfrentamento do conflito, mas de se obter, de modo célere, a pretendida pacificação. A solução é alcançada com maior eficiência por intermédio da utilização de mecanismos fundados no diálogo e no consenso, resultado de uma efetiva integração entre as partes envolvidas.

A partir do fortalecimento de alguns valores que andam em compasso de esquecimento, tais como diálogo, compreensão, renúncia, consenso, é possível a construção de uma sociedade menos conflituosa e mais justa e solidária.

REFERÊNCIAS

ADVOCACIA-GERAL DA UNIÃO. *Panorama AGU 2017*. Brasília: AGU, 2018. Disponível em: <http://www.agu.gov.br/page/content/detail/id_conteudo/217496>.

CALMON, Petronio. *Fundamentos da Mediação e da Conciliação*. 2. ed. Brasília: Gazeta Jurídica, 2013.

CAMARGO, Luiz; SCHMITZ, Leonard; CARVALHO, Nathália (Coord.). *O novo código de processo civil brasileiro*. Rio de Janeiro: Forense.

CONSELHO NACIONAL DE JUSTIÇA. Disponível em <http://www.cnj.jus.br/files/conteudo/arquivo/2017/12/b60a659e5d5cb79337945c1dd137496c.pdf>. Acesso em: 9 fev. 2018.

_____. *Justiça em números 2017*. Brasília: CNJ, 2017. Disponível em: <http://www.cnj.jus.br/files/conteudo/arquivo/2017/09/e5b5789fe59c137d43506b2e4e-c4ed67.pdf>.

_____. *100 maiores litigantes*. Brasília: CNJ, 2012. Disponível em: <http://www.cnj.jus.br/images/pesquisas-judiciarias/Publicacoes/100_maiores_litigantes.pdf>.

_____. *Supremo em ação 2017*: ano-base 2016. Brasília: CNJ, 2017. Disponível em: <http://www.cnj.jus.br/files/conteudo/arquivo/2017/08/f8bcd6f3390e723534a-ce4f7b81b9a2a.pdf>.

CUNHA, Leonardo; NETO João. A Mediação e a Conciliação no Projeto do Novo CPC: Meios Integrados de Resolução de Disputas. In: FREIRE, Alexandre; DANTAS, Bruno; NUNES, Dierle; et al (Orgs). *Novas Tendências do Processo Civil*: estudos sobre o projeto do novo código de processo civil. v. III. Salvador: Juspodivm, 2014.

EIDT, Elisa Berton. Os Institutos da Mediação e da Conciliação e a Possibilidade de sua Aplicação no Âmbito da Administração Pública. *Revista da PGE RS Procuradoria-Geral do Estado*. V. 36, n. 75. 2015. p. 55-74.

FREITAS, Juarez. As políticas públicas e o direito fundamental à boa administração. *Revista do Programa de Pós-Graduação em Direito da UFC*, v. 35.1, jan./jun. 2015.

GRINOVER, Ada Pellegrini; WATANABE, Kazuo; LAGRASTA NETO, Caetano (Coords.). *Mediação e gerenciamento do processo*: revolução na prestação jurisdicional: guia prático para a instalação do setor de conciliação e mediação. 2. reimpr. São Paulo: Atlas, 2008.

JR, Hermes; CABRAL, Trícia. *Justiça Multiportas*: mediação, conciliação, arbitragem e outros meios de solução adequada de conflitos. Salvador: Juspodivm, 2017.

KHARLAKIAN, Jacqueline. Conciliação e Mediação no Âmbito da Administração Pública sob a Luz do Novo Código de Processo Civil: Novel Paradigma de Resolução Consensual de Conflitos. *Revista Síntese – Direito Administrativo*. 135. 2017. p. 202-214.

LUCHIARI, Valeria. *Conciliação e Meios de Solução*. O Anteprojeto de Código de Processo Civil, a Conciliação e a Mediação. 2017. p. 1-7.

MONTESQUIEU, Charles Louis. *O Espírito das Leis*. Trad. Cristina Muraschco. São Paulo: Martins Fontes, 2000.

MULLER, Julio. A negociação no novo código de processo civil: novas perspectivas para a conciliação, para a mediação e para as convenções processuais. In: ALVIM, Thereza;

NETO, José Mário. *Criação das Centrais de Conciliação, Mediação e Arbitragem em Pernambuco*: Uma análise de sua efetividade à luz do novo enfoque de acesso à Justiça. Ano 37. vol. 2011. Revista dos Tribunais. (2012). p. 317-346.

OTERO, Paulo. *Legalidade e Administração Pública*. Coimbra: Almedina. 2. reimp. 2011.

PELUSO, Cezar. Mediação e Conciliação. *Revista de Arbitragem e Mediação*. Ano 8. Vol. 30. 2011. p. 15-19.

PINHO, Humberto; DUARTE, Márcia. Conciliação e mediação: impacto do novo CPC nos Juizados Especiais. In: REDONDO, Bruno; SANTOS, Welder; SILVA, Augusto; VALLADARES, Leandro (Coords.). *Juizados Especiais.* Salvador: Juspodivm, 2017.

REIS, Maria José Andrade; SANTOS, Lílian de Brito. A Composição de Conflitos na Administração Pública: um cotejo aos princípios da juridicidade e da supremacia do interesse público. *R. Bras. de Dir. Mun* – RBDM. Belo Horizonte. Ano 18.

SCAVONE JUNIOR, Luiz Antonio. *Manual de Arbitragem:* mediação e conciliação. Rio de Janeiro: Forense, 2015.

TALAMINI, Eduardo. *Processo e Administração pública.* v.10. Salvador: Juspodivm, 2016.

VASCONCELOS, Carlos Eduardo. *Mediação de Conflitos e Práticas Restaurativas.* 4. ed. São Paulo: Método, 2015.

YARSHELL, Flávio; PESSOA, Fabio. *Direito Intertemporal.* Salvador: Juspodivm, 2016.

AUGUSTO CURY

É de conhecimento geral que o Judiciário tem estado sobrecarregado pelo grande número de demandas que recebe todos os dias. Além de esse cenário trazer gravíssimos problemas para a qualidade de vida dos operadores da justiça, é impossível pensar em celeridade processual, algo que tem sido cada vez mais discutido na esfera acadêmica e pedido, mesmo que de forma indireta, pela sociedade.

Essa grande demanda de processos no Judiciário faz com que a justiça esteja empenhada numa busca constante de mecanismos de solução pacífica de conflitos. Vemos, então, que o Judiciário está se preparando constantemente para essa mudança cultural, mas e a sociedade? Os sujeitos das demandas judiciais estão preparados para tirar o máximo de proveito dos recursos que os profissionais têm proposto?

Para a Teoria da Inteligência Multifocal, a melhor maneira de contribuir para o crescimento de alguém é interferir, de forma positiva, no desenvolvimento de sua gestão da emoção. A ideia é conquistar o território das emoções e depois voltar-se ao território da razão.

É preciso, primeiramente, abrir as janelas *light*, que trazem boas experiências e memórias de situações bem-sucedidas para que, tendo feito essa primeira base, passe-se a tratar das janelas *killer*, que levam o *Homo sapiens* à condição de *Homo bios* – ação pelos instintos mais agressivos.

Basicamente, essa atividade deve partir primeiramente da valorização da pessoa que erra para depois focar em seus erros, falhas e incoerências, e essa conduta deve levar em conta que as relações humanas são a maior fonte de prazer do ser humano e, ao mesmo tempo, sendo elas mal construídas, podem ser a maior fonte do seu estresse e da sua angústia.

De acordo com a Teoria da Inteligência Multifocal, podemos escolher quase tudo em nossa vida, mas não podemos optar por não nos relacionar com outros seres humanos.

Os relacionamentos estarão presentes em todos os momentos da nossa vida; por esse motivo, devem ser construídos de forma saudável e, para isso, o primeiro passo é entender o outro e colocar-se em seu lugar.

Se compreendermos como se dá a construção dos pensamentos e o papel da memória na formação desses pensamentos, seremos capazes de levar em consideração esses fatores em um momento de conflito e, partindo disso, levar de forma mais leve os conflitos que eventualmente surgirem durante nossa caminhada. Automaticamente, estaremos preparados para tirar o maior proveito dos mecanismos de solução pacífica de conflitos propostos pelo sistema judiciário.

O olhar da defensoria

A DEFENSORIA PÚBLICA E OS MÉTODOS CONSENSUAIS DE TRATAMENTO DE CONFLITOS: PROPOSTA DE UM PERFIL DE ATUAÇÃO RENOVADOR DIANTE DO CÓDIGO DE PROCESSO CIVIL DE 2015

JÚLIO CAMARGO DE AZEVEDO

Mestrando em Direito Processual pela Universidade de São Paulo (USP). Especialista em Direito Processual Civil pela Universidade Estadual Paulista Júlio de Mesquita Filho (Unesp). Coordenador-auxiliar do Grupo de Estudos de Direito Processual Civil da Defensoria Pública de São Paulo (GEDPC-DPSP). Membro do Centro de Estudos Avançados de Processo (Ceapro). Mediador formado pelo Instituto de Mediação Transformativa. Defensor Público no Estado de São Paulo.

Sumário: 1. Notas introdutórias – 2. A política pública de tratamento consensual dos conflitos e o isomorfismo das instituições públicas componentes do Sistema de Justiça – 3. A Defensoria Pública, o Código Processual de 2015 e a justiça consensual – 4. Por um novo perfil de atuação extrajudicial do Defensor Público: 4.1. O perfil proativo; 4.2. O perfil integrativo; 4.3. O perfil preventivo; 4.4. O perfil interdisciplinar; 4.5. O perfil pedagógico – 5. Conclusão – Referências.

1. NOTAS INTRODUTÓRIAS

O que muda para a Defensoria Pública diante da *política pública consensual de tratamento dos conflitos* estabelecida pelo Código Processual Civil de 2015? Para muitos, a resposta para tal indagação subordina-se a condicionantes externas, a depender, por exemplo, da interpretação que a comunidade jurídica conferirá aos novos institutos processuais, da efetiva aplicação dos dispositivos consensuais pelos magistrados, da estrutura administrativa judiciária, entre outras circunstâncias.

Faz parte da natureza humana, como um irracional mecanismo de defesa, projetar no "outro" a responsabilidade por mudanças. O "novo", neste sentido, representa sempre um labirinto, cuja entrada se franqueia ao alheio, por curiosidade, mas nunca a si mesmo, por receio. É sempre assim quando se rompe com o velho.

Não faltam, nesta toada, invocações pessimistas quando se está a tratar do futuro do processo civil brasileiro, em especial, pelas modificações introduzidas por esta política pública judiciária. Mas qual o papel das instituições frente às mudanças projetadas? Ora, se é cediço que as leis não mudam a realidade, cumpre aos atores jurisdicionais a responsabilidade pela abertura de um novo caminho à pacificação, ressignificando o modelo adjudicativo, bipolarizado e adversarial até hoje adotado, a partir de uma mudança de mentalidade.[1] É preciso trocar as lentes, na feliz expressão de Howard Zehr.[2]

Para a Defensoria Pública, esse giro operacional dependerá, em grande medida, do valor que a própria instituição atribuirá aos comandos de consensualidade, bem como da mudança de postura dos Defensores Públicos frente aos conflitos que lhe são apresentados.

Em tom de autocrítica, este texto pretende propor reflexões ao modelo isomórfico de Defensoria Pública – *com o qual não se concorda* – propondo, a partir de algumas premissas teóricas, um perfil de atuação inovador, alinhado à política consensual de tratamento dos conflitos e à missão constitucional de prestação da assistência jurídica integral e gratuita.

---

[1] WATANABE, Kazuo. A mentalidade e os meios alternativos de solução de conflitos no Brasil. In: *Mediação e Gerenciamento do Processo* – revolução na prestação jurisdicional. Coord. GRINOVER, Ada Pellegrini; NETO, Caetano Lagrasta; WATANABE, Kazuo. 3. ed. São Paulo: Atlas, 2013, p. 06-10.

[2] ZEHR, Howard. *Trocando as lentes*: um novo foco sobre o crime e a justiça – Justiça Restaurativa. São Paulo: Palas Athena, 2008.

2. A POLÍTICA PÚBLICA DE TRATAMENTO CONSENSUAL DOS CONFLITOS E O ISOMORFISMO DAS INSTITUIÇÕES PÚBLICAS COMPONENTES DO SISTEMA DE JUSTIÇA

O novo Código de Processo Civil incluiu os métodos consensuais dentre suas "normas fundamentais" (Título Único, Capítulo 1), ao prever que "o Estado promoverá, sempre que possível, a solução consensual dos conflitos" (art. 3º, § 2º). Firmou, assim, verdadeiro comando de consensualidade, cuja eficácia jurídica impõe-se enquanto obrigação de fazer dirigida ao Estado,[3] no sentido de priorização e concretização de uma *política pública consensual de tratamento de conflitos*.

Referida previsão representa a consolidação de um ideal pactuado ainda em 2009, por ocasião do II Pacto Republicano de Estado,[4] que seguiu complementado pela Resolução nº 125/2010 do Conselho Nacional de Justiça, responsável por instituir os Núcleos Permanentes de Métodos Consensuais de Solução de Conflitos (Nupemecs) os Centros Judiciários de Solução de Conflitos e Cidadania (Cejuscs), além do Cadastro Nacional de Mediadores Judiciais e Conciliadores.

Com o Código Processual Civil de 2015, diversos instrumentos jurídicos foram positivados com o intuito de fortalecer este compromisso republicano, podendo-se citar a inclusão de conciliadores e mediadores como auxiliares da justiça (Título IV, Capítulo III, Seção V), a previsão dos princípios informadores da metodologia consensual (art. 166, *caput*), o incentivo à

---

[3] "A norma é promocional. O Estado deverá promover o uso dos ADR e os profissionais da área jurídica deverão estimular o seu uso. Isso inclui um esforço de capacitação de pessoal, criação de estrutura física, esclarecimento da população e treinamento dos servidores e dos profissionais do meio jurídico em geral". CUNHA, Leonardo Carneiro da; NETO, João Luiz Lessa. Mediação e conciliação no Poder Judiciário e o Novo Código de Processo Civil. In: *Coleção Novo CPC Doutrina Selecionada* – Parte Geral. Coord. DIDIER JR., Fredie. Org. MACEDO, Lucas Buril de; PEIXOTO, Ravi; FREIRE, Alexandre. 2. ed. Salvador: Juspodivm, 2016, p. 386.

[4] Em especial, o compromisso "d": "fortalecer a mediação e a conciliação, estimulando a resolução de conflitos por meios autocompositivos, voltados à maior pacificação social e menor judicialização".

consensualidade na resolução de disputas envolvendo a Administração Pública (art. 174), a valorização das etapas consensuais nos procedimentos comum (art. 319, inc. VII) e especiais (art. 695), além da possibilidade de sessões de mediação e conciliação por meio eletrônico (art. 334, § 7º). No mesmo sentido caminharam as Leis nº 13.129/2015 e 13.140/2015, cuidando, respectivamente, da reforma da Lei de Arbitragem (Lei nº 9.307/1996) e da Lei Geral sobre Mediação e Meios Alternativos de Solução de Controvérsias.

Mas o que, de fato, significa encarar os métodos consensuais enquanto política pública? Significa que o Estado brasileiro estabeleceu um "programa de ação governamental"[5] apontando o *modo* pelo qual entende adequado trabalhar os conflitos sociais. Não se trata, portanto, de mera exortação retórica, mas de verdadeiro giro paradigmático, especialmente considerando que a judicialização em solo nacional sempre foi tomada como o remédio para todos os males.

Ademais, ao encampar um modelo de *justiça multiportas*, ou seja, que proporcione métodos plurais de tratamento de disputas, o Poder Judiciário deixa claro ao cidadão, detentor do irrenunciável direito de acesso à justiça, que não há homogeneidade nos conflitos sociais, inaugurando, a partir daí, uma nova face ou dimensão da jurisdição,[6] orientada pela multiplicidade de meios extraprocessuais resolutivos.

Mas tal previsão traz também sérias consequências, as quais, à primeira vista, não têm ocupado destaque nos debates envolvendo as instituições do Sistema de Justiça.

Uma primeira questão que chama a atenção diz respeito ao *planejamento* desta política pública. Geralmente chamado a intervir quando os demais

---

[5] BUCCI, Maria Paula Dallari. *Fundamentos para uma teoria jurídica das políticas públicas*. São Paulo: Saraiva, 2013.

[6] "[...] a jurisdição não pode mais ser definida como poder, função e atividade, pois na justiça conciliativa não há exercício do poder. Ela passa a ser, em nossa visão, garantia de acesso à justiça (estatal ou não), consistente numa função e atividade, cuja autoridade é respeitada pelo corpo social e legitimada pelo devido processo legal, voltadas, em seu escopo social, sobretudo à pacificação com justiça". GRINOVER, Ada Pellegrini. Revisitando a teoria geral do processo. In: *Processo em Jornadas*. Coord. LUCON, Paulo Henrique dos Santos; AGRIPLIANO, Ricardo de Carvalho et. al. Salvador: Juspodivm, 2016, p. 29.

poderes abdicam dos deveres de planejamento e implementação de políticas governamentais legalmente determinadas, aqui o Poder Judiciário se identifica com uma situação inusitada: é ele o principal *sujeito passivo* desta política governamental, fato que deveria provocar uma mudança de postura, ao menos no perfil administrativo e orçamentário dos Tribunais.

O raciocínio é simples: se a justiça consensual foi erguida à condição de política pública, implementadora, portanto, de direitos de envergadura fundamental (acesso à justiça, boa-fé etc.), e se este modelo depende, evidentemente, de receitas e despesas necessárias (prestações materiais mínimas), o planejamento administrativo e financeiro não pode ser ignorado a ponto de colocar em risco o projeto republicano antes delineado.

Sob este prisma, o orçamento deve ser visto como verdadeiro instrumento programático da atividade estatal judiciária, vinculando os administradores judiciários à realização dos fins propalados, considerando-se, sobretudo, o princípio da eficiência administrativa (art. 37, *caput*, CF/1988), além da boa-fé e da cooperação com os jurisdicionados (arts. 5º e 6º, CPC/2015).

Uma segunda decorrência da previsão da justiça consensual como política pública diz respeito à exigência de seu *controle*. Questiona-se: em caso de omissão, quem deverá controlar esta política pública? Poderá o Poder Judiciário descumprir os comandos legais (ex: audiência de conciliação e mediação obrigatória) alegando falta de estrutura física ou orçamentária (uma espécie de *reserva do possível judiciária*)? Indo além: a fim de cumprir essa política pública, poderão ser sequestrados e realocados recursos judiciais gastos com atividades, eventos e benefícios não essenciais, assim como ocorre com a verba pública destinada à publicidade em uma infinidade de ações julgadas contra o Poder Executivo?

Como se vê, há consequências sérias advindas da consolidação de uma política pública consensual de tratamento de conflitos, o que deveria demandar uma postura proativa do Conselho Nacional de Justiça, órgão constitucionalmente jungido ao controle administrativo do Poder Judiciário, que, coincidentemente, é o principal entusiasta desta política pública que se inaugura.[7]

---

[7] Esse entusiasmo pode ser constatado desde 2010, com a Resolução nº 125, que instituiu a *Política Judiciária Nacional de tratamento adequado de conflitos de*

Como último consectário lógico desta previsão, tem-se o dever do Estado de observar uma *gestão participativa* no desenvolvimento e definição dos rumos desta política pacificadora (art. 204, inc. II, CF/1988).[8] Ou seja, ao encampar um novo modelo de justiça consensual, o Poder Judiciário deve democratizar a gestão desta política pública, promovendo a abertura dos processos de deliberação, gestão e controle aos demais atores sociais. Assim, enquanto agentes ativos deste processo pacificador, a discussão deve incluir tanto os jurisdicionados, diretamente afetados com o resultado prometido por esta mudança, quanto os agentes[9] responsáveis pela empreitada consensual (conciliadores, mediadores etc.). Em uma democracia, não há espaço para exclusividade estatal na definição dos rumos envolvendo políticas públicas essenciais.

Infelizmente, porém, não é o que se tem assistido.

Após mais de dois anos de vigência do Código Processual de 2015, o que se tem verificado é uma conduta omissiva do Poder Judiciário em relação ao seu dever de planejamento administrativo e orçamentário, panorama negativo que segue complementado pela ausência de fendas democráticas e pela não previsão de mecanismos de controle e gestão participativa desta política pública.

---

interesses no âmbito do Poder Judiciário. A respeito do papel do CNJ na implementação desta política pública: "Assim, cabe ao Conselho Nacional de Justiça, ao implementar esta política pública, voltada para o tratamento e para a solução de conflitos de interesses com incentivo aos métodos autocompositivos, tornar obrigatória a utilização desses métodos por todos os Tribunais de Justiça dos Estados, estabelecendo diretrizes a serem observadas por estes [...]". LUCHIARI, Valéria Ferioli Lagrasta. *Mediação judicial*: análise da realidade brasileira – origem e evolução até a Resolução n. 125 do Conselho Nacional de Justiça. Coord. GRINOVER, Ada Pellegrini; WATANABE, Kazuo. Rio de Janeiro: Forense, 2012, p. 83.

[8]   A cláusula geral da gestão participativa em políticas públicas envolvendo direitos sociais encontra-se insculpida no artigo 204, inciso II, que cuida da Assistência Social: "Art. 204. As ações governamentais na área da assistência social serão realizadas com recursos do orçamento da seguridade social, previstos no art. 195, além de outras fontes, e organizadas com base nas seguintes diretrizes: [...] II – *participação da população, por meio de organizações representativas, na formulação das políticas e no controle das ações em todos os níveis*".

[9]   Chama-se a atenção aqui, especialmente, para a ausência de remuneração destinada a conciliadores e mediadores judiciários.

O indesejado resultado deste estado da arte vem sendo a desconsideração por parte de magistrados de inúmeros comandos consensuais inaugurados pela nova codificação processual, ora sob a alegação de falta de estrutura administrativa, ora sob a alegação de ausência de servidores capacitados. Não bastasse, conciliadores e mediadores seguem sem qualquer remuneração para o exercício de suas funções – fator que contribui à precariedade dos serviços –, ao passo que o jurisdicionado permanece obrigado a participar das etapas consensuais, sem, porém, interferir no desenvolvimento e controle dessa política pública. Na prática, aliás, o que se viu até aqui foi uma "obrigatoriedade seletiva" dos comandos consensuais, incidentes verticalmente em relação ao cidadão (o que, aos olhos deste autor, viola o art. 2º, inc. V, da Lei nº 13.140/2015), mas não horizontalmente em face do Poder Judiciário.

Mas não é só ao Poder Judiciário que a política pública consensual de tratamento de conflitos surte efeitos. A novel legislação também destinou deveres às demais instituições componentes do Sistema de Justiça, sobretudo ao incluir no artigo 3º, § 3º, que "a conciliação, a mediação e outros métodos de solução consensual de conflitos deverão ser estimulados por juízes, advogados, defensores públicos e membros do Ministério Público, inclusive no curso do processo judicial".[10] O dispositivo atinge, portanto, a todos os atores da arena judiciária, dirigindo-se ao Ministério Público, à Ordem dos Advogados do Brasil,[11] à Advocacia Pública e à Defensoria Pública.[12]

---

[10] Essa atmosfera de valorização dos métodos consensuais abrigadas no Código de 2015 vai ao encontro dos ideais compartilhados pelo Poder Legislativo – leia-se: pelo povo brasileiro – eis que, no mesmo ano em que vigente o novo CPC, foram aprovadas tanto a reforma da Lei de Arbitragem (Lei nº 13.129/2015) quanto a Lei Geral sobre Mediação e Meios Alternativos de Solução de Controvérsias (13.140/2015).

[11] Acerca das vantagens que os métodos consensuais oferecem à advocacia privada, conferir: TARTUCE, Fernanda. Advocacia e meios consensuais: novas visões, novos ganhos. In: *Coleção Novo CPC Doutrina Selecionada* – Procedimento Comum. Coord. DIDIER JR., Fredie. Org. MACEDO, Lucas Buril de; PEIXOTO, Ravi; FREIRE, Alexandre. 2. ed. Salvador: Juspodivm, 2016, p. 183-199.

[12] Há, ainda, diversas previsões ao longo do Código que reforçam a aplicação dessa política pública, como a inclusão de conciliadores e mediadores como auxiliares da justiça (Título IV, Capítulo III, Seção V), o incentivo à resolução extrajudi-

No âmbito do Ministério Público, apesar da Resolução nº 118/2014 do Conselho Nacional do Ministério Público, o que se assistiu até aqui foram os mesmos equívocos de planejamento administrativo e orçamentário do Poder Judiciário, sendo possível notar uma ausência de planejamento, controle e gestão participativa acerca da política ministerial de tratamento adequado dos conflitos.

Não obstante, apesar de algumas boas iniciativas pulverizadas no âmbito da tutela consensual coletiva, na prática, ainda se verifica uma permanente vinculação ministerial à mentalidade adversarial de outrora. Isso pode ser fatalmente verificado no cotidiano dos foros, como, por exemplo, na seara familiar, quando, na qualidade de *custos legis*, membros ministeriais exigem a observância de cláusulas protetivas (guarda, visitas e alimentos) para homologação de acordos de divórcio ou separação consensual, conduta que implica vilipêndio ao dever de respeito à autonomia das partes, princípio consensual cristalizado nos artigos 166 do Código Processual de 2015 e 2º, inciso V, da Lei nº 13.140/2015.

Mas, dentre todas as relevantes funções ministeriais estabelecidas pela Carta Democrática de 1988, é a atuação criminal a que mais carece de um alinhamento com uma política pública consensual de tratamento dos conflitos. Essa afirmação decorre tanto dos prejuízos advindos de uma política institucional de encarceramento em massa, a qual, sob a crença no mito da "ressocialização", segue investindo em um modelo liberal de resolução de conflitos penais, quanto do tratamento anti-isonômico atualmente verificado em relação às classes abastadas da sociedade brasileira, as quais vêm gozando cotidianamente de acordos de "não persecução penal", "colaborações premiadas" e "acordos de leniência", enquanto hipossuficientes continuam a ser denunciados por furtos de comida e produtos de higiene. Em homenagem ao princípio republicano, é preciso investir em métodos restaurativos que imponham uma política criminal isonômica por parte do Ministério Público, que se demonstre ao mesmo tempo apta a lidar

---

cial de conflitos envolvendo a Administração Pública (art. 174), a inclusão de etapas obrigatórias de mediação e conciliação no procedimento comum e nos procedimentos especiais (ex.: tutelas provisórias; procedimentos de família; procedimentos possessórios etc.).

adequadamente com conflitos delitivos das oligarquias de poder e com delitos de origem comum.

Assim, apesar da recente Resolução nº 181/2017 editada pelo Conselho Nacional do Ministério Público, que prevê em seu artigo 18 a possibilidade de "acordo de não persecução penal" para delitos cotidianos e a possibilidade de fixação de termos de ajustamento de conduta em hipóteses de improbidade administrativa (apesar da vedação expressa no art. 17, § 1º, da Lei nº 8.429/1992), a verdade é que a ausência de uma atuação uniforme dos membros ministeriais, somada à não previsão de instrumentos democráticos de controle, impede o avistar de um horizonte promissor em termos de uniformidade da política pública consensual em matéria criminal.

Em relação à Advocacia Pública, apesar da nova codificação e da Lei Geral de Mediação abrigarem previsões expressas no sentido de União, Estados, Distrito Federal e Municípios criarem câmaras de mediação e conciliação, com atribuições relacionadas à solução consensual de conflitos no âmbito administrativo, fato é que tal comando vem sendo igualmente olvidado em termos de planejamento administrativo e orçamentário, não havendo, até o presente momento, uma mudança de perfil institucional das procuradorias em direção aos métodos consensuais.

Ao contrário, ainda paira certa confusão envolvendo o dogma da indisponibilidade do interesse público,[13] do qual decorre pretensa impossibilidade de resolução consensual dos conflitos administrativos, fato este derivado da não assimilação do paradigma transformativo do Estado Democrático de Direito. É preciso mudar as lentes e compreender, de uma vez por todas, que o papel da Administração Pública foi ressignificado para concretizar os direitos fundamentais do cidadão, em detrimento da defesa cega do interesse público secundário (leia-se: da própria Administração Pública). Neste sentido, é perfeitamente possível que uma transação envolvendo bens públicos represente, à luz da proporcionalidade e da eficácia dos direitos fundamentais dos administrados, o caminho adequado para o tratamento de conflitos.

---

[13] VENTURI, Elton. Transação de direitos indisponíveis. In: *Justiça Multiportas – mediação, conciliação, arbitragem e outros meios de solução adequada de conflitos. Coleção Grandes Temas do Novo CPC.* Coord. ZANETI JR., Hermes; CABRAL, Trícia Navarro Xavier. Salvador: Juspodivm, 2016, p. 405-428.

Respeitados os limites deste ensaio, a presente análise das instituições pertencentes ao Sistema de Justiça brasileiro denuncia que, apesar de seu altíssimo investimento,[14] bem como do declarado entusiasmo em relação às práticas consensuais, o que se verifica na prática é um verdadeiro "isomorfismo reformista",[15] fato este que, decisivamente, coloca em xeque o sucesso de uma política pública de tratamento adequado de disputas nos anos vindouros.

Resta avaliar de que modo a Defensoria Pública vem se comportando diante deste cenário. É o que se propõe no próximo tópico.

3. A DEFENSORIA PÚBLICA, O CÓDIGO PROCESSUAL DE 2015 E A JUSTIÇA CONSENSUAL

O novo Código Processual incluiu a Defensoria Pública no Título VII do Livro III como sujeito processual autônomo em relação às demais instituições do Sistema de Justiça, reproduzindo, no artigo 185, o perfil institucional introduzido pela Emenda Constitucional nº 80/2014.[16]

No artigo 186, em homenagem aos dispositivos existentes na Lei Orgânica Nacional da Defensoria Pública (LC nº 80/1994), foram condensadas as principais prerrogativas processuais destinadas ao desempenho da atividade

---

[14] DA ROS, Luciano. O custo da Justiça no Brasil: uma análise comparativa exploratória. Newsletter. *Observatório de elites políticas e sociais do Brasil.* 2005. NUSP/UFPR, v.2, n. 9, julho. p. 1-15. ISSN 2359-2826.

[15] Sobre o isomorfismo reformista, conferir FOUCAULT, Michel. *Vigiar e Punir.* 36 ed. Petrópolis: Vozes, 2009.

[16] Sobre as vantagens de uma Defensoria Pública fortalecida no Brasil: "[...] tendo em conta a evolução dos mecanismos e concepções relativas ao acesso à justiça, a proposta de construção de uma defensoria pública, nos moldes como está prevista sua atuação no Brasil, acumula diferentes vantagens potenciais: universalização do acesso através da assistência prestada por profissionais formados e recrutados especialmente para esse fim; assistência jurídica especializada para a defesa de interesses coletivos e difusos; diversificação do atendimento e da consulta jurídica para além da resolução extrajudicial dos litígios, através da conciliação e da resolução extrajudicial de conflitos e, ainda, atuação na educação para os direitos". SANTOS, Boaventura de Souza. *Para uma revolução democrática da justiça.* 3. ed. São Paulo: Cortez, 2011, p. 50-51.

funcional dos defensores públicos (observância do prazo em dobro para as manifestações processuais e a intimação pessoal do Defensor Público), ao passo que em seu § 2º estabeleceu ao Poder Judiciário o dever de intimação da parte usuária dos serviços da Defensoria Pública, excepcionando a regra geral de intimação na pessoa do advogado, que, obviamente, não pode ser estendida à Defensoria Pública.[17]

No que tange à atividade-fim desempenhada pela instituição, o Código Processual trouxe nova regulamentação à "Gratuidade de Justiça" (arts. 98 a 102), revogando diversos dispositivos da obsoleta Lei de Assistência Judiciária (Lei nº 1.060/1950).[18] Garantiu, ainda, respaldo à participação da Instituição Cidadã em temas destacados, tais como: a) curadoria especial (art. 72, parágrafo único); b) atuação frente às reintegrações possessórias multitudinárias (art. 554, § 1º); c) legitimidade para provocar o incidente de assunção de competência (art. 947, § 1º); d) legitimidade para provocar o incidente de resolução de demandas repetitivas (art. 977, inc. III), dentre outras relevantes previsões.

Em relação à solução extrajudicial de conflitos, o novo CPC muniu a Defensoria Pública com a *executoriedade do instrumento de transação referendado por Defensor Público* (art. 784, inc. IV),[19] incentivando a utilização de técnicas extrajudiciais autocompositivas (mediação e conciliação) na atividade-fim defensorial.

---

[17] Por coerência normativa, aplica-se a mesma *ratio* às intimações de testemunhas arroladas pela Defensoria Pública (artigo 455, § 4º, inciso IV), do devedor assistido no procedimento de cumprimento de sentença (artigo 513, § 2º, inciso II) e do executado no procedimento de adjudicação de bens (artigo 876, § 1º, inciso II).

[18] Foram revogados os artigos 2º, 3º, 4º, 6º, 7º, 11, 12 e 17 da Lei nº 1.060/1950, conforme artigo 1072, inciso III, das Disposições Transitórias. Dentre as modificações dignas de nota, inclui-se: i) a ampliação dos beneficiários da assistência judiciária (pessoas jurídicas e estrangeiros não residentes no País); ii) a expansão do rol de documentos e serviços sujeitos à isenção (ex.: gratuidade de atos notariais); iii) a simplificação do procedimento para concessão do benefício (ex.: requerimento via petição simples e o fim do incidente de impugnação).

[19] Tal previsão também encontra-se estampada na Lei Orgânica da Defensoria Pública, cf. artigo 4º, § 4º, da LC nº 80/1994.

Tal dispositivo se alinha ao estabelecido pela Lei Orgânica da Defensoria Pública, a qual prevê, em seu artigo 4º, inciso II, o dever funcional do Defensor Público de "promover, prioritariamente, a solução extrajudicial dos litígios, visando à composição entre as pessoas em conflito de interesses, por meio de mediação, conciliação, arbitragem e demais técnicas de composição e administração de conflitos".

Em escrito anterior, já se teve a oportunidade de afirmar que a política institucional de tratamento consensual de conflitos poderá funcionar conforme três modelos distintos: "a) *modelo estimulativo*: em que a Defensoria Pública se vale da estrutura (pessoal e administrativa) de outras instituições (ex.: Cejuscs) sem participação efetiva no processo consensual desenvolvido (neste caso há mero encaminhamento); b) *modelo cooperativo*: em que a utilização da estrutura pessoal ou administrativa de outras instituições viria acompanhada da participação do Defensor Público no processo consensual desempenhado; c) *modelo autônomo*: em que a Defensoria Pública, por meio de recursos financeiros e administrativos próprios, consolidaria uma política institucional de resolução extrajudicial de litígios, perseguindo de perto finalidades constitucionalmente atribuídas à instituição".[20]

Certamente, das espécies aqui descritas, o *modelo autônomo* consubstancia o perfil atuacional mais adequado ao atendimento dos usuários que batem às portas da instituição, já que impede nova monopolização da resolução de conflitos nas mãos do Poder Judiciário,[21] permitindo o alcance de uma

---

[20] AZEVEDO, Júlio Camargo de; KERSUL, Elthon Siecola. Novo CPC abre novos modelos de participação da Defensoria nos litígios. *Revista Consultor Jurídico*, 5 de outubro de 2015. Disponível em: <http://www.conjur.com.br/2015-out-05/cpc-abre-novos-modelos-participacao-defensoria>.

[21] Diversas críticas podem ser tecidas a respeito da política judiciária de resolução consensual dos conflitos. Neste sentido, conferir: MEIRELLES, Delton Ricardo Soares; MARQUES, Giselle Picorelli Yacoub. A mediação no projeto do Novo Código de Processo Civil: solução para a crise do Judiciário? In: *Novas Tendências do Processo Civil*: estudos sobre o Projeto do Novo Código de Processo Civil. v. 2. Salvador: Juspodivm, 2014; TARTUCE, Fernanda. Mediação no Novo CPC: questionamentos reflexivos. In: *Novas Tendências do Processo Civil*: estudos sobre o Projeto do Novo Código de Processo Civil. v. 1. Salvador: Juspodivm, 2013; JUNIOR, José Herval Sampaio Júnior. Análise

política institucional apta à consecução de finalidades buscadas de perto pela Defensoria Pública, tais como o empoderamento do cidadão hipossuficiente, a emancipação comunitária, a inclusão social e a redução da marginalização.

Neste sentido, é preciso verificar que a vinculação entre a Defensoria Pública e a justiça consensual é "ontológica e umbilical", cumprindo à instituição, como assinala Felipe Kirchner, "democratizar o acesso aos instrumentos não adversativos de resolução de conflitos. Se democratizar o processo e universalizar o acesso à justiça e a jurisdição são missões de todos os setores, deve-se reconhecer que só poderão ser efetivamente cumpridas pelo Estado com a participação proativa e engajada da Defensoria Pública".[22]

Assim, na linha do pluralismo amplamente difundido na seara consensual, é desejável que outras instituições (Defensoria Pública, Ministério Público etc.) concorram para a formação de uma verdadeira *política brasileira de composição de conflitos*, trazendo outros olhares,[23] técnicas, métodos e experiências, à luz da heterogeneidade institucional existente em uma democracia.

O modelo autônomo ainda possuiria o condão de evitar uma metodologia consensual infensa às condições de carência do público vulnerável, afastando também uma concepção "paternalista" do tratamento de conflitos, em que desconsiderada a autonomia e a autodeterminação do usuário na construção da solução para o seu próprio problema. Deve-se investir, neste sentido, no empoderamento das classes hipossuficientes como forma de emancipação social, abdicando de um perfil assistencialista gerador de cidadãos dependentes.

---

crítica da pura inserção dos Mediadores e Conciliadores como auxiliares de justiça no novo CPC sem uma preocupação material com o efetivo exercício da atividade de conciliação. In: *O Projeto do Novo Código de Processo Civil*: estudos em homenagem ao Professor José Joaquim Calmon de Passos. 2ª série. Salvador: Juspodivm, 2012.

[22] KIRCHNER, Felipe. Os métodos autocompositivos na nova sistematização processual civil e o papel da Defensoria Pública. In: *Defensoria Pública* – Col. Repercussões do Novo CPC. Coord. SOUSA, José Augusto Garcia de. Salvador: Juspodivm, 2015, p. 213.

[23] Sobre a importância do "olhar do outro", conferir: MORAES, Daniela Marques de. *A importância do olhar do outro para a democratização do acesso à justiça*. Rio de Janeiro: Lumen Juris, 2015.

Daí por que acertada a ponderação de Diogo Esteves e Franklyn Roger quanto à função do defensor público perante os métodos consensuais: "jamais deve o membro da instituição suprimir do assistido a possibilidade de conhecer e avaliar, conjuntamente, qual método de solução será o mais adequado, levando em consideração o tempo, a vantagem da proposta e os custos extraprocessuais (não alcançados pela gratuidade de justiça)".[24] Metaforicamente, em relação aos métodos consensuais, deve a Defensoria Pública oferecer ao usuário o mapa e a bússola, cabendo ao cidadão trilhar seu próprio caminho.

Não se verifica, contudo, uma movimentação rumo à implementação de um modelo autônomo de tratamento consensual de conflitos nas Defensorias Públicas do País.

Além da ausência de um planejamento orçamentário e administrativo uniforme e coerente à justiça consensual, o que se deve, em muito, à inexistência de um órgão de controle nacional das Defensorias Públicas (ex.: Conselho Nacional da Defensoria Pública), constata-se que medidas como a capacitação específica de defensores públicos, contratação de mediadores e conciliadores, criação de câmaras internas de mediação e conciliação ou centros de práticas restaurativas[25] não vêm sendo efetivadas pela maioria das Defensorias Públicas nacionais, tudo levando a crer que, nos próximos anos, prevalecerá o modelo cooperativo de atuação institucional.

---

[24] ESTEVES, Diogo; ROGER; Franklyn. *Princípios institucionais da Defensoria Pública*. 2. ed. Rio de Janeiro: Forense, 2017, p. 372.

[25] "O momento atual não admite espaço para amadorismo, exigindo profissionalização na aplicação dos meios autocompositivos. O processo de sua consolidação depende de profissionais capacitados e que tenham introjetado a filosofia, a principiologia e a metodologia das propostas negociais, e que saibam identificar os casos que podem ser submetidos a essas técnicas. É de todo evidente que esta observação se centra no aspecto institucional da promoção dos métodos autocompositivos, uma vez que as práticas negociais, de mediação e de conciliação, não são monopólio dos técnicos [...]". KIRCHNER, Felipe. Os métodos autocompositivos na nova sistematização processual civil e o papel da Defensoria Pública. In: *Repercussões do Novo CPC* – Defensoria Pública, v. 5, org. José Augusto Garcia de Sousa. Salvador: Juspodivm, 2015, p. 248.

Tal constatação, além de não dialogar com a *defesa extrajudicial dos direitos individuais ou coletivos dos necessitados*, missão constitucional atribuída à instituição pela Emenda Constitucional nº 80/2014, bem como com a *promoção prioritária da solução extrajudicial dos litígios*, dever funcional dos defensores públicos instituído pelo artigo 4º, inciso II, da Lei Orgânica Nacional da Defensoria Pública, revela um perfil isomórfico de Defensoria Pública perante a política pública de tratamento consensual dos conflitos, o que, na perspectiva deste autor, descumpre o papel promocional do acesso à justiça por todos esperado.

4. POR UM NOVO PERFIL DE ATUAÇÃO EXTRAJUDICIAL DO DEFENSOR PÚBLICO

Fincada a bandeira em favor do modelo autônomo de atuação consensual, é preciso voltar os olhos ao perfil de atuação do Defensor Público, pois, como mencionado em notas introdutórias, sobre eles pende a responsabilidade pela ressignificação da atuação institucional, a partir de uma mudança de mentalidade.

Neste sentido, não se pode olvidar que a solução de conflitos no campo da extrajudicialidade se aproxima de um modelo *democrático-emancipador* de Defensoria Pública, cuja legitimação deixa de ser meramente formal-processual, ganhando substância a partir da *coparticipação popular* e do *agir comunicativo*.[26]

Atuar próximo à comunidade, compreendendo os obstáculos que a burocracia administrativa impõe ao cidadão hipossuficiente, transforma a realidade vivenciada pela parte defendida, permitindo o seu empoderamento a partir do diálogo e da cobrança por serviços e políticas públicas, cuja ausência impede a concretização do amplo catálogo de direitos sociais ainda não implementados.

A atuação extrajudicial densifica, outrossim, a autonomia institucional e a independência funcional do Defensor Público, que pode lançar mão de

---

[26] HABERMAS, Jürgen. *Pensamento pós-metafísico*. 2. ed. (Trad. Flávio Beno Siebeneichler). Rio de Janeiro: Tempo Brasileiro, 2002.

um amplo horizonte de possibilidades atuacionais – *técnicas mediatórias, restaurativas, terapêuticas, interdisciplinares etc.* –, alcançando o âmago da problemática a ele apresentada, ao contrário do que superficialmente ocorre no cotidiano forense.

Na tentativa de sistematizar as principais premissas que devem nortear a mudança comportamental do agente público rumo a um modelo extrajurisdicional, alcançou-se um perfil *proativo, integrativo, preventivo, interdisciplinar* e *pedagógico* de atuação funcional.[27]

4.1. O perfil proativo

De saída, anota-se que a adoção de um comportamento *proativo* significa uma quebra com o encastelado modelo de agente público que historicamente se engendrou nas instituições públicas brasileiras, o qual se demonstra mais preocupado com a burocracia laboral a sua volta do que com os verdadeiros problemas sociais circunscritos ao cargo a ele inerente.

Referido perfil de atuação, absolutamente anêmico de efetividade, deve ser urgentemente abandonado pela Defensoria Pública, pois já não representa o modelo constitucional de função essencial à justiça previsto pela Constituição Federal, hoje iluminado pelos objetivos fundamentais da República e pelo resgate da cidadania.

Nesta perspectiva, investindo-se na missão de agente político transformador do *status quo*, o Defensor Público deve tomar a iniciativa perante os problemas sociais que circundam sua área de atuação, não se omitindo em relação à insuficiência da implementação de direitos. A ideia é que a inércia funcional seja paulatinamente substituída por uma postura antecipatória de querelas, incorporando uma ideologia preventiva de solução conflitos.

---

[27] A separação metodológica das diversas posturas de atuação se dá unicamente para fins didáticos, haja vista que as premissas comportamentais aqui referidas – atuação *proativa, integrativa, preventiva, interdisciplinar* e *pedagógica* –, na realidade, se interpenetram e subsidiam, formando um corpo único, que não pode ser cindido sob pena de cristalina ineficácia. A ideia, portanto, é que o defensor público incorpore de forma global esta sistemática de atuação, aliando-a às técnicas extrajudiciais de solução de conflitos mais adequadas.

A DEFENSORIA PÚBLICA E OS MÉTODOS CONSENSUAIS DE TRATAMENTO DE CONFLITOS **295**

Sob este prisma, elencam-se as seguintes posturas inaugurais imbuídas desta proatividade: (i) *o diagnóstico inicial das mazelas existentes na localidade coberta pela atuação do defensor público* (por meio da análise de dados científicos, técnicos e jornalísticos que representem o impacto dos problemas perante aquela realidade local); (ii) o *mapeamento dos principais serviços e recursos existentes para superação das dificuldades existentes*; (iii) *a identificação dos órgãos e dos serviços oferecidos*; (iv) *o estabelecimento de diálogo com movimentos sociais e entidades da sociedade civil que representem lideranças no local*, cuja troca de experiências certamente contribuirá para a identificação das vicissitudes locais e para o reconhecimento das fragilidades do sistema; (v) *a visitação* in loco *dos órgãos da rede assistencial local*.

4.2. O perfil integrativo

Uma vez identificados os serviços existentes a sua volta e apontados os fatores de fragilidade da rede de atuação (postura proativa), é momento do Defensor Público se colocar como *referência local*, adotando uma *postura integrativa.*

Infelizmente, evidenciam-se como marcas indeléveis do serviço público brasileiro o isolamento, a incomunicabilidade e a lógica do encaminhamento irresponsável entre órgãos. A experiência prática demonstra que a concretização de direitos no plano administrativo quase sempre esbarra na estrutura burocrática dos órgãos públicos, cujo desconhecimento a respeito dos demais serviços existentes na rede local, aliado à falta de diálogo interorgânico, costuma levar ao encaminhamento irresponsável do cidadão, prorrogando, sucessivamente, a efetiva resolução do problema.

Por isso, é preciso pensar em uma atuação em "rede", substituindo esta lógica hierarquizada, burocrática, vertical e irresponsável do serviço público pelo funcionamento *efetivo, horizontal, coparticipativo* e *descentralizado* da malha administrativa.[28] Nesta perspectiva, cabe ao Defensor Público assumir

---

[28]   Nas palavras da socióloga Maria José Lopes Souza: "o que caracteriza uma ação em rede é a circulação de informações, a formação de laços de solidariedade, a realização de ações em conjunto. Para isso, precisamos de uma estrutura horizontal, democrática, participativa, aberta e presencial, de forma que as relações de poder sejam compartilhadas, descentralizadas". SOUZA, Maria José Lopes.

verdadeiro papel de *tecelão* da rede de serviços públicos, desentrelaçando os fios deste emaranhado administrativo até formar um tecido autossustentável de proteção de direitos.

Como medidas tendentes a instrumentalizar este diálogo, incluem-se a realização de *reuniões periódicas* (conjuntas e setorizadas), a elaboração de *ofícios padronizados de encaminhamento* e o desenvolvimento de *fluxos específicos de atendimento de demandas*, sem a necessidade de intervenção do Poder Judiciário.

4.3. O perfil preventivo

O Defensor Público deve adotar ainda uma *postura preventiva*, substituindo a ideologia litigante e de redução dos danos por um *perfil inibitório* e *desconstrutivo* de conflitos sociais. Visa-se, sobretudo, evitar a *causa* e não tratar os deletérios *efeitos* de danos que já estão instalados.

Geralmente, a concentração de vulnerabilidades sociais ocorre em regiões menos favorecidas por serviços e políticas públicas, cujas fragilidades do sistema de saúde, educação, segurança, transporte, moradia, alimentação, trabalho, lazer e saneamento básico contribuem para o crescimento da mortalidade, epidemias, desemprego, criminalidade, conflitos comunitários, dentre outros cancros impulsionadores da cultura conflituosa.[29]

Rede – um modelo de organização social, eficaz e sustentável, para se efetivar Políticas Públicas no enfrentamento à violência doméstica e sexual. In: *A violência doméstica e a cultura da paz*. Org. Maria Rita D'angelo Seixas e Maria Luiza Dias. São Paulo: Roca, 2013, p. 39.

[29] "A população de baixa renda, para a qual prestamos nossos serviços, é uma população já submetida, pelas suas próprias condições, a uma série de violências individuais e coletivas que vão desde a privação de bens materiais, culturais e sociais até o convívio, já banalizado, com o enfrentamento e o exercício de condutas violentas. Trata-se de uma população que vive em estado de marginalidade social, em que o desejo de respeitabilidade é constantemente contrariado, e as experiências de afeto e frustração se confundem com frequência. São sujeitos de famílias discriminadas e desrespeitadas pela sociedade que criaram para si um repertório de soluções compatíveis com os seus parcos recursos. Devido à falta de recursos na área da educação e no preparo profissional, o trabalho masculino, assim como o feminino, para a maioria dessas famílias, é informal,

Para mudar este estado de coisas, o Defensor Público deve procurar antever o conflito e intervir brevemente sobre aquela localidade afetada, provocando os órgãos públicos responsáveis a evitar o surgimento do problema (*prevenção primária*). Uma vez instaurada a situação de conflito, o foco da prevenção se voltará à tentativa de abreviar a duração e a intensidade da querela, na busca pela reversão paulatina da conflituosidade instalada (*prevenção secundária*). Por fim, em caso de irreversibilidade dos danos causados, colima-se minimizar os efeitos decorrentes da omissão estatal, evitando que as sequelas deixadas incutam danos ainda mais sérios na coletividade afetada (*prevenção terciária*).[30]

---

descontínuo e sem vínculo empregatício, resultando em ganhos insatisfatórios e evidente instabilidade. Trabalho fixo, residência e vínculos afetivos são raramente mantidos, dificultando qualquer tipo de planejamento e organização. Famílias vivem em condições precárias, em que a aglomeração dos corpos, decorrente da constante falta de espaço e de intimidade, representa uma fonte constante de atritos. A ausência de equipamentos de lazer e cultura para essa população permite a ociosidade das crianças e dos adolescentes, ou ainda dos desempregados, contribuindo negativamente para uma organização pacífica dos seus membros. Devido a essa situação de penúria tendem a desenvolver atitude fatalista – '...é sempre assim...', 'não adianta reclamar...' – e imprudente, e utilizar-se de soluções impulsivas, muitas vezes autodestrutivas, para seus problemas". MUSZKAT, Malvia Ester. *Mediação de conflitos: pacificando e prevenindo a violência*. 3. ed. São Paulo: Summus, 2003, p. 27.

[30] Exemplificando, no âmbito de combate à violência doméstica, a aplicação prática desta teorização passa pelos três níveis de prevenção: (i) *primária*: fiscalizar o cumprimento das normas técnicas de funcionamento dos órgãos da rede de proteção e promover a sua estruturação por meio de instrumentos coletivos de atuação (recomendações, termos de ajustamento de conduta, ações civis públicas etc.); (ii) *secundária*: nos casos de violência já instalada, intervir o mais brevemente sobre o caso identificado, promovendo o encaminhamento da mulher vítima aos serviços assistenciais e de acolhimento disponíveis na rede de proteção (Centros de Atendimento Multidisciplinar, Centros de Referência, Centros de Acolhimento Provisório etc.), de maneira a inibir o prolongamento do sofrimento e a proliferação dos chamados "ciclos de violência"; (iii) *terciária*: nos casos em que os efeitos danosos da violência de gênero já se enraizaram sobre o sujeito passivo, crucial o encaminhamento da vítima para acompanhamento psicossocial, sem prejuízo da adoção de medidas que permitam a sua reinser-

Na senda desta postura preventiva, deve o Defensor Público provocar os órgãos responsáveis, requisitar informações, recomendar administrativamente, levantar metas de cumprimento, estipular prazos para as atividades preventivas, sem perder de vista as possibilidades reais e orçamentárias de cumprimento do estipulado.

Esta postura extrajudicial corretiva de políticas públicas[31] pode prevenir efeitos nefastos que favoreçam o germinar de outros conflitos em regiões periféricas.

4.4. O perfil interdisciplinar

Inevitável, ainda, a fim de que a atuação extrajudicial beba na fonte da efetividade, que o Defensor Público lance mão de outros ramos do conhecimento científico, adotando a *interdisciplinaridade* como norte de atuação estratégica.

Muitas vezes, as questões sociais trazidas pelo público-alvo da Defensoria Pública (população hipossuficiente) não podem ser adequadamente solucionadas pela mera aplicação de regras jurídicas. Em determinadas ocasiões, os problemas sequer encontram respaldo no ordenamento posto, obrigando o Defensor Público a se utilizar de manobras interpretativas inusitadas para conferir tutela jurídica à situação apresentada.[32]

Por tais motivos, a aposta em técnicas alternativas às práticas judiciais, desde que utilizadas racionalmente e por profissionais habilitados, permitem uma investigação de maior profundidade sobre a situação conflituosa, possibilitando, a partir da verdadeira compreensão do problema, uma maior probabilidade de sucesso nos rumos resolutivos postos à mesa.

ção no contexto sociolaboral a sua volta (inclusão em programas específicos de auxílio social, cursos profissionalizantes, oficinas culturais etc.).

[31] Sobre a utilização da mediação como forma de solução para conflitos coletivos e controle de políticas públicas, conferir: SOUZA, Luciane Moessa de. *Mediação de conflitos coletivos*: a aplicação dos meios consensuais à solução de controvérsias que envolvem políticas públicas de concretização de direitos fundamentais. Belo Horizonte: Forum, 2012.

[32] Basta um simples olhar sobre questões envolvendo o *direito à moradia, direito de sobrelaje, sucessão da posse, multiparentalidade, direitos de comunidades caiçaras ou quilombolas* etc.

A DEFENSORIA PÚBLICA E OS MÉTODOS CONSENSUAIS DE TRATAMENTO DE CONFLITOS **299**

Nessa linha, o diálogo intersetorial e o apoio em outros ramos do saber, como a *Sociologia, Psicologia, Filosofia e Antropologia*, pode oferecer um amplo cabedal de possibilidades atuacionais até então ocultas na mente do Defensor Público, permitindo a utilização de diferentes metodologias (*mediatória, restaurativa, terapêutica etc.*) que não necessariamente levem à cega judicialização do conflito.

Indispensável, para tal fim, que o Defensor Público afine o diálogo com as *equipes interdisciplinares* existentes na rede municipal ou na própria Defensoria Pública (como é o caso dos Centros de Atendimento Multidisciplinar da Defensoria Pública paulista), angariando, assim, novos parceiros na labuta diária de compreensão e desconstrução de conflitos.

Não só. Ao longo dos atendimentos jurídicos realizados nas Unidades das Defensorias Públicas, curial que o Defensor Público esteja familiarizado com a utilização de técnicas de comunicação difundidas na seara consensual, tais quais a *Escuta Ativa,* a *Comunicação Não Violenta* (CNV) e os *Questionamentos Reflexivos*, metodologias que envolvem, além da escuta, fala e observação, a *apreensão de mensagens não verbais*, a *reciprocidade na escuta-fala*, a *validação de sentimentos* e a *reformulação de mensagens ofensivas*.[33]

Todas estas técnicas visam conferir ao usuário um atendimento adequado, que evite o agravamento do conflito e permita, ao mesmo tempo, uma visão panorâmica sobre o problema. A prática cotidiana de defesa de hipossuficientes e grupos vulneráveis demonstra que "quase sempre a divergência se instaura por completo desconhecimento da lei e após os esclarecimentos prestados pelo Defensor Público, as partes, em geral, buscam uma solução amigável a ser firmada na sua presença".[34]

Superada a etapa do atendimento inicial, o Defensor Público deve analisar detidamente a situação conflituosa instrumentalizada no expe-

---

[33] VASCONCELOS, Carlos Eduardo de. *Mediação de conflitos e práticas restaurativas.* 3. ed. São Paulo: Método, 2014, p. 136-150. Para conhecimento de outras ferramentas de comunicação, conferir: ALMEIDA, Tania. *Caixa de ferramentas de mediação*: aportes práticos e teóricos. São Paulo: Dash, 2013.

[34] MORAES, Sílvio Roberto Melo. *Princípios institucionais da Defensoria Pública*: Lei Complementar 80, de 12.1.1994 anotada. São Paulo: Revista dos Tribunais, 1995, p. 24-25.

diente instaurado, procurando identificar todas as possíveis causas geradoras do conflito. Doravante, vencida a fase cognitiva, deve-se avaliar as inúmeras possibilidades resolutivas aplicáveis ao caso concreto, que podem ou não exigir medidas extrajudiciais de atuação, de acordo com os *bens jurídicos envolvidos*, a *vontade do usuário* e eventual *situação de urgência* considerada.

Nesta etapa, caso recomende-se o lançar mão de técnicas não adjudicatórias, poderá o Defensor Público optar entre a *negociação*, a *mediação*, a *conciliação*, a *facilitação assistida*[35] ou, em casos mais específicos, até mesmo a *arbitragem* (embora não se entenda esta última ideal, em face da heterocompositividade). Em casos complexos (*hard cases*), possível a fragmentação da situação conflitiva, fornecendo ao usuário o remédio consensual que melhor se amolde à parcela do conflito identificada (ex: utilização da mediação para a guarda dos filhos e da conciliação para a partilha de bens), prática bifurcada esta que ainda vem sendo negligenciada no âmbito judiciário.

Nos casos em que possível uma atuação *transformativa* sobre a relação entre os sujeitos envolvidos,[36] independentemente da obtenção de um acordo formalmente executável, recomendável um esforço técnico do Defensor Público no sentido de oferecer às partes a chance de pôr termo ao conflito, valendo-se, inclusive, da *mediação transformativa*, a exemplo do que há muito ensinaram *Bush e Folger*.[37] Neste modelo consensual, ao contrário do

---

[35] Sobre a facilitação assistida: "é um processo técnico para a solução de problemas e demandas específicas de amplo espectro, sejam eles coletivos, difusos ou individuais homogêneos, através da articulação de diversos instrumentais de redes. Na facilitação assistida os resultados objetivados são pré-determinados, em metas estrategicamente pré-definidas. Há a parcialidade objetiva do facilitador, um terceiro, a favor do resultado a ser alcançado. O que são elementos indicadores de sua diferença em relação à mediação". KRÄHENBÜHL, Mônica Coelho; ZAPPAROLLI, Celia Regina. *Negociação, mediação, conciliação, facilitação assistida, prevenção, gestão de crises nos sistemas e suas técnicas*. São Paulo: LTr, 2012, p. 41.

[36] Neste sentido transformativo, cf. WARAT, Luis Alberto. *O ofício do mediador*. Florianópolis: Habitus, 2001, p. 31.

[37] BUSH, R. A. B. FOLGER, J. P. *The promise of mediation*: the transformative approach to conflict. San Francisco: Jossey-Bass A Wiley Imprint, 2005.

que ocorre com o *Modelo Tradicional-Linear de Harvard*,[38] o acordo entre as partes não se coloca como objetivo principal da sessão mediatória, mas sim como consequência eventual do empoderamento das partes (*empowerment*) e da transformação operada pela dialética interpessoal.

No âmbito penal, também é possível trabalhar aspectos distintos das lógicas retributiva, preventiva (neutralizadora) ou reparatória, incluindo-se projetos de *justiça restaurativa*, baseado antes na *coparticipação reflexiva* e na *distribuição de responsabilidades pelo fato delituoso praticado*, que deve ser considerado prejudicial não só à vítima, mas a toda a comunidade, incluindo--se, neste aspecto, o próprio agressor. A interdisciplinaridade, mais uma vez, ganha destaque com a possibilidade de formação de *círculos restaurativos*, que devem ser incentivados pelo Defensor Público, à luz de um projeto alternativo e eficaz de sociabilidade.[39]

Por fim, nos casos envolvendo deficiência intelectual ou adição por álcool ou drogas, desejável a aplicação de *técnicas terapêuticas*, priorizando encaminhamentos à rede de saúde mental e aos Centros de Atenção Psicossocial – Álcool e Drogas (CAPS-AD), por meio da requisição de *avaliação terapêutica* e *proposta de tratamento interventivo* ao usuário, seja em regime ambulatorial, semi-intensivo, intensivo ou de internação, de modo a efetivamente proporcionar à parte assistida a oportunidade de se ver livre de eventual adição.

Como se vê, são diversas as técnicas e as possibilidades interdisciplinares que se abrem diante de um perfil consensual de atuação, as quais podem orientar o Defensor Público em relação aos rumos resolutivos adotados para cada espécie de conflito.

4.5. O perfil pedagógico

Por derradeiro, a adoção de uma *postura pedagógica* de atuação consubstancia a última premissa a ser observada no plano extrajudicial de tra-

---

[38]   Cf. FISCHER, Roger; URY, William; PATTON, Bruce. *Como chegar ao sim*: a negociação de acordos sem concessões. Rio de Janeiro: Imago, 2005.

[39]   Neste sentido, o desenvolvimento de projetos de educação e reabilitação de agressores no âmbito da violência doméstica (art. 35, inc. V, da Lei Maria da Penha) cumpre um objetivo intocado pela legislação repressiva: a conscientização do condenado por crimes praticados contra a mulher.

tamento de conflitos, voltando-se à desconstrução da cultura do litígio e ao empoderamento das classes sociais hipossuficientes, mediante a criação de "esferas" ou "círculos" comunitários consensuais.[40]

Neste sentido, as práticas de *educação em direitos* e a *formação de mediadores comunitários* compreendem verdadeiras missões pedagógicas de cidadania, que se desenvolvem por meio do processo dialético *ensino-aprendizagem*, uma espécie de ir e vir reflexivo formador de bases de conhecimento para a emancipação comunitária.[41]

Partindo destas premissas, o Defensor Público deve reduzir – *e não aumentar* – a dependência que as comunidades mantêm em relação aos órgãos públicos, permitindo que seus integrantes conheçam os caminhos administrativos e jurídicos para a resolução de problemas afetos à sua circunscrição de sobrevivência, desligando-se, a longo prazo, dos órgãos de apoio assistencial ou jurídico, incluindo-se aqui os serviços da própria Defensoria Pública.[42]

---

[40] SOUZA, Jairo Salvador de. Direito à moradia, remoções forçadas e a atuação da Defensoria Pública na construção de esferas de defesa. In: *Temas aprofundados Defensoria Pública*, vol. 1, 2. ed., org. RÉ, Aluísio Iunes Monti Ruggeri; REIS, Gustavo Augusto Soares dos. Salvador: Juspodivm, 2014, p. 513-517.

[41] Sobre os desafios da emancipação popular, à luz da teoria crítica, conferir: LUZ, Vladimir de Carvalho. *Assessoria jurídica popular no Brasil:* marcos teóricos, formação histórica e perspectivas. Rio de Janeiro: *Lumen Juris*, 2014.

[42] "Os serviços inovadores, por sua vez, substituem a postura paternalista pelo trabalho de conscientização e organização comunitárias. A premissa fundamental, nessa linha, é de que a população pobre e desorganizada não tem condições de competir eficientemente na disputa por direitos, serviços e benefícios públicos, quer no jogo das relações de mercado quer na arena institucional. Dito de outro modo, a falta de consciência a respeito dos próprios direitos e a incapacidade de transformar suas demandas em políticas públicas são combatidas com o trabalho de esclarecimento e organização popular para a defesa de seus interesses". CAMPILONGO, Celso Fernandes. Assistência jurídica pública: apontamento para uma tipologia dos serviços legais. In: *Discutindo a Assessoria Popular.* Org. CAMPILONGO, Celso Fernandes; PRESSBURGER, Maria Teresa Araújo Miguel. Rio de Janeiro: Instituto de Apoio Jurídico Popular, 1991, p. 17.

Como se pode perceber, o objetivo não é apenas informar, mas também *conscientizar*,[43] apontando os rumos para a construção de um projeto democrático de cidadania, a partir da realidade vivenciada pela população "oprimida".[44]

Ao tratar, por exemplo, de demandas envolvendo pessoas em situação de vulnerabilidade ou minorias discriminadas, deve-se buscar, além da atuação jurisdicional pura e simples, um projeto de capacitação que ofereça um resgate histórico e sociocultural daquele indivíduo enquanto membro de uma sociedade plural, permitindo a desconstrução de estereótipos, discriminações e preconceitos.

Este ideal emancipatório, que se liga, umbilicalmente, a uma política de inclusão e reconhecimento da diversidade, raramente é atingido na esfera judicial, razão pela qual deve ser franqueado pela Defensoria Pública, à luz de sua função promocional dos direitos humanos.

5. CONCLUSÃO

Erguida à categoria de *função essencial*, a Defensoria Pública não deve reproduzir o modelo atualmente imposto de *acesso à justiça*. O que se espera da Instituição Cidadã é que ela seja exatamente aquilo que as demais instituições jamais representaram: um agente propulsor de transformações sociais.

À Defensoria Pública não se impõe a missão de ser uma instituição melhor, mas de ser uma instituição *diferente*. Diferente no sentido de atuar, *ab initio,* respaldada por uma legitimidade popular democrática. Diferente, ainda, por enxergar um amplo leque de possibilidades que efetivamente transformem a realidade vivenciada pela parte defendida. Diferente, por fim, por propor meios alternativos de protagonismo defensivo e promover a cultura da paz em detrimento da cultura do litígio.

---

[43]   COSTA, Domingos Barroso da; GODOY, Arion Escorsin de. *Educação em direitos e Defensoria Pública*: cidadania, democracia e atuação nos processos de transformação política, social e subjetiva. Curitiba: Juruá, 2014, p. 37.

[44]   FREIRE, Paulo. *Pedagogia do oprimido*. 17. ed. Rio de Janeiro: Paz e Terra, 1987.

Apostar e investir em um modelo consensual de solução de conflitos, a partir de uma *postura proativa, integrativa, preventiva, interdisciplinar* e *pedagógica*, pode ser a chave institucional contra o obstáculo da inefetividade da proteção judiciária de direitos. Mais do que qualquer outra carreira, a Defensoria Pública precisa tomar a dianteira deste projeto de mudanças, auxiliando na reversão da desconfiança que insiste em recair sobre os métodos consensuais de tratamento de conflitos.

REFERÊNCIAS

ALMEIDA, Tania. *Caixa de ferramentas de mediação*: aportes práticos e teóricos. São Paulo: Dash, 2013.

AZEVEDO, Júlio Camargo de; KERSUL, Elthon Siecola. Novo CPC abre novos modelos de participação da Defensoria nos litígios. *Revista Consultor Jurídico*, 2015. Disponível em: <http://www.conjur.com.br/2015-out-05/cpc-abre-novos--modelos-participacao-defensoria>.

BUSH, R. A. B. FOLGER, J. P. *The promise of mediation*: the transformative approach to conflict. San Francisco: Jossey-Bass A Wiley Imprint, 2005.

CAMPILONGO, Celso Fernandes. Assistência jurídica pública: apontamento para uma tipologia dos serviços legais. In: *Discutindo a Assessoria Popular*. Org. CAMPILONGO, Celso Fernandes; PRESSBURGER, Maria Teresa Araújo Miguel. Rio de Janeiro: Instituto de Apoio Jurídico Popular, 1991.

CAPPELLETTI, Mauro; GARTH, Bryant. *Acesso à Justiça*. Porto Alegre: Sergio Antonio Fabris Editor, trad. Ellen Gracie Northfleet, 2002.

CUNHA, Leonardo Carneiro da; NETO, João Luiz Lessa. Mediação e conciliação no Poder Judiciário e o Novo Código de Processo Civil. In: *Coleção Novo CPC Doutrina Selecionada* – Parte Geral. Coord. DIDIER JR., Fredie. Org. MACEDO, Lucas Buril de; PEIXOTO, Ravi; FREIRE, Alexandre. 2. ed. Salvador: Juspodivm, 2016.

DA ROS, Luciano. O custo da Justiça no Brasil: uma análise comparativa exploratória. Newsletter. *Observatório de elites políticas e sociais do Brasil*. 2005. NUSP/ UFPR, v. 2, n. 9, julho. p. 1-15. ISSN 2359-2826.

ESTEVES, Diogo; ROGER; Franklyn. *Princípios institucionais da Defensoria Pública*. 2. ed. Rio de Janeiro: Forense, 2017.

FISCHER, Roger; URY, William; PATTON, Bruce. *Como chegar ao sim*: a negociação de acordos sem concessões. Rio de Janeiro: Imago, 2005.

FOUCAULT, Michel. *Vigiar e Punir*. 36 ed. Petrópolis: Vozes, 2009.

GRINOVER, Ada Pellegrini. Revisitando a teoria geral do processo. In: *Processo em Jornadas*. Coord. LUCON, Paulo Henrique dos Santos; AGRIPLIANO, Ricardo de Carvalho et. al. Salvador: Juspodivm, 2016.

HABERMAS, Jürgen. *Pensamento pós-metafísico*. 2. ed. (Trad. Flávio Beno Siebeneichler). Rio de Janeiro: Tempo Brasileiro, 2002.

JUNIOR, José Herval Sampaio. Análise crítica da pura inserção dos Mediadores e Conciliadores como auxiliares de justiça no novo CPC sem uma preocupação material com o efetivo exercício da atividade de conciliação. In: *O Projeto do Novo Código de Processo Civil*: estudos em homenagem ao Professor José Joaquim Calmon de Passos. 2ª série. Salvador: Juspodivm, 2012.

KIRCHNER, Felipe. Os métodos autocompositivos na nova sistematização processual civil e o papel da Defensoria Pública. In: *Repercussões do Novo CPC* – Defensoria Pública, v. 5, 1. ed., org. José Augusto Garcia de Sousa. Salvador: Juspodivm, 2015.

KRÄHENBÜHL, Mônica Coelho; ZAPPAROLLI, Celia Regina. *Negociação, mediação, conciliação, facilitação assistida, prevenção, gestão de crises nos sistemas e suas técnicas*. São Paulo: LTr, 2012.

LUCHIARI, Valéria Ferioli Lagrasta. *Mediação judicial*: análise da realidade brasileira – origem e evolução até a Resolução n. 125 do Conselho Nacional de Justiça. Coord. GRINOVER, Ada Pellegrini; WATANABE, Kazuo. Rio de Janeiro: Forense, 2012.

LUZ, Vladimir de Carvalho. *Assessoria jurídica popular no Brasil*: marcos teóricos, formação histórica e perspectivas. Rio de Janeiro: Lumen Juris, 2014.

MEIRELLES, Delton Ricardo Soares; MARQUES, Giselle Picorelli Yacoub. A mediação no projeto do Novo Código de Processo Civil: solução para a crise do Judiciário? In: *Novas Tendências do Processo Civil*: estudos sobre o Projeto do Novo Código de Processo Civil. v. 2. Salvador: Juspodivm, 2014.

MORAES, Daniela Marques de. *A importância do olhar do outro para a democratização do acesso à justiça*. Rio de Janeiro: Lumen Juris, 2015.

MORAES, Sílvio Roberto Melo. *Princípios institucionais da Defensoria Pública*: Lei Complementar 80, de 12.1.1994 anotada. São Paulo: Revista dos Tribunais, 1995.

MUSZKAT, Malvia Ester. *Mediação de conflitos*: pacificando e prevenindo a violência. 3. ed. São Paulo: Summus, 2003.

SANTOS, Boaventura de Souza. *Para uma revolução democrática da justiça*. 3. ed. São Paulo: Cortez, 2011.

SOUZA, Jairo Salvador de. Direito à moradia, remoções forçadas e a atuação da Defensoria Pública na construção de esferas de defesa. In: *Temas aprofundados Defensoria Pública*, vol. 1, 2. ed., org. RÉ, Aluísio Iunes Monti Ruggeri; REIS, Gustavo Augusto Soares dos. Salvador: Juspodivm, 2014.

SOUZA, Luciane Moessa de. *Mediação de conflitos coletivos*: a aplicação dos meios consensuais à solução de controvérsias que envolvem políticas públicas de concretização de direitos fundamentais. Belo Horizonte: Forum, 2012.

SOUZA, Maria José Lopes. Rede – um modelo de organização social, eficaz e sustentável, para se efetivar Políticas Públicas no enfrentamento à violência doméstica e sexual. In: *A violência doméstica e a cultura da paz*. Org. Maria Rita D'angelo Seixas e Maria Luiza Dias. São Paulo: Roca, 2013.

TARTUCE, Fernanda. Advocacia e meios consensuais: novas visões, novos ganhos. In: *Coleção Novo CPC Doutrina Selecionada – Procedimento Comum*. Coord. DIDIER JR., Fredie. Org. MACEDO, Lucas Buril de; PEIXOTO, Ravi; FREIRE, Alexandre. 2. ed. Salvador: Juspodivm, 2016.

_____. Mediação no Novo CPC: questionamentos reflexivos. In: *Novas Tendências do Processo Civil*: estudos sobre o Projeto do Novo Código de Processo Civil. v. 1. Salvador: Juspodivm, 2013.

VASCONCELOS, Carlos Eduardo de. *Mediação de conflitos e práticas restaurativas*. 3. ed. São Paulo: Método, 2014.

VENTURI, Elton. Transação de direitos indisponíveis. In: Justiça Multiportas – mediação, conciliação, arbitragem e outros meios de solução adequada de conflitos. *Coleção Grandes Temas do Novo CPC*. Coord. ZANETI JR., Hermes; CABRAL, Trícia Navarro Xavier. Salvador: Juspodivm, 2016.

WARAT, Luis Alberto. *O ofício do mediador*. Florianópolis: Habitus, 2001.

WATANABE, Kazuo. A mentalidade e os meios alternativos de solução de conflitos no Brasil. In: *Mediação e Gerenciamento do Processo – revolução na prestação jurisdicional*. Coord. GRINOVER, Ada Pellegrini; NETO, Caetano Lagrasta; WATANABE, Kazuo. 3. ed. São Paulo: Atlas, 2013.

_____. Cultura da sentença e cultura da pacificação. In YARSHELL, Flávio Luiz; ZANOIDE, Maurício e Morais (Coord.). *Estudos em homenagem à professora Ada Pellegrini Grinover*. São Paulo: DPJ, 2005.

ZEHR, Howard. *Trocando as lentes*: um novo foco sobre o crime e a justiça – Justiça Restaurativa. São Paulo: Palas Athena, 2008.

AUGUSTO CURY

Desde os tempos mais remotos da vida em sociedade, o homem percebeu a necessidade de se adaptar ao meio. Para isso, desenvolveu a racionalidade, obrigando-se a abandonar os comportamentos animalescos da época primitiva. Um deles é a utilização de meios independentes para a resolução de conflitos.

Pressupõe-se que o ambiente em que vivemos deva ser o local em que todos se mobilizem em prol de objetivos comuns. Entretanto, em algumas situações, a necessidade coletiva sofre influência de interesses pessoais divergentes. Nesses casos, surgem os conflitos.

Um dos problemas enfrentados pela sociedade atual é a falta de um mecanismo eficiente de gestão de conflitos no cotidiano das pessoas. A disputa por poder, a imposição de ideias, a falta de comunicação e as crenças limitantes fazem com que as relações interpessoais sejam menos saudáveis devido a comportamentos mais individualistas.

– Gerenciar os conflitos

Nosso ambiente é composto por interações. Dessa forma, promover relações saudáveis entre as pessoas é essencial para a manutenção de um ambiente tranquilo e produtivo, que propicie a integração de ideias e a cooperação entre as pessoas.

Garantir esse ambiente é uma tarefa a ser desenvolvida pelos profissionais do Judiciário. Para isso, sugerimos algumas reflexões:

– Ampliar o olhar para quebrar paradigmas

É comum ficar preso às crenças limitantes sobre si, sobre seu trabalho e sobre os outros. Assim, é importante buscar sempre ampliar seu olhar para suas próprias potencialidades e para o que está por trás do comportamento do outro, buscando compreendê-lo e ajudá-lo a melhorar. Quanto às crenças sobre o trabalho, é preciso estar atualizado e aberto a opiniões e críticas, pois pode ser que estejamos tão mergulhados nele que não enxergamos nem mesmo as soluções mais simples.

– Autoconhecimento para conhecer o outro

Antes de tentar perceber e lidar com as emoções das pessoas, é necessário conhecer suas próprias emoções e saber protegê-las. Assim, será possível reconhecer atitudes, a forma de pensar e de se expressar diante de cada situação. É importante lembrar que, para mudar o comportamento de um ambiente, é necessário que essa mudança se inicie primeiramente em si.

– Desenvolver a arte de ouvir e dialogar

Um ambiente tranquilo e um processo de trabalho que flui dependem da forma como as pessoas que os integram se comunicam. A boa comunicação depende, primeiramente, de saber ouvir. Isso se dá ao se esvaziar, se libertar de julgamentos para ter uma escuta atenta à informação, comportamentos e emoções e compreender o que o outro tem a revelar. Saber dialogar requer transmitir sua ideia de maneira clara e livre de imposições. A boa comunicação é chave para conquistar pessoas, como dito anteriormente.

– *Feedbacks*

Feedbacks são essenciais para o processo de transformação. Eles despertam a autoanálise e o estímulo para trabalhar limitações e potencializar as habilidades. Um *feedback* efetivo demanda um discurso descritivo e específico. Inicie com os pontos positivos e apresente as críticas para melhorias, não exija mudança de personalidade. Todo *feedback* deve ser uma contribuição para o colaborador.

– Desenvolver habilidades socioemocionais

Para gerenciar os conflitos, é necessário aprender a lidar com as emoções. Assim, desenvolver habilidades como ter empatia, pensar antes de agir e reagir, ser resiliente e lidar com perdas e frustrações é fundamental para manter o ambiente tranquilo.

Ao desenvolver em você tais habilidades socioemocionais, além de propiciar um ambiente mais saudável aos que estão ao seu redor, servirá de exemplo a ser admirado e seguido por eles.

Assim, propomos diversas reflexões sobre os comportamentos e atitudes cotidianas que influenciam nas relações, tornando-as não saudáveis, e apresentaremos ferramentas práticas para lidar com conflitos e promover comportamentos saudáveis, no ambiente social, que possam transformar seus relacionamentos interpessoais.

Atuação da Defensoria Pública na transformação da cultura do litígio e do resgate da cidadania

A DEFENSORIA PÚBLICA E O RESGATE DE CIDADANIA A PARTIR DA SOLUÇÃO CONSENSUAL DE CONFLITOS

DOMINGOS BARROSO DA COSTA

Defensor Público no Rio Grande do Sul. Especialista em Direito Público e Criminologia. Mestre em Psicologia pela PUC-Minas.

Sumário: 1. Introdução: 1.1. Sobre nosso lugar de fala – 2. Conflito e democracia – 3. As soluções consensuais como meios de resgate do potencial democrático dos conflitos: 3.1. A importância da Defensoria Pública na transformação da cultura do litígio e na construção de um paradigma fundado na solução consensual de conflitos; 4. Considerações finais – Referências.

1. INTRODUÇÃO

Escrever sobre vias alternativas de solução pacífica de conflitos é, acima de tudo, uma necessidade. E é com essa afirmativa que introduzimos esta breve reflexão sobre o tema que, mesmo frequente, ainda não é marcante o suficiente ao ponto de transformar uma cultura do litígio já sedimentada, que soterra o Judiciário e emperra o sistema de justiça brasileiro.

O acúmulo de processos ocasionado pelo que podemos denominar hiperjudicialização[1] já é incontornável, de modo que as soluções possíveis

---

[1] Nos limites deste estudo, entendemos por hiperjudicialização o *costume* estabelecido sobre crenças e fantasias já consolidadas de que o Judiciário é a única via

para o atual estado de coisas já não se limitam à simples abertura de vagas e nomeação de novos juízes, promotores, defensores ou servidores. Ainda que mais agentes sejam necessários, eles jamais serão suficientes diante de tão difundida e ampliada litigiosidade, até mesmo porque a hiperjudicialização que se denuncia não é causa somente do crescimento do número de processos, mas também da perenização daqueles já existentes.

Certamente, não há novidade no que se acaba de afirmar. Por outro lado, diante das omissões em se assegurar o constante, necessário e adequado debate sobre o tema – especialmente por parte das instituições de ensino do Direito, formadoras dos novos juristas –, não menos certo é que permanecemos diante de uma obviedade oculta, daquelas que, por comodismo, se opta por não encarar.

Ocorre que, como já antecipamos, já não há alternativa possível, de modo que, ou a sociedade investe em vias alternativas para a solução de conflitos, ou não haverá justiça possível. Se vivemos uma verdadeira democracia – ou se ao menos a almejamos –, já é tempo de compartilharmos responsabilidades. Resolver o problema da hiperjudicialização e seus efeitos já não pode ser ocupação exclusiva do sistema de justiça, tratando-se de questão a ser debatida por toda a sociedade e por cada cidadão que, afinal, são os mais afetados pelo problema.

1.1. Sobre nosso lugar de fala

Introduzida e delimitada a questão, cumpre orientar o leitor sobre o *lugar de fala* do proponente destas reflexões. Ou seja, cumpre esclarecer àquele que venha a se dedicar à leitura deste texto sobre a perspectiva a partir da qual abordamos a hiperjudicialização e a necessidade de aberturas de vias alternativas para solução de conflitos. Nesse sentido, esclarece-se que o autor que se expressa por estas linhas é defensor público estadual, condição que assegura uma visão privilegiada acerca das causas e consequências da hiperjudicialização de que se trata.

---

a se acionar diante de toda e qualquer controvérsia, cuja solução não se encontra por outro caminho a não ser pelo confronto adversarial, no curso de um processo ao final do qual restará um vencedor, então senhor de todas as "vantagens", e um vencido, despojado de direitos, patrimônio ou liberdade.

Afinal, é especialmente pelas mãos da Defensoria Pública – e pela letra da Constituição de 1988 – que a grande maioria da população pode, hoje, ter acesso ao Judiciário para buscar a garantia de seus direitos. Diz-se, portanto, de uma parcela da população que até bem pouco tempo atrás – em termos históricos – era silenciada perante a justiça (FELMAN, 2014); uma parcela da população que, via de regra, só se via diante da justiça na condição de ré, apassivada por um mundo de formas inacessíveis, como nas narrativas kafkianas; uma parcela da população, enfim, que somente viu assegurado de fato seu direito a ter direitos com o advento da Defensoria Pública, consolidada e fortalecida pela Constituição de 1988.

E se é da Defensoria Pública o dever de assegurar a essa grande parcela da população o amplo e digno acesso à justiça (CF, arts. 134 c/c 5º, LXXIV), também é sua responsabilidade refletir sobre as formas mais adequadas e eficazes de se promover esse acesso. Afinal de contas, cabe destacar, não se cuida de simples acesso ao Judiciário, mas à Justiça, que ora se escreve em maiúsculo justamente para ressaltar que se trata de conceito que abrange todos os meios racionais pelos quais se possa alcançar uma solução equilibrada e efetiva para os conflitos.

Delimitada a questão e as perspectivas a partir das quais o problema é por nós analisado, passamos ao desenvolvimento do estudo proposto, iniciando--o pela abordagem ao potencial democrático do conflito e seu sufocamento pela hiperjudicialização.

2. CONFLITO E DEMOCRACIA

De início, pontuamos a necessidade de evitar alguns equívocos e mal--entendidos muito comuns quando se trata da busca de vias de solução pacífica para conflitos. Em termos claros, não podemos perder de vista a realidade, mais precisamente o fato de que as relações humanas são conflituosas, até mesmo por se estabelecerem *pela* diferença e *na* diferença. Aniquilar a possibilidade de conflito é, em última análise, eliminar a diferença, obliterar a alteridade que é justamente a marca do humano, que se institui pelo plural – a igualdade na diferença. Frisamos, portanto, que a busca por vias de solução pacífica para conflitos não pode ter por objetivo o sufocamento do conflito, mas a sua análise e manejo dialético na construção participativa (democrática) de soluções possíveis.

Em síntese, a busca por caminhos que possam levar à solução consensual[2] de litígios – em sentido amplo, seja no processo, seja fora de seus limites – deve, em primeiro lugar, acolher o conflito, tomando-o como matéria-prima da democracia e do próprio trabalho do jurista.

A recusa do conflito – e, logo, da diferença, da alteridade – é própria de regimes totalitários, que o recalcam ao preço de, mais cedo ou mais tarde, terem de lidar com a violência de sua emersão disruptiva. Os regimes democráticos, pelo contrário, fundando-se sobre o pluralismo – que conjuga liberdade e igualdade –, caracterizam-se pelo reconhecimento do conflito e pelo aproveitamento de seu potencial na evolução do processo civilizatório. Concluindo a comparação, ao invés de tentar sufocar o conflito até que ele termine por explodir na forma de violência, a democracia propõe-se a acolhê-lo racionalmente e, pela via dialogal, tentar sublimá-lo, de modo a produzir um novo sentido capaz de reequilibrar as relações por ele rompidas ou abaladas.

Vale lembrar que, em um contexto democrático, é a isso que a via judicial se propõe! Justamente a uma solução dos litígios por um percurso dialético, ou seja, por meio de ritos preestabelecidos em que as partes possam, com equilíbrio, se manifestar em contraditório, com amplas possibilidades argumentativas em busca da tutela de seus interesses, contando, ainda, com a possibilidade de revisão das decisões que não os resguardem a contento.

Não se questiona, pois, o caráter democrático da solução de conflitos pela via judicial. O problema não surge no plano ideal, mas na prática, notadamente quando se instaura o monopólio judicial da solução de conflitos em um contexto de hiperjudicialização. Em outras palavras, o sistema emperra quando o Estado – pelo Judiciário e demais agentes ou instituições do sistema de justiça – avoca para si a solução de todos os conflitos, retirando, em grande medida, a responsabilidade das partes em concorrer para o sucesso da busca por saídas possíveis para suas controvérsias, segundo seus próprios interesses. E essa monopolização do conflito dá-se por indução do próprio direito posto, na medida em que faz convergir seus instrumentos no sentido

---

[2] Pontue-se que, considerando nossas conclusões sobre o tema, preferimos a palavra *consensual* à palavra *pacífica*, embora aqui as utilizemos sem maiores distinções.

de uma supostamente inevitável judicialização, que assim termina apreendida como sede quase exclusiva para a solução de litígios.

Como já dissemos em outro trabalho:

> Fato é que, hodiernamente, a quase monopolização do litígio pelo Judiciário, não obstante traga em si a marca da civilização – um avanço em relação à autotutela não regulada –, dá azo a inúmeras críticas. Como já dito, a complexidade da sociedade contemporânea e a ampliação do acesso à justiça conduziram a uma hiperjudicialização das controvérsias, o que praticamente resulta no travamento do sistema. Mas esse é apenas o problema diagnosticável *macroscopicamente*. Numa dimensão que se pode afirmar *microscópica*, observa-se que a situação constatada tem por causas e consequências questões complexas, que desbordam o âmbito jurídico, reclamando olhar multidisciplinar que seja capaz de atravessar os planos subjetivo e social sem perder de vista o contexto histórico e político em que se desenvolvem os problemas diagnosticados. (COSTA; GODOY, 2014, p. 95-96).

É esse olhar multidisciplinar que mais uma vez procuramos lançar sobre a questão, constatando que, apesar dos recentes esforços no sentido de uma transformação das mentalidades, não são poucos os efeitos da demora em se abrir efetivamente o direito – o universo jurídico – a outras vias de pacificação social que não a judicial. Ou seja, tudo ainda se passa como se não houvesse direitos disponíveis e como se todo e qualquer embate devesse ser oficialmente (e judicialmente) resolvido, em movimento que tem por causa e consequência a progressiva desresponsabilização dos envolvidos e interessados na solução dos próprios litígios.

Em outras palavras, a cultura da (hiper)judicialização estabelecida transforma o Judiciário e outras instâncias oficiais vinculadas ao sistema de justiça em verdadeiros depositários de conflitos. Nessa dinâmica, as partes interessadas terminam por *entregar* suas controvérsias a essas instâncias e agentes, aos quais também atribuem a inteira responsabilidade de solucioná-las, o que, no fim das contas, acaba por revelar um enfraquecimento da autonomia do sujeito, em prejuízo à sua cidadania e, em última análise, à democracia.

O contato diário com policiais, conselheiros tutelares e diretores de escolas e o trato cotidiano das mais diversas questões de direito autorizam-nos a concluir que as pessoas, cada vez mais, têm o poder público como depositário exclusivo de seus problemas e a única instância responsável por resolvê-los – o que, evidentemente, reverbera mais forte no sistema de justiça. Ou seja, são raras as discussões familiares e as trocas de ofensas entre vizinhos que não terminam na polícia ou na justiça; já não há briga entre crianças que não passe pelo Conselho Tutelar, pela polícia e/ou pela justiça; enfim, aos poucos, as questões mais ordinárias da vida em sociedade foram se transformando em problemas de Estado, o que tem por efeito o surgimento de (pseudo)cidadãos que demandam cada vez mais – na proporção inversa de sua consciência em relação a suas próprias responsabilidades no que diz respeito à solução de seus conflitos – em face de um Estado exaurido, cada vez menos apto a solucionar todas as questões que lhe são trazidas.

Dizemos, portanto, de uma progressiva intervenção estatal em questões até há pouco reservadas ao plano privado, com o consequente apassivamento político do sujeito que, nessa dinâmica, se desresponsabiliza em relação a questões cuja solução antes dependia de sua interferência ativa por meio do discurso ou da ação, algumas vezes mediada por autoridades não necessariamente públicas. E o que se descreve é um processo em que a democracia – cada vez mais institucionalizada – termina por se colocar contra ela mesma, como bem diagnosticou Marcel Gauchet (2009).

> Pois é o monopólio conquistado pelo Estado em matéria de estabelecimento e de manutenção do laço social que concede ao indivíduo a liberdade de não ter que pensar que ele está em sociedade. O indivíduo liberal, em direito de ignorar sua inscrição coletiva, é um produto do avanço da instância política, que faz o trabalho para ele. É nesses termos e nessa base que faz sentido falar de um triunfo cultural do modelo de mercado em nossas sociedades. A produção implícita do laço social pelo Estado permite que o liame social explícito não seja mais vivido senão como um efeito global de agregação de ações onde cada qual tem em vista apenas suas vantagens e interesses. Tal como aparece para os indivíduos desincumbidos de sua carga, o laço social é uma resultante, não é uma responsabilidade. (GAUCHET, 2009, p. 245-246).

Destacamos, entretanto, que as análises de Gauchet se concentraram na Europa, em um contexto democrático construído ao longo de milênios, ao custo de lutas renhidas por justiça, democracia, liberdade e igualdade. Noutros termos, Gauchet aborda os efeitos paradoxais do processo de democratização em países politicamente maduros, o que nos leva a concluir que, no Brasil, os efeitos alienantes – e paradoxais – do processo de democratização são ainda mais graves. Afinal, não experimentamos uma democracia madura. Pelo contrário, a muito custo tentamos implementar uma democracia que, antes de se afirmar pela substância, se anunciou pelas formas.

A frágil democracia que hoje experimentamos nos chegou pela Constituição de 1988, em cujo texto se concentram todas as gerações de direitos fundamentais que, na Europa, levaram alguns milhares de anos para se consolidar. Atualizando nossa condição de colonizados, podemos concluir que nossos direitos à liberdade e à igualdade, dentre tantos outros de igual importância, tiveram suas formas copiadas de nossas matrizes colonizadoras. Inclusive, de um modo geral, isso talvez explique a pouca consciência da população brasileira sobre o que seja direito, que é noção densa, de forma e conteúdo, a qual, não raro, termina esvaziada na ideia de *vantagem*.

Sustentamos que essa confusão conceitual, em certa medida, também explica a hiperjudicialização. Afinal, se não é apreendido como algo investido de dignidade, de que se apropria o sujeito para discursar e agir na sociedade e assim constituir-se cidadão, o direito acaba por se misturar às coisas ordinárias da vida, sendo apenas percebido pelo seu *valor de troca*.[3]

Por óbvio, não recusamos que muitas das tutelas asseguradas pelo direito são pecuniárias ou, ao menos, podem ser convertidas em pecúnia. Isso, entretanto, não quer dizer que a essência do direito, enquanto viabilizador da coexistência de liberdades, o seja.

Ocorre que a noção de direito como algo que tem preço ou valor de troca é a que se percebe predominante no imaginário brasileiro,[4] o que culmina no que se pode diagnosticar como uma *banalização do acesso à justiça*, não raro confundida com ampliação do acesso à justiça. Trata-se de ideias bem distintas, a ampliação do acesso à justiça veiculando em si uma noção

---

[3] Quanto a isso, vale relembrar uma conhecida citação kantiana:
"No reino dos fins tudo tem ou bem um preço ou bem uma dignidade. O que tem preço, em seu lugar também se pode pôr outra coisa, enquanto equivalente; mas o que se eleva acima de todo preço, não permitindo, por conseguinte, qualquer equivalente, tem uma dignidade." (2009, p. 265)

[4] O que se agrava no contexto de uma sociedade do consumo – por nós vivenciada e mantida –, em que tudo acaba tragado pelos padrões de mercado, segundo seu valor de troca, o que afeta inclusive as relações interpessoais, que terminam esvaziadas em dignidade, nos termos da lição kantiana anteriormente transcrita (COSTA, 2009). Não por acaso, portanto, observa-se que boa parte das ações que se acumulam no Judiciário são motivadas por uma espécie de sanha indenizatória, uma vontade de lucrar a partir do processo.

de dignidade do direito a ter direitos, enquanto a banalização se caracteriza pelo abuso do direito de ação (hiperjudicialização) que tem por principal consequência o exaurimento do sistema de justiça, cada vez mais desnudado em sua insuficiência e ineficácia diante de tamanha e incontida demanda.

E não se pode esquecer que a cultura da hiperjudicialização foi induzida pelo próprio direito, como já antecipado neste texto. Mais precisamente, podemos dizer que o problema surge no momento em que o próprio direito posto induz a uma percepção da via judicial como a única disponível para a solução de conflitos, a partir de um ato imperativo (decisão) que ponha fim ao litígio instaurado e levado às últimas consequências. Note-se que estão presentes nas conclusões que acabam de ser expostas os elementos que estabelecem o paradoxo em que a democracia termina por viabilizar um estado de coisas que concorre contra seus próprios fins, no que se faz necessária uma correção de rota.

Afinal, conforme antecipado, não há dúvidas de que a ampliação do acesso à justiça é medida de primeira ordem e grandeza em um projeto democrático – como é o que se expressa pela Constituição de 1988. Todavia, o uso abusivo (desmedido e incontrolável) do direito de acesso à justiça, ainda que possa ser esperado enquanto etapa de um processo histórico, termina por trair suas razões primeiras e contrariar o projeto democrático que o possibilitou, mas que não pode admiti-lo, sob pena de esvaziar o próprio direito que visa resguardar, qual seja, justamente o direito a ter direitos, sem o qual não há de se falar em cidadania ou democracia.

Entendemos, portanto, que a hiperjudicialização pode, inclusive, ser apreendida como um desdobramento lógico do ainda recente processo de democratização de nosso País e de nossa justiça. O que não admitimos é que o atual estado de coisas, enquanto distorção que é, acabe prejudicando o próprio projeto democrático que legitimou – e legitima – a ampliação do acesso à justiça no Brasil. Em metáfora de força didática, podemos dizer que a hiperjudicialização se manifesta como uma doença que atinge o sistema de justiça e todos os que com ele se envolvam, seja enquanto agentes, seja enquanto partes interessadas; um mal de caráter metastático que precisa ser tratado antes que corroa os órgãos e chegue a ameaçar gravemente o corpo democrático.

Daí a necessidade da correção de rota já referida, justamente em salvaguarda à democracia. Em outras palavras, torna-se imprescindível um movimento que resgate a essência democrática do acesso à justiça, o que implica, em alguma medida, devolver o conflito ao cidadão, que deve ser o primeiro responsável pela busca de soluções para suas controvérsias.

É disso que cuidaremos a seguir.

3. AS SOLUÇÕES CONSENSUAIS COMO MEIOS DE RESGATE DO POTENCIAL DEMOCRÁTICO DOS CONFLITOS

Como destacado, o conflito é constituinte de qualquer agrupamento humano, na medida em que se instala onde existam diferenças. E a diferença é justamente o que caracteriza o humano, o que se pode expressar da seguinte forma: os seres humanos identificam-se como iguais justamente por serem diferentes (ARENDT, 2010). Ou ainda: são iguais em humanidade justamente em razão das diferenças que marcam seus processos de subjetivação, tornando único cada sujeito (COSTA, 2016).

Na bela lição de Hannah Arendt:

> [...] Mas não se pode conceber um ser atuante e falante no singular. [...] Assim como não existe o ser humano como tal, mas somente homens e mulheres que em sua absoluta distinção são iguais, ou seja *humanos*, essa indiferenciação humana comum é a *igualdade* que, por sua vez, só se manifesta na diferença absoluta de um igual em relação ao outro. (2008, p. 109).

Posto isso, tratando-se a democracia do regime político que acolhe essas diferenças em nome da humanidade comum que anunciam, conclusão certa é de que se afirma como regime que também absorve os conflitos que essas diferenças em convívio pressupõem, para os quais estabelece formas dialógicas de solução eficazes em converter (sublimar) sua potência disruptiva em energia capaz de fortalecer o laço social.

Mas, para que todo esse sofisticado sistema democrático funcione, é indispensável que seus mecanismos sejam impulsionados por sujeitos autônomos, noutras palavras, sujeitos cientes de suas responsabilidades na conservação e fortalecimento do pacto social. Sustentamos, portanto, que a manutenção e evolução democráticas são dependentes de cidadãos conscientes de que também são seus os deveres de discursar e agir em busca da solução dos conflitos e problemas que o atinjam e que afetem a sociedade que integram.

Verifica-se, então, que partimos de um conceito de cidadania bem diverso daquele falseado pela sociedade de consumo, que culminou no surgimento e disseminação de um (pseudo)cidadão que, tal qual ávido consumidor, tem no Estado um balcão para depósito de demandas e uma fonte inesgotável de consecução de *vantagens*; um Estado para o qual, em última análise, transfere todos os seus deveres de cidadania, e do qual exige todos os direitos que tenha ou pretenda ter.

Ocorre que o primeiro resultado dessa dissociação entre direitos – *para mim* – e deveres – *para o Estado e para os outros* – é o aniquilamento do próprio conceito de cidadania, em forte ameaça à democracia.

Diante desse quadro perverso e das circunstâncias que o compõem – que passam pelo exaurimento do sistema de justiça e pelo definhamento da cidadania, resultando no raquitismo democrático –, temos que o investimento na abertura de vias alternativas de acesso à justiça é remédio premente, o qual já não pode ser aplicado em doses homeopáticas, dada a gravidade da situação.[5] Urge, portanto, na medida do possível,[6] desfazer o monopólio judicial em se tratando da solução de conflitos, de modo que ao menos parte dessa responsabilidade seja restituída a seus titulares primeiros, quais sejam, os cidadãos afetados pelas controvérsias que devam ser dirimidas.

Dizemos, assim, que o resgate do conflito pelo cidadão implica também o resgate de uma das parcelas de poder político que a democracia lhe assegura e de cujo exercício ativo ela depende para se manter. Afinal, atuando ativamente pelo discurso e pela ação na busca de soluções para as controvérsias que o envolvam e atinjam, bem como a sociedade da qual faz parte, o cidadão contribui para a constante transformação política de sua comunidade, que só assim, pela reiterada atuação de sujeitos autônomos, se faz democrática.

---

[5] E nos valemos, mais uma vez, dessa didática metáfora do adoecimento justamente para garantir a unidade da obra multidisciplinar à qual este breve estudo se integra, a fim de ampliar o olhar que se lança em busca de soluções possíveis para os problemas que causam e decorrem da hiperjudicialização.

[6] Na medida do possível porque há litígios que têm de ser resolvidos pelo Estado, por implicarem o uso da força na intervenção sobre liberdade e patrimônio. Em síntese, o uso da força – ressalvadas situações excepcionais, como é o caso da legítima defesa, por exemplo – deve permanecer reservado ao Estado.

É chegado o momento de ressaltar que tão importante mudança de paradigma depende da união de esforços entre sociedade e poder público, destacadamente de uma mudança de postura do sistema de justiça e das instituições de ensino do Direito. Em termos claros, é preciso que o sistema de justiça reconheça suas limitações diante da hiperjudicialização e as faculdades de Direito assumam a responsabilidade de transformar a cultura do litígio em uma cultura de pacificação social por meio do direito, formando juristas e cidadãos que tenham no conflito uma matéria-prima que deve ser trabalhada com respeito e cuidado, porque dela se extrai a essência da democracia; juristas e cidadãos autônomos porque capazes de conduzir e orientar o processo de diálogo e construção de soluções possíveis para os litígios independentemente da *intervenção total* do Judiciário, que ainda é comunicada nas salas de ensino jurídico como a única porta disponível de acesso à Justiça[7] – que, entretanto, é ponto de chegada que pode ser acessado por diversos outros caminhos, como aqui se propõe.

Especificamente em relação às responsabilidades do sistema de justiça na mudança de paradigma proposta, destacamos o papel da Defensoria Pública nesse processo de resgate do potencial democrático do conflito e promoção da autonomia cidadã, principalmente a partir do investimento nos meios de solução consensual dos litígios e na educação em direitos (COSTA; GODOY, 2014).

Esse é nosso próximo tema.

3.1. A importância da Defensoria Pública na transformação da cultura do litígio e na construção de um paradigma fundado na solução consensual de conflitos

O espírito democrático da Defensoria Pública e as responsabilidades que decorrem dessa condição são claramente estabelecidos no dispositivo constitucional (art. 134) que a define como

> [...] instituição permanente, essencial à função jurisdicional do Estado, incumbindo-lhe, como expressão e instrumento do regime democrático,

---

[7] Como já fizemos anteriormente neste texto, novamente aqui grafamos justiça em maiúsculo justamente para ressaltar que se trata de conceito que abrange todos os meios racionais pelos quais se possa alcançar uma solução equilibrada e efetiva para os conflitos, de modo a assegurar o equilíbrio social.

fundamentalmente, a orientação jurídica, a promoção dos direitos humanos e a defesa, em todos os graus, judicial e extrajudicial, dos direitos individuais e coletivos, de forma integral e gratuita, aos necessitados, na forma do inciso LXXIV do art. 5º desta Constituição Federal.

Ou seja, desde sua definição constitucional, é possível perceber o compromisso democrático da Defensoria Pública e suas responsabilidades em relação à defesa de direitos – inclusive o de acesso à Justiça – nos âmbitos judicial e extrajudicial, o que abrange a orientação jurídica. Aplicando, em desdobramento, o que se acaba de afirmar aos problemas dos quais se trata neste estudo, é possível extrair do texto (e do contexto) constitucional a responsabilidade da Defensoria Pública de contribuir para a pacificação social e superar o paradigma da (hiper)judicialização, a partir da educação em direitos e do investimento em meios alternativos e consensuais de solução de litígios.

E se trata de missão de fundamental importância, na medida em que a Defensoria Pública é a primeira porta de acesso à justiça para a maior parcela da população brasileira, justamente a considerada pobre no sentido legal (critério da vulnerabilidade econômica) – cerca de 80% (COSTA; GODOY, 2014). Assim sendo, considerado apenas o número de pessoas potencialmente assistidas pela instituição, já é possível reconhecer a Defensoria Pública como principal agente de transformação da cultura jurídica, que, no caso, remete à necessária superação do imaginário e dos costumes que conduziram à hiperjudicialização e a um estado de quase imobilização do sistema de justiça.

Nesse sentido, destacamos o caráter público da instituição, suficiente a diferenciá-la da advocacia, vinculando-a a objetivos e funções que transcendem os interesses privados dos cidadãos assistidos. Dentre esses objetivos e funções de caráter público, segundo os limites e os fins deste trabalho, entendemos que três merecem especial destaque: 1) o de assegurar amplo acesso à Justiça (arts. 134 c/c 5º, LXXIV, da CF); 2) o de difundir cidadania, enquanto instituição que é expressão e instrumento do regime democrático (arts. 134 c/c 1º, II, ambos da CF, e arts. 3º-A, II, e 4º, I e III, da LC nº 80/1994); e 3) o de investir e fomentar, prioritariamente, a solução consensual – judicial e extrajudicial – de conflitos (art. 4º, II, da LC nº 80/1994).

No percurso proposto, vale notar que o segundo e o terceiro objetivos aqui identificados podem ser considerados instrumentais em relação ao primeiro, uma vez que tanto melhor e mais democrático será o acesso à Justiça, quanto mais conscientes forem os cidadãos de suas responsabilidades em relação à busca pela solução mais adequada de seus conflitos. Ou seja, a partir da orientação jurídica e da educação em direitos, cabe à Defensoria Pública conscientizar o cidadão assistido do esgotamento do Judiciário e de suas impossibilidades em relação à tutela adequada e eficaz dos interesses que lhe são apresentados, tendo em vista a absurda demanda a que está submetido – o que é resultante do fenômeno da hiperjudicialização.[8] Ainda nessa dinâmica, cabe à Defensoria Pública conscientizar o sujeito da possibilidade de solucionar seu litígio pelo consenso, nos âmbitos judicial e extrajudicial, o que implica o resgate do potencial democrático do conflito e a restituição, ao sujeito que assim se faz cidadão, do compromisso e do poder de transformar sua própria história e a realidade do contexto social em que se insere, tal como anteriormente exposto.

Como defendemos em outra oportunidade:

> [...] nesse percurso, avulta-se o papel da Defensoria Pública enquanto mediadora da inserção legítima do sujeito nos sistemas de poder, que se expressam pela linguagem do Direito. Ao assegurar aos vulneráveis o acesso ao instrumental necessário para inserirem-se na linguagem do poder e se comunicarem a partir de seus símbolos, a Defensoria Pública viabiliza sua atuação já na condição de cidadãos capazes de influenciar nas tomadas de decisão, assim se convertendo em agentes transformadores, seja de sua própria história, seja da sociedade que integram. (COSTA; GODOY, 2014, p. 90).

Trabalhada a questão do ponto de vista abstrato e teórico, estabelecida a importância da Defensoria Pública na superação do paradigma que conduziu à hiperjudicialização, cumpre abordar a questão numa perspectiva prática. Em outras palavras, cumpre propor sugestões para a concretização dos objetivos e funções institucionais anteriormente destacados, quais sejam, 1) o de assegurar amplo acesso à Justiça; 2) o de difundir cidadania, enquanto instituição que é expressão e instrumento do regime democrático; e 3) o de investir e fomentar, prioritariamente, a solução consensual – judicial e extrajudicial – de conflitos.

Nesse sentido, oportuno destacar que, comparada ao Judiciário e ao Ministério Público, a Defensoria Pública é instituição carente de recursos pessoais

---

[8] E inclui processos em andamento.

e materiais. Assim, qualquer solução proposta deve primar pela simplicidade e baixo custo. Tendo essa certeza como Norte, entendemos que as formas mais simples de efetivar os objetivos e funções destacados não têm outro caminho a não ser o da ampla abertura institucional às soluções consensuais, o que exige um descolamento dos paradigmas de atuação advocatícia aos quais a instituição ainda se apega (COSTA; GODOY, 2015).[9] Sugerimos, portanto, que a instituição assuma seu caráter público e, respeitados os critérios de atendimento segundo as circunstâncias de vulnerabilidade, abra as portas para as soluções consensuais, o que implica o atendimento diário e prioritário dos casos em que os envolvidos se mostrem predispostos ao acordo – quer se trate de processo em andamento, quer de ajuste pré-processual.

Certamente, a rapidez e adequação das soluções construídas à realidade dos envolvidos – que, assim, deixam de estar à inteira mercê da decisão judicial – concorrerão para uma rápida transformação de uma cultura que incentiva o litígio para outra que vise a pacificação social a partir do consenso democraticamente alcançado. Aliás, interessante perceber que chegamos a um estado de coisas que termina por evidenciar que, com bastante frequência, a (hiper)judicialização tem por finalidade não a pacificação social, mas a concretização e perenização do conflito, o que desvela o gozo perverso a que se encontra submetido o direito de acesso à justiça.

Inadmissível um tal estado de coisas, para cuja solução devem atuar colaborativamente o sujeito, a sociedade e o poder público, com destaque, neste âmbito, para a importância da Defensoria Pública na difusão da cidadania e expansão democrática do acesso – digno – à Justiça.

---

[9]   A título de exemplo, mencionamos o "Dia do Consenso" ("Defensoria das Famílias"), que se trata de projeto desenvolvido por este autor em parceria com o também defensor público gaúcho, Arion Escorsin de Godoy, no âmbito do direito das famílias, em Caxias do Sul/RS. O projeto consistia, resumidamente, em atender cidadãos dispostos a entabular acordos envolvendo questões de família (divórcio, alimentos, guarda etc.) todas as quartas-feiras pela manhã. Em três anos de projeto, foram cerca de 2.000 acordos, que resultaram em menção honrosa concedida pelo CNJ no "Prêmio Conciliar é Legal" (2016). Para além da maior efetividade das tutelas definidas por acordo – em que o compromisso entre as partes sai fortalecido –, destacamos a economia para os cofres públicos que iniciativas como essa podem representar.

4. CONSIDERAÇÕES FINAIS

Concluído o percurso proposto, esperamos ter contribuído para a conscientização acerca da insuficiência do sistema de justiça em seus modos de funcionamento atuais, especialmente em face da hiperjudicialização.

Pretendemos, também, ter demonstrado a necessidade de resgatar as potencialidades democráticas do conflito, contribuindo para a busca de caminhos alternativos à intervenção *total* do Judiciário com vistas à pacificação social. Sobressai, então, a importância da Defensoria Pública na transformação dos paradigmas postos, a partir da missão constitucional que lhe é atribuída e de seu contato aberto com grande parcela da população brasileira.

Destacamos que esses caminhos alternativos passam pelo comprometimento dos envolvidos em participar ativamente – pelo discurso e pela ação – dos processos de construção das soluções mais adequadas para as controvérsias de que estejam participando. Tem-se, então, uma dinâmica em que o resgate do conflito se apresenta como ponto de partida para a difusão da cidadania e o fortalecimento da democracia, em dinâmica cujo sucesso depende do engajamento colaborativo das instituições e da sociedade.

Enfim, é com a esperança de que este breve estudo se some a outros com vistas à consolidação de um novo paradigma de Justiça que o apresentamos ao leitor. Uma esperança democrática, que tem por fundamento a convicção quanto à possibilidade de, um dia, cada cidadão se conscientizar de sua responsabilidade na construção de uma sociedade mais justa, livre e solidária, como preconiza nossa Constituição; uma sociedade na qual, em razão de nossas diferenças, possamos discordar, mas, conscientes de nossa igualdade, possamos fazê-lo sem nos massacrar.[10]

REFERÊNCIAS

ARENDT, Hannah. *A condição humana*. 11. ed. Rio de Janeiro: Forense Universitária, 2010.

_____. *A promessa da política*. Rio de Janeiro: DIFEL, 2008.

---

[10] No que remetemos ao *ideal convivialista*, abordado pelo filósofo Dany--Robert Dufour em entrevista disponível em: <https://www.youtube.com/watch?v=y3CBxRGTr2U>. Nesse sentido, vale a leitura do *Manifesto convivialista*, disponível em: <http://www.iecomplex.com.br/eventos/manifesto.pdf>.

COSTA, Domingos Barroso da. *A crise do supereu e o caráter criminógeno da sociedade de consumo*. Curitiba: Juruá, 2009.

_____; GODOY, Arion Escorsin de. *Educação em direitos e Defensoria Pública*: cidadania, democracia e atuação nos processos de transformação política, social e subjetiva. Curitiba: Juruá, 2014.

_____; _____. Defensoria Pública: passado, presente e futuro. *Revista da Defensoria Pública do Estado do Rio Grande do Sul*. Ano 6, V. 13 (setembro/dezembro de 2015). Porto Alegre: DPE, 2015. Disponível em: <https://issuu.com/defensoriapublicadoriograndedosul/docs/revista_da_defensoria_n_13>.

FELMAN, Shoshana. *O inconsciente jurídico*: julgamentos e traumas no século XX. São Paulo: EDIPRO, 2014.

GAUCHET, Marcel. *A democracia contra ela mesma*. São Paulo: Radical Livros, 2009.

AUGUSTO CURY

Como já dito anteriormente, o objetivo da Teoria da Inteligência Multifocal é explicar a formação dos pensamentos, considerando todos os fatores que eventualmente podem influenciá-la.

A inteligência é considerada o resultado da comunhão entre a capacidade de ter consciência, pensar e se emocionar. Nessa concepção, ela se baseia em quatro pilares:

- Construção dos pensamentos
- Transformação da emoção
- Formação da história intrapsíquica
- Formação da consciência existencial

A Teoria da Inteligência Multifocal pode auxiliar nos casos da Defensoria Pública, com sua metodologia de relações intra e interpessoais. Isso se deve a sua natureza multidimensional, que incentiva o pensamento fora do convencional e a quebra de paradigmas.

A Teoria da Inteligência Multifocal proporciona o desenvolvimento do pensamento crítico individual e estimula a capacidade de pensar antes de agir, viabilizando atitudes conscientes de todas as partes envolvidas em um conflito. Além disso, tendo desenvolvido tais habilidades, o indivíduo passará a considerar os problemas como desafios que precisam ser superados e, por outro lado, passará a tirar maiores lições das derrotas sofridas.

Pacificação de conflitos pela Defensoria Pública

SOLUÇÃO PACÍFICA DE CONFLITOS: A EXPERIÊNCIA DA DEFENSORIA PÚBLICA

FERNANDA MAMBRINI RUDOLFO

Defensora Pública do Estado de Santa Catarina. Mestra e Doutora pela Universidade Federal de Santa Catarina.

ANTONIO JOSÉ MAFFEZOLI LEITE

Defensor Público em São Paulo, especializado em direitos humanos pela Universidade do Chile. Ex-presidente da Associação Nacional das Defensoras e Defensores Públicos.

De acordo com o artigo 134 da Constituição da República Federativa do Brasil de 1988, com a redação que lhe conferiu a Emenda Constitucional nº 80/2014,

> [...] a Defensoria Pública é instituição permanente, essencial à função jurisdicional do Estado, incumbindo-lhe, como expressão e instrumento do regime democrático, fundamentalmente, a orientação jurídica, a promoção dos direitos humanos e a defesa, em todos os graus, judicial e extrajudicial, dos direitos individuais e coletivos, de forma integral e gratuita, aos necessitados.

Trata-se de uma metagarantia, parafraseando Luigi Ferrajoli, um dos mais conhecidos defensores desse modelo como verdadeira expressão da democracia,[1] eis que se permite às pessoas em situação de vulnerabilidade o conhecimento e a possibilidade de exigir seus direitos. Sua imperiosidade é decorrente, pois, da própria noção de democracia que se pretende reconhecer no Brasil, fazendo com que os mais diversos setores sejam representados, que os direitos humanos sejam objeto de universalização no País e que, também individualmente, tenham voz aqueles que sempre foram calados por ações de Estado muitas vezes excludentes e conservadoras.

Para que se possa falar em acesso à Justiça, é essencial, diante desse quadro, que haja uma defesa pública. Assim, a expansão e o fortalecimento da Defensoria Pública mostram-se essenciais em um contexto de busca de concretização de direitos. Não é, lamentavelmente, o que se verifica na prática. Em 2014, apenas 40% das comarcas contavam com Defensoria Pública.[2]

Constata-se, pois, que existe um óbice a que as demandas cheguem ao Poder Judiciário, mormente quando se trata da tutela de direitos de pessoas em situação de vulnerabilidade(s). E não se pode ignorar que, na prática, muitas vezes esse empecilho se mostra conveniente ao Estado, que se escusa de exercer adequadamente seu papel. O acesso à Justiça é, com frequência, um inconveniente a um Estado muitas vezes elitista, sexista e racista, que se vê obrigado a cumprir seu múnus não só de abstenção de intervenção indevida, mas também como prestador de determinados serviços considerados essenciais. Por isso não é difícil compreender a resistência a que se expanda (ainda que com o mandamento constitucional[3]) a Defensoria Pública.

---

[1] FERRAJOLI, Luigi. *Direito e Razão.* Teoria do Garantismo Penal. São Paulo: Revista dos Tribunais, 2014, p. 537.

[2] Dados extraídos do IV Diagnóstico da Defensoria Pública no Brasil, disponível em: <https://www.anadep.org.br/wtksite/downloads/iv-diagnostico-da-defensoria-publica-no-brasil.pdf>.

[3] Acerca da existência de Defensoria Pública em apenas uma parte das unidades jurisdicionais, a Emenda Constitucional nº 80, de 4 de junho de 2014, fez constar o seguinte artigo do Ato das Disposições Constitucionais Transitórias: "Art. 98. O número de defensores públicos na unidade jurisdicional será proporcional à efetiva demanda pelo serviço da Defensoria Pública e à respectiva população. § 1º No prazo de 8 (oito) anos, a União, os Estados e o Distrito Federal deverão contar com defensores públicos em todas as unidades jurisdicionais, observado o disposto no *caput* deste artigo. § 2º Durante o decurso do prazo previsto no

Sobre o tema, destacam-se as valiosas lições de Boaventura de Sousa Santos:

> Tendo em conta a evolução dos mecanismos e concepções relativas ao acesso à justiça, a proposta de construção de uma defensoria pública, nos moldes como está prevista sua atuação no Brasil, acumula diferentes vantagens potenciais: universalização do acesso através da assistência prestada por profissionais formados e recrutados especialmente para esse fim; assistência jurídica especializada para a defesa de interesses coletivos e difusos; diversificação do atendimento e da consulta jurídica para além da resolução judicial dos litígios, através da conciliação e da resolução extrajudicial de conflitos e, ainda, atuação na educação para os direitos.
>
> Estas particularidades distinguem a defensoria, de entre as outras instituições do sistema de justiça, como aquela que melhores condições tem de contribuir para desvelar a procura judicial suprimida.
>
> Noutras palavras, cabe aos defensores públicos aplicar no seu quotidiano profissional a sociologia das ausências, reconhecendo e afirmando os direitos dos cidadãos intimidados e impotentes, cuja procura por justiça e o conhecimento do/s direito/s têm sido suprimidos e ativamente reproduzidos como não existentes.[4]

No entanto, embora não se possa negar a demanda judicial suprimida, parece evidente que o acesso à Justiça não se restringe ao acesso ao Poder Judiciário. Caracteriza-se como um conceito bem mais amplo, que abrange muito mais direitos do que a mera provocação estatal por meio de ações judiciais.

Nesse sentido, extrai-se da obra já referida, a respeito das "ondas renovatórias" de acesso à Justiça, assim denominadas por Mauro Cappelletti e Bryant Garth:

> A segunda medida diz respeito aos novos instrumentos de acesso ao direito e à justiça. Os estudos sociojurídicos voltados para o tema do acesso à justiça têm apontado, em diferentes países, a introdução de reformas, processuais ou na estrutura do sistema de justiça, com o fim de universalizar o acesso. Cappelletti

---

§ 1º deste artigo, a lotação dos defensores públicos ocorrerá, prioritariamente, atendendo as regiões com maiores índices de exclusão social e adensamento populacional."

[4] SANTOS, Boaventura de Sousa. *Para uma revolução democrática da justiça*. São Paulo: Cortez, 2011, p. 32-33.

e Garth utilizam como metáfora a existência de três vagas no movimento de acesso à justiça. Com início em meados da década de 1960, a primeira vaga é caracterizada pela defesa e promoção de mecanismos de apoio judiciário aos cidadãos carenciados. Assim, o apoio judiciário deixa de ser entendido como filantropia e passa a ser incluído como medida de combate à pobreza nos programas estatais. As mudanças introduzidas com a segunda vaga procuram sobretudo encorajar a defesa dos interesses coletivos e difusos em juízo, uma vez que a universalização do acesso dos particulares através de mecanismos de apoio judiciário não é por si só uma garantia de defesa de interesses coletivos, em especial por parte de grupos sociais mais vulneráveis. Na terceira vaga, o movimento de acesso à justiça procura expandir a concepção clássica de resolução judicial de litígios desenvolvendo um conceito amplo de justiça em que os tribunais fazem parte de um conjunto integrado de meios de resolução de conflitos, o que inclui o que se convencionou chamar de ADR (resolução alternativa de litígios).[5]

Faz-se imprescindível, assim, reconhecer que a Defensoria Pública funciona como o principal instrumento de acesso à Justiça (ou seja, como a garantia das garantias), mormente em um país marcado pela desigualdade e pela segregação. E a atuação defensorial não se restringe à propositura de ações judiciais – consoante se vem explanando –, abrangendo muito mais searas, como a educação em direitos, a orientação preventiva e as soluções alternativas de conflitos, inclusive multidisciplinares.

Não se pode ignorar que as atividades extrajudiciais podem, muitas vezes, trazer resultados mais rápidos e eficazes. Em outras situações, são investimentos que dão retorno em mais longo prazo, mas cuja relevância se mostra também evidente, como é o caso da educação em direitos.

Dados disponibilizados pelo Conselho Nacional de Justiça[6] indicam que no Brasil há quase 80 milhões de processos judiciais tramitando – quase 110 milhões de processos passaram pelo Judiciário só no ano de 2016 –, sendo a Justiça Estadual responsável por 79% da demanda. A estatística se mostra ainda mais preocupante ao se considerar que, a cada 100 ações, apenas 27 são efetivamente julgadas. Deve-se registrar, no entanto, que, embora alto,

---

[5]   SANTOS, Boaventura de Sousa. *Para uma revolução democrática da justiça*. São Paulo: Cortez, 2011, p. 31-32.

[6]   Disponível em: <http://www.cnj.jus.br/files/conteudo/arquivo/2017/12/b60a-659e5d5cb79337945c1dd137496c.pdf>.

o número de processos não indica uma democratização do acesso ao Poder Judiciário, pois grande parte desses milhões de processos é movida por instituições financeiras e pelo próprio Estado.

Por essa série de motivos, nesse contexto de hiperjudicialização de conflitos, com baixíssimos índices de efetiva resolução e sem que se verifique uma efetiva democratização do acesso ao Poder Judiciário – muito menos à Justiça, evidentemente –, é necessário repensar o sistema de Justiça e buscar alternativas às demandas antes levadas até o ponto de serem judicializadas.

A Defensoria Pública, cuja essencialidade para a consolidação do acesso à Justiça já foi mencionada, mostra-se ainda mais relevante diante desse cenário, eis que busca essencialmente a solução extrajudicial de demandas. Consoante preconizado na Lei Complementar nº 132/2009, que procedeu a alterações na Lei Complementar nº 80/1994,[7] deve-se investir em métodos alternativos de resolução de conflitos, como mediação, conciliação, arbitragem e outras técnicas de composição e administração de contendas. Tudo isso com o objetivo de buscar uma solução não apenas mais célere, mas também mais pacífica entre os envolvidos.

Um dos resultados se mostra bastante claro: a economia de recursos, eis que se evitam gastos com processos judiciais. Mas o mais importante é a satisfação do usuário dos serviços da Defensoria Pública, que têm a sua contenda solucionada de forma mais efetiva e adequada às suas necessidades. E se engana quem pensa que esses casos são excepcionais: 70% das situações que aportam à Defensoria Pública são resolvidas extrajudicialmente.

Um bom exemplo dessa forma de atuação vem da Defensoria Pública do Estado do Paraná, uma das últimas a serem criadas no País. Desde outubro de 2016, quando começou a ser implementado, o Setor de Mediação já recebeu mais de 200 prontuários. Das situações em que foi possível realizar a mediação (ou seja, quando as partes compareceram de forma voluntária), 70% terminaram em acordo.[8] Casos de pensão alimentícia, guarda, divórcio e mesmo resoluções de conflitos que parecem mais simples, como uma dis-

---

[7] Organiza a Defensoria Pública da União, do Distrito Federal e dos Territórios e prescreve normas gerais para sua organização nos Estados, e dá outras providências.

[8] Disponível em: <https://www.anadep.org.br/wtk/pagina/materia?id=34982>.

puta entre vizinhos, foram equacionados por meio de um acordo, solução amigável construída pelos próprios envolvidos na questão, não imposta por um terceiro. A mesma realidade é conferida no Núcleo de Solução Consensual de Conflitos e Cidadania da Defensoria Pública do Estado do Piauí, em que a taxa de acordos chegou a 72% entre janeiro e junho de 2017. Ao todo, foram 2.000 atendimentos à população local.[9]

Os Defensores Públicos também têm tido resultados positivos quando a atuação extrajudicial envolve o Poder Executivo, de forma coordenada. Um exemplo eficaz é a participação como membro de conselhos, comitês, grupos de trabalho, câmaras técnicas, fóruns e outros espaços nos quais se discutem e se constroem políticas públicas. No Espírito Santo, a instituição organizou o projeto de Extrajudicialização de Saúde.[10] Assim, por meio de um sistema eletrônico elaborado pela Defensoria Pública em parceria com a Secretaria de Saúde do Estado, vem sendo possível promover a solução extrajudicial de demandas de cidadãos que buscam, essencialmente, medicamentos e cirurgias.

Por ações como estas, o papel da Defensoria Pública tem sido cada vez mais reconhecido e, até mesmo, laureado. Em 2016, o Prêmio Innovare[11] – certame nacionalmente reconhecido por divulgar práticas inovadoras com o objetivo de aprimorar a administração e a prestação da Justiça no Brasil – premiou dois projetos desenvolvidos pela instituição. Ambos focavam na resolução extrajudicial de conflitos, veja-se.

"Hipervulneráveis e o acesso a saneamento básico: do esgoto ao mínimo existencial" é um projeto da Defensoria Pública do Maranhão e foi considerado o melhor inscrito pela instituição.[12] A iniciativa maranhense adveio da necessidade de garantir o saneamento básico à população carente de São Luís. Para se compreender melhor a realidade local, na capital, apenas 4% do esgoto era tratado. Os 96% restantes de resíduos impactavam as comunidades mais carentes. Em decorrência disso, montou-se uma força-tarefa entre a Defensoria Pública do Maranhão, o Conselho Regional de Engenharia

---

[9] Disponível em: <https://www.anadep.org.br/wtk/pagina/materia?id=34690>.

[10] Disponível em: <https://www.anadep.org.br/wtk/pagina/materia?id=32665>.

[11] Disponível em: <http://www.premioinnovare.com.br/inscricoes>.

[12] Disponível em: <http://www.premioinnovare.com.br/praticas/hipervulneraveis-
-e-o-acesso-a-saneamento-basico-do-esgoto-ao-minimo-existencial>.

do Maranhão e a Coordenação do Curso de Engenharia Civil da Faculdade Pitágoras, visando mapear os principais problemas da cidade. Com base nos laudos que resultaram dessa união, a Defensoria Pública entra em contato com a autoridade competente, buscando atender às principais demandas sociais.

A segunda iniciativa, denominada "Atuação em Grandes Acidentes de Consumo", recebeu menção honrosa.[13] Desenvolvida pelo Núcleo de Defesa do Consumidor da Defensoria Pública do Rio de Janeiro, a prática permite a reparação rápida de danos decorrentes de tragédias ocasionadas por falhas na prestação de serviços. Nesses casos, os usuários precisam de respostas e providências imediatas, não podendo aguardar por uma decisão judicial.

Em 2015, foi premiado – com menção honrosa – o projeto da Defensoria Pública de Minas Gerais de mediação de conflitos no ambiente escolar, denominado "Paz em Ação – o Defensor Público enquanto agente de cidadania na atuação extrajudicial nas escolas públicas".[14] Tratava-se de uma metodologia inédita, aplicada junto às escolas pelo instrumento da técnica de mediação de conflitos para incentivar uma cultura de paz, através do diálogo construtivo, prevenindo e minimizando os embates entre os atores da educação. Evitou-se, assim, a judicialização de inúmeros conflitos, por meio de uma atuação positiva e transformadora.

Também em 2015, recebeu menção honrosa a atuação extrajudicial na área da saúde pública pela Defensoria Pública do Estado do Rio de Janeiro, como garantia de acesso e qualidade aos serviços prestados.[15] A prática consistia no atendimento à população que buscava acesso aos serviços de saúde pública no Município do Cantagalo. A demanda era, pois, narrada mediante ofício, acompanhada dos respectivos documentos, e endereçada à Secretaria

---

[13] Disponível em: <http://www.premioinnovare.com.br/praticas/manual-de--atuacao-da-defensoria-publica-em-grandes-acidentes-de-consumo>.

[14] Disponível em: <http://www.premioinnovare.com.br/praticas/l/projeto-mesc--mediacao-de-conflitos-no-ambiente-escolar-paz-em-acao-o-defensor-publico--enquanto-agente-de-cidadania-na-atuacao-extrajudicial-nas-escolas-publicas-20150511230212670765>.

[15] Disponível em: <http://www.premioinnovare.com.br/praticas/l/atuacao--extrajudicial-na-saude-publica-garantia-de-acesso-e-qualidade-aos-servicos-20150514121506272073>.

Municipal de Saúde. Assim, toda semana, em dia e hora previamente combinados, era feita uma reunião com o ente público municipal, que informava e direcionava como a necessidade do assistido poderia ser alcançada. Posteriormente, a orientação era repassada ao assistido, que conseguia seu objetivo sem a intervenção do Poder Judiciário.

Em 2012, foi homenageado com menção honrosa o projeto "Conciliação sem Fronteiras", da Defensoria Pública do Pará.[16] Valendo-se de uma importante ferramenta de pacificação social, a atuação extrajudicial, quase 100% das questões pertinentes a pensão alimentícia, demarcação entre vizinhos, reconhecimento de paternidade e demandas semelhantes passaram a ser resolvidas em gabinete. Como se tratava, com frequência, de pessoas que residiam em outras comarcas, sem recursos para viajar, criou-se um ambiente virtual de conciliação, a partir da utilização das tecnologias disponíveis (*e-mail*, videoconferência via Skype etc.). A ideia era otimizar e ampliar a atuação extrajudicial do Defensor Público, com a superação de fatores geográficos, bastante significativos naquele ente federativo.

Dando-se ênfase a apenas alguns dos projetos premiados, como forma de exemplificar a atuação extrajudicial defensorial, deve-se mencionar, ainda, a proposta "Acordo – Termo de Ajustamento de Conduta – criando novas regras mais rápidas, justas e benéficas para concessão e renovação do bilhete único especial, que confere gratuidade no transporte público para os deficientes físicos e mentais", da Defensoria Pública de São Paulo, que recebeu menção honrosa no ano de 2011.[17] Centenas de pessoas estavam enfrentando dificuldades para a obtenção do bilhete único especial, que concedia gratuidade no transporte público de São Paulo, pois a Secretaria dos Transportes havia alterado as regras para a concessão do benefício, inserindo requisitos subjetivos e criando uma série de empecilhos. Após mais de uma dezena de reuniões, foi celebrado acordo, o qual pôs fim ao litígio sem a necessidade de intervenção do Poder Judiciário.

---

[16] Disponível em: <http://www.premioinnovare.com.br/praticas/l/conciliacao--sem-fronteiras>.

[17] Disponível em: <http://www.premioinnovare.com.br/praticas/l/acordo-termo--de-ajustamento-de-conduta-criando-novas-regras-mais-rapidas-justas-e--beneficas-para-concessao-e-renovacao-do-bilhete-unico-especial-que-confere--gratuidade-no-transporte-publico-para-os-deficientes-fisicos-e-mentais>.

Em 2009, foi premiado o projeto, também paulista, denominado "Obtenção de medicamentos extrajudicialmente".[18] A Defensoria Pública do Estado de São Paulo tinha entre as maiores demandas contra o Estado ações para obtenção de medicamentos e insumos nos postos de saúde e hospitais estaduais. Embora a maioria das ações tivessem liminares concedidas, a efetiva satisfação da necessidade não ocorria de imediato, sem contar as ocasiões em que a liminar era negada, tardando ainda mais até que o assistido tivesse uma resposta à sua demanda. De modo a efetivar o direito à saúde da população de baixa renda, de forma rápida e eficaz, buscou-se uma solução extrajudicial junto à Secretaria da Saúde. Firmou-se, assim, uma parceria, com a disponibilização de dois funcionários da Secretaria no prédio da Defensoria Pública no centro da Capital, o que permitiu aos usuários dos serviços o recebimento dos medicamentos necessários não localizados nos postos de saúde e hospitais, sem que a instituição precisasse ingressar com ação judicial.

Também foi premiado, em 2008, o projeto "Indenizações extrajudiciais relacionadas ao acidente do metrô em São Paulo",[19] que firmou, em oito meses, 61 acordos de indenização entre familiares de vítimas fatais e moradores desalojados, representados pela Defensoria Pública, e advogados da empresa e da seguradora.

Também no âmbito institucional e associativo, as práticas de solução extrajudicial de litígios vêm sendo reconhecidas, inclusive com premiações. O Congresso Nacional de Defensores Públicos – Conadep, evento bienal promovido pela Associação Nacional dos Defensores Públicos – Anadep, premia teses inovadoras e práticas exitosas. Dentre estas, podem-se destacar o "Projeto Conciliação sem Fronteiras"[20] (2015), "A atuação extrajudicial e interdisciplinar no enfrentamento da violência doméstica e familiar: o homem em foco"[21] (2013), "A atuação Extrajudicial da Defensoria Pública do

---

[18] Disponível em: <http://www.premioinnovare.com.br/praticas/l/obtencao-de--medicamentos-extrajudicialmente>.

[19] Disponível em: <http://www.premioinnovare.com.br/praticas/l/indenizacoes--extrajudiciais-relacionadas-ao-acidente-do-metro-em-sao-paulo-2546>.

[20] Defensor Público Cássio Bitar de Vasconcelos (PA).

[21] Defensores Públicos Daniel Sabbag; Daiane dos Santos; Maria Lima Sena; Maria Vilma Araújo de Souza; Raimundo de Jesus; Rosana Maria Freitas de Lemos (PA).

Estado da Bahia em favor da população em situação de rua de Salvador"[22] (2011) e "Defensoria Pública, Movimentos Sociais e Educação em Direitos: A Experiência de fomento à criação, democratização e fortalecimento de Associações Comunitárias em São José dos Campos"[23] (2011).

Percebe-se, pois, uma preocupação institucional com a excessiva judicialização e com a necessidade de se promoverem outras medidas que viabilizem o efetivo acesso à Justiça, em detrimento da mera propositura de ações judiciais, em um sistema moroso e que, muitas vezes, não focaliza as verdadeiras necessidades das partes envolvidas.

Nesse quadro, têm sido promovidos eventos e outros meios de capacitação a respeito da Justiça Restaurativa, que demonstra ter um potencial de transformação social, *voltada à mudança de paradigmas nas três dimensões da convivência: relacional, institucional e social.*[24]

De modo semelhante, vem-se buscando conhecimento nas *constelações familiares*, método psicoterapêutico desenvolvido pelo alemão Bert Hellinger, com abordagem sistêmica. Trata-se de uma forma de humanizar ainda mais a prestação dos serviços aos usuários da Defensoria Pública, evitando a busca de soluções junto ao Poder Judiciário. O método vem sendo aplicado para alcançar resultados que se adequem às reais necessidades dos envolvidos, especialmente nas esferas cível, da infância e da família.

Nesse diapasão, deve-se reconhecer a relevância da existência de equipes multidisciplinares (como, por exemplo, mas não só, assistentes sociais e psicólogos) disponíveis à prestação de atendimento aos assistidos pela instituição. Esse é outro diferencial da Defensoria Pública, que, na composição de seus quadros (ainda insuficientes, frise-se novamente), não se preocupa exclusivamente com a formação jurídica ou administrativa, voltando-se às reais e mais amplas necessidades dos usuários de seus serviços.

Impende destacar, ainda, a atuação coletiva da Defensoria Pública. Além de essa atuação permitir uma solução administrativa consensuada, mediante

---

[22]   Defensoras Públicas Fabiana Almeida Miranda e Eva dos Santos Rodrigues (BA).

[23]   Defensor Público Jairo Salvador de Souza (SP).

[24]   Conselho Nacional de Justiça. *Justiça Restaurativa*: Horizontes a partir da Resolução CNJ 225. Brasília: CNJ, 2016, p. 16.

Termos de Ajustamento de Condutas (TAC), mesmo nos casos em que é necessário recorrer à judicialização dos conflitos, trata-se de um enfoque diferenciado, pois se busca resolver um problema que envolve um grande número de pessoas em situação de vulnerabilidade(s) por meio de uma única ação. É o caso, por exemplo, da propositura de ações civis públicas (ACP).

Para ilustrar a questão, pode-se citar o caso goiano, em que a Defensoria Pública daquele estado ingressou com uma ACP contra a Centrais Elétricas de Goiás (CELG).[25] A busca da tutela judicial decorreu do fato de a empresa vir realizando cobranças de débitos de consumidores de forma indevida, com ameaças e até mesmo cortes no fornecimento de energia elétrica – mesmo que o consumidor tivesse as contas atuais, de até 90 dias, quitadas. A tutela coletiva alcançou, assim, os 237 municípios goianos nos quais a CELG atuava.

A Defensoria Pública assume, assim, papel essencial em um processo de desafogamento do Poder Judiciário, mas, especialmente, de busca de efetivas soluções às demandas que chegam ao seu conhecimento.

Pode-se dizer que, com muita frequência, seria mais fácil e simples ingressar com uma ação judicial, em vez de buscar soluções alternativas aos conflitos, por vezes mais trabalhosas. No entanto, embora se estivesse engrossando as estatísticas – inclusive da própria Defensoria Pública –, não se estaria solucionando os problemas das pessoas atendidas. Em uma sociedade em que tudo é traduzido em números, esses mostram sua própria falibilidade, pela incapacidade de mensurar a satisfação dos usuários dos serviços.

Se a missão constitucional da instituição é ser expressão e instrumento da democracia, não pode a Defensoria Pública ignorar as verdadeiras necessidades das pessoas que a buscam, devendo visar, sempre, aos meios mais adequados à resolução das demandas. E tais meios nem sempre se encontram vinculados à atuação judicial.

Muito pelo contrário. Como já se mencionou, em 70% dos casos que aportam à Defensoria Pública, a resposta é apresentada extrajudicialmente. Enquanto isso, junto ao Poder Judiciário, um processo demora em média dois

---

[25] Disponível em: <http://www.defensoriapublica.go.gov.br/depego/index. php?option=com_content&view=article&id=978:defensoria-entra-com--acao-civil-publica-contra-celg-por-cortes-de-energia-eletrica-indevidos&catid=8&Itemid=180>.

anos e um mês, da distribuição até a sentença de primeiro grau na Justiça Estadual.[26] Veja-se que se trata da média, podendo-se verificar vários casos em que a instrução se arrasta por muitos anos, além de ser necessário se considerar a possibilidade de diversos recursos, eventual necessidade de execução etc. Um processo de execução, aliás, demora, em média, cinco anos e quatro meses.[27] Todo esse tempo teria que ser enfrentado para, eventualmente, se obter um resultado que suprisse os interesses da parte, o que poderia nem sequer ocorrer, dado o tempo decorrido.

Se essa demora já é cruel para alguém com condições de aguardar, muito mais onerosa se mostra em relação às pessoas em situação de vulnerabilidade (ou mesmo multivulnerabilidade), as quais, por questões financeiras, físicas, sociais ou decorrentes de variados fatores, não dispõem desse tão valioso bem: o tempo.

Todavia, como já se mencionou, a atuação extrajudicial não se restringe a uma desejada celeridade, pois algumas formas se mostram verdadeiros investimentos para o futuro, como a educação em direitos. É necessário destacar esse papel defensorial, eis que de altíssima relevância e frequentemente relegado a um segundo plano.

A noção de cidadania, que permite a um povo a construção do seu próprio destino, está diretamente ligada ao conhecimento do Direito e do funcionamento das instituições. A atuação popular em determinado Estado é proporcional ao grau de conscientização e de politização de cada povo, e sua ausência pode levar a crises de legitimidade e, até mesmo, de governabilidade. É necessário, por conseguinte, formar cidadãos conscientes de seus direitos e de seus deveres, capazes de transformar, por eles mesmos, sua própria realidade, alterando-se, assim, os índices de qualidade das suas próprias vidas. E, para tanto, não basta a educação básica, fazendo-se necessário também conceder às pessoas o direito a uma formação jurídica fundamental.

Também nessa seara, as Defensorias Públicas do Brasil vêm realizando experiências incríveis, em que a satisfação das pessoas, ao final de um curso

---

[26] Disponível em: <http://www.cnj.jus.br/files/conteudo/arquivo/2017/09/904f09 7f215cf19a2838166729516b79.pdf>.

[27] Disponível em: <http://www.cnj.jus.br/files/conteudo/arquivo/2017/09/904f09 7f215cf19a2838166729516b79.pdf>.

de educação em direitos, é visível em seus sorrisos e relatos. Para citar apenas alguns casos, digno de nota é o projeto "Falando Direito", promovido pela Associação Nacional dos Defensores Públicos (Anadep), em parceria com a Associação dos Magistrados do Distrito Federal (Amagis). O projeto constitui uma ação socioeducativa em direitos para a cidadania, cujas aulas são transmitidas em plataforma *on-line* exclusiva, e é destinado a estudantes carentes da rede pública de ensino de todos os estados brasileiros. Ele se originou do projeto "Conhecer Direito", criado em 2010 pela Defensoria Pública do Distrito Federal, no qual as aulas eram dadas em escolas públicas das cidades-satélites de Brasília.

A Defensoria Pública do Estado de São Paulo também desenvolve um projeto de educação em direitos chamado "Curso de Formação de Defensores Populares". Realizado na capital e em algumas cidades do interior e da Grande São Paulo, o projeto tem por objetivos desenvolver criticamente conhecimentos jurídicos relacionados ao exercício da cidadania, desmistificando o tecnicismo do Direito; compartilhar conteúdos e experiências entre os participantes; refletir sobre os conceitos em disputa na Constituição Federal e no Estado brasileiro; fomentar a construção do conhecimento de forma transdisciplinar pelos participantes; analisar as contribuições dos movimentos sociais na promoção dos Direitos Humanos e construir intervenções que promovam na sociedade uma cultura democrática e participativa, fortalecendo as lutas populares.

Também são objetivos do curso o fomento da atuação de lideranças comunitárias e populares na resolução de conflitos, participando de forma qualificada e proativa junto aos atores do sistema de Justiça, e da atuação no campo da cultura para valorizar e fortalecer as raízes culturais, como forma de afirmar a construção coletiva do saber, a partir da valorização e da reflexão sobre as experiências individuais e coletivas. Em última análise, almeja-se democratizar o acesso à Justiça e às instituições públicas e fortalecer a Defensoria Pública na sua relação com os parceiros, para que participem do processo de construção da instituição.

A metodologia consiste em exposições dialogadas, rodas de conversas, somadas ou alternadas com proposições de intervenções, abordando os temas em suas perspectivas jurídicas, históricas, culturais, econômicas, políticas e sociais, a fim de promover reflexões aprofundadas que capacitem os participantes a promoverem transformação social em seus territórios.

Na cidade de São Paulo, o curso já está em sua sexta edição, já tendo formado centenas de pessoas. Atualmente, o projeto conta com versões desenvolvidas também em outras Defensorias Estaduais, como em Minas Gerais, no Paraná, no Amazonas, no Mato Grosso e no Mato Grosso do Sul. Semelhante é o Curso de Formação de Defensores da Paz, promovido pela Defensoria Pública do Estado do Rio de Janeiro. O programa inclui aulas sobre direitos e garantias fundamentais, visando ao empoderamento das pessoas no que concerne ao conhecimento desses direitos e das formas de efetivá-los.

Levando-se em consideração que a desigualdade social é uma questão ainda muito presente no Brasil, a Defensoria Pública tem papel ainda mais fundamental, pois a educação em direitos é uma educação emancipatória. Por isso, fala-se na diferença entre a mera orientação jurídica – que já é deveras importante, não se pode negar – e a educação em direitos. Enquanto aquela significa a apresentação de dados para a solução de determinada questão jurídica, esta consiste na transmissão de um saber crítico, voltado à formação de uma consciência verdadeiramente crítica (por mais pleonástico que possa soar) da pessoa em relação ao seu papel na sociedade.[28]

Insiste-se em falar sobre educação em direitos, por se entender tratar--se, de fato, de atividade essencial da Defensoria Pública. Não pode, pois, restringir-se a apenas uma atribuição prevista em lei (o que, aliás, jamais pode acontecer) ou a um discurso demagógico, devendo ser efetivamente implementada. É o que se vem buscando fazer nas instituições estaduais, por meio dos projetos mencionados e de tantos outros, que simplesmente não couberam neste espaço. Porque, quando a educação em direitos se verifica concretamente, não há necessidade de se promover uma série de outras me-didas, eis que se evitam muitos conflitos e se buscam formas alternativas de solução àqueles que se estabelecem.

Se a missão constitucional da Defensoria Pública consiste, essencial-mente, em assegurar a concretização dos direitos a todos, em especial àqueles em situação de vulnerabilidade(s), e em se sabendo o quanto tarda o Poder Judiciário para responder a uma demanda, resta evidente que a judicialização

---

[28] REIS, Gustavo Augusto Soares dos. Educação em direitos e Defensoria Pública: Reflexões a partir da Lei Complementar n. 132/09. *In: Temas aprofundados da Defensoria Pública*. Volume I. Salvador/BA: Juspodivm, 2014, p. 727-728.

dos conflitos não pode ser priorizada. Mas a questão é ainda mais sensível, eis que o Judiciário nem sempre oferece o resultado que atenda da forma mais adequada aos interesses das partes, como se vem salientando. Por essas razões, a busca de soluções alternativas aos conflitos vem ganhando cada vez mais destaque na atuação defensorial.

O próprio uso do termo "alternativas" como forma de expressar a ausência de judicialização demonstra como a cultura brasileira ainda é voltada para a busca da solução dos litígios por meio do Poder Judiciário, o que é uma característica nacional bastante peculiar. Na maior parte dos ordenamentos jurídicos, compreende-se tal medida como último recurso, do qual se lança mão apenas em casos excepcionais, ou seja, como a verdadeira solução alternativa.

Por conseguinte, é necessário transformar a própria consciência popular do que significa solucionar conflitos (não se olvidando da importância de sua prevenção), de quais resultados se pretende obter e dos meios utilizados para se atingir esses objetivos. Mais uma vez, a Defensoria Pública figura exercendo papel indispensável nesse cenário. E, desta forma, a instituição vem cumprindo sua missão constitucional, não exclusivamente de assistência judiciária, mas de efetivação dos direitos fundamentais de todos, especialmente daqueles em situação de vulnerabilidade(s).

REFERÊNCIAS

Conselho Nacional de Justiça. *Justiça Restaurativa*: Horizontes a partir da Resolução CNJ 225. Brasília: CNJ, 2016.

FERRAJOLI, Luigi. *Direito e Razão*. Teoria do Garantismo Penal. São Paulo: Revista dos Tribunais, 2014.

REIS, Gustavo Augusto Soares dos. Educação em direitos e Defensoria Pública: Reflexões a partir da Lei Complementar n. 132/09. *In: Temas aprofundados da Defensoria Pública*. Volume I. Salvador/BA: Juspodivm, 2014.

SANTOS, Boaventura de Sousa. *Para uma revolução democrática da justiça*. São Paulo: Cortez, 2011.

AUGUSTO CURY

Conflito pode ser definido como:

> Profunda falta de entendimento entre duas ou mais partes; choque, enfrentamento; discussão acalorada; ato, estado ou efeito de divergirem acentuadamente ou de se oporem duas ou mais coisas; contestação recíproca entre autoridades pelo mesmo direito, competência ou atribuição.[29]

No âmbito das relações sociais, o conflito torna-se invariavelmente elemento negativo, já que ao final de uma disputa, uma das partes sairá vencida.

O objetivo da TIM é desconstruir esse conceito negativo do conflito, fazendo com que as partes tendam a se conciliar. Para que essa comunicação seja viabilizada, é necessário desenvolver mecanismos que não incitem janelas *killer*, para que as partes estejam abertas a discutir e dialogar sábia e pacificamente, com a finalidade de resolver o litígio da maneira mais saudável para ambas.

---

[29] *Dicionário Houaiss.*

POSFÁCIO

JUÍZES ENXUGAM GELO AO SOL DO MEIO-DIA, DIZ DESEMBARGADOR[1]

Augusto Cury é um dos psiquiatras e escritores mais festejados nos dias de hoje, sendo certo que vendeu mais de 20 (vinte) milhões de livros no Brasil e publicou em mais de 60 (sessenta) países. Ao tratar da ansiedade, sob o ponto de vista de como enfrentar este mal do século, obtempera que a Síndrome do Pensamento Acelerado (SPA) é um dos sintomas mais penetrantes no eu do ser humano na atualidade.

A certa altura do seu escrito, o facultativo observa que "há muitas classes de profissionais voltados para a sustentabilidade do funcionamento da sociedade que têm uma sobrecarga de trabalho inumana. Entre elas, gostaria de ressaltar duas: a dos juízes (magistrados) e a dos promotores de justiça. É surpreendente que os governos federal e estaduais do país não atentem para a qualidade de vida desses diletos profissionais.

Os juízes parecem enxugar gelo sob o sol do meio-dia numa sociedade conflituosa, que, vitimada pela SPA e pelas armadilhas da mente, tem pouca habilidade para proteger sua emoção e resolver conflitos pacificamente, optando por instrumentos jurídicos processuais. São mais de 100 milhões de processos no Brasil para um número inexpressivo de menos de 20 mil juízes. Incontáveis magistrados, justamente por serem altruístas, destroem

---

[1] Reportagem originalmente publicada em: https://politica.estadao.com.br/blogs/fausto-macedo/juizes-enxugam-gelo-ao-soldo-meio-dia-diz-desembargador/.

sua saúde física e emocional trabalhando à noite, sacrificando suas famílias, seus finais de semana e até os seus feriados.

Muitos deles, além disso, sofrem com ameaças externas; mas o primeiro e o pior inimigo é mesmo o que vem de dentro, decorrente do esmagamento da qualidade de vida pela sobrecarga do trabalho intelectual exercido. A Síndrome do Pensamento Acelerado os leva a ter fadiga ao acordar, cefaleia, dores musculares, ansiedade, sofrimento por antecipação, transtorno do sono, déficit de memória. Como teremos uma sociedade justa e fraterna se somos injustos exatamente com aqueles que se encarregam de fazer justiça? É necessário dar atenção a todos os profissionais do sistema judiciário" (in *Ansiedade* – como enfrentar o mal do século. Ed. Saraiva, São Paulo. 4ª Tiragem. 2014. p. 143/144).

Com o tirocínio que só o médico psiquiatra e terapeuta pode ter, Augusto Cury teve a sensibilidade de abstrair a radiografia perfeita de um magistrado, tendo em vista, sem exceção, que todo juiz ao abraçar a carreira, abre mão de seus sonhos, deixando de ter qualidade de vida, alienando seus finais de semana, seu sono, descanso e, por vezes, deixa de lado as pessoas que mais ama, esquecendo-se que ele também é um simples mortal.

Tal procedimento lhe acarreta os maus antefalados, daí por que durante toda a sua vida, diferente do que ocorre com o cidadão comum, será obrigado a gerenciá-los, sob pena de assim não o fazendo, criar uma dívida para com a sua saúde mental, o que amiúde ocorre.

É bem de ver que, no mais das vezes, o agente do Poder Judiciário inicia a carreira com pouca idade e, de uma hora para a outra, assume significativas responsabilidades, isso porque é inerente à função judicial dar a cada um o que é seu com igualdade e, por via de consequência, o jovem magistrado, cônscio de suas responsabilidades, paga a conta do noviciado, tendo de resolver os conflitos de interesse, não raro, por si só, circunstância esta que inequivocamente cria situações estressantes.

Tal situação cria para o juiz, no afã de exercer a arte de bem julgar, posicionamentos que o colocam como carrasco de si mesmo, cujas consequências psicológicas serão constatadas no futuro, de sorte a torná-lo uma pessoa só por excelência.

Não basta para ele os conhecimentos adquiridos no curso de direito e tampouco nos exaustivos anos de estudo para galgar o concurso público para exercer o mister judicial, posto que a vida do magistrado é um constante estudar, produzindo-lhe, ad futurum, significativo desgaste cerebral.

Indaga-se: com o tratamento que recebe das autoridades constituídas e com as consequências advindas das responsabilidades assumidas acima mencionadas, que boicotam a sua qualidade de vida, tornando-o um moço velho, vale a pena ser juiz, tendo em vista os vencimentos que lhes são atribuídos?!

José Carlos G. Xavier de Aquino
Desembargador do Tribunal de Justiça de São Paulo

Impressão e acabamento: